新世纪普通高等教育
会计类课程规划教材

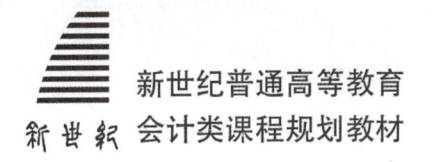

Tax Planning Practice

纳税筹划实务

主　编　邹　芳　柳　杨
副主编　杨玉娥

大连理工大学出版社

图书在版编目(CIP)数据

纳税筹划实务 / 邹芳,柳杨主编. -- 大连：大连理工大学出版社,2023.8(2023.8重印)
新世纪普通高等教育会计类课程规划教材
ISBN 978-7-5685-4417-7

Ⅰ. ①纳… Ⅱ. ①邹… ②柳… Ⅲ. ①税收筹划－高等学校－教材 Ⅳ. ①F810.423

中国国家版本馆 CIP 数据核字(2023)第 105101 号

纳税筹划实务
NASHUI CHOUHUA SHIWU

大连理工大学出版社出版
地址：大连市软件园路 80 号　邮政编码：116023
发行：0411-84708842　邮购：0411-84708943　传真：0411-84701466
E-mail:dutp@dutp.cn　URL:https://www.dutp.cn
大连日升彩色印刷有限公司印刷　大连理工大学出版社发行

幅面尺寸:185mm×260mm	印张:17.25	字数:420 千字
2023 年 8 月第 1 版		2023 年 8 月第 2 次印刷
责任编辑:齐　欣		责任校对:孙兴乐
	封面设计:对岸书影	

ISBN 978-7-5685-4417-7　　　　　　　　　　定　价:56.80 元

本书如有印装质量问题,请与我社发行部联系更换。

前　言

　　纳税筹划是一门融财政、经济理论,税收政策、法令,财务制度及筹划技能为一体,研究纳税人在经营、投资和理财中纳税筹划一般规律和技术方法的学科。随着经济体制的改革和纵深推进,企业市场法人主体的地位格局逐渐得以确定。而新的税法的颁布与实施,无疑又把市场法人主体进一步推向了全面税收约束的市场竞争环境之中。于是,依法纳税并能主动地利用税收杠杆谋取最大限度的经济利益,成为市场法人主体经营理财的行为规范和基本出发点。如何把税收杠杆的制约导向功能有机地融入市场法人涉税管理活动过程,以期优化市场法人主体市场价值判断、取向的行为观念,并通过思维观念的更新,促进市场法人主体理财行为的现代化,最终达成市场法人主体经济效益与政府财政收入同步、协调、稳健增长的改革意图,成为本教材的立意宗旨。

　　本教材按照知识演进与教学逻辑的基本规律介绍了纳税筹划的基本理论,并从不同税种和部分重要业务的角度介绍纳税筹划的基本思路与技巧。本教材的特点体现在以下几个方面:

1. 贯彻落实党的二十大精神,增加思政元素

　　本教材编写团队深入推进党的二十大精神融入教材,充分认识党的二十大报告提出的"实施科教兴国战略,强化现代人才建设支撑"精神,落实"加强教材建设和管理"新要求,在教材中加入思政元素,紧扣二十大精神,围绕专业育人目标,结合课程特点,注重知识传授、能力培养与价值塑造的统一。例如,要弘扬社会主义法治精神,传承中华优秀传统法律文化,提升纳税筹划风险意识,做社会主义法治的忠实崇尚者、自觉遵守者、坚定捍卫者。

2. 理论与实务并重,融会贯通

　　本教材体现纳税筹划理论的前沿发展成果与趋势,紧密结合税收学、财务管理学、会计学、法学、数理经济学等知识,构建纳税筹划课程坚实的理论基础。同时,本教材将纳税筹划实务建立在合理的理论基础之上,使实务分析均遵循"思路—方法—技巧—方案"的逻辑思路,力求克服理论与实务脱节的现象。

3. 编写思路清晰,体系完整

　　本教材既分税种、税制要素传授纳税筹划知识,又涉及企业重要与特殊的经济业务,严格遵循纳税筹划课程的教学逻辑,实现

"点、线、面"的结合,从基本知识的传授入手,最终落脚于学生综合应用能力的培养。本教材内容全面、体系完整,在教学中,受授课课时的限制,可以根据不同专业学生的需要做出选择。

4. 筹划案例丰富,应用性强

本教材精心设计、挑选大量纳税筹划案例,充分诠释纳税筹划的方法与技巧,全面反映现行税收制度与政策,紧密结合实际经济业务操作的需要,紧扣注册会计师、税务师等资格考试对纳税筹划知识的要求,注重对纳税筹划操作能力的培养。

5. 推进教育数字化,以微课体现交互性

本教材响应二十大精神,推进教育数字化,建设全民终身学习的学习型社会、学习型大国,及时丰富和更新了数字化微课资源,以二维码形式融合纸质教材,使得教材更具及时性、内容的丰富性和环境的可交互性等特征,使读者学习时更轻松、更有趣味,促进了碎片化学习,提高了学习效果和效率。

本教材由集美大学诚毅学院邹芳、柳杨任主编,西安外事学院杨玉娍任副主编。具体编写分工如下:第二章、第三章、第四章、第七章、第八章由邹芳编写;第六章、第九章、第十章由柳杨编写;第一章、第五章由杨玉娍编写。

本教材既可作为高等院校的纳税筹划课程教材,也可作为纳税筹划咨询业务人员的参考书。

纳税筹划是一门具有综合性、应用性和动态性的边缘学科,其理论与实务尚处于探索阶段。在编写本教材的过程中,编者参考、引用和改编了国内外出版物中的相关资料以及网络资源,在此表示深深的谢意!相关著作权人看到本教材后,请与出版社联系,出版社将按照相关法律的规定支付稿酬。

限于水平,书中仍有疏漏和不妥之处,敬请专家和读者批评指正,以使教材日臻完善。

编　者

2023 年 8 月

所有意见和建议请发往:dutpbk@163.com
欢迎访问高教数字化服务平台:https://www.dutp.cn/hep/
联系电话:0411-84708445 84708462

目 录

第一章 纳税筹划总论 ... 1
- 第一节 纳税筹划的内涵 ... 2
- 第二节 纳税筹划的必要性与可能性 ... 8
- 第三节 纳税筹划的基本原理、原则与目标 ... 11
- 第四节 纳税筹划效应的实现与评价标准 ... 15

第二章 纳税筹划的方法、实施与风险 ... 21
- 第一节 纳税筹划的方法 ... 21
- 第二节 纳税筹划的实施步骤 ... 25
- 第三节 纳税筹划风险与控制 ... 30

第三章 增值税纳税筹划 ... 41
- 第一节 纳税人的筹划 ... 41
- 第二节 征税范围的筹划 ... 47
- 第三节 计税依据的筹划 ... 57
- 第四节 筹划风险与控制 ... 69

第四章 增值税的其他纳税筹划 ... 77
- 第一节 纳税时间的筹划 ... 77
- 第二节 税收优惠的筹划 ... 81
- 第三节 出口退税的筹划 ... 95
- 第四节 筹划风险与控制 ... 102

第五章 消费税纳税筹划 ... 109
- 第一节 征税对象和纳税环节的筹划 ... 109
- 第二节 税率的筹划 ... 112
- 第三节 计税依据的筹划 ... 117
- 第四节 税收抵扣与减免退税的筹划 ... 120
- 第五节 筹划风险与控制 ... 122

第六章 流转环节其他税种纳税筹划 ... 128
- 第一节 城市维护建设税的筹划 ... 129
- 第二节 资源税的筹划 ... 130

第三节　关税的筹划……………………………………………………… 133
　　第四节　契税的筹划……………………………………………………… 135
　　第五节　房产税的筹划…………………………………………………… 137

第七章　企业所得税纳税筹划…………………………………………………… 141
　　第一节　纳税人的筹划…………………………………………………… 141
　　第二节　税率的筹划……………………………………………………… 148
　　第三节　计税收入的筹划………………………………………………… 151
　　第四节　成本费用扣除的筹划…………………………………………… 154
　　第五节　境外所得抵扣的筹划…………………………………………… 168
　　第六节　税收优惠的筹划………………………………………………… 170

第八章　企业所得税的其他纳税筹划…………………………………………… 175
　　第一节　企业资本结构选择的筹划……………………………………… 175
　　第二节　企业组织形式决策的筹划……………………………………… 182
　　第三节　企业产权重组决策的筹划……………………………………… 186
　　第四节　企业股利分配形式选择的筹划………………………………… 189
　　第五节　筹划风险与控制………………………………………………… 190

第九章　个人所得税纳税筹划…………………………………………………… 196
　　第一节　纳税人及征税对象的筹划……………………………………… 196
　　第二节　计税依据的筹划………………………………………………… 202
　　第三节　计税方法的筹划………………………………………………… 213
　　第四节　税收优惠的筹划………………………………………………… 215

第十章　跨国公司的纳税筹划…………………………………………………… 219
　　第一节　跨国公司纳税筹划概述………………………………………… 220
　　第二节　利用公司组织结构的筹划……………………………………… 232
　　第三节　利用避税地进行筹划…………………………………………… 243
　　第四节　利用税收协定的筹划…………………………………………… 260
　　第五节　跨国公司经营活动的其他纳税筹划…………………………… 263

参考文献…………………………………………………………………………… 270

第一章

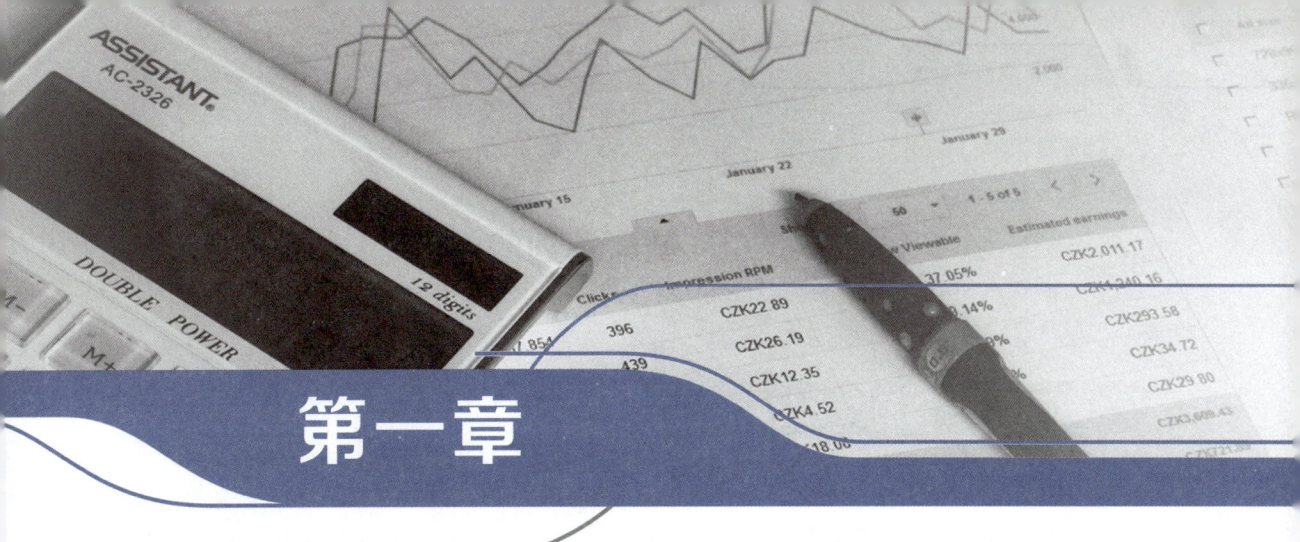

纳税筹划总论

教学目的与要求

了解纳税筹划产生与发展的历史以及中外学界、实务界对纳税筹划的概念界定，正确、全面地理解纳税筹划的内涵及特征，辨析与纳税筹划相关的经济行为，如纳税筹划与骗税、纳税筹划与偷税、纳税筹划与避税等。了解纳税筹划的必要性和可能性，重点理解纳税筹划的基本原理、原则与目标，在此基础上理解纳税筹划效应的实现及其评价标准。

导读

纳税筹划并非市场经济的产物，它源于人类的本性，不受时间、空间、社会制度等因素的限制。在中央电视台的大型电视纪录片《大国崛起》中，曾经这样描述15世纪荷兰的海运船只："它的设计非常独特，船肚子很大，所以船身很大很圆，而甲板很小。采取这样的做法是因为，在斯堪的纳维亚，船所缴纳的税取决于甲板的宽度，甲板越窄，付的钱越少。所以，荷兰人造的船甲板很小，船肚子很大，利润也就更多。在很大程度上，就是靠着这种船，荷兰人赢得了享誉世界的'海上马车夫'的称号。"而市场经济体制更是纳税筹划的沃土，因为几乎任何经济业务都与税有关，也几乎都存在纳税筹划的空间。那么，究竟什么是纳税筹划？如何辨析与纳税筹划相关的经济行为？纳税筹划有哪些基本原理、原则与目标？纳税筹划有哪些基本效应以及如何实现这些效应？对纳税筹划的评价标准又有哪些呢？

第一节　纳税筹划的内涵

一、纳税筹划的产生与发展

纳税人在不违反税收法律、法规的前提下,通过对经营、投资、理财活动的安排等进行筹划,尽可能地减轻税收负担以获取"节税"的税收利益的行为很早以前就存在,但是"纳税筹划"为社会关注和被法律认可,从时间上可以追溯到20世纪30年代。最为典型的是20世纪30年代英国的一则判例。1935年,英国上议院议员汤姆林爵士针对"税务局长诉温斯大公"一案,对当事人依据法律少缴税款做了法律上的认可,他说:"任何个人都有权安排自己的事业,依据法律这样做可以少缴税。为了保证从这些安排中得到利益……不能强迫他多缴税。"汤姆林爵士的观点获得了法律界的认同。这是第一次对"纳税筹划"做了法律上的认可。英国、澳大利亚、美国在以后的税收判例中经常接引这一原则精神。此后,不少税务专家和学者对纳税筹划有关理论的研究不断向深度和广度发展。

随着社会经济的发展,纳税筹划日益成为纳税人理财或经营管理中不可缺少的一个重要组成部分。尤其近30年来,纳税筹划在许多国家更是蓬勃发展。正如美国南加州大学W.B.梅格斯博士在《会计学》中谈到的那样:"美国联邦所得税变得如此复杂,使为企业提供详尽的纳税筹划成了一种谋生的职业。现在几乎所有公司都聘用专业的税务专家,研究企业主要经营决策上的税收影响,为合法地少纳税制订计划。"

同时,关于纳税筹划理论研究的文章、刊物、书籍也应运而生,新作不断,这进一步推动了纳税筹划理论研究向纵深化发展。例如,以提供税收信息驰名于世的一家公司(The Bureau)除出书以外,还定期出版两本知名度很高的国际税收专业杂志,一本叫作《税收管理国际论坛》,另一本就是《纳税筹划国际评论》。这两本杂志中有很大篇幅讲的都是纳税筹划。其中1993年6月刊载的一篇文章,就是关于国际不动产的纳税筹划问题的,涉及比利时、加拿大、丹麦、法国、德国、爱尔兰、意大利、日本、荷兰、英国、美国等13个国家。还有一家很有名气的伍德赫得·费尔勒国际出版公司(在纽约、伦敦、多伦多、悉尼、东京等地设有分支机构)于1989年出版过一本名为《跨国公司的纳税筹划》的专著。书中提出的论点及纳税筹划的技术在一些跨国公司中颇有影响。有的专著不以"纳税筹划"为名,比如霍瓦斯公司出版的《国际税收》(1997),全书共有894页,讲的全是税收的国际筹划。书中旁征博引了包括我国在内的38个国家和地区的资料。

西方国家对纳税筹划(Tax Planning,Tax Saving)几乎家喻户晓,而在我国,纳税筹划在改革开放初期还是鲜为人知的,只是近几年才逐渐为人们所认识、了解和实践。改革开放初期,人们对纳税筹划很敏感,尤其是政府部门及新闻、出版单位。关于节税方面的文章、著作,由于担心其负面影响(如减少政府收入等),曾一度被打入"冷宫"。随着改革开放的不断深入与社会主义市场经济的不断发展,人们对节税才有了新的认识。企业采取节税措施,减轻税收负担,一方面会导致政府税收收入的直接减少,但另一方面也有利于发现税收制度与政策的缺陷与漏洞,从而可以促进税制完善、堵塞漏洞、加强征管。同时,人们也逐渐认识到,纳税筹划不仅符合国家税收立法意图,还是纳税人纳税意识提高的必然结果和具体表现,是维护纳税人自身合法权益的重要组成部分。回顾我国纳税筹划短暂的发展历史,其可以分为三个阶段:

1.纳税筹划与偷税分离阶段

在这一阶段,人们逐渐认识到,纳税人不必采取偷税等违法手段来达到减轻税收负担的目的,可以采取合法方式,即在不违反税收法律、法规的前提下合法规避税收负担。在这一时期,人们还没有对纳税筹划与避税进行细致区分,很多时候把二者混为一谈。从这一时期的有关文章、书籍可以略见一斑。如《企业纳税技巧与避税大全》等书籍中把避税视同纳税筹划,而且大多数是从国外有关避税的书籍中借鉴过来的,对纳税人来说还很难有直接的针对性和可操作性。因此,这一时期从政府主导媒体到纳税人还很难认可纳税筹划。

2.纳税筹划与避税相分离阶段

在这一阶段,人们逐渐认识到,纳税筹划与避税并不是一回事。有的学者开始把纳税筹划与避税进行细致区分,把避税划分为正当避税和不正当避税。凡是符合国家立法意图,又符合国家税收政策法规从而达到节税目的的称为正当避税,正当避税即为纳税筹划。而凡是不符合国家立法意图,蓄意钻税收法律、法规的空子的,称为不正当避税。国家通过完善税法、堵塞漏洞以及制定反避税措施来防范不正当避税。因此,这一时期人们对纳税筹划有了进一步的认识,但仍然停留在概念阶段,还没有在实务中进行突破,这一阶段,很难找到一本系统阐述纳税筹划理论及实务操作的专著。

3.纳税筹划系统化阶段

这一阶段,《中国税务报》筹划周刊起了至关重要的作用。有的专家、学者对纳税筹划进行系统论述,从纳税筹划的历史沿革到纳税筹划的比较;从纳税筹划概念到纳税筹划与避税的区别;从纳税筹划的基本思路到纳税筹划的实务操作都有了较为系统的研究,而且从政府角度,特别是从税务代理角度提到了纳税筹划的内容。

纵观纳税筹划产生与发展的历史,我们不难看出影响纳税筹划发展的原因不外乎有三个。一是纳税人的内在需求。任何时代,从纳税人角度来看,降低税收负担都符合纳税人的内在需求,甚至很多纳税人不惜违法,以偷税手段来达到少缴税款的目的。因此,纳税人的内在需求是推动纳税筹划得以发展的原动力。二是纳税筹划的空间。纳税筹划的结果是节税,是任何纳税人所追求的,但纳税筹划过程是相当复杂的,它依赖于纳税筹划的空间,并不是所有税种、所有项目都有纳税筹划的空间。因此,人们对纳税筹划空间的认识和纳税筹划技术的把握就成为影响纳税筹划的第二个因素。三是社会对纳税筹划的法律认可程度。当社会对纳税筹划抱有偏见时,就会阻碍纳税筹划的历史进程,相反,社会对纳税筹划高度认可时,纳税筹划的发展步伐就会加快。

二、纳税筹划的概念

纳税筹划形成较为完整的理论与实务体系的标志应该是1959年欧洲成立的税务联合会,其成员包括美国、法国、德国、意大利等22个国家,由从事税务咨询的专业人士和团体组成,明确提出以税务咨询为中心开展税务服务,而纳税筹划就是其服务的主要内容。

荷兰国际财政文献局《国际税收辞汇》认为,纳税筹划是指纳税人通过经营活动或个人事务活动的安排,实现缴纳最低税收的活动。印度税务专家 N. T. 雅萨期威在《个人投资和税务筹划》中认为,税务筹划是纳税人通过财务活动的安排,充分利用税务法规提供的包括减免在内的一切优惠政策,从而享受最大的税收利益。美国加州大学 W. B. 梅格斯与 R. F. 梅格斯合著的《会计学》也认为,纳税筹划是人们合理而又合法地安排自己的经营活动,使之缴纳尽可能最低的税收。

尽管在发达国家纳税人对纳税筹划耳熟能详、充分利用,在我国,纳税筹划仍处于初级阶段,但法人和自然人对纳税筹划极其关注却是不争的事实。鉴于纳税人和税务机关法律地位平等,但权利义务不对等,纳税筹划在我国形成了独具中国特色的概念。下面是国内学者对纳税筹划几种比较典型的认识:

唐腾翔将纳税筹划限定为节税,认为"纳税筹划指的是在法律规定许可的范围内,通过对经营、投资、理财活动的事先筹划和安排,尽可能地取得节税的税收利益。"

盖地借鉴税务会计与税收会计的界定方法,主张对纳税人的纳税筹划使用"税务筹划"概念,并将税务筹划范围界定为节税、避税和税负转嫁。他对税务筹划给出了如下定义:"税务筹划是纳税人依据所涉及的税境,在遵守税法、尊重税法的前提下,为规避涉税风险、控制或减轻税负,做出的有利于实现企业财务目标的谋划、对策与安排。狭义的税务筹划仅指节税,广义的税务筹划既包括节税,又包括避税,还包括税负转嫁。"

张中秀采用"纳税筹划"这一概念,并将纳税筹划的范围进一步拓宽,认为"纳税筹划应包括一切采用合法和非违法手段进行的纳税方面的策划和有利于纳税人的财务安排,主要包括节税筹划、避税筹划、转退税筹划和实现涉税零风险。"

纳税筹划在我国尚属于较新的领域,在纳税筹划概念上并没有统一的认识,但是其基本内涵是一致的。归纳起来看,纳税筹划是指纳税人为达到减轻税收负担和实现税收零风险的目的,在税法所允许的范围内,对企业的经营、投资、理财、组织、交易等各项活动进行事先安排的涉税管理活动。由此看来,应该从如下几个方面来理解纳税筹划的概念:

第一,纳税筹划的主体是纳税人。纳税人既包括法人,也包括自然人。中介机构及其执业人员接受纳税人委托进行的纳税筹划活动,并不改变纳税人进行筹划的主体身份。

第二,纳税筹划的客体是纳税人的生产经营活动或财务管理活动。纳税人通过对这些活动的运筹和谋划来达到企业价值和财务利益的最大化目标。筹划的客体范畴广泛,涉及企业生产经营的各个环节或财务管理的整个过程。

第三,纳税筹划是纳税人在纳税义务发生之前对相关事项的事先安排。一项生产经营活动发生后,其纳税义务即是确定的;而纳税人的纳税义务发生之后,就必须依法纳税,已经不存在筹划的空间。

第四,纳税筹划的终极目标是企业价值和财务利益的最大化,是通过防范涉税法律风险、准确履行纳税义务实现的。纳税筹划给企业带来的直接收益是涉税行为产生的税收成本差异,但是评价纳税筹划成功与否的标准,是能否有利于企业价值最大化,而不是某一时点、某一项目带来的税收成本的节省。

总的来说,纳税筹划概念具有狭义与广义之分。狭义的纳税筹划是指纳税人为了规避或减轻自身税收负担而利用税法漏洞或缺陷进行的非违法的避税法律行为,利用税法特例进行的节税法律行为,以及为转嫁税收负担所进行的转税经济行为。其中,税法漏洞是指税法中由于各种原因遗漏的规定或规定的不完善之处;税法缺陷是指税法规定的错误之处;税法特例是指在税法中因政策等需要对特殊情况做出的某种优惠规定。狭义纳税筹划包括避税筹划、节税筹划和转嫁筹划。

广义的纳税筹划是指为了规避或减轻自身税负和缴纳费用,防范、减轻甚至化解纳税风险,以及使自身的合法权益得到最充分保障而进行的一切筹谋、策划活动。其中,纳税风险是指由于税收政策发生变化、实施新的税收征管办法、调整所得税税率、开征新的税种、取消原有税收优惠政策等税收环境变化而导致纳税人税负加重的风险;或者由于不懂税法或对税法理解不正确等原因而可能受到法律制裁的风险。缴纳费用是指纳税人或其委托代理人依法计算、申报和缴纳应纳税款过程中发生的费用。这些费用由纳税人承担。

三、纳税筹划的特征

1. 合法性

合法性强调纳税筹划的行为本身是符合税法规定的,其最基本的特点就是遵守税法。这也是纳税筹划和偷税等违法行为的最大区别。税收具有强制性、无偿性、固定性的特点。纳税人发生纳税义务后,应按照税法的规定及时、足额缴纳税款,任何不缴、少缴或推迟缴纳税款的行为都是违法的。纳税筹划的合法性在于遵守税法的基本规定,及时、足额缴纳税款。

2. 预期性

预期性强调的是一种超前性,即要在纳税义务发生之前进行规划、设计、安排。若经营活动导致的纳税义务已经发生,应纳税额已经确定,再去谋求少缴税款或不缴税款则不能认为是纳税筹划。纳税筹划实际上就是以税法的各项规定为指导,通过对生产经营活动的事先谋划来安排纳税义务的内容和发生时间等。

3. 目的性

纳税筹划要求企业能够防范涉税法律风险、准确履行纳税义务。准确与否,在于纳税筹划能否有利于实现企业价值和财务利益最大化的目标。纳税筹划必须服从、服务于企业价值和财务利益最大化的终极目标。

4. 风险性

风险性主要体现为筹划方案的设计具有主观性、筹划方案的实施具有条件性等,这些都会带来筹划风险。纳税筹划要尽量使方案的风险最小化,要在收益与风险之间进行全面权衡,以保证真正取得财务利益。

5. 专业性

纳税筹划要求在精通国家税收制度、政策及征管规定的基础上,结合企业生产经营内容、特点及不同时期的管理需求和发展目标,对企业涉税的交易和事项进行统筹安排,通过税收成本差异来实现企业价值和财务利益最大化的目标。因此,纳税筹划的专业性较强,进行筹划必须由税收、会计核算、财务管理等专业素养较强的人员组织实施。而且随着经济的不断发展,专业化要求日益加强,税务师事务所、会计师事务所等中介机构接受委托开展纳税筹划业务,使纳税筹划体现出更强的专业性特点。

6.综合性

首先,纳税筹划应着眼于纳税人税后收益的长期稳定增长,而不能仅限于个别税负的高低。一种税少缴了,另一种税就有可能多缴,整体税负不一定减轻。纳税支出的最小化方案不一定等于资本收益的最大化方案。其次,纳税筹划也有一定的成本,筹划的结果应是综合收益最高。再次,必须加强各部门通力协作,按照税法的规定操作,各涉税环节统筹规划和控制,这样才能真正节约税收成本,规避税收风险。

四、与纳税筹划相关的概念

(一)纳税筹划与偷税

1.偷税的法律界定与法律责任

偷税是以非法手段逃避税收负担,即纳税人缴纳的税款少于其按税法规定应缴纳的税款。偷税可能采取匿报应税所得或交易项目、不提供纳税申报、伪造交易事项的方式或者采取欺诈手段假报正确的数额。其特点是违法性、隐蔽性、现实性、目的性等,主要表现有伪造、变造、擅自销毁税收资料;多列支出、少列收入;通知申报拒不申报;骗取税收优惠等。

根据刑法修正案(七),偷税罪已被逃税罪取代。新《刑法》第201条规定:纳税人采取欺骗、隐瞒手段进行虚假纳税申报或者不申报,逃避缴纳税款数额较大并且占应纳税额百分之十以上的,处三年以下有期徒刑或者拘役,并处罚金;数额巨大并且占应纳税额百分之三十以上的,处三年以上七年以下有期徒刑,并处罚金。扣缴义务人采取前款所列手段,不缴或者少缴已扣、已收税款,数额较大的,依照前款的规定处罚。对多次实施前两款行为,未经处理的,按照累计数额计算。有第一款行为,经税务机关依法下达追缴通知后,补缴应纳税款,缴纳滞纳金,已受行政处罚的,不予追究刑事责任;但是,五年内因逃避缴纳税款受过刑事处罚或者被税务机关给予二次以上行政处罚的除外。

2.纳税筹划与偷税的区别

(1)行为主体不同

纳税筹划的行为主体是可能的纳税人;偷税的行为主体是纳税义务人。

(2)实现途径不同

是否违法是纳税筹划与偷税之间最本质的区别。偷税是触犯了国家相关税收法律的行为,其最大特点是违法甚至犯罪,要承担相应的法律责任,构成逃税罪的,还要承担刑事责任;纳税筹划则是在不触犯国家法律情况下的一种涉税行为,纳税人在进行纳税筹划时所涉及的收入、支出等的安排,是在税法未禁止的框架下进行的。

(二)纳税筹划与避税

1.避税的概念

避税是指纳税人利用税法上的漏洞或税法允许的办法,做适当的财务安排或税收策划,在不违反税法避税规定的前提下,达到减轻或解除税负的目的。其特点是不违法性、现实性、低风险高效益性,主要表现为利用税法的缺陷和漏洞等。按照避税行为与税收法律意图的关系,纳税人的避税行为可以分为顺法避税与逆法避税。随着国际反避税措施的实行和我国反避税制度的逐步建立,对顺法避税、逆法避税和纳税筹划加以区分就显得十分必要。

2. 纳税筹划与顺法避税

纳税筹划与顺法避税都是顺应国家税收法律、法规的意图来安排经济活动、融资活动、投资活动的行为。顺法避税及其结果从本质上与税法设置的初衷一致,纳税人和国家都能从中受益。显然,这是政府所希望的,对于这种行为,税收征管部门应给予支持和鼓励。纳税筹划属于顺法避税的范畴,正因为如此,政府不仅应该,而且必须支持企业的纳税筹划。

3. 纳税筹划与逆法避税

与顺法避税不同,某些纳税人有意违背政府的立法意图,利用税法的缺陷和漏洞安排经营活动与财务活动,以规避或减轻纳税义务,这种避税行为称为逆法避税。纳税人的逆法避税,虽然有悖于国家税法的立法意图,但根据大陆法系和英美法系都有"法无明文规定者不为罪"的原则,它在形式上却又是合法的。例如,为了鼓励企业创新、推动技术进步,我国政府对符合条件的高新技术企业实行企业所得税税率15%的优惠政策,于是,一些企业便利用各种手段,把自己变成所谓的高新技术企业。这些假高新技术企业虽然也能享受税收优惠待遇,减轻自己的税收负担,但对整个国家而言,并没有达到技术创新进步的目的。这类企业的避税行为就不符合我国税法的立法意图,属于逆法避税。

逆法避税虽然在形式上是合法的,但对社会造成的负面影响却是严重的,减少了国家财政收入,影响国家宏观调控目标的实现,扰乱了社会经济秩序。一般来说,企业常用的逆法避税方法主要有利用有伸缩性的税法条款避税、利用资本弱化避税与利用转让定价避税。由此可见,纳税筹划与逆法避税有着天壤之别。

(三)纳税筹划与漏税

漏税是指纳税人无意识(非故意)发生的漏缴或少缴税款的行为。偷税与漏税有时难以区分界定。对确属漏税的,一般应限期补缴税款(包括应付利息),不应处以罚金和追究刑事责任。

(四)纳税筹划与骗税

骗税是指采取弄虚作假和欺骗手段,将本来没有发生的应税(应退税)行为虚构成发生了应税行为,或将小额的应税(应退税)行为伪造成大额的应税行为,即事先根本没有向国家缴过税,或没有缴过那么多税,而从国库骗取出口退(免)税或减免税款的行为。骗税行为应负相应的法律责任,包括行政责任和刑事责任。

(五)纳税筹划与抗税

1. 抗税的概念

抗税是指以暴力或威胁的方法拒不缴纳税款的行为。抗税是所有未按照规定缴纳税款的行为中手段最恶劣、情节最严重、影响最坏的行为,是一种明目张胆地对抗国家法律的行为。

2. 抗税的特征

构成抗税行为的关键特征是对税务机关和税务人员实施暴力和威胁。抗税行为成立与否并不取决于抗拒缴纳税款数额的大小。只要以暴力、威胁方法拒不缴纳税款,不管税款多少,都可构成抗税。抗税行为应负相应的法律责任,包括行政责任和刑事责任。

(六)纳税筹划与欠税

1.欠税的概念及法律责任

欠税是指纳税人超过税务机关核定的纳税期限而发生的拖欠税款的行为。

欠税的法律责任视情节轻重按如下处理:若欠税 50% 以上处 5 倍以下的罚款;若是故意欠税,则不能获得减税、免税待遇,停止领购增值税专用发票(改由税务机关代开);等等。

2.逃避追缴欠税罪的概念及法律责任

逃避追缴欠税罪是指纳税人欠缴应纳税款,采取转移或者隐匿财产的手段,致使税务机关无法追缴税款的行为。

被判定为逃避追缴欠税罪应同时具备的四个条件:第一,有欠税的事实存在;第二,转移或隐匿财产;第三,致使税务机关无法追缴;第四,数额在 1 万元以上。

注意,缓缴税款不是欠税。纳税人确有特殊困难的,经批准,可延期缴纳税款,但最长不超过 3 个月。

(七)纳税筹划与税负转嫁

1.税负转嫁的概念

税负转嫁是指纳税人为了达到减轻税负的目的,通过价格的调整与变动,把所纳税款转嫁给他人负担的过程。税负转嫁的实质是国家税收负担在纳税人与其他社会主体之间的重新分配。

2.税负转嫁的特征

税负转嫁的特征主要有以下几点:第一,不影响税收收入,只导致归宿不同;第二,依靠价格变动来实现,与商品价格直接联系;第三,不存在法律上的问题;第四,商品的供求弹性直接影响税负转嫁程度与方向;第五,适用范围较窄,受制于价格、商品供求弹性和市场供求状况;第六,因引发市场占有率下降,迫使纳税人主动放弃。

第二节 纳税筹划的必要性与可能性

一、纳税筹划的必要性

企业的纳税筹划对于企业自身而言是极其必要的,也是当前经济发展在税收方面对企业的客观要求。具体而言,纳税筹划的必要性主要表现在以下几个方面:

(一)纳税筹划是在依法履行纳税义务的前提下充分维护自身合法权利的要求

税法要求纳税人依法履行纳税义务,对纳税人的行为做出了要求和限定。同时,企业作为纳税人,也享有特定的权利。纳税筹划就是纳税人的一项基本权利,同时承担着维护企业自身合法权利的重任。企业通过纳税筹划获得的税收利益是合法的。

作为企业,首先必须尊重税法并遵守税法的各项规定,这是开展纳税筹划的前提。在纳税筹划的操作过程中,由于将企业在税收操作方面的利益充分地考虑了进来,因此,企业自身应当行使的合法权利,可以通过纳税筹划最大限度地加以保障。

(二)纳税筹划是企业经营管理特别是涉税管理的重要内容

纳税人的纳税筹划行为需要采用一系列的方案和措施,特别是对于那些税收负担较重的企业而言,纳税筹划就显得更加重要了。纳税人为增加企业效益,需要采用合法的手段进行筹划,任何违法的手段(如偷税等)都是不可取的,企业也会为自己的违法行为承担相应的法律责任。在符合国家的税收政策、不违反国家各项法规的前提下,企业精心安排自己的经营决策方案,筹划自己的纳税行为,都是值得支持和鼓励的。与不进行筹划相比较,纳税筹划可以通过合理、合法的方式减轻纳税人的税收负担,给纳税人带来直接的经济利益。

(三)纳税筹划是企业应对国际化竞争趋势的必然选择

目前,企业的竞争更多地呈现国际化的特点,国际的交流和合作更加凸显。在这样一种大环境下,企业的税收环境变得更加复杂,对纳税筹划提出了新的、更高的要求。从税收法律、法规的角度来看,企业纳税的依据不仅有国内税法,还有WTO规则等。从企业税收征管的主体来看,不仅有国内政府,还有WTO及其成员。从现实的情况来看,跨国经营企业的纳税筹划在当前的纳税筹划实务中所占的比例越来越大。因此,企业的纳税筹划在当前应对国际化竞争方面更具必要性。

(四)纳税筹划是企业产权清晰化的客观要求

现代企业制度具有产权清晰、权责分明、政企分开、管理科学的特点。纳税筹划的开展和推行,是建立在企业自主经营、自负盈亏的基础上的。在政企不分的时代,企业的纳税筹划难以得到有效的开展。随着现代企业制度的建立,纳税筹划逐渐有了发展空间和生存的土壤。由于改制后的企业产权更加清晰、更加明确,纳税筹划作为在税收方面的谋划,对于节约税收成本、增加税后利润具有十分重要的意义。

(五)纳税筹划是更有效发挥税收经济杠杆作用的要求

在市场经济条件下,利润的高低决定了资本的流向,而追求利润最大化正是企业经营的根本目的,所以资本总是流向利润最大的行业、企业。国家为了优化产业结构,引导社会资源的最优配置,通过税收政策的制定来调节不同产业、不同行业或不同地区及企业的利润水平。企业想通过纳税筹划来降低税收费用,增加净收益,实现自身利润最大化的目的,就必须符合国家的政策要求,配合国家的宏观调控政策。所以客观上,纳税筹划促进了税收经济杠杆作用的发挥。

(六)纳税筹划是贯彻税法、完善税法的要求

纳税筹划人为了帮助纳税人减轻更多的税收负担,总是密切关注着国家税制法规和新

税收政策的出台,并及时根据税收政策、法规的变动调整企业的生产经营活动。从这方面而言,纳税筹划在客观上起到了更快、更好地贯彻税收法律、法规的作用。同时,在纳税筹划的过程中,有时也不免会出现纳税人利用税法不完善之处或税法漏洞进行避税的情况,这实质上也是对国家税法和税收政策不完善之处的反馈,也会在客观上促进税法的不断完善。

二、纳税筹划的可能性

纳税筹划并不是自古就有的,它是一定历史时期的特定产物,进行纳税筹划必须符合一定的条件,这些条件可分为主观条件和客观条件。

(一)纳税筹划的主观条件

任何纳税筹划行为,其产生的根本原因都是经济利益的驱动,即追求经济主体自身经济利益的最大化。税收尽管是每个纳税人应尽的义务,但作为生产经营活动的支出项目,无论它是怎样的公正合理毕竟是纳税人直接经济利益的一种损失,是一种负担,所以从经济主体的趋利性本质而言,每个纳税人都希望其税收负担越小越好。所以纳税人主观上都愿意进行纳税筹划。

(二)纳税筹划的客观条件

纳税人进行纳税筹划的意愿必须具备一定的客观条件才能实现,这些条件为纳税筹划提供了可能。具体要具备以下三方面的客观条件:

1. 税收政策条件

不同经济性质的纳税人适用的税收政策具有差异性,不同行业的纳税人适用的税收政策具有差异性,不同地区的纳税人适用的税收政策具有差异性。纳税人可以依据不同情况下税收政策的不同,合理安排生产经营活动,以达到纳税筹划的目的。

2. 税制要素条件

我国税法在税制要素设置上具有差异性,例如,在纳税人定义上的可变通性、税基确定的伸缩性、税率上的差别性。税法规定的各种减免税为纳税筹划提供了可能。纳税人可以利用这种差异安排生产经营活动,进行纳税筹划。

3. 会计处理条件

会计法和财务管理制度有关于企业生产经营及财务事项的规定,如对折旧方法的选择、允许列支项目及允许列支时间的选择、企业坏账准备处理、合同收入的确定等。这些事项的不同处理会直接或间接影响到税收。实质上,纳税筹划最终会落在这些事项的筹划和处理上。所以,利用会计政策的有关规定,合理合法地安排生产经营及财务事项,为纳税筹划提供了条件。另外,税务代理机构及纳税筹划人的出现为企业纳税筹划提供了更为高效和便利的条件。

第三节　纳税筹划的基本原理、原则与目标

一、纳税筹划的基本原理

(一)根据收益效应分类

1. 绝对收益筹划原理

绝对收益筹划原理是指使纳税人的纳税总额绝对减少,从而取得绝对收益的原理。它又分为直接收益筹划原理和间接收益筹划原理。直接收益是指直接减少了某一个纳税人的纳税绝对额而取得的收益;间接收益是指某一个纳税人的纳税绝对额没有减少,但税收客体所负担的税收总额减少,间接减少了另一个纳税人的纳税绝对额而取得的收益。

【案例1-1】　某公司设立时,关于注册地有两种考虑:设在一般地区或设在西部地区。假设能取得的应纳税所得额为100万元,一般地区的所得税税率为25%,西部地区的所得税税率为15%,其他因素相同。

方案1　设在西部地区
应纳所得税额=100×15%=15万元
方案2　设在一般地区
应纳所得税额=100×25%=25万元

2. 相对收益筹划原理

相对收益筹划原理是指纳税人一定时期内的纳税总额并没有减少,但某些纳税期的纳税义务递延到以后的纳税期实现,因此取得了递延纳税额的时间价值,从而取得了相对收益。该原理主要考虑了货币的时间价值。

【案例1-2】　假设一个公司的年度目标投资收益率为10%,在一定时期内所取得的税前所得相同。如果税法允许计提固定资产折旧的方法有平均年限法、加速折旧法、一次计入费用法,其结果假定是:

方案1　采用平均年限法:$T_{1-1}=T_{1-2}=T_{1-3}=100$万元,即每年缴纳的所得税相同。
方案2　采用加速折旧法:$T_{2-1}=50$万元,$T_{2-2}=100$万元,$T_{2-3}=150$万元。
方案3　采用一次计入费用法:$T_{3-1}=0$万元,$T_{3-2}=150$万元,$T_{3-3}=150$万元。

(1)三年的预期纳税绝对总额为:

方案1　$\sum T_1 = T_{1-1}+T_{1-2}+T_{1-3}=100+100+100=300$万元
方案2　$\sum T_2 = T_{2-1}+T_{2-2}+T_{2-3}=50+100+150=300$万元
方案3　$\sum T_3 = T_{3-1}+T_{3-2}+T_{3-3}=0+150+150=300$万元

该公司采用不同的方案在三年内的预期纳税绝对总额是相同的,都是300万元。

(2)把预期纳税绝对总额按目标投资收益率折算成现值P_i:

方案1　$\sum T_1$的预期纳税绝对总额的现值为:
$P_1=100/(1+10\%)+100/(1+10\%)^2=273.55$万元

方案 2　ΣT_2 的预期纳税绝对总额的现值为：

$P_2=100/(1+10\%)+150/(1+10\%)^2=264.88$ 万元

方案 3　ΣT_3 的预期纳税绝对总额的现值为：

$P_3=150/(1+10\%)+150/(1+10\%)^2=260.33$ 万元

(3)筹划方案的相对节减税额 ΣS_i 为：

方案 2　$\Sigma S_2=P_1-P_2=273.55-264.88=8.67$ 万元

方案 3　$\Sigma S_3=P_1-P_3=273.55-260.33=13.22$ 万元

(二)根据着力点分类

1.税基筹划原理

税基筹划原理是指通过减少税基来减少纳税的方法。常见的税基筹划技术有：筹资方式选择纳税筹划技术、费用摊销纳税筹划技术、存货计价纳税筹划技术、折旧计算纳税筹划技术、资产租赁纳税筹划技术等。

【案例 1-3】　某公司转让技术，与 A 客户签订协议共收取 800 万元。如何纳税最划算？

税法规定，一个纳税年度内，居民企业技术转让所得不超过 500 万元的部分，免征企业所得税；超过 500 万元的部分，减半征收企业所得税。

方案 1　与 A 客户的协议确认为一次性转让并收取 800 万元：

$\Sigma T_1=(800-500)\times 25\%\times 50\%=37.5$ 万元

方案 2　与 A 客户的协议确认为分期转让，第一年收取 400 万元，第二年收取 400 万元：

$\Sigma T_2=0$ 万元

尽管在两个方案中，该公司两年内收取的技术转让收入都是 800 万元，但由于方案 2 将每年实现的技术转让收入控制在免征额以内，可以不承担税款，所以取得了更大的收益。

2.税率筹划原理

税率筹划原理是指利用国家税法制定的高低不同的税率，通过制订纳税计划来减少纳税的方法。常见的税率筹划技术有价格转移纳税筹划技术、选择低税率行业或地区进行投资等。

【案例 1-4】　王女士每月工资为 5 000 元，2021 年 12 月取得年度年终奖收入 36 360 元。如果不筹划，将会出现什么情况？请问如何为王女士的年终奖进行纳税筹划？

居民个人取得全年一次性奖金，符合《国家税务总局关于调整个人取得全年一次性奖金等计算征收个人所得税方法问题的通知》(国税发〔2005〕9 号)规定的，在 2021 年 12 月 31 日前，不并入当年综合所得，以全年一次性奖金收入除以 12 个月得到的数额，按照按月换算后的综合所得税税率表，确定适用税率和速算扣除数，单独计算纳税。

如果不进行任何纳税筹划，则先将全年一次性奖金除以 12，即 36 360/12=3 030 元，对照个人所得税税率表，查得 3 030 元所应适用的税率为 10%，速算扣除数为 210，王女士本月应缴纳的个人所得税=36 360×10%-210=3 426 元(工资刚好为 5 000 元，不用纳税)。

税负率=3 426/36 360×100%=9.42%

利用捐赠进行纳税筹划，具体情况如下：

如果王女士当月从年终奖中通过民政部门向当地非营利性养老院捐赠 360 元。此项捐赠支出允许税前全额扣除,扣除后则商数=(36 360-360)/12=3 000元,对照个人所得税税率表,查得3 000元所适用的税率为3%,速算扣除数为0,其本月应缴纳的个人所得税=(36 360-360)×3%=1 080元,比未捐赠前节税2 346(3 426-1 080)元。

筹划后,税负率=1 080/36 360×100%=2.97%,税负减轻了6.45%,以360元的支出换来2 346元的税收利益。

3. 税额筹划原理

税额筹划原理是指纳税人通过直接减少应纳税额的方法来减少自身的税收负担,主要是利用减免税优惠达到减少税收的目的。

【案例1-5】 某企业集团于2015年8月成立一家全资子公司,为保障生产安全,准备于2015年12月购置一大型安全生产专用设备,该设备价款为300万元。企业按规定可于2015年至2019年5年期限内抵免所得税300×10%=30万元。因该企业生产的产品为新型产品,预计未来3年企业将面临亏损,至第4年起将逐渐赢利,2015年及未来6年的预计利润额(假设无任何纳税调整事项)分别为:-200万元、-120万元、-50万元、80万元、130万元、250万元和400万元。该企业应如何进行筹划,才能最大程度地节税?

若企业于2015年12月购置该安全生产专用设备,则企业未来各年应缴纳的企业所得税如下:

2015—2017年为亏损年度,不需要缴纳企业所得税;

2018—2019年弥补前三年的亏损后仍未有盈利,也不需要缴纳企业所得税;

2020年弥补以前年度亏损后利润额为90万元,应缴纳企业所得税:90×25%=22.5万元,扣除购置安全生产专用设备抵免额后,不需缴纳企业所得税;

2021年应缴纳企业所得税:400×25%=100万元。

如果企业经过筹划,将该安全生产专用设备的购置时间推迟一个月,即在2016年1月购买,则该企业2015—2020年应缴纳的企业所得税不发生变化;企业2021年应缴纳的企业所得税还可以扣减安全生产专用设备的剩余抵免额7.5万元,应缴纳的企业所得税减少为92.5万元,企业由此获得7.5万元的节税收益。

二、纳税筹划的原则

纳税筹划有利于实现企业价值或股东权益最大化,所以许多纳税人都乐于进行纳税筹划。但是,如果纳税人无原则地进行纳税筹划,就可能达不到预期的目的。根据纳税筹划的性质和特点,企业进行纳税筹划应当遵循如下原则:

1. 合法性原则

纳税筹划活动必须在合法的前提下进行,才能保证所安排的经济活动、纳税方案为税收主管部门所认可,否则,必然要受到相应的惩罚并承担法律责任。还有一点需要注意的是,我国的财务处理与税收法律、法规、规章往往不尽一致,这是很正常的。当二者不一致时,必须以税收法律、法规、规章为准,这不仅是国际上的通行做法,也是我国税收法律、法规、规章所明确规定的。

2. 前瞻性原则

前瞻性表示事先规划、设计、安排的意思。在经济活动中,纳税义务通常具有滞后性。企业交易行为发生后才缴纳流转税(增值税、消费税及附加);收益实现或分配之后,才缴纳所得税;财产取得之后,才缴纳财产税。这在客观上提供了对纳税事先做出筹划的可能性。另外,经营、投资和理财活动是多方面的,税收规定也是有针对性的。纳税人和征税对象的性质不同,税收待遇也往往不同,这在另一个方面为纳税人提供了可选择较低税负决策的机会。

3. 经济性原则(成本效益原则)

纳税筹划可以减轻企业的税收负担,使企业获得更多的经济利益,因此,许多企业都乐于进行纳税筹划。但是,在具体操作中,许多纳税筹划方案理论上虽然可以少缴纳一些税金或降低部分税负,但在实际运作中却往往达不到预期效果。其中,很多纳税筹划方案不符合成本效益原则是造成纳税筹划失败的原因。纳税筹划归根到底属于企业财务管理的范畴,它的目标与企业财务管理的目标是相同的——实现企业价值最大化。所以在纳税筹划时,要综合考虑采取该纳税筹划方案是否会给企业带来综合成本与收益。

4. 适时调整原则

纳税筹划是一门科学,有其规律可循。但是,一般的规律并不能代替一切,不论多么成功的纳税筹划方案,都只是一定的历史条件下的产物,不是在任何地方、任何时候、任何条件下都适用的。纳税筹划的特征是不违法性,究竟何谓违法,何谓不违法,这完全取决于一个国家的具体法律。随着地点的变化,纳税人从一个国家到另一个国家,其具体的法律关系是不同的;随着时间的推移,国家的法律也会发生变化。企业面对的具体的国家法律、法规不同,其行为的性质也会因此而不同。由此可见,任何纳税筹划方案都是在一定的地区,一定的时间,一定的法律、法规环境条件下、以一定的企业的经济活动为背景制订的,具有针对性和时效性。一成不变的纳税筹划方案,终将妨碍企业财务管理目标的实现,损害企业股东的权益。

三、纳税筹划的目标

(一)纳税筹划的基本目标

1. 最大限度地降低税负,获取"节税"利益

在合理、合法的前提下,通过经营、投资、理财和内部事项的安排,最大限度地降低税负,获取"节税"利益。这是当前纳税筹划的最主要目标。

2. 少缴税和递延纳税

美国南加州大学 W.B. 梅格斯博士在与其他学者合著的《会计学》中提到,人们合理而又合法地安排自己的经营活动,从而缴纳可能最低的税款,他们使用的方法可称之为纳税筹划,少缴税和递延纳税是纳税筹划的目标所在。

3. 实现企业税后利润最大化

企业经营的目标是税后利润最大化,纳税筹划应当服从和服务于这一目标。因此,纳税筹划应综合考虑各种经营活动或各备选方案对企业税后净利润的影响,而不能仅仅着眼于

企业税负的高低。有学者认为,企业进行纳税筹划应服从企业的长期目标,以实现企业的可持续发展,从而在相当长的时期内实现利润最大化的目标。

4. 实现企业价值和财务利益最大化

纳税筹划作为企业经营活动的一个重要组成部分,贯穿于企业经营管理的全过程。纳税筹划要服务于企业财务利益和企业整体价值。在每一项经营管理活动的决策中都必须考虑纳税的影响,谋求经济利益,以实现企业价值和财务利益最大化。纳税筹划应综合考虑经营管理活动的收益和成本,最终要与企业整体的经济利益相协调。

(二)尽可能规避涉税风险

一般来说,传统的纳税筹划目标以降低税负和规避纳税风险为主,综合考虑了纳税成本和非纳税成本,从而在纳税成本最低化与纳税风险最小化之间实现了平衡,实现了企业的利益最大化。但是其过于考虑显性成本,忽视了隐性成本和机会成本;过于强调纳税风险,忽视了其他非税风险的存在;过于看重现实的纳税成本,忽视了货币的时间价值等。

为了使企业的纳税筹划目标合理化,避免传统纳税筹划目标所带来的种种局限,企业应确立以企业价值最大化为目的的纳税筹划目标,并以此来指导企业进行相关的纳税筹划活动。由于企业价值最大化本就是企业财务管理的合理化目标,其充分考虑了企业的长期利益和综合利益,避免了企业因单纯追求利润而引起的短视行为的发生,因此,建立在企业价值最大化基础上的纳税筹划活动也应是最合理、最有效、最具说服力的。

第四节 纳税筹划效应的实现与评价标准

一、纳税筹划效应

纳税筹划效应是指实施纳税筹划活动以后所产生的作用或结果。无论是政府还是纳税人,任何一方实施纳税筹划活动都会产生一定的效应。从效应作用的范围来看,可能是内部效应也可能是外部效应,或者说可能是自己的也可能是对方的。从效应作用的结果来看,可能是积极的,也可能是消极的。

(一)纳税筹划的经济效应

对企业而言,纳税筹划可以使其充分利用税收法律、法规等政策规定,尽可能地获得税收优惠。这不仅有助于增加企业的税后利润,也可以使其灵活应对日趋激烈的市场竞争环境,增强市场竞争能力和发展信心。

对国家而言,经济主体的纳税筹划将在一定时期和一定程度上减少税收收入,对国家的财政收入产生一定的影响。有人鉴于这种情况对纳税筹划心存疑虑而不提倡。事实上,纳税筹划是在国家税收法律、法规的范围内进行的,体现的是国家税收法律、法规等政策的意图与导向,有利于促进资本的流动和资源的合理配置,有利于促进产业布局的逐步合理和生产的进一步发展。

从长远和整体看，纳税筹划有利于涵养税源，促进社会经济的长期发展和繁荣，从而促使国家财政收入得以持续、稳定增长。我国经济特区和东部沿海省市经济发展的成功，很大程度上与经济主体利用国家税收政策进行纳税筹划有关。

(二)纳税筹划的管理效应

纳税筹划作为一项具有高度科学性、综合性的经济活动，是一项复杂的系统工程。对纳税主体来说，进行纳税筹划可以促使其完善生产、经营管理，加强财务核算，尤其是成本核算和财务管理。企业在进行纳税筹划方案设计时，必须要对企业本身的技术状况、行业属性与发展方向、产品特征和市场等做充分了解，这个过程涉及企业的各个生产经营领域和管理部门，这本身就有助于企业更清楚地掌握自身情况，并有助于发现问题、解决问题。从某种意义上来说，企业进行纳税筹划的过程，也是企业正视自我，认清发展方向，适当调整、加强管理，提高经营和管理效益的过程。

对税务机关来说，一方面，纳税筹划有利于其强化管理能力、提高管理水平。企业进行纳税筹划所带来的财务核算和财务管理的加强和规范，可以在一定程度上减轻税务人员对财务报表和账簿的审核及检查工作，从而使其能够将更多的精力投入到加强税收征管、履行税务机关应有的职责上来。另一方面，纳税筹划形式的发展将给税务机关带来一定压力。为了更好地了解企业的纳税筹划，并正确引导企业进行纳税筹划，税务人员必然要加强对企业生产、经营和投资行为的研究，加强对企业纳税筹划中新出现或可能出现的税收问题的探索，这将有助于税收管理的完善。

(三)纳税筹划的"传导"效应

市场经济条件下，国家对社会经济运行的调控主要是通过经济、法律以及必要的行政手段来进行的。国家的宏观调控直接作用于市场，政策目标的实现将依赖于作为市场主体的纳税人对国家政策做出正确、积极的回应。由于经济的不平衡发展和经济竞争的加剧，为了地区之间经济的协调与平衡发展，以及产业结构调整与优化的需要等，国家可能要在税收法规上做出一些特殊的政策规定和优惠措施。

要使政策目标能够更好地实现，就需要利用一定的经济利益引导企业进行一些经济行为调整。纳税筹划正是经济主体对国家税收法律、法规积极主动的反馈，有助于国家政策的实施。经济主体进行纳税筹划，尽管在主观上是为了减轻自己的税收负担，但在客观上却是在国家税收经济杠杆的引导下，逐步走向优化产业结构和合理配置资源的道路，体现了国家产业政策的导向性。

成功的纳税筹划意味着经济主体对国家税收法律、法规的全面理解和综合运用，对国家税收政策意图的准确把握。可以说，纳税筹划是国家税收法律、法规和政策导向的"传感器"，体现着国家宏观调控的方向和力度。如果没有经济主体的纳税筹划，国家的一些经济调节意图、政策导向和社会目标将很难实现，税收法律、法规的调控效用将受到很大影响。

纳税筹划在一定程度上还将对国家的宏观经济政策进行信息反馈，"传导"经济主体对宏观经济政策的反应，使国家能及时调整有关经济政策和战略，从而更好地促进社会经济持续、协调、健康发展。

经济主体的纳税筹划行为也向立法机关"传送"了税收法规和税收征管中不合理、不完善的有关信息。税务机关在加强对企业纳税筹划的审查和研究过程中,可以及时发现税收征管中存在的问题和税收法律、法规存在的缺陷,从而促进税收征管体制健全,提高税收征管水平,进一步完善税收法律、法规。

综上所述,纳税筹划对社会经济的影响是多方面、细微和逐渐显现的,其影响在一定程度上与筹划形式、市场环境和政策有关。如果对纳税筹划采取"围堵"的态度,就有可能促使其畸形化发展,加剧对社会经济的不良影响。因此,对纳税筹划应采取"疏导"的态度,大力发挥其积极效应。

二、用有效纳税筹划理念评价纳税筹划效应

(一)有效纳税筹划理念

有效纳税筹划理念的框架是以现代契约理论和交易成本理论为基础,研究在信息不对称的现实市场上,各种类型纳税筹划产生和发展的过程。契约理论将企业视为"一系列契约的联结",包括企业与企业(单位)、企业与政府、企业与个人(个人投资者、个人债权人、经营者、职工等)之间的契约。契约各方均是追求自身效用的最大化,一项契约的选择应该使总体的交易成本最小。纳税筹划是企业契约集合中的一个元素。税负最小化策略的实施可能会因非税因素而引发大量的交易成本,这些交易成本的存在甚至会高于纳税筹划产生的收益,因此,纳税筹划就必须考虑到相关各方的利益。有效纳税筹划框架的主要内容包括以下三个方面:(1)有效纳税筹划要求筹划者考虑拟进行的交易各方的税收含义;(2)有效纳税筹划要求筹划者在进行投资和融资决策时,不仅考虑显性税收(直接支付给税收管理当局的税收),还要考虑隐性税收(以取得较低税前收益率的形式间接支付给税收管理当局的税收);(3)有效纳税筹划要求筹划者认识到,税收仅仅是众多经营成本中的一种,在策划过程中必须考虑所有成本。

(二)纳税筹划效应的评价标准

在法律制度的约束下,通过内在经营机制的优化而谋求最大限度的利益增值,是市场法人主体经营理财的行为准则和根本出发点。纳税筹划作为市场法人主体维护自身利益的一种必要手段,在具体实施时应做好如下考虑:(1)市场法人主体采取何种纳税筹划方式才能达到最佳税负减轻效应,即有利于企业自身价值和财务利益的最大化;(2)这种减轻税收负担行为的实施对市场法人主体当前及未来的发展是否会产生现实的或潜在的机会损失;(3)取得的税负减轻效应与形成的机会成本配比的结果是否真正有利于市场法人主体内在经营机制的优化和良性循环;(4)纳税人主体减轻税负行为的配组结构是否具有顺应动态市场环境的应变能力,即具有怎样的结构弹性及可能的结构调整成本和风险程度;(5)市场法人主体所实施的纳税筹划行为是否隐藏着遭受法律惩处的可能性,一旦避税不利,将给市场法人主体带来怎样的后果等。

显然,在客观条件具备的前提下,纯粹的主观动机或愿望并非直接意味着纳税人主体能

有效地实施纳税筹划,减轻税收负担。而只有将主观动机与决算素质灵活地融汇于具体的经营理财行为之中,并通过对客观条件的深刻认识和充分把握,在对未来市场动态准确预期的基础上,选择适宜的筹资、投资等配置方式与结构,才有可能在实现税收成本相对降低的同时,达成股东权益最大化的财务目标。否则,单向的主观纳税筹划愿望的冲动与盲目行为组合的随机择取,必然会降低纳税筹划的效应,甚至对市场法人主体自身带来负面影响。

是不是好的纳税筹划要看该筹划能否很好地体现纳税促进筹划的管理效应,还要看该筹划能否在给纳税主体带来经济效应的同时,促进企业财务管理制度的进一步合理化,以及企业的纳税筹划方案,是否对企业本身的技术状况、行业属性与发展方向、产品等具有指导性,是否加强了企业各部门之间的相互协作配合,是否对企业正确认识自我、解决自身问题以及对未来发展方向、加强管理提高经营管理效益大有裨益。

此外,一个筹划方案是否符合传导效应,也是评价该方案效应的标准。好的纳税筹划方案往往暴露出税收法律、法规和税务机关在征收管理工作上的疏漏,使得税务机关认识到自身的不足,加强自身管理并弥补工作中的不足,进一步提高征管水平,完善税收法律、法规。好的纳税筹划紧跟国家宏观调控方向,根据国家的调控政策结合自身实际情况进行筹划,对宏观调控目的的有效实现发挥积极作用;同时它还可以通过市场经济机制及时地反馈调控政策得失,提高宏观调控效率。

由此可以得出:纳税筹划效应的好坏是有一定标准来衡量的,纳税主体进行筹划要根据该标准来衡量筹划方案的好坏,这样政府、市场、纳税主体三者相互结合,相互作用,互有裨益,良性循环,可为经济社会稳定运行奠定基础。

本章小结

1. 纳税筹划概念有狭义与广义之分。狭义的纳税筹划包括避税筹划、节税筹划和税负转嫁筹划。广义的纳税筹划则是指为了规避或减轻自身税负和缴纳费用,防范、减轻甚至化解纳税风险,以及使自身的合法权益得到最充分保障而进行的一切筹谋、策划活动。

2. 纳税筹划具有合法性、预期性、目的性、风险性、专业性、综合性等特点。

3. 进行纳税筹划是在依法履行纳税义务的前提下充分维护自身合法权利的要求,是企业经营管理特别是涉税管理的重要内容,是企业应对国际化竞争趋势的必然选择,是企业产权清晰化的客观要求,是更有效发挥税收经济杠杆作用的要求,是贯彻税法、完善税法的必然要求,其产生既有主观条件,也有客观条件。

4. 纳税筹划的基本原理,根据收益效应可分为绝对收益筹划原理和相对收益筹划原理;根据着力点不同可分为税基筹划原理、税率筹划原理和税额筹划原理。

5. 纳税筹划的原则包括合法性原则、前瞻性原则、经济性原则(成本效益原则)、适时调整原则;基本目标是最大限度地降低税负,获取"节税"利益,少缴税和递延纳税,实现企业税后利润最大化,实现企业价值和财务利益最大化。

6. 纳税筹划效应包括经济效应、管理效应和"传导"效应等,应该用有效纳税筹划理念评价纳税筹划效应。

第一章 纳税筹划总论

主要概念

纳税筹划　纳税筹划与偷税　纳税筹划与避税　收益筹划原理　相对收益筹划原理
税基筹划原理　税率筹划原理　税额筹划原理　纳税筹划效应　有效纳税筹划理念
纳税筹划效应的评价标准

思考题

❶ 如何界定纳税筹划？
❷ 纳税筹划的理论依据是什么？
❸ 怎样理解纳税筹划的运作空间和范围？
❹ 纳税筹划效应的评价标准是什么？
❺ 为什么说单纯以节税作为纳税筹划的目标，会导致纳税筹划同企业整体财务目标的矛盾？
❻ 绝对纳税筹划和相对纳税筹划有什么不同？在相对纳税筹划中为什么要考虑货币的时间价值？
❼ 谈谈你对纳税筹划在我国发展前景的看法？

练习题

全球著名会计师事务所毕马威2005年被美国国税局（IRS）认定为滥用避税策略。美国国税局表示，1999年到2002年期间，毕马威滥用避税策略使20多家公司至少缴了17亿美元的税款。目前，该公司19名被告全都面临多项犯罪指控。这是迄今为止，美国联邦检察局查办的最大一起刑事税案。根据美国司法部掌握的材料，毕马威利用各种手段帮助客户逃税，其中包括资产收益税以及个人所得税，总金额高达25亿美元。美国司法部称，这是迄今为止受理的又一起涉及逃税的刑事案件。美国国税局（IRS）局长艾弗森（Mark Everson）则表示，毕马威的行为超过了"正当避税"的界限，已经构成了"盗窃"。他评论说："会计师和律师是税收系统的中流砥柱，应该维护法律，而不是'钻法律的空子'"。

毕马威声称，其将对1999年到2002年期间提供的非法避税服务负责，同时还对该不法行为给美国国库造成14亿美元的直接经济损失表示歉意。据行业内部人士透露，一般开发一种新的避税规划需要2～5个月的时间，此后会计公司可以从避税额中获得10%～40%的金额作为报酬。在2003年11月的一个听证会上，毕马威被指大规模推销避税产品Blips（债券相关发行溢价结构解决方案）。根据调查的结论，这种产品的使用仅一年时间就让政府少了10多亿美元的税收收入。除了服务于企业客户外，毕马威还向一些高级经理人提供个人避税方案。这点恰恰是IRS近一段时间打击的重点。根据IRS的调查，毕马威在1999年到2000年中仅此一项避税计划就卖给了186位纳税人，致使美国政府损失税收收入12.8亿美元。IRS的调查结果表明，2002年共查处8.21万桩非法避税案，有数百名制售和使用避税方案的个人被彻底调查。

事实上，因避税问题被调查的并不只毕马威一家。最近三四年，几乎所有的会计公司都遭遇了监管部门的调查，并由此可能面临退出这一行业或者赔偿巨额款项的命运。不仅如此，会计公司还极有可能被那些采用过他们建议的个人避税客户提起诉讼。会计师们被指控欺诈和玩忽职守，有时甚至因此摊上民事诉讼，输了官司的话就要赔付三倍的赔偿。

根据上述材料回答：

(1)毕马威的案例告诉我们纳税筹划必须考虑哪些基本因素？

(2)为什么说精明者进行纳税筹划、聪明者避税、愚蠢者偷税、愚昧者抗税？

推荐阅读书目

❶ 翟继光. 新税法下企业纳税筹划. 5版. 北京：电子工业出版社，2018年

❷ 梁文涛，苏杉. 纳税筹划. 3版. 北京：中国人民大学出版社，2019年

❸ 刘国东. 纳税筹划：中小企业税务一点通. 北京：北京高教电子音像出版社，2018年

第二章

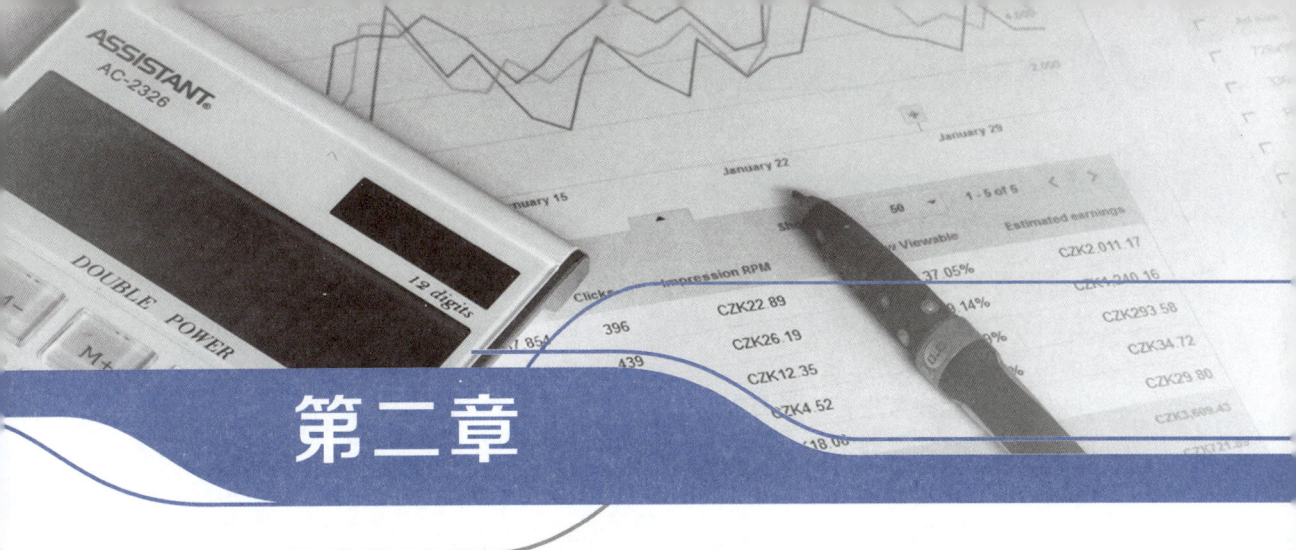

纳税筹划的方法、实施与风险

> **教学目的与要求**
>
> 通过本章教学,使学生熟练掌握纳税筹划的一般方法与技巧,具备根据实际情况发现筹划的空间并选择适当筹划方法的能力,熟悉纳税筹划的实施步骤,了解纳税筹划风险的概念、成因、类型,把握防范与控制风险的基本措施与要领。

> **导读**
>
> 某物资企业的主营业务是经销生铁,每年为某铸造厂采购大量的生铁并负责运输。为了减少按销售额征收的地方税收附加和降低增值税税收负担,该公司设计了这样的纳税筹划方案:将为铸造厂采购的生铁改为代购生铁。由物资公司负责每月为铸造厂联系5 000吨的生铁采购业务,向其收取每吨10元的中介手续费用,并将生铁从钢铁厂提出运送到铸造厂,每吨收取运费40元。通过该方案可以节省因近亿元销售额产生的地方税收附加,节省了大量税费支出。这种筹划方法是否恰当?存在何种风险?

第一节　纳税筹划的方法

纳税筹划方法是指在合法的前提下,使纳税人尽量减轻税负的手段和技巧。税制要素是构成税制的细胞,只有深入研究税制要素,才能发现纳税筹划的空间,寻找到纳税筹划的思路,因此,围绕税制要素进行研究并加以切入便成为选择纳税筹划方法的关键。具体来说,纳税筹划的方法主要有如下几种:

一、税收优惠筹划法

税收优惠筹划是利用税收优惠政策进行的纳税筹划，符合国家税法的制定意图，符合国家宏观经济政策的引导意愿。利用税收优惠政策进行纳税筹划也因此得到政府的承认与支持，是纳税筹划的主要方法之一。

利用税收优惠政策进行纳税筹划，可以采用不同的形式和手段，利用不同的税收优惠。筹划的实际效果可能存在不同，有些可以降低绝对税负，有些可能是延期纳税，降低相对税负。这些形式和手段既可以单独使用，也可以同时使用。根据税收优惠方式的不同，纳税筹划又有以下几种方式：

(1)税额优惠。税额优惠是指通过直接减少纳税人应纳税额的方式来免除或减轻纳税人税收负担的税收优惠。免税、减税、定期减免、投资减免、出口退税、再投资退税、即征即退、先征后返、税收豁免等均属于税额优惠的范畴。

(2)税率优惠。税率优惠是指通过降低税率的方式来减轻纳税人税收负担的税收优惠。税率减征、最惠国税率、协定税率、特惠税率、暂定税率、关税配额税率等均属于税率优惠的范畴。

(3)税基优惠。税基优惠是指通过缩小计税依据的方式来减轻纳税人税收负担的税收优惠。起征点、免征额、免税收入、减计收入、加计扣除、创业投资扣除、亏损结转、汇总纳税等均属于税基优惠的范畴。

(4)时间优惠。时间优惠是指通过推迟税款的缴纳时间来减轻纳税人税收负担的税收优惠。缓税、保税、缩减折旧年限、采用加速折旧方法等均属于时间优惠的范畴。

没有哪一个国家的税制中没有税收优惠政策。在我国，所有的税种或多或少都存在税收优惠。税收优惠体现了一国税收政策的导向，分为鼓励性税收优惠和照顾性税收优惠。

改革开放以来，为了吸引外资、引进先进技术、鼓励出口、扶持高新技术产业、建设经济特区、西部大开发、振兴东北，我国实行了大量地域性及产业性税收优惠政策。众多的税收优惠，为纳税人进行纳税筹划提供了广阔的空间。纳税人利用税收优惠进行纳税筹划，为政府所鼓励。

二、分劈税基筹划法

所谓税基，是指在税制设计中确定的据以计算应纳税额的依据，通常也称作计税依据或课税基础。流转税的税基就是相关的流转额，财产税的税基就是相关财产的价值或数量，所得税的税基就是应纳税所得额。分劈税基纳税筹划是通过分散税基实现纳税筹划目标，是指在合法、合理的前提下，将税基在两个或两个以上的纳税人或纳税项目之间进行分劈而实现直接节税的纳税筹划技术。

出于调节收入等社会政策的考虑，各国的所得税和财产税一般都采用累进税率，计税基数越大，适用的最高边际税率也越高。采用分劈技术将所得、财产在两个或更多的纳税人之间进行分散，可以使计税基数降至低税率税级，从而降低最高边际适用税率，实现节减税收的目的。

【案例2-1】 张某夫妻二人开设了一家经营装饰材料的公司，妻子负责经营管理，丈夫同时承接一些房屋装修工程。预计每年销售装饰材料的应纳税所得额为 5 万元,承接房屋装修工程的应纳税所得额为 3 万元。这时,公司应纳税所得额合计是 8 万元,要按 10% 的税率缴纳个人所得税 6 500(80 000×10%—1 500)元。但是,如果夫妻二人分别成立两个个人独资企业,妻子的公司只销售装饰材料,丈夫的企业专门承接房屋装修工程。在这种情况下,假定每年的收入同上,夫妻二人每年应缴纳的所得税分别为:3 500(50 000×10%—1 500)元和 1 500(30 000×5%)元,两人合计纳税 5 000(3 500+1 500)元,每年节税 1 500(6 500—5 000)元。

运用分劈税基技术进行筹划,要注意的是:由于一些国家的税务当局已经注意到某些纳税人通过分劈税基进行纳税筹划,因此有针对性地出台了一些反避税条款,分劈时应以特定的法律规范为基础和出发点。此外,适用的人和能够进行分劈的项目也有限,受到许多税收条件的限制,因此,分劈税基技术较为复杂,适用范围比较窄。

三、延期纳税筹划法

延期纳税也称作递延纳税,是指延缓一定时期后再缴纳税款。延期纳税的概念有狭义和广义之分:狭义的延期纳税专指纳税人按照国家有关延期纳税规定进行的延期纳税;广义的延期纳税除了包括狭义延期纳税的内容之外,还包括纳税人根据国家其他方面的规定可以达到延期纳税目的的纳税安排。例如,纳税人通过采取加速折旧、选择存货计价方法等,都可以将前期的应纳税额递延到以后的时期缴纳。延期纳税技术只能使纳税人获得时间价值,产生相对节税效果,增加纳税人本期的现金流量,并不能减少纳税人纳税绝对额。

实现延期纳税的途径尽管很多,但归结起来无外乎如下两种情况:

1. 推迟收入的确认

现行税制中,纳税人的收入既涉及流转税又涉及所得税。从税收角度来看,收入确认总是越晚越好。纳税人既可以通过对其生产经营活动的合理安排,也可以通过会计核算中合理安排确认营业收入实现的时间来推迟税款的缴纳,如合理安排交货时间、结算时间、销售方式、收入确认方法等。

【案例 2-2】某服装公司为增值税一般纳税人,当月发生销售业务五笔,合计 1 800 万元(含税价),其中 1 000 万元的三笔业务对方以现金取货,另外 800 万元的两笔业务的资金暂时不能回笼且要拖很长时间,考虑到业务合作的具体情况,公司采取了以下销售方式:

(1)能立即收回现金 1 000 万元的业务运用直接销售方式,在当月做销售处理。

(2)对另外两笔业务,则在业务发生时与对方签订赊销和分期付款合同。

这样的安排,可以推迟收入的确认和税款的缴纳。

2. 提前费用的确认

从税收角度来看,费用确认的基本原则是就早不就晚。具体而言,为了提前确认费用,可以从以下几个方面入手。一是能尽量进费用的不进生产成本。通过增加期间费用减少当期利润,从而减少企业的应纳税所得额和应纳所得税额。二是能进成本的不进资产。资产的成本,分期摊销的时间较长,不利于费用的提前扣除。三是能预提的不摊销。预提费是在费用尚未发生之前按一定比例提前计入成本的费用,扣除时间要先于待摊费用。但值得注意的是,运用这种技术,必须以遵循财务会计制度为前提,有些项目受到财务会计制度的制约,只有当在会计上有选择空间时才能采用,否则,是不可取的。

四、税收临界点筹划法

(一)税收临界点的概念

税收临界点是指能够引起税负发生明显变化的一些标准,包括一定的比例和数额。当突破某些临界点时,由于所适用的税基减少、税率降低或优惠增多,从而获得税收利益。因此,我们可以利用某些临界点来控制税负,达到节税目的。在我国现行税法中,税基存在临界点,税率有临界点,优惠政策分等级也有临界点。税收临界点筹划法就是考虑到临界点的存在,充分利用临界点来实现税负的降低。

(二)主要方式

1.税基临界点筹划

税基临界点筹划主要体现在起征点的规定上。起征点与免征额不同,免征额是课税对象总额中免予征税的数额,它是按照一定标准从全部课税对象总额中预先减征的部分。免征额部分不征税,只就超过免征额的部分征税。如我国现行个人所得税法规定,对工资、薪金所得征税,免征额为5 000元。而起征点是课税对象开始征税的数额界线。课税对象的数额未达到起征点的不征税,达到或超过起征点的,就课税对象的全部数额征税。

2.税率跳跃临界点筹划

税率跳跃临界点存在于许多类应税商品、应税行为中,特别是由于价格的变化而导致税率档次的跳跃。比如,我国甲类卷烟适用的税率为56%,乙类卷烟适用的税率为36%,两类卷烟的税率差异很大,适用什么税率取决于卷烟分类,而类别的划分在一定程度上又依据卷烟的价格。两类卷烟价格的临界点便成了税率跳跃变化的临界点。再如,手表的价格变化将产生征消费税与不征消费税的区别,如果手表价格在临界点附近,则可以采用更低的定价,反而可以获得更大的税后收益。值得注意的是,如果不在临界点附近而追求这种筹划,反而会降低税后收益,是得不偿失的。

3.优惠临界点筹划

在税收制度中,往往规定了大量税收优惠政策,而税收优惠政策的享受是有条件的,这些优惠条件就形成了优惠临界点,达到这一点,可以享受优惠政策,没有达到,则不能享受。如果实际情况处于临界点附近,但又处于优惠条件之外,则可以通过对某种行为的安排努力满足条件从而获得优惠,实现降低税负的目的,这就是优惠临界点筹划的基本思想。例如,我国个人所得税优惠规定,购买福利彩票所得在10 000元以下的,免征个人所得税,超过10 000元的,全额按20%征收,如果某人购买福利彩票中奖10 500元,那么,他将其中的500元作为公益性捐赠,则他的税负大大下降,税后收益反而增加。在税收优惠政策中,这样的临界点非常多,有的与时间长短有关,有的与所得额多少有关,有的与收入多少有关,还有的与资产规模大小有关等,应用范围非常广泛。当然,在具体筹划时,不能为了降低税负而强行为之,若税收下降了,但与经营的理念、战略或整体利益相冲突,则是不明智的选择。

五、税负平衡点筹划法

税负平衡点又称税负临界点,是指两种纳税方案税收负担相等时的数值。税负平衡点筹划法通过比较实际数值与税负平衡点的大小对方案进行合理选择,从而确定筹划方案。基本步骤如下:

(1)设置衡量税负平衡点的变量 X。
(2)设置两套纳税方案。
(3)令两套纳税方案的税负相等。
(4)解出变量 X 的值。
(5)依据实际值与 X 值的比较,选择最优纳税方案。

由于交通运输业"营改增"后,按增值税一般纳税人与小规模纳税人不同身份纳税的实际负担会不同,因此,我们可以利用税负平衡法进行纳税筹划。

一般纳税人应纳税额=销项税额-进项税额=含税销售额/(1+增值税税率)×增值率×增值税税率

小规模纳税人应纳税额=不含税销售额×征收率=含税销售额/(1+征收率)×征收率

当二者税负相等时,其增值率为无差别平衡点增值率(V),即:

含税销售额/(1+增值税税率)×V×增值税税率=含税销售额/(1+征收率)×征收率

V=(1+增值税税率)/增值税税率×征收率/(1+征收率)

以某运输公司为例,V=(1+9%)/9%×3%/(1+3%)=35.28%,这意味着该运输公司的实际增值率大于35.28%时,按小规模纳税人身份缴纳增值税比较合算;实际增值率等于35.28%时,两种纳税人身份的税负完全一样;实际增值率小于35.28%时,按一般纳税人身份缴纳增值税比较合算。

第二节 纳税筹划的实施步骤

纳税筹划的具体实施实际就是筹划方案的设计过程,存在一个基本的流程,这个流程就是纳税筹划的实施步骤。按照基本的思维逻辑,在纳税筹划中,我们首先应收集了解相关信息,然后明确目标,把握筹划的空间与思路,接下来通过一定的方法设计出可供选择的方案,然后在比较不同方案实施效果的基础上,进行方案的比较与遴选,最后组织方案的实施,并根据实施反馈的信息做出修订。具体的实施步骤如下:

一、信息收集与分析

收集信息是纳税筹划的基础,只有充分掌握信息,才能进一步展开纳税筹划工作。进行纳税筹划需要收集与掌握的信息既包括外部的信息,也包括内部的信息。

(一)外部信息的收集

1. 税收政策

如果没有税法,就不可能产生税收法律关系,也就不需要缴纳税款;有税法才可能产生税收法律关系并需要缴纳税款;税法的修改会引起税收法律关系的变更和缴纳税种、税款的改变;税法的废止会导致税收法律关系的消灭和无须缴纳税款。因此,缴纳税款与税法密切相关。不精通税法,就不可能进行纳税筹划,进行纳税筹划前需要精确把握税法。同时,对于税收政策变动的内容或趋势,必须密切关注并适时对筹划方案做出调整,以使自己的行为符合法律规范。熟悉税收法规,一是要充分运用各种方式多渠道获取税收法规信息,尽可能找到与纳税筹划项目相关的现行、有效的税收政策条款,越详尽、越充分越好;二是要领会这些相关税收法规的立法精神和政策导向,以便在纳税筹划中充分运用现有的税收法律、法规及税收政策,满足纳税筹划的合法性要求,规避纳税筹划中的税务纠纷和风险。

2. 其他政策、法规

纳税筹划的内容涉及企业生产经营活动的各个方面,要做到有效运用纳税筹划策略,不仅要了解、熟悉税收政策,还要熟悉会计法、公司法、经济合同法、证券法等有关法律规定,以及涉及国家对企业发展的各项经济政策尤其是优惠政策等,使纳税筹划方案更加完善,维护自身的合法权益,不与相关法律、法规相冲突。只有这样,才能既实现纳税筹划目标,又不违背政策要求,确保自己的纳税筹划行为不违法,降低因不知晓或错误理解政策可能带来的风险。

3. 主管税务机关的观点

在理论上,虽然纳税筹划与偷税存在区别,但实践中对于某些行为的分辨,存在模糊的边界,要依靠税务机关的认定和判断。这种认定和判断又随主观与客观条件的不同而有不同的结果。因此,纳税人在进行纳税筹划时,除必须精研税法及相关法律规定外,还必须进一步了解主管税务机关从另一角度认识该纳税筹划行为的可能性,在反复研讨的基础上做出筹划。否则,一旦纳税筹划被视为偷税,就会得不偿失。在某种情况下,尽管某种行为在税法上没有做出明确的规定,但从税务机关的角度来看,可能是反对或不支持的,那么就可能得不到税务机关的认可,最终导致筹划的失败。

(二)内部信息的收集

如果没有经济活动,就不可能产生税收法律关系,也就不需要缴纳税款;有经济活动才可能产生税收法律关系并需要缴纳税款;经济活动的改变会引起税收法律关系的变更和缴纳税种、税款的改变;经济活动的撤销会导致税收法律关系的消灭和无须缴纳税款。可见,缴纳税款与经济活动也密切相关。不熟悉经济活动,进行纳税筹划便是纸上谈兵。企业的经济活动分为三个层次,即成长阶段和生命流层次、财务循环和资金流层次、经营流程和存货流层次。进行纳税筹划必须深入纳税人的经济活动,对纳税人的成长活动、财务活动和经营活动进行精心安排。这就要求在具体筹划前充分掌握与筹划项目相关的企业生产经营情况和财务资料,有针对性地收集和整理信息。如企业纳税人身份、企业的组织形式、筹资方式、投资意向、生产经营产品(商品)的种类、经营方式、产品(商品)市场占有及销售状况、会计核算方法、资金来源与资金占用情况、固定资产与流动资产情况、利润水平、纳税种类及纳税的历史情况等。

(三) 两种信息的综合分析

只有税法而没有经济活动,无须纳税;只有经济活动而没有税法,也无须纳税;既有税法又有经济活动,才要纳税。因此,缴纳税款与税法、经济活动密不可分,纳税筹划应将自身经济活动与税法有机结合起来。纳税人进行纳税筹划,减轻税负,只有两条路径:一是改变税法,使税法适应自己,从而减轻税负,如特殊利益集团——某些产业、某些地域或者某些大型垄断企业——通过游说,争取对自己有利的税收政策和税收优惠,使税法适应自己,从而改变纳税额,减轻税负。二是改变自身经济活动,使自身经济活动适应税法,从而减轻税负。相对来说,企业通常采用的都是第二种途径。因此,进行纳税筹划时,需要将外部政策信息与内部经济信息结合起来进行综合分析,发现筹划的可能性与空间所在,找到筹划方案设计的突破口。

二、目标定位

目标定位就是在充分了解信息的基础上,找准纳税筹划的空间,明确纳税筹划的方向、范围和方法,有针对性地找到筹划方案设计的切入点。

虽然从总体上来说纳税筹划是以节税或税后利润最大化为目的的,但具体到某一环节、某一项目都有其特定的筹划思路。有的可以进行总体纳税筹划,有的可以分小项目进行;小项目的设计可以按生产经营环节划分,也可以按应纳税种来划分,或者是二者的结合。当然,不管如何选择,最终都要为实现整体筹划目标服务。在目标定位时,应围绕以下几个方面展开:

(一) 纳税人的要求

纳税人对纳税筹划的共同要求都是尽可能多地节减税额,获得税收利益,增加财务收益。但是具体来看,不同纳税人的要求又可能有所不同。

1. 要求相对节税还是绝对节税

税负的降低,既可以通过降低税收的绝对额来实现,也可以通过延期纳税降低相对额来实现。不同的目标,采用的方法存在差异,切入的环节与重点也有所不同,方案设计也就有不同的思路。当然,很多情况下,并没有很分明的界线,许多方案都是通盘考虑,相对节税与绝对节税可以融入一个方案。

2. 要求价值最大化还是收益最大化

对于纳税筹划的目标,各个企业有不同的选择,有的企业以节税为目的,只追求减轻税负,实现收益最大化;有的企业主张在追求企业价值最大化的基础上减轻税负。因此,企业的纳税筹划目标不同,纳税筹划的方案也就不同。

3. 要求增加所得还是资本增值

纳税人对财务收益的要求大致有三种:第一种是要求最大限度地增加每年的所得;第二种是要求若干年后纳税人资本有最大的增值;第三种是既要求增加所得,也要求资本增值。

对不同的要求,纳税筹划的方案也是不同的。

(二)税收收益与经济收益的统筹考虑

纳税筹划和其他财务管理决策一样,必须遵循成本效益原则,只有当纳税筹划方案的所得大于支出时,该项纳税筹划才是成功的筹划。

1.纳税筹划与企业发展战略的选择

决定现代企业整体利益的因素是多方面的,税收利益虽然是企业一项重要的经济利益,但不是企业的全部经济利益。因此,开展纳税筹划应服从企业的整体利益,不能为筹划而筹划,而应从企业的社会形象、发展战略、预期效果、成功概率等多方面综合考虑、全面权衡,切莫顾此失彼,草率行事。

2.纳税筹划目标与财务管理目标的选择

从根本上讲,纳税筹划应归结于企业财务管理的范畴,它的目标是由企业财务管理的目标决定的,即实现企业所有者财务利益最大化。也就是说,在制订筹划方案时,不能只一味地考虑税收成本的降低,而忽略因该筹划方案的实施引发的其他费用的增加或收入的减少,必须综合考虑采取该筹划方案是否能给企业带来绝对的收益。任何一项筹划方案都有其两面性,随着某一项筹划方案的实施,纳税人在取得部分税收利益的同时,必然会为该筹划方案的实施付出额外的代价,并因选择该筹划方案而放弃其他方案的相应收益机会。当新发生的费用或损失小于取得的收益时,该筹划方案是合理的;当费用或损失大于取得的收益时,该筹划方案就不可取。一项成功的纳税筹划必然是多种税收方案的优化组合,不能认为税负最轻的方案就是最优的筹划方案,一味地追求税收负担的降低往往会导致企业总体收益的下降。

(三)筹划税种的确定

企业的税负来源于其所涉及的税种。纳税筹划总是围绕某个或某些税种展开的。因此,只有在精心研究各个税种的性质、法律规定以及了解各税种在经济活动不同环节中的地位和影响的基础上,才能做到综合衡量、统筹考虑,选择最优的筹划方案,取得尽可能大的收益。

1.考虑整体税负的轻重

企业的任何一项经济活动都可能涉及多个税种,因此,纳税筹划不能仅局限于个别税种税负的高低,而应着重考虑整体税负。因为纳税人的经营目标是获得最大总收益,这就要求整体税负最低。在考虑整体税负的同时还要着眼于生产经营业务的扩展。即使缴纳税收的绝对额增加了,甚至税负也提高了,但从长远来看,资本回收率能够提高,该纳税筹划就还是可取的。理想的纳税筹划应使总体收益最多,不一定纳税最少。

2.重点关注重要税种

企业自身经营状况不同,涉及的税种不同,同时,税负在不同税种上的分布也不同。有些企业税负重,如果主要重在企业所得税上,那么应重点关注企业所得税,纳税筹划方案设计的重心也就在企业所得税,其他税种则不是方案的主线。只有找准重要税种,纳税筹划带来收益的可能性才大,才会存在较大的筹划潜力;否则,就可能事倍功半。

三、纳税筹划方案的设计与选择

纳税筹划实际上是一个过程,是对各种纳税筹划方案选择的过程。既然要选择,就必须先列出筹划项目可能产生的各种纳税筹划方案。同时在实际筹划中,纳税筹划人也有必要将设计的多种纳税筹划方案提供给生产经营决策者或委托筹划人,向他们说明各种方案的利弊得失以及可能产生的风险,并提出本人的选择建议,征求他们的意见。一般而言,最终方案的确定应考虑这样几个因素:节税的多少、税后利润的多少、对可持续发展的影响、纳税人的偏好、可行性等。

纳税筹划方案的设计一般采取"如果这样,则是什么结果;如果那样,又是什么结果"的思路,具体程序包括:首先,针对每一设定给出不同方案;其次,针对每种方案,在可靠的税收政策依据基础上,对所涉及的每个税种进行税负计算;再次,对每种方案进行具体的利弊分析;最后,给出建议选择的方案以及实施方案应注意的有关问题和配套条件。

四、方案实施、反馈与修正

在选定纳税筹划方案后,要进行方案的组织实施。一般而言,企业应当按照纳税筹划方案设计的思路、方法和步骤着手实施。在这个过程中,如果是委托项目,根据双方的约定,纳税筹划人可以协助企业办理相关的手续,对纳税筹划的过程进行指导,对纳税筹划方案实施情况进行检查,对企业进行必要的提示,避免执行中的偏差。企业应当按照纳税筹划方案,对自己的纳税人身份、组织形式、注册地点、所从事的产业、经济活动以及会计处理等做出相应的处理或改变,并且要特别注意纳税筹划方案中特殊的法律安排,因为纳税筹划是以不违法为前提的,如果在执行中出现偏差,有可能带来不良后果。企业的财务部门应该对采取方案后取得的财务收益进行记录。

纳税筹划人应当通过一定的信息反馈渠道,了解企业实际的经济活动情况以及纳税筹划方案的实施情况。纳税筹划人根据这些实际数据计算出纳税筹划方案应该达到的效果,如应该节减的税额等。然后,纳税筹划人将应该达到的效果与实际情况进行比较,确定其差额,发现例外情况。对于足够大的差异应该跟纳税人沟通,并进行具体的调查研究,以便发现产生差异的具体原因。

当反馈的信息表明没有达到筹划目标时,要对方案进行修正。未达到目标的原因可能是多方面的。一是纳税人执行方案过程中的偏差。如果是纳税人没有按纳税筹划人的原意执行纳税筹划方案,将会影响筹划效果。这时候,纳税筹划人应给予提示,指出其可能产生的后果。二是方案本身的偏差。纳税筹划人在方案设计时的判断失误,可能会导致方案偏差,纳税筹划人应重新做出判断,及时修订其设计的纳税筹划方案。三是企业自身情况的变化。当企业所处的经济环境和自身情况发生变化时,纳税筹划人应该评估这些变化对纳税筹划方案运行的影响,如果有必要,应该根据新的经济活动状况重新设计或修订纳税筹划方案。四是企业外部条件的变化。当方案设计时的背景条件发生变化或者税收政策发生调整时,会影响方案的实施效果,甚至导致方案失败。这时候,应首先明确哪些外部条件有了变化,其次分析这些变化在哪些方面对方案产生了影响以及产生了什么影响,最后根据变化了的经济环境或税收政策,对方案进行调整,甚至是重新设计方案。

第三节　纳税筹划风险与控制

在我国,纳税筹划为越来越多的纳税人所熟知,纳税筹划业务方兴未艾。但是,纳税筹划既能给纳税人带来收益,同样也会使其面临风险,而这一点往往容易被忽视,给纳税人带来损失。二十大报告指出,要弘扬社会主义法治精神,传承中华优秀传统法律文化,引导全体人民做社会主义法治的忠实崇尚者、自觉遵守者、坚定捍卫者。因此,应提升纳税筹划风险意识,了解纳税筹划风险产生的原因,熟悉纳税筹划风险的类型,在此基础上掌握纳税筹划风险的防范与控制方法,可以规避风险、提高纳税筹划的成功概率和收益。

一、纳税筹划风险的内涵

(一)纳税筹划风险的定义

纳税筹划风险,通俗地讲就是纳税筹划活动因各种原因导致失败而付出的代价。一旦产生纳税筹划风险,就意味着纳税筹划结果偏离预期目标。一方面,会产生经济上的损失;另一方面,还可能要承担法律责任。由于纳税筹划是在经济行为发生之前做出的决策,而税收法规具有时效性,再加上经营环境因素、筹划人的认识偏差等多种因素,使得纳税筹划行为具有不确定性,蕴涵着较大的风险。对于纳税筹划风险,可以从以下几个方面进一步认识:

1. 纳税人是纳税筹划风险的承担者

从纳税筹划的定义可以清楚地看出,纳税人是纳税筹划活动的实施者和承担者,因此,纳税筹划可能带来的损失也是由纳税人承担的。尽管纳税筹划方案既可以由纳税人本身来设计,也可以委托其他机构和个人来进行,但最终产生的结果由纳税人承担,受托机构和个人不构成承担主体,根据现行法律规定,在委托-代理关系中,委托人要承担主要的甚至是全部的法律责任。即使纳税人可以通过事前的约定,将一部分风险转移给税务代理机构,但是这种风险并不属于纳税筹划风险。

2. 产生纳税筹划风险的原因具有多样性

纳税筹划风险属于经济活动中风险的范畴,具备风险的一般特征。产生纳税筹划风险的原因,既有主观性因素,也有客观性因素。一方面,对税收政策错误或片面的理解、筹划方案与方法的错误选择等,属于主观性因素;另一方面,比如国家政策、法规的变动,企业经营状况的变化以及经济环境的发展等,同样可能导致纳税筹划风险的产生,这些属于客观性因素。但是,客观性因素也可能转化为主观性因素,如国家政策、法规的变动,企业经营状况的变化以及经济环境的变化。如果纳税人没有及时根据具体情况进行调整,那么就发生了转化。因此,防范纳税筹划风险,要综合考虑各种因素的影响,不仅要掌握纳税筹划的方法与技巧,还要随时关注各种信息的动态,这样才能将风险降到最低。

3. 直接或间接损失是纳税筹划风险的最终表现

纳税筹划是在遵守国家法律、法规的前提下,实现其预期的三大基本目标,即减轻税收负担、提高税后利润和企业价值最大化。纳税筹划的风险就表现为对这些目标的偏离和违背。具体表现为使纳税人遭受经济损失、法律惩罚和信誉损失。首先,经济损失是纳税筹划风险最直接的损失。纳税筹划是需要花费一定成本的,包括直接成本和间接成本,而纳税筹划的目的是使纳税人获取税收利益。纳税筹划风险的存在,有可能导致纳税筹划的结果偏离预期目标,最明显的表现是纳税筹划的收益低于预期的目标收益,甚至低于实施纳税筹划的成本,这不仅导致纳税筹划的成本无法从纳税筹划所获取的收益中得到补偿,还会使整个筹划活动得不偿失,纳税人不得不承担由此带来的经济损失。其次,法律惩罚是纳税筹划面临的最大风险。合法性是开展纳税筹划的基础和前提,政府对于避税特别是恶意避税的行为是反对的,对偷逃税等行为更是出台了严厉的惩罚措施。如果纳税人忽视对纳税筹划合法性的考察,稍有不慎就会使纳税筹划陷入避税和偷税,极有可能受到法律的惩罚,增加纳税筹划的风险。最后,信誉损失是纳税筹划的间接损失。纳税人所实施纳税筹划方案失败的次数比较多,很有可能被税务部门确定为有问题或不讲诚信的"重点户",导致税务部门对其实施频繁的管理和稽查,并要求纳税人采取更为严格的纳税申报条件及程序。纳税人不仅要为此付出更多的时间和经济成本,影响其正常生产经营活动的开展,更为重要的是会使纳税人的信誉受损,影响企业的长远发展。在市场经济条件下,信誉是企业宝贵的无形资产,是企业生存发展的重要保证。一旦因为忽视纳税筹划风险导致筹划失败,将使企业信誉受损,对企业的打击有时是难以估量的。

(二)纳税筹划风险的特点

纳税筹划风险既具有风险的一般特征,又具有自身的一些特点,具体包括:

1. 客观性

纳税筹划风险是客观存在的,而且不以人的意志为转移。一方面,纳税筹划风险产生的原因是经济活动中的不确定性。经济社会是处于不断的发展变化之中的,必然会存在一些不确定性因素,导致纳税筹划风险的存在。另一方面,纳税筹划具有效益性,可以给纳税人带来一定的收益,而风险和收益是并存的,不存在无风险的收益,这也决定了纳税筹划风险是不可避免的。这也说明,既然纳税筹划的风险是客观存在的,那么它就必然要遵循一定的客观规律。只要我们认真进行研究和分析,熟悉和把握其存在和发展的规律,虽然不能完全避免纳税筹划风险,却可以大大降低其发生的概率。

2. 复杂性

纳税筹划风险的复杂性是由纳税筹划工作的复杂性和纳税筹划风险成因的复杂性两方面决定的。首先,就纳税筹划工作而言,从开展依据来看,涉及法律、法规、税收政策、财务管理、会计制度、企业管理等方面的知识;从实施环节来看,涉及企业的设立、筹资、生产、经营、销售、投资、合并等诸多方面;从筹划目标来看,要处理好减轻税负和税后利润的关系,是一项复杂的理财活动。其次,就纳税筹划风险的成因来看,既有客观性因素,也有纳税人的主观性因素;既有外部环境的变化因素,也有企业内部经营状况的变动因素;既有纳税人的自身原因,也有税务代理机构以及税务部门的原因。正是这些相互作用的因素,使得纳税筹划风险呈现出复杂性的特点。

3. 潜在性

纳税筹划风险的潜在性是指纳税筹划的风险往往是不够明显和确定的。一方面,纳税筹划风险是客观存在的,具有复杂性的特点,每一个纳税筹划方案都伴随有相应的风险,但是这种风险通常是无形的,难以做出精确的判断。纳税人虽然能够意识到纳税筹划风险的存在,但只能依赖相关知识和经验积累做出大致的估计和判断,而不能完全明确和量化这一风险。另一方面,纳税筹划风险并不一定会发生,因为纳税筹划风险形成的原因是经济活动的不确定性。既然是不确定的,就有可能发生,也有可能不发生,由此导致纳税筹划风险的发生也是不确定的。纳税筹划风险的潜在性往往是导致纳税人忽视纳税筹划风险的重要因素。

二、纳税筹划风险的成因与类型

(一)纳税筹划风险的成因

产生纳税筹划风险的原因是复杂和多方面的,深入了解纳税筹划风险的成因是防范和控制纳税筹划风险的前提和基础。

1. 税收的本质属性是纳税筹划风险产生的根本原因

纳税筹划风险的存在,归根结底是由税收的本质属性决定的。税收的强制性说明了税务部门和纳税人之间的权利和义务并不是对等的,纳税人不仅要依法纳税,而且其涉税行为是处于被动判定地位的。税务机关拥有税法解释权与自由裁量权,纳税是否合理、合法,关键在于税务机关是否认可。税收的无偿性说明政府与纳税人之间不存在等价交换关系。纳税人将纳税当作一种负担,总是存在规避税收的动机,而政府则为了保证充足的税收收入,通过各种手段来防范纳税人减少纳税的行为。纳税人的筹划行为如果违法,将面临法律制裁,即使不违法,也可能受到各种反避税措施的约束,这无疑加大了纳税筹划的风险。税收的固定性表明税收制度以法律形式予以明确,非经法定程序,这些规定不得变更。纳税筹划活动中任何与税收法律规定相偏离的行为都是不允许的,这加大了纳税筹划在选择税收政策过程中的风险性。

2. 纳税筹划的特点是纳税筹划风险产生的直接原因

纳税筹划具有合法性、事前性和综合性等特点,这些特点都直接决定了纳税筹划风险的存在。纳税筹划的合法性,不仅要求其在形式上遵守国家的各项法律、法规,还要求在实质上符合国家的立法意图和精神,这就对纳税筹划活动提出了更高的要求,在有限的信息或理解不透彻的情况下,很容易造成因违背合法性而产生的风险。纳税筹划具有事前性,带有预见的成分,只有精确预见才能保证纳税筹划的成功,但在现实中,无论是税收政策、经济环境还是企业经营活动情况,都有发生变化的可能,作为筹划者,即使能力与素质再高,也无法做到完全精确的预见,因此,各种环境的不确定性决定了纳税筹划的不确定,这种不确定会导致风险的产生。除此之外,纳税筹划还具有综合性的特点,这种综合性既表现为各种活动的综合,是税收活动、财务活动、经营活动的综合体,又表现为各种知识的综合,要求筹划人员能够综合运用管理、财务、税收等政策规定,全面掌握企业的生产和经营等活动,并及时获取相关的信息和资讯,在此基础上进行客观、科学的判断。因此,充实纳税筹划活动不仅要具备扎实的知识基础,还需要具备发散的思维分析能力,做到思维缜密、考虑周全,否则,很可能导致筹划的失败,或者无法寻求到最优的方案,从而面临风险。

3. 征纳双方的政策理解偏差是纳税筹划风险产生的主观原因

纳税筹划的合法性不仅要求透彻理解税法具体政策规定,还要求理解和把握税收政策的立法意图。征纳双方在政策上稍有理解偏差,便会产生纳税筹划风险。首先,征纳双方所拥有的信息不对称。对于纳税人来说,在经济活动和经营行为上具有信息优势,但在税收政策信息,尤其是税收政策的立法背景与意图上属于信息劣势方,而对于征收方来说,正好相反。因此,信息上的偏差会形成理解上的偏差。其次,征纳双方所处的位置不同,认识问题的角度也不同,同样会产生认识上的分歧。最后,征纳双方都是有限理性人,任何人的主观判断都不可能是完全正确的,即使是最优秀的纳税筹划专家或税收管理人员,也会存在着非理性的判断失误。因此,对税收政策认识与理解的偏差,在主观上也决定了纳税筹划风险的存在。

4. 经济活动的复杂多变是纳税筹划风险产生的客观原因

纳税筹划是在对经济活动环境与政策制度环境等客观因素进行综合考虑的基础上做出的,一旦某些条件发生了变动,就有可能使纳税筹划的结果偏离预期目标,导致纳税筹划风险的增加,甚至走向失败。然而在现实中,经济活动从来都不是一成不变的,而是处于不断的发展变化之中的,存在着许多事前难以预料的事件,这必然导致纳税筹划实施过程中不确定性因素的存在,增加了纳税筹划的风险。

(二)纳税筹划风险的类型

根据纳税筹划风险形成的原因和性质,可以将纳税筹划风险归结为以下几种类型:

1. 违法违规风险

违法违规风险是指违背税收政策而遭受法律惩罚,导致纳税筹划失败的风险。违法违规风险是税收政策的选择不当造成的,因此也可以称为政策风险。其具体表现为以下三种情形:一是一部分纳税人借纳税筹划的名义进行恶意避税或偷税等行为造成的,是主观上直接违反相关的法律、法规,这种风险对于纳税筹划者来说,必须也是可以避免的;二是筹划人对政策精神认识不足、理解不透、把握不准所致,即筹划人自认为采取的行为符合国家的政策精神,但实际上不符合国家的法律、法规;三是纳税人对税收政策的变动不知情或者不了解造成的。一个国家的税收政策不可能是固定不变的,总是要随着经济形势的发展做出相应的变更,对现行的税收法律、法规进行及时的补充、修订或完善,不断废止旧政策,适时推出新规章。政策的时效性将会使企业的纳税筹划产生较大的风险。如果细分,前两者又可称为政策选择风险,第三种情况又可称为政策变动风险。总之,违法违规风险是纳税筹划面临的主要风险之一,在纳税筹划中极为常见,危害也非常之大,应重点防范。

【案例 2-4】 汽车行业竞争异常激烈,"卖车送礼包""平时送保养""车子亏本卖,维修赚大钱""账面无利润,暗中有返利",这些都是汽车 4S 店经营中惯常存在的"潜规则"。无论哪种经营"潜规则",只要合法本无可厚非,但部分汽车 4S 店在税务处理上经常出现税法适用错误,还有的利用经营行为的隐蔽性偷逃税款。汽车 4S 店促销活动中,会赠送大量赠品,比如防爆膜、真皮座套、地胶板、防盗报警器等,在销售费用中的促销费明细中列支,但不少汽车 4S 店在使用了这一促销手段后,未按税法规定进行税务处理。相当一部分汽车 4S 店在对赠品进行账务处理时,仅将其结转至主营业务成本或计入销售费用,未做视同销售处理,即未对相应的增值税销项税额进行计提,造成国家税款的流失。这就属于政策选择错误,产生了违法违规风险。

2. 片面性风险

片面性风险是指纳税人在进行纳税筹划时,没有从整体和全局的角度考虑问题,缺乏对筹划行为的综合、全盘考虑,只是孤立和片面地开展纳税筹划,导致纳税筹划潜藏着失败的风险。片面性风险表现在以下三个方面:一是只关注某一税种或者某几个税种税收负担的降低,忽视了对企业总体税收负担的考虑;二是虽然注意到了企业整体税收负担的降低,却没有考虑对企业税后利润的影响;三是只考虑筹划方案给本企业带来的利益,忽视了该方案对他人利益的损害和侵占。一般而言,由于片面性风险具有一定的隐蔽性,不容易被发现,企业极易忽略这一风险而导致纳税筹划失败。

3. 方案选择风险

方案选择风险是指当纳税人选择一种纳税筹划方案而放弃其他纳税筹划方案可能带来的收益时所产生的风险。这种风险带来的损失,就是一种机会成本。为了实现某一经济目标,存在不同的经济行为选择,比如,为了扩大生产规模,既可以新设子公司、分公司,也可以购置新的设备,还可以在原有设备基础上进行技术改造等,不同的行为选择,牵涉到的税种有所区别,因此,不同的方案,税负存在差异。在这种情况下,需要通过对不同纳税筹划方案进行分析、比较和综合判断,选择最为有利的纳税筹划方案。然而,纳税人选择的方案未必就是最优的,一方面可能是筹划人员并未将所有可能的方案纳入分析视野中,另一方面也有可能是想到了所有的方案,但由于考虑的不全面,并未将最优方案遴选出来,这样,就产生了方案选择风险,无法实现税负的最小化,不可避免地要面临方案选择的风险。

4. 环境变化风险

纳税筹划是一种事前的谋划行为,具有较强的计划性和前瞻性。实践表明,企业生产经营活动的变动以及经济环境的变化对纳税筹划的实施有着较大的影响,甚至还会导致纳税筹划的失败。环境变化风险可分为内部环境变化风险和外部环境变化风险。内部环境变化主要是指经营活动的变化,比如经营活动范围、经营地点、经营期限、投资对象、组织形式、生产方式、存货计价方法、收入实现时点和利润分配方式等发生变化。企业的经营活动变化,可能会导致原有纳税筹划方案的收益降低,给纳税筹划带来风险,还有可能使纳税筹划由有效变为无效,由合法变为非法,由成功走向失败。纳税筹划作为一项经济活动,是建立在对当前经济形势进行分析与判断的基础之上的,可以说与企业所处的外部经济环境密切相关。当经济环境发生改变时,有可能导致原有筹划方案的失败,即产生外部环境变化风险。比如说,运用加速折旧方法可以为企业带来延期纳税收益,但如果外部经济环境发生变化,经济由高涨转向持续的低迷,这时,这种筹划所带来的收益会大打折扣。因此,如果企业根据当前的经济形势和发展趋势,设计出了相应的纳税筹划方案并付诸实施的话,一旦经济环境出现了和预期不一致甚至截然相反的情况,企业应该迅速做出反应,尽量将损失降到最低。但是在很多时候由于受到诸多条件的限制,企业并不能够做出及时的调整和处理,很容易导致纳税筹划风险的增加以及整个方案的失败,因此,企业要敏锐感知外部经济环境的变化并深刻领会外部环境变化对纳税筹划方案产生的影响。

5. 认定差异风险

认定差异风险是指纳税人和税务部门对纳税筹划的理解和把握程度不同,对纳税人涉税项目的谋划和处理是否属于纳税筹划行为的认定存在着差异而导致的风险。认定差异风险集中表现为纳税人自认为是合理合法的纳税筹划行为,而税务部门却有可能认为是恶意的避税行为甚至是偷逃税行为。纳税人可能在主观上并没有避税和偷逃税的倾向,却由于种种原因被税务部门认定为避税和偷逃税行为,在客观上遭受相应的损失和处罚。造成这一现象的原因是多方面的:一是纳税筹划是一项综合性的高级理财活动,对相关人员素质和能力的要求比较高,而无论是纳税人还是税务人员,他们的知识水平都是参差不齐的,对于纳税筹划的认识和理解必然存在一定的差异;二是征纳双方所处的立场不同,纳税人从个人利益出发,总是希望能够少缴纳一部分税款,而税务部门和人员从部门利益出发,希望能够做到税款应收尽收,两者之间存在着一定的利益冲突;三是我国现行的法律、法规、会计制度和税收政策还不够完善,存在着许多漏洞、盲点和模糊的规定,也会导致征纳双方在纳税筹划行为认定上的差异。由于税收具有强制性和固定性的特征,纳税人往往处于被动判定的地位,从而导致纳税筹划由于认定差异的存在而引发一定的风险。纳税筹划方案的设计具有一定的主观性,而纳税筹划的实施不仅仅是纳税人单方面的事,在许多时候需要税务部门的认可和同意。由于多种原因,税务部门有时候并不认可纳税人自认为合理合法的纳税筹划行为,使企业不仅难以获得筹划收益,还白白付出了相关成本,甚至受到相应的惩罚,增加了纳税筹划的风险。虽然随着征纳双方素质和能力的提高以及我国政策、法规的进一步完善,认定差异风险在长期内将趋于减少,但其在今后一段时期内仍将普遍存在。

三、纳税筹划风险的防范与控制

由于纳税筹划目的的特殊性,其风险是客观存在的,但也是可以防范和控制的。面对风险,筹划人应当主动出击,针对风险产生的原因,采取积极有效的措施,预防和减少风险的发生。只有这样,才能提高纳税筹划的收益,实现筹划的目的。

(一)确立风险意识,建立有效的风险预警机制

无论是从事纳税筹划的专业人员还是接受纳税筹划的纳税人,都应当正视风险的客观存在,并在企业的生产经营过程和涉税事务中始终保持对纳税筹划风险的警惕性,千万不要以为纳税筹划方案是经过专家、学者结合本企业的经营活动拟订的,就一定是合理、合法和可行的,就肯定不会失败。应当意识到,由于目的的特殊性和企业经营环境的多变性、复杂性,纳税筹划的风险是无时不在的,应该给予足够的重视,纳税人在设计和选择纳税筹划方案时,应该将风险因素作为判断和选取方案的重要指标,对纳税筹划方案进行科学的评估与衡量。

例如,现有方案一和方案二两种纳税筹划方案供企业选择,两种方案的筹划成本是一样的,见表2-1。但在不同的情况下,两种方案的收益和发生的概率是不相同的。那么如何来选择和确定哪种方案是最优的选择呢?

表 2-1 方案对比分析

纳税筹划方案	情况一 收益	情况一 概率	情况二 收益	情况二 概率	情况三 收益	情况三 概率
方案一	100 万元	30%	120 万元	50%	150 万元	20%
方案二	120 万元	20%	130 万元	60%	140 万元	20%

首先,计算纳税筹划方案的预期收益,即

$$E(X) = \sum_{i=1}^{n} p_i X_i$$

则两个方案的预期收益分别为:

方案一　$E_1 = 100 \times 30\% + 120 \times 50\% + 150 \times 20\% = 120$ 万元

方案二　$E_2 = 120 \times 20\% + 130 \times 60\% + 140 \times 20\% = 130$ 万元

尽管方案二的预期收益高于方案一10万元,但由于还没有考虑风险因素的影响,暂不能说明方案二优于方案一。

其次,计算两种方案标准差:

方案一

$$\sigma_1 = \sqrt{(100-120)^2 \times 30\% + (120-120)^2 \times 50\% + (150-120)^2 \times 20\%} \approx 17.32$$

方案二

$$\sigma_2 = \sqrt{(120-130)^2 \times 20\% + (130-130)^2 \times 60\% + (140-130)^2 \times 20\%} \approx 6.32$$

可以看出,方案一的绝对风险要高于方案二,那么能否据此得出方案二优于方案一的结论呢?答案是还不能得出。仅仅考虑绝对风险是不够客观和全面的,还需要计算方案的相对风险,以最终确定各方案的优劣。其计算公式为:

方案一

$$V_i = \frac{\sigma_i}{E_i}$$

$$V_1 = \frac{17.32}{120} \times 100\% = 14.43\%$$

方案二

$$V_2 = \frac{6.32}{130} \times 100\% = 4.86\%$$

通过比较可以看出,方案二的风险比较低,因此,将风险因素考虑在内,方案二是最优的纳税筹划方案。但不同的决策者对待风险的态度是不同的,因此,对于不同的纳税人而言,相对风险最小的方案并非就是最佳的选择。但一般而言,绝大部分人属于风险厌恶者,在此前提下,方案二应是最佳选择。由此可见,风险因素对于纳税筹划方案的影响是比较明显的,在开展纳税筹划时应将风险因素作为重点予以考虑。

当然,从筹划的实效性来看,仅仅意识到风险的存在是不够的,各企业还应当充分利用现代先进的网络设备,建立一套科学、快捷的纳税筹划预警系统,对筹划过程中潜在的风险进行实时监控,一旦发现,立即向筹划者或经营者预警。纳税筹划预警系统应当具备以下功能。(1)信息收集功能。大量收集与企业经营相关的税收政策及其变动情况、市场竞争状况、税务行政执法情况和企业本身的生产经营状况等方面的信息,进行比较分析,判断是否预警。(2)危机预知功能。当出现可能引发纳税筹划风险的关键因素时,该系统应能预先发出警告,提醒筹划者或经营者早做准备或采取对策,避免潜在的风险演变成客观现实,起到未雨绸缪、防患于未然的作用。(3)风险控制功能。当纳税筹划可能发生潜在风险时,该系统还应能及时寻找风险产生的根源,使筹划者或经营者能够有的放矢,对症下药,制定有效的措施,遏制风险的发生。

(二)依法合理筹划,尽量使纳税筹划方案与国家的税收政策导向保持一致

纳税筹划应当合法合理,这是纳税筹划赖以生存的前提条件,也是衡量纳税筹划成功的重要标准。因此,在实际操作时,首先要学法、懂法和守法,准确理解和全面把握税收法律的内容,把握纳税筹划与偷税的界限,减少恶意避税的嫌疑与风险。其次,要准确把握立法宗旨,了解政策、法规出台的背景,准确地分析判断所采取的纳税筹划方案是否符合政策、法规的规定和意图,着重把握好纳税筹划的度,深刻体会纳税筹划与避税的关系,确保纳税筹划在合法合理的范围内进行。避税行为尽管看起来不违法,但往往与立法者的意图相违背,绝大多数国家对避税行为采取了不主张或者否定的态度,并且采取了相应反避税措施加以限制,我国也不例外。最后,关注税收政策的变化,务必使纳税筹划方案不违法,这是纳税筹划成功的基本保证。税收政策常常随着经济发展的变化和税制改革的需要而不断修正,其变动频率较其他法律规范更频繁,掌握起来也更加困难。为此,企业应及时跟踪相关政策、法规的动态,全面收集政策信息。

(三)注重筹划方案的综合性,防止顾此失彼而造成企业总体利益下降

从根本上讲,纳税筹划属于企业财务管理的范畴,它的目标是由企业财务管理的目标——企业价值最大化决定的。纳税筹划必须围绕这一总体目标进行综合策划,将其纳入企业的整体投资和经营战略,不能局限于个别税种,也不能仅仅着眼于节税。也就是说,纳税筹划首先应着眼于整体税负的降低,而不仅仅是个别税种税负的减少。这是由于各税种的税基相互关联,具有此消彼长的关系,某个税种税基的缩减可能会致使其他税种税基的扩大。因而,纳税筹划既要考虑某一税种的节税利益,也要考虑多税种之间的利益抵消因素。其次,税收利益虽然是企业一项重要的经济利益,但不是企业的全部经济利益,项目投资税收的减少并不等于企业整体利益的增加。而且,降低税收负担有时候和提高税后利润之间是存在矛盾的。如果有多种方案可供选择,最优的方案应是使整体利益最大化的方案,而非税负最轻的方案。即便某种纳税筹划方案能使企业的整体税负最轻,但企业的整体利益并非最大,该方案也应弃之不用。例如,某个体户依法要缴纳相应的流转税和所得税,如果向他提供一份纳税筹划方案,可以让他免缴全部税款,前提是要他把经营业绩控制在起征点以下,那么这项方案一定会遭到拒绝。这是因为,该方案的实施,虽然能使纳税人的税收负担降为零,但其经营规模和收益水平也受到了最大的限制,显然是不可取的。再次,纳税筹划需要耗费一定的成本,要防止成本偏高引发的风险,必须进行成本收益分析,既要考虑纳税筹划的直接成本,即企业为开展纳税筹划而发生的人力、财力和物力的耗费,又要考虑纳税筹划的间接成本,也就是机会成本,即采纳某项纳税筹划方案而放弃的其他方案可能带来的收益。只有当纳税筹划的收益大于成本时,才有必要实施纳税筹划;反之,则完全没必要实施纳税筹划。最后,纳税筹划还要考虑相关主体的利益情况。在很多时候,纳税筹划不仅仅是纳税人自己的事,还涉及交易双方中另一方的利益,如果仅仅关注自身的利益而忽视了对方的利益,很可能遭到对方的抵制和反对而导致纳税筹划的失败。举例来说,在纳税筹划的方法中,有一个常用的筹划手段,即转嫁筹划,也就是通过将自身的税收负担转移给相关主体而获取筹划收益的一种方法。比如就增值税而言,通过纳税筹划降低了销售方的销项税额,若购买方是增值税小规模纳税人,则没什么问题;若购买方是增值税一般纳税人,就会导

致其可抵扣税款的降低,很有可能遭到购买方的拒绝或反对,导致纳税筹划面临失败。

(四)建立动态调整机制,保持纳税筹划方案适度的灵活性

企业所处的经济环境千差万别,加之税收政策和纳税筹划的主客观条件时刻处于变化之中,这就要求企业在筹划时,及时关注政策与环境的变化,动态分析这些变化对纳税筹划方案的影响,对纳税筹划的风险进行分析、判断和预测,根据企业具体的实际情况,制订和调整筹划方案,并保持适度的灵活性,以便随着国家税制、税法、相关政策的改变及预期经济活动的变化随时调整,加强对纳税筹划方案的审查和评估,适时更新筹划内容,采取措施分散风险,趋利避害,切实做到提前预测、准确判断、及时发现、灵活调整,保证纳税筹划目标的实现。

(五)完善纳税筹划基础条件,提高纳税筹划方案的质量

纳税筹划质量取决于两个因素:一是人员素质因素;二是信息质量因素。筹划人员是纳税筹划方案的设计者和实施者,对纳税筹划的顺利开展作用重大。筹划人员的有限理性是导致纳税筹划风险的主要原因之一。纳税筹划风险的大小与纳税筹划方案的质量相关,提高纳税筹划方案的质量是降低纳税筹划风险行之有效的措施。因此,在外部客观因素难以预料和改变的情况下,纳税筹划人员的业务水平和筹划能力的高低,对能否制订出合法、科学和有效的纳税筹划方案,起着决定性的作用。纳税筹划是一项高层次的理财活动和系统工程,涉及法律、税收、会计、财务、金融、企业管理等多方面的知识,具有很强的专业性和技能性,需要专门的筹划人员来操作。因此,对于那些综合性的、与企业全局关系较大的纳税筹划业务,可以聘请纳税筹划专业人士(如税务师)来进行,以提高纳税筹划的规范性和合理性,从而进一步降低筹划的风险。对于部分大型企业而言,由于涉税金额巨大,纳税筹划空间比较大,还可以借鉴国外大公司的做法,在企业内部专门设立负责纳税筹划的部门和人员从事纳税筹划工作,提高其业务素质,降低纳税筹划的风险。从信息质量因素来看,要建立有利于纳税筹划开展的信息交流机制。一个高质量的纳税筹划方案,是建立在充分、准确的信息基础上的,不仅涉及纳税信息,还涉及财务、生产、采购以及销售等信息,这就要求企业采购、生产、销售等部门的参与和配合,及时沟通,疏通信息传递渠道,实现信息共享,使纳税筹划人员能做到准确判断,及时反应。

(六)加强同税务部门的联系与沟通,将认定差异风险降到最低限度

由于各地具体的税收征管方式有所不同,税务部门拥有较大的自由裁量权。因此,能否得到当地主管税务部门的认可,也是纳税筹划方案能否顺利实施的一个重要环节。实践证明,如果不能主动适应税务部门的管理特点,或者纳税筹划方案不能得到当地主管税务部门的认可,就难以达到预期的效果,难以实现其预期的收益。因此,加强与税务部门的联系,处理好与税务部门的关系,充分了解当地税务征管的特点和具体要求,及时获取相关信息,也是规避和防范纳税筹划风险的必要手段之一。企业和筹划人员应保持同税务部门密切的联系与沟通,一可以及时获悉最新和最准确的税收政策信息;二可以正确领会税收政策的立法意图与宗旨;三可以得到税务部门的指导和认同。由于纳税筹划在很多时候是在法律的边界运作,企业很难准确把握合法和违法的界线,而且有些政策规定也存在着一定的缺陷,通

过沟通,就可以大大降低此类筹划风险。因此,无论是企业自行开展的纳税筹划还是委托专业机构和人员开展的纳税筹划,都应该积极争取税务部门的认可,虚心地向税务部门及相关人员咨询,达成意见上的一致,降低因认定差异而导致的纳税筹划风险。

本章小结

1. 纳税筹划方法是指在合法的前提下,使纳税人尽量减轻税负的手段和技巧,主要方法有利用税收优惠政策进行纳税筹划、通过分劈税基实现纳税筹划、通过税负转嫁实现纳税筹划、利用税收临界点进行纳税筹划、利用税负平衡点进行纳税筹划。

2. 纳税筹划的具体实施实际就是纳税筹划方案的设计过程。按照基本的思维逻辑,在纳税筹划中,我们首先应收集了解相关信息,然后明确目标,把握筹划的空间与思路,通过一定的方法设计出可供选择的方案,再在比较不同方案实施效果的基础上,进行方案的遴选,最后组织方案的实施,并根据实施反馈的信息做出修订。

3. 纳税筹划风险是指纳税人在开展纳税筹划时,由于各种不确定因素的存在,使纳税筹划结果偏离预期目标的可能性以及由此造成的损失,具有客观性、复杂性、潜在性的特征。

4. 纳税筹划风险产生的原因是复杂和多方面的,其中,税收的本质属性是纳税筹划风险产生的根本原因;纳税筹划的特点是纳税筹划风险产生的直接原因;征纳双方的政策理解偏差是纳税筹划风险产生的主观原因。

5. 根据纳税筹划风险形成的原因和性质,可以将纳税筹划风险归结为违法违规风险、片面性风险、方案选择风险、环境变化风险、认定差异风险等类型。

主要概念

纳税筹划方法　延期纳税　税收临界点　税负平衡点　纳税筹划风险
违法违规风险　片面性风险　方案选择风险　环境变化风险　认定差异风险
风险的控制与防范

思考题

❶ 纳税筹划方法有哪些?
❷ 如何利用分劈税基法进行纳税筹划?
❸ 在延期纳税筹划法下,有哪些实现途径?
❹ 什么是税收临界点?在什么情况下可考虑运用税收临界点筹划法?
❺ 税负平衡点筹划法的基本原理是什么?
❻ 什么是纳税筹划风险?其产生的原因是什么?有哪些类型?
❼ 如何防范和控制纳税筹划风险?

推荐阅读书目

❶ 李淑霞. 纳税筹划. 上海:上海财经大学出版社,2019年
❷ 梁文涛. 纳税筹划. 4版. 北京:北京交通大学出版社,2018年
❸ 刘国东. 纳税筹划:中小企业税务一点通. 北京:北京高教电子音像出版社,2018年
❹ 全国联编,盖地. 税务会计与纳税筹划. 14版. 大连:东北财经大学出版社,2019年

第三章

增值税纳税筹划

教学目的与要求

理解增值税纳税人、课税范围和计税依据等主要法律规定,领会增值税纳税人、课税范围和计税依据主要领域的筹划思路,灵活运用增值税纳税人、课税范围和计税依据等领域的筹划方法,结合典型案例加强对增值税主要筹划空间及其筹划思路、方法的应用。解读增值税纳税人、课税范围和计税依据等领域存在的主要风险及其防范思路,结合典型案例举一反三,以此掌握增值税纳税筹划中应注意的涉税风险的防范与控制。

导读

增值税为国内第一大税种,因此,增值税的筹划成为众多纳税人进行纳税筹划的首选税种。通过本章的学习,要求掌握增值税纳税筹划的主要方法,并能针对具体问题制订筹划方案。

第一节 纳税人的筹划

一、增值税纳税人的主要法律规定解读

新修订的《增值税暂行条例》及其实施细则,降低了增值税一般纳税人的认定标准,对增值税一般纳税人的认定也增加了一些新规定。现就两种纳税人的认定标准及一般纳税人的注销和划转,分析如下:

(一)两类纳税人的认定标准

现行税法规定,纳税人的经营规模以及会计核算的健全程度,是划分增值税一般纳税人和小规模纳税人的主要依据。具体的划分标准见表3-1。

(1)销售额标准。小规模纳税人的认定标准:①从事货物生产、提供应税劳务或者应税服务的纳税人,年应征增值税销售额(以下简称应税销售额)在500万元以下(含)的。一般纳税人的认定标准:除上述小规模纳税人以外的纳税人属于一般纳税人。

其中,年应税销售额是指纳税人在连续不超过12个月的经营期内累计应征增值税销售额,包括纳税申报销售额、稽查查补销售额、纳税评估调整销售额、税务机关代开发票销售额和免税销售额。经营期是指在纳税人存续期内的连续经营期间,含未取得销售收入的月份。

表 3-1　　　　　　　　　增值税两类纳税人的划分标准

		小规模纳税人	一般纳税人
销售额标准	从事货物生产、提供应税劳务或者应税服务的纳税人	年应税销售额在500万元以下(含)的	(1)年应税销售额在500万元以上; (2)应税服务的年应税销售额超过财政部和国家税务总局规定的500万元标准的
会计核算标准	小规模纳税人会计核算健全,能够提供准确税务资料的,可以向主管税务机关申请一般纳税人资格认定,不作为小规模纳税人,依照条例有关规定计算应纳税额		
纳税人性质	(1)年应税销售额超过小规模纳税人标准的其他个人按小规模纳税人纳税; (2)非企业性单位、不经常发生应税行为的企业可选择按小规模纳税人纳税; (3)从事成品油销售的加油站一律按一般纳税人纳税		

(2)会计核算标准。《增值税暂行条例》规定,小规模纳税人会计核算健全,能够提供准确税务资料的,可以向主管税务机关申请认定为一般纳税人资格。这里所称的会计核算健全,是指能够按照国家统一的会计制度规定设置账簿,根据合法、有效的凭证进行核算。也就是说,年应税销售额未超过认定标准的小规模纳税人,只要会计核算健全,也可以向主管税务机关申请认定为增值税一般纳税人。

纳税人应当把握好"应当""可以"措辞的具体意义。"应当"是义务,必须的;"可以"是可选的,不能强迫纳税人的。"小规模纳税人以外的纳税人"应当是指一般纳税人。即达到一般纳税人条件应当申请认定,达不到但符合"会计核算健全,能够提供准确税务资料"条件的也可以认定。对于"应当"的行为纳税人不履行该如何处理,细则规定有下列情形之一者,应按销售额依照增值税税率计算应纳税额,不得抵扣进项税额,也不得使用增值税专用发票:①一般纳税人会计核算不健全或者不能够提供准确税务资料的;②除细则第二十九条规定外,纳税人销售额超过小规模纳税人标准,未申请办理一般纳税人认定手续的。

(二)一般纳税人的注销和划转

根据《国家税务总局关于统一小规模纳税人标准等若干增值税问题的公告》(国家税务总局公告2018年第18号),同时符合以下条件的一般纳税人,可选择按照《财政部 税务总局关于统一增值税小规模纳税人标准的通知》(财税〔2018〕33号)第二条的规定,转登记为

小规模纳税人,或选择继续作为一般纳税人:

(1)根据《中华人民共和国增值税暂行条例》第十三条和《中华人民共和国增值税暂行条例实施细则》第二十八条的有关规定,登记为一般纳税人。

(2)转登记日前连续12个月(以1个月为1个纳税期,下同)或者连续4个季度(以1个季度为1个纳税期,下同)累计应征增值税销售额(以下称应税销售额)未超过500万元。

转登记日前经营期不满12个月或者4个季度的,按照月(季度)平均应税销售额估算上款规定的累计应税销售额。

对已认定为一般纳税人的新办商贸零售企业,但未从事货物零售业务的,应取消其一般纳税人资格。一般纳税人注销或被取消辅导期一般纳税人资格,转为小规模纳税人时,其存货不做进项税额转出处理,其留抵税额也不予退税。

对于会计核算不健全或未申请办理一般纳税人认定的纳税人,即一般纳税人会计核算不健全、不能提供准确税务资料的纳税人,或者销售额超过小规模纳税人标准(除其他个人和选择按小规模纳税人纳税的非企业性单位,不经常发生应税行为的企业以外)未申请办理一般纳税人认定手续的纳税人,都应按其销售额依照增值税税率计算应纳税额,同时不得抵扣进项税额,也不得使用增值税专用发票。

二、增值税纳税人的筹划思路、方法与案例解析

(一)增值税两类纳税人的筹划思路分析

由于我国的特殊国情等,我国将增值税分为两类纳税人,并实行不同的计税方法。二者征税上的主要差别见表3-2。

表3-2　　　　　　　　　增值税两类纳税人征税上的差别

	一般纳税人	小规模纳税人
征收方法	购进扣税法	简易征收法,不得抵扣进项税额
税率/征收率	13%、9%、6%	3%、5%、1%、免征
发票使用差别	可领购、使用专用发票	不能领购、使用专用发票,可以申请由税务局代开

为了充分说明增值税一般纳税人购进扣税法计税原理与小规模纳税人简易征收法计税原理的差别,我们通过案例进行论证,具体见案例3-1和案例3-2。由于增值税是间接税,税法设计预期税负会转嫁给最终消费者。假设在增值税完全转嫁的情况下,两类纳税人的收益不受税负影响。但是应注意到,虽然两类纳税人都转嫁了税负,在案例3-1和案例3-2所列举的情形中,一般纳税人的定价比小规模纳税人的销售价格高出800元,这很可能使其在市场竞争中处于不利地位。当然,税负转嫁是要具备一定条件的,如市场供不应求、供应有充分弹性、需求缺乏弹性等。如果市场供大于求、供应没有弹性、需求有充分弹性,小规模纳税人和一般纳税人都很难通过提高价格将税负转嫁出去,纳税人本身将承担部分甚至全部的税负。由于两类纳税人适用的税率和征税方法存在很大的不同,两类纳税人承担的税负也不同,因而可对两类纳税人身份进行纳税筹划,减轻企业税负。

【案例3-1】 某企业为一般纳税人,当期购进不含税价格为20 000元的原材料,加工成

不含税价格为 30 000 元的产品,加工环节的其他成本费用为 7 000 元。假设该产品当期全部售出,并将购进环节货物所支付的 2 600 元进项税额和销售产品的应纳增值税额 1 300 元都加在产品的价格上,以 35 100 元的价格销售给消费者。

当期购进货物支付的进项税额＝20 000×13％＝2 600 元

当期销售产品的应纳增值税额＝30 000×13％－2 600＝1 300 元

当期收益额＝35 100－(20 000＋7 000)－(2 600＋1 300)＝4 200 元

【案例 3-2】 某企业为小规模纳税人,当期购进不含税价格为 20 000 元的原材料,加工成不含税价格为 30 000 元的产品,加工环节的其他成本费用为 7 000 元。假设该产品当期全部售出,并将购进环节货物所支付的 2 600 元进项税额和销售产品的应纳增值税额 900 元都加在产品的价格上,以 34 300 元的价格销售给消费者。

当期购进货物支付的进项税额＝20 000×13％＝2 600 元

当期销售产品的应纳增值税额＝30 000×3％＝900 元

当期收益额＝34 300－(20 000＋7 000)－(2 600＋900)＝3 800 元

增值税对一般纳税人和小规模纳税人的差别待遇为一般纳税人与小规模纳税人进行纳税筹划提供了可能性。而且税法对增值税一般纳税人和小规模纳税人的认定标准也为纳税筹划提供了空间。典型空间有:(1)小规模纳税人可转化为一般纳税人。①小规模纳税人可通过增加销售规模达到一般纳税人认定的规模标准,现行一般纳税人认定门槛已经大大降低。②会计核算健全的、年销售额未超过标准的企业。对于年销售额未能达到税法规定标准的中小企业,仍可以通过加强会计核算等申请增值税一般纳税人的认定和实行一般纳税人的计税方法和税务管理。③小规模企业合并成为一般纳税人。如果小企业在短时间很难达到一般纳税人的销售规模,但是其作为一般纳税人计税更为节税,则可以通过同类企业的合并达到一般纳税人规模,从而转化为一般纳税人。(2)一般纳税人在一般情况下不能再转化为小规模纳税人,下列情况除外。超标准的非企业性单位和不经常发生应税行为的企业。即使是超过标准的企业,如果是非企业性单位和不经常发生应税行为的企业仍可以作为小规模纳税人计税和税务管理。

(二)增值税两类纳税人筹划方法与案例解析

如前论证,企业进行增值税纳税人的纳税筹划存在巨大空间。因为两者采用不同的计税方法,实行不同的税务管理。下面我们从税负的角度对两类纳税人筹划方法进行重点剖析。

假定某物资批发企业年应纳增值税销售额 600 万元,会计核算制度也比较健全,符合一般纳税人的认定条件,适用 13％的增值税税率,但该企业准予从销项税额中抵扣的进项税额较少,只占销项税额的 10％。在这种情况下,企业应纳增值税额为 70.2(600×13％－600×13％×10％)万元。如果将该企业分设为四个批发企业,各自作为独立核算单位,一分为四后的四个单位年应税销售额都是 150 万元,那么四者就都符合小规模纳税人的认定条件,可适用 3％的征收率。在这种情况下,分别缴纳增值税 18(150×3％×4)万元。显然,划小核算范围后,作为小规模纳税人,可较一般纳税人减轻税负 52.2(70.2－18)万元。那么,对于某特定的企业选择哪种纳税人身份对自己更有利呢？主要筹划方法有以下两种:

1.增值率筹划法

增值额是指纳税人在生产经营过程中新创造的价值,是商品价值扣除生产经营过程中消耗的生产资料的转移价值之后的余额,即销售商品价款与购进货物价款之间的差额。增值率则是增值额与商品销售价款之比,这里的增值率是指不含税的增值率。

假定理论增值率为 V,实际增值率为 V',销售货物的不含税价款为 B,购进货物不含税价款为 A,一般纳税人适用的税率为 13%,小规模纳税人征收率为 3%,则:

增值率(V)=($B-A$)÷B

一般纳税人应纳税额=销项税额-进项税额=($B-A$)×13%

小规模纳税人应纳税额=B×3%

令两者税额相等,即达到税负无差别平衡点时,($B-A$)×13%=B×3%

解得($B-A$)÷B=3%÷13%=23.08%

增值率平衡点(V)=23.08%

当 $V'=V$ 时,两种纳税人税负相等;

当 $V'>V$ 时,一般纳税人税负重于小规模纳税人;

当 $V'<V$ 时,一般纳税人税负轻于小规模纳税人。

依据前述公式,可解得,一般纳税人增值税税率为 13%、9% 和 6% 三档,与小规模纳税人增值税征收率 3% 的两类纳税人税负平衡点的增值率见表 3-3。

表 3-3　　　　两类纳税人增值率平衡点一览表(不含税销售额)　　　　单位:%

一般纳税人税率	小规模纳税人征收率	税负平衡点增值率
13	3	23.08
9	3	33.33
6	3	50

【案例 3-3】 某企业为商业企业,当年被核定为小规模纳税人,其购进的含 13% 的增值税的原材料价税额为 50 万元,实现含税销售额 78 万元。次年 1 月份主管税务机关开始新年度纳税人认证工作。企业依据税法认为虽然经营规模达不到一般纳税人的销售额标准,但会计制度健全,能够按照会计制度和税务机关的要求准确核算销项税额、进项税额和应纳税额,能提供准确的税务资料,经主管税务机关批准,可以被认定为一般纳税人。因此,该企业既可以选择小规模纳税人(征收率 3%)身份,也可以选择一般纳税人(适用税率 13%)身份。该企业应当如何进行纳税人类别的税务筹划?

案例分析:

该企业不含税增值率=(78-50)/(1+13%)÷[78/(1+3%)]×100%=24.78÷75.73×100%=32.72%

实际不含税增值率为 32.72%,大于两类纳税人不含税平衡点的增值率 23.08%,选择一般纳税人的增值税税负将重于小规模纳税人,因此,该企业维持小规模纳税人身份更为有利。

若为一般纳税人的应纳增值税额=78÷(1+13%)×13%-50÷(1+13%)×13%=3.22 万元

若为小规模纳税人的应纳增值税额=78÷(1+3%)×3%=2.27 万元

选择小规模纳税人的增值税税负的降低额=3.22-2.27=0.95 万元

2. 两类纳税人身份选择应注意的问题

在进行纳税人身份选择时,应着重注意以下问题:第一,并非所有纳税人都可以选择纳税人身份;第二,比较纳税人身份转化后的税负大小;第三,考虑纳税人身份转化过程中的相关成本和利润变化情况;第四,除另有规定外,纳税人一经认定为一般纳税人后,不得转为小规模纳税人。

同时,在选择筹划方案时,除了考虑上述问题外,还应综合考虑以下方面:

(1)从计税制度设计上看,一般纳税人实行税款抵扣制度,涉及复杂的销项税额和进项税额计算;小规模纳税人实行简易计税办法。不同行业、不同企业的增值税税负根据增值率、抵扣率的不同而有所不同。增值税虽然是价外税,但会影响到城市维护建设税和教育费附加进而影响到企业所得税,所以应进行综合税负的测算。

(2)从企业所处的经营环境来看,现实经济生活中,企业在购进商品或材料时往往存在以下情况:①全部或部分能取得专用发票;②部分只能取得普通发票;③部分或全部无法取得发票。企业出售货物时往往存在以下情况:①部分客户要专用发票;②部分客户只要普通发票;③部分客户可以不要发票。一般纳税人能开具增值税专用发票,抵扣进项税额;小规模纳税人不能自行开具增值税专用发票(只能让主管税务机关代开增值税专用发票,但抵扣率为3%),而且不能抵扣进项税额。因此,应充分考虑企业自身及利益相关者(供应商、顾客等)的经营情况。

(3)从购买方来看,如果产品或劳务主要销售给一般纳税人,购买方无法取得增值税发票则不能抵扣进项税额,即使由税务机关代开增值税专用发票,也只能抵扣销售额的3%,增加购买方的成本,要求小规模纳税人在价格上有折扣,否则会影响产品或劳务的销售。这种情况下,选择成为一般纳税人更有利。如果企业产品或劳务主要销售给出口企业,若购买方从小规模纳税人处取得税务机关代开的增值税专用发票,那么征收率为3%,退税率也为3%,购买方不产生自负税款。而从一般纳税人处进货,大部分商品的退税率都小于征收率,从而产生自负税款,增加成本。此时,企业选择成为小规模纳税人会有利于销售。

(4)从管理成本来看,一般纳税人的管理成本往往重于小规模纳税人。新制度一般纳税人的门槛有了很大的降低,一般可以选择作为小规模纳税人的企业或单位通常销售额不大,且申请认定为一般纳税人,需要购买税控机和金税卡等设备开支,需要健全会计核算制度,相对于小规模纳税人可能会增加很大的成本。因此,企业如果选择成为一般纳税人,就需要对增值税的纳税工作进行管理和筹划,降低纳税成本,如果增加的纳税成本大于小规模纳税人转化成一般纳税人带来的好处,反而对企业不利。

(5)从出口退税来看,一般纳税人实行出口退税制度,而小规模纳税人出口货物实行免税不退税制度。

(6)从企业发展情况来看,考虑近期企业的扩展,是否会有大规模的设备投资计划,选择成为一般纳税人可以抵扣增值税的进项税额。

因此,纳税人到底是选择作为一般纳税人还是小规模纳税人,应进行综合的考量,考虑涉税利益整体最大化后做出最优选择。

【案例3-4】 甲饲料销售企业现为增值税小规模纳税人,年应税销售额为50万元(不含增值税),会计核算制度比较健全,符合转化为增值税一般纳税人的条件,适用9%的增值税税率。该企业从生产饲料的增值税一般纳税人处购入饲料20万元(不含增值税)。甲企业应如何选择纳税人身份?

方案一:作为增值税小规模纳税人

应纳增值税=50×3%=1.5万元

应纳城市维护建设税及教育费附加=1.5×(7%+3%)=0.15万元

现金净流量＝含税销售额－含税购进金额－应纳增值税－应纳城市维护建设税及教育费附加－应纳企业所得税＝50×(1＋3%)－20×(1＋9%)－1.5－0.15－[50－20×(1＋9%)－0.15]×25%＝21.04 万元

方案二：申请成为增值税一般纳税人

应纳增值税＝50×9%－20×9%＝2.7 万元

应纳城市维护建设税及教育费附加＝2.7×(7%＋3%)＝0.27 万元

现金净流量＝含税销售额－含税购进金额－应纳增值税－应纳城市维护建设税及教育费附加－应纳企业所得税＝50×(1＋9%)－20×(1＋9%)－2.7－0.27－(50－20－0.27)×25%＝22.57 万元

由此可见,方案二比方案一多获现金净流量1.53(22.57－21.04)万元。因此,该企业应当选择方案二。

第二节 征税范围的筹划

一、增值税征税范围的主要法律规定解读

现行增值税的基本征税范围:中华人民共和国境内的销售货物,进口货物,提供的加工、修理修配劳务以及应税服务。其具体规定如下:

(1)销售货物:货物是指有形动产,包括电力、热力、气体在内;销售货物是指有偿转让货物的所有权。

(2)进口货物:进口货物是指申报进入我国海关境内的货物。

(3)提供的加工、修理修配劳务:加工是指受托加工货物,即委托方提供原料及主要材料,受托方按照委托方的要求,制造货物并收取加工费的业务;所称修理修配,是指受托对损伤和丧失功能的货物进行修复,使其恢复原状和功能的业务。

(4)提供的应税服务。

应税服务具体包括：

1. 交通运输业

交通运输业包括陆路运输服务(铁路、公路、缆车、索道、地铁、轻轨)、水路运输服务、航空运输服务、管道运输服务。

出租车公司向使用本公司自有出租车的出租车司机收取的管理费用,按照陆路运输服务征收增值税。

2. 邮政业

邮政业是指中国邮政集团公司及其所属邮政企业提供邮件寄递、邮政汇兑、机要通信和邮政代理等邮政基本服务的业务活动,包括邮政普遍服务、邮政特殊服务和其他邮政服务。

(1)邮政普遍服务是指函件、包裹等邮件寄递,以及邮票发行、报刊发行和邮政汇兑等业务活动。

(2)邮政特殊服务是指义务兵平常信函、机要通信、盲人读物和革命烈士遗物的寄递等业务活动。

(3)其他邮政服务是指邮册等邮品销售、邮政代理等业务活动。

3. **电信业**

电信业是指利用有线、无线的电磁系统或者光电系统等各种通信网络资源,提供语音通话服务,传送、发射、接收或者应用图像、短信等电子数据和信息的业务活动,包括基础电信服务和增值电信服务。

(1)基础电信服务是指利用固网、移动网、卫星、互联网,提供语音通话服务的业务活动,以及出租或者出售带宽、波长等网络元素的业务活动。适用的增值税税率为9%。

(2)增值电信服务是指利用固网、移动网、卫星、互联网、有线电视网络,提供短信和彩信服务、电子数据和信息的传输及应用服务、互联网接入服务等业务活动。卫星电视信号落地转接服务,按照增值电信服务计算缴纳增值税。适用的增值税税率为6%。

4. **部分现代服务业**

(1)研发和技术服务:①研发服务是指就新技术、新产品、新工艺或者新材料及其系统进行研究与试验开发的业务活动;②技术转让服务是指转让专利或者非专利技术的所有权或者使用权的业务活动;③技术咨询服务是指对特定技术项目提供可行性论证、技术预测、专题技术调查、分析评价报告和专业知识咨询等业务活动;④合同能源管理服务是指节能服务公司与用能单位以契约形式约定节能目标,节能服务公司提供必要的服务,用能单位以节能效果支付节能服务公司投入及其合理报酬的业务活动;⑤工程勘察勘探服务是指在采矿、工程施工之前,对地形、地质构造、地下资源蕴藏情况进行实地调查的业务活动。

(2)信息技术服务:①软件服务是指提供软件开发服务、软件咨询服务、软件维护服务、软件测试服务的业务活动;②电路设计及测试服务是指提供集成电路和电子电路产品设计、测试及相关技术支持服务的业务活动;③信息系统服务是指提供信息系统集成、网络管理、桌面管理与维护、信息系统应用、基础信息技术管理平台整合、信息技术基础设施管理、数据中心、托管中心、安全服务的业务活动;④业务流程管理服务是指依托计算机信息技术提供的人力资源管理、财务经济管理、审计管理、税务管理、金融支付服务、内部数据分析、内部数据挖掘、内部数据管理、内部数据使用、呼叫中心和电子商务平台等服务的业务活动。

(3)文化创意服务:①设计服务是指把计划、规划、设想通过视觉、文字等形式传递出来的业务活动,包括工业设计、造型设计、服装设计、环境设计、平面设计、包装设计、动漫设计、展示设计、网站设计、机械设计、工程设计、创意策划等;②商标著作权转让服务是指转让商标、商誉和著作权的业务活动;③知识产权服务是指处理知识产权事务的业务活动,包括对专利、商标、著作权、软件、集成电路布图设计的代理、登记、鉴定、评估、认证、咨询、检索服务;④广告服务是指利用图书、报纸、杂志、广播、电视、电影、幻灯、路牌、招贴、橱窗、霓虹灯、灯箱、互联网等各种形式为客户的商品、经营服务项目、文体节目或者通告、声明等委托事项进行宣传和提供相关服务的业务活动,包括广告设计和广告的发布、播映、宣传、展示等;⑤会议展览服务是指为商品流通、促销、展示、经贸洽谈、民间交流、企业沟通、国际往来等举办的各类展览和会议的业务活动。

(4)物流辅助服务:①航空服务,包括航空地面服务和通用航空服务。航空地面服务是指航空公司、飞机场、民航管理局、航站等向在我国境内航行或者在我国境内机场停留的境内外飞机或者其他飞行器提供的导航等劳务性地面服务的业务活动,包括旅客安全检查服务、停机坪管理服务、机场候机厅管理服务、飞机清洗消毒服务、空中飞行管理服务、飞机起降服务、飞行通信服务、地面信号服务、飞机安全服务、飞机跑道管理服务、空中交通管理服务等;通用航空服务是指为专业工作提供飞行服务的业务活动,包括航空摄影、航空测量、航空勘探、航空护林、航空吊挂播撒、航空降雨等。②港口码头服务是指港务船舶调度服务、船舶通信服务、航道管理服务、航道疏浚服务、灯塔管理服务、航标管理服务、船舶引航服务、理货服务、系解缆服务、停泊和移泊服务、海上船舶溢油清除服务、水上交通管理服务、船只专业清洗消毒检测服务和防止船只漏油服务等为船只提供服务的业务活动。③货运客运场站服务是指货运客运场站(不包括铁路运输)提供的货物配载服务、运输组织服务、中转换乘服务、车辆调度服务、票务服务和车辆停放服务等业务活动。④打捞救助服务是指提供船舶人员救助、船舶财产救助、水上救助和沉船沉物打捞救助的业务活动。⑤货物运输代理服务是指接受货物收货人、发货人的委托,以委托人的名义或者以自己的名义,在不直接提供货物运输劳务情况下,为委托人办理货物运输及相关业务手续的业务活动。⑥代理报关服务是指接受进出口货物的收、发货人委托,代为办理报关手续的业务活动。⑦仓储服务是指利用仓库、货场或者其他场所代客贮放、保管货物的业务活动。⑧装卸搬运服务是指使用装卸搬运工具或人力、畜力将货物在运输工具之间、装卸现场之间或者运输工具与装卸现场之间进行装卸和搬运的业务活动。⑨收派服务是指接受寄件人委托,在承诺的时限内完成函件和包裹的收件、分拣、派送服务的业务活动:收件服务是指从寄件人收取函件和包裹,并运送到服务提供方同城的集散中心的业务活动;分拣服务是指服务提供方在其集散中心对函件和包裹进行分类、分发的业务活动;派送服务是指服务提供方从其集散中心将函件和包裹送达同城的收件人的业务活动。

(5)有形动产租赁。有形动产租赁,包括有形动产融资租赁和有形动产经营性租赁。①有形动产融资租赁是指具有融资性质和所有权转移特点的有形动产租赁业务活动。即出租人根据承租人所要求的规格、型号、性能等条件购入有形动产租赁给承租人,合同期内设备所有权属于出租人,承租人只拥有使用权,合同期满付清租金后,承租人有权按照残值购入有形动产,以拥有其所有权。不论出租人是否将有形动产残值销售给承租人,均属于融资租赁。②有形动产经营性租赁是指在约定时间内将物品、设备等有形动产转让他人使用且租赁物所有权不变更的业务活动。如光租、干租等。

(6)鉴证咨询服务:①认证服务是指具有专业资质的单位利用检测、检验、计量等技术,证明产品、服务、管理体系符合相关技术规范、相关技术规范的强制性要求或者标准的业务活动;②鉴证服务是指具有专业资质的单位,为委托方的经济活动及有关资料进行鉴证,发表具有证明力的意见的业务活动,包括会计、税务、资产评估、律师、房地产土地评估、工程造价的鉴证;③咨询服务是指提供和策划财务、税收、法律、内部管理、业务运作和流程管理等信息或者建议的业务活动。代理记账、翻译服务按照"鉴证咨询服务"征收增值税。

(7)广播影视服务:①广播影视节目(作品)制作服务是指进行专题(特别节目)、专栏、综艺、体育、动画片、广播剧、电视剧、电影等广播影视节目和作品制作的服务,具体包括与广播影视节目和作品相关的策划、采编、拍摄、录音、音视频文字图片素材制作、场景布置、后期的剪辑、翻译(编译)、字幕制作、片头、片尾、片花制作、特效制作、影片修复、编目和确权等业务活动;②广播影视节目(作品)发行服务是指以分账、买断、委托、代理等方式,向影院、电台、电视台、网站等单位和个人发行广播影视节目(作品)以及转让体育赛事等活动的报道及播映权的业务活动;③广播影视节目(作品)播映服务是指在影院、剧院、录像厅及其他场所播映广播影视节目(作品),以及通过电台、电视台、卫星通信、互联网、有线电视等无线或有线装置播映广播影视节目(作品)的业务活动。

除了以上征税范围之外,单位或者个体工商户的下列行为,均视同销售货物:(1)将货物交付其他单位或者个人代销;(2)销售代销货物;(3)设有两个以上机构并实行统一核算的纳税人,将货物从一个机构移送其他机构用于销售,但相关机构设在同一县(市)的除外;(4)将自产、委托加工的货物用于集体福利或者个人消费;(5)将自产、委托加工或者购进的货物作为投资,提供给其他单位或者个体工商户;(6)将自产、委托加工或者购进的货物分配给股东或者投资者;(7)将自产、委托加工或者购进的货物无偿赠送其他单位或者个人。

下列情形视同销售服务、无形资产或者不动产:

(1)单位或者个体工商户向其他单位或者个人无偿提供服务,但用于公益事业或者以社会公众为对象的除外;(2)单位或者个人向其他单位或者个人无偿转让无形资产或者不动产,但用于公益事业或者以社会公众为对象的除外;(3)财政部和国家税务总局规定的其他情形。

二、增值税征税范围的筹划思路、方法与案例解析

(一)兼营行为和混合销售行为的区分与选择

《营业税改征增值税试点实施办法》(财税〔2016〕36号附件1,简称《试点实施办法》)第三十九条、第四十条分别对兼营行为和混合销售做出规定。

兼营行为和混合销售作为两个不同概念,近似又存在差异,纳税人容易混淆并引发相应的涉税风险。企业应严格区分兼营行为和混合销售,准确适用税收政策。发生兼营行为时,应分别核算适用不同税率或者征收率应税行为的销售额,避免被从高适用税率或者征收率;不分别核算不得享受免税、减税优惠。

1. 兼营行为

《营业税改征增值税试点实施办法》(财税〔2016〕36号附件1)第三十九条规定:纳税人兼营销售货物、加工修理修配劳务、服务、无形资产或者不动产,适用不同税率或者征收率的,应当分别核算适用不同税率或者征收率的销售额;未分别核算的,从高适用税率。

未分别核算销售额的,按照以下方法适用税率或者征收率:

(1)兼有不同税率的销售货物、加工修理修配劳务、服务、无形资产或者不动产,从高适用税率。

(2)兼有不同征收率的销售货物、加工修理修配劳务、服务、无形资产或者不动产,从高适用征收率。

(3)兼有不同税率和征收率的销售货物、加工修理修配劳务、服务、无形资产或者不动产,从高适用税率。

例如,某试点一般纳税人既销售不动产,又提供经纪代理服务,若该纳税人能够分别核

算上述两项应税行为的销售额,则其销售不动产适用9%的增值税税率,提供经纪代理服务适用6%的增值税税率;若该纳税人没有分别核算上述两项应税行为的销售额,则销售不动产和提供经纪代理服务均从高适用9%的增值税税率。

"营改增"后,增值税的适用税率包括13%、9%、6%和零税率四档,征收率统一为3%。"营改增"试点纳税人兼有上述适用不同税率或征收率的增值税应税事项,但未能对上述事项分别核算的,根据其实际经营的应税事项中适用最高一档税率或征收率进行征收。

兼营减税、免税项目。纳税人兼营减税、免税项目的,应当分别核算减税、免税项目的销售额;未分别核算销售额的,不得减税、免税。

增值税一般纳税人兼营简易计税方法计税项目、非增值税应税劳务、免征增值税项目而无法划分不得抵扣的进项税额,按照下列公式计算不得抵扣的进项税额:不得抵扣的进项税额=当期无法划分的全部进项税额×(当期简易计税方法计税项目销售额+非增值税应税劳务营业额+免征增值税项目销售额)÷(当期全部销售额+当期全部营业额)

2. 混合销售

随着《财政部 国家税务总局关于全面推开营业税改征增值税试点的通知》(财税〔2016〕36号,以下简称财税〔2016〕36号文件)自2016年5月1日起执行,营业税已经全部退出了税收的历史舞台,营业税的使命已由增值税来承担。但无论是增值税和营业税共存的时代,还是如今增值税单存的时代,税收上都规定了增值税混合销售行为。《中华人民共和国增值税暂行条例实施细则》规定的增值税混合销售行为,随着财税〔2016〕36号文件的执行,自然失去了意义。财税〔2016〕36号文件给予增值税混合销售行为新的内涵。全面"营改增"之后,新规定的增值税混合销售行为和《中华人民共和国增值税暂行条例实施细则》规定的增值税混合销售行为有些不同,加之增值税混合销售行为在过去和现在国家给出的定义都比较简单,也没有具体的解释,因此,实际中操作起来征纳双方难免存在税收风险。现对全面"营改增"之后混合销售行为应注意的问题加以提示。

第一,混合销售行为,是按照销售货物缴纳增值税,还是按照销售服务缴纳增值税的确认。

财税〔2016〕36号文件附件1《营业税改征增值税试点实施办法》第四十条规定,一项销售行为如果既涉及服务又涉及货物,为混合销售。从事货物的生产、批发或者零售的单位和个体工商户的混合销售行为,按照销售货物缴纳增值税;其他单位和个体工商户的混合销售行为,按照销售服务缴纳增值税。

所称从事货物的生产、批发或者零售的单位和个体工商户,包括以从事货物的生产、批发或者零售为主,并兼营销售服务的单位和个体工商户在内。

从上面的规定可知,从事货物的生产、批发或者零售的单位和个体工商户的混合销售行为,按照销售货物缴纳增值税;其他单位和个体工商户的混合销售行为,按照销售服务缴纳增值税。但在实际中具体操作时应从以下两个方面来掌握:

(1)从事货物的生产、批发或者零售的单位和个体工商户,在实际中有两种类型,一种是经营活动主要是生产、销售货物,偶尔发生销售服务行为,对于这种类型的单位和个体工商户发生的混合销售行为应当按照销售货物缴纳增值税;另一种是经营活动中既有生产、销售货物行为,还有兼营销售服务行为,但是,经营活动中是以从事货物的生产、批发或者零售为主业,以兼营销售服务为副业。而对于这种类型的单位和个体工商户,发生混合销售行为,也应当按照销售货物缴纳增值税。

（2）其他单位和个体工商户的混合销售行为，按照销售服务缴纳增值税。这里的其他单位和个体工商户，是指平时经营活动中一般不涉及销售货物，偶尔发生销售货物行为，或者是临时发生纳税义务的纳税人，当其发生混合销售行为时，应当按照销售服务缴纳增值税。

第二，应区分混合销售行为和兼营行为。

财税〔2016〕36号文件附件1《营业税改征增值税试点实施办法》第四十条规定，一项销售行为如果既涉及服务又涉及货物，为混合销售。

兼营行为，是指纳税人在经营活动中有销售货物、服务、无形资产、不动产或者提供加工、修理修配劳务这些应税行为中的两种或两种以上应税行为。

在实际中，把握混合销售行为和兼营行为的主要区别在于：混合销售行为，是涉及一项销售行为，其中，销售货物和销售服务两者之间存在着关联关系或因果关系，是同一个购买方；而兼营行为，各项应税行为之间没有关联关系或因果关系，涉及两种或两种以上销售行为或劳务，至少涉及一个购买方。

第三，混合销售行为应包括销售货物和销售服务两项内容。

混合销售行为成立的标准有两点，一是其销售行为必须是一项；二是该项行为必须即涉及货物又涉及服务，其"货物"是指《中华人民共和国增值税暂行条例实施细则》第二条规定的有形动产，包括电力、热力和气体；其"服务"是指财税〔2016〕36号文件附件1《营业税改征增值税试点实施办法》所附销售服务、无形资产、不动产注释中的销售服务，包括提供交通运输服务、邮政服务、电信服务、建筑服务、金融服务、现代服务、生活服务。

在实际中，确定混合销售是否成立时，其行为标准中的上述两点必须是同时存在的，如果一项销售行为只涉及销售货物，不涉及销售服务，这种行为就不是混合销售行为；反之，如果涉及销售货物和涉及销售服务的行为，不是存在一项销售行为之中，这种行为也不是混合销售行为。

第四，销售自产货物并同时提供建筑业服务的，无须再分别核算销售额。

《中华人民共和国增值税暂行条例实施细则》第六条第（一）项规定，纳税人销售自产货物并同时提供建筑业劳务的行为，应当分别核算货物的销售额和非增值税应税劳务的营业额，并根据其销售货物的销售额计算缴纳增值税，非增值税应税劳务的营业额不缴纳增值税；未分别核算的，由主管税务机关核定其货物的销售额。

随着财税〔2016〕36号文件的执行，《中华人民共和国增值税暂行条例实施细则》第六条第（一）项规定自然失效，在2016年5月1日后，纳税人发生销售自产货物并同时提供建筑业服务的，无须再分别核算销售额，而应当视其情形，按照销售货物缴纳增值税，或者按照销售服务缴纳增值税。

第五，自然人发生"混合销售行为"，应按兼营行为缴纳增值税。

《中华人民共和国增值税暂行条例实施细则》第五条第二款规定，其他单位和个人的混合销售行为，视为销售非增值税应税劳务，不缴纳增值税。第九条规定，条例第一条所称个人，是指个体工商户和其他个人。

而这里的其他个人是指自然人。

财税〔2016〕36号文件附件1《营业税改征增值税试点实施办法》第四十条第二款规定，其他单位和个体工商户的混合销售行为，按照销售服务缴纳增值税。显然，这款规定的混合销售行为不包括自然人发生的混合销售行为。因此,"营改增"之后,就没有自然人发生"混合销售行为"这一说法了。倘若,自然人发生"混合销售行为",就应当按照兼营行为缴纳缴纳增值税,即销售货物,按照销售货物缴纳增值税;销售服务,按照销售服务缴纳增值税。

第六,销售货物和销售服务分别签订合同,如何确认是否属于混合销售行为?

由于销售货物和销售服务,适用的增值税税率不同,纳税人为了减轻税负,有时会出现销售货物签订一份合同,而销售服务再签订一份合同的情形。比如,在某家具城中经营的 A 公司,向 B 客户销售一套家具,价款为 60 000 元,而把 B 客户购买的家具运送到目的地运输费为 1 000 元。为此,A 公司和 B 客户分别签订了货物销售合同和货物运输合同。对于这种情形的,是按一项销售行为,即按混合销售行为确认,还是按二项销售行为,即按兼营行为确认?现进行分析。

混合销售行为是为了完成一项经济交易,但要完成这项经济交易需要两个环节,而这两个环节又有主次之分,存在着关联关系或因果关系。

对于上面的案例:假如(1),A 公司在销售家具的同时,还兼营对外运输家具的业务,且不强求在本公司购买家具的客户必须由本公司运输,客户在其他商户那里购买的家具,也给提供运输服务,且收取运输费标准和在本公司购买家具的客户一样。

对于这种情形的,如果 A 公司和 B 客户分别签订了货物销售合同和货物运输合同,因为销售货物和提供运输都是 A 公司经营的范围,那么,这样的销售货物和运输货物两者之间没有关联关系或因果关系,因此,就属于二项销售行为,不属于混合销售行为,应当分别按照销售货物和销售服务缴纳增值税。

假如(2),A 公司在销售家具的同时,还兼营对外运输家具的业务,且不强求在本公司购买家具的客户必须由本公司运输,但对在本公司购买家具的客户在运输费收取的标准上,要比在其他商户那里购买家具的客户要优惠。

对于这种情形的,A 公司和 B 客户虽然分别签订了货物销售合同和货物运输合同,但销售货物和提供运输服务两者之间存在着关联关系或因果关系,因此,即使签订了二份合同,也应属于混合销售行为。

假如(3),A 公司只对在本公司购买家具的客户负责运输家具并收取运输费,而在其他商户那里购买家具的客户不提供运输服务。

对于这种情形的,即使 A 公司和 B 客户分别签订了货物销售合同和货物运输合同,由于销售货物和提供运输两者之间存在着关联关系或因果关系,因此,该项交易也属于一项销售行为,属于混合销售,应当按照销售货物缴纳增值税。

总之,对于既销售货物又销售服务分别签订合同的情形,如何确认是否属于混合销售行为,应按下列标准来判断:

(1)销售货物但不对外兼营销售服务的,应属于混合销售行为;

(2)销售货物且对外兼营销售服务的,但对既购买货物又购买服务的客户,在购买货物或购买服务的价格上给予优惠的,应属于混合销售行为;反之,则不属于混合销售行为。

【案例 3-5】 A 公司从事电脑批发、零售,也从事软件开发业务。A 公司与 B 公司经协商达成一致:由 A 公司向 B 公司销售一批专用电脑设备,不含税价款 100 万元,A 公司另外要向 B 公司提供与该批电脑设备有关的软件开发服务,不含税价款也是 100 万元。A 公司销售电脑设备,适用的增值税税率为 13%;提供软件开发服务,适用的增值税税率为 6%。

问题:如果 A 公司与 B 公司签订一份合同,既约定电脑设备销售事宜,又约定软件开发服务事宜,A 公司该如何计算缴纳增值税?是分别计税,还是必须将两个应税项目合并成一项交易,按混合销售计税,统一适用13%的税率?如果双方签订两份合同,一份合同约定电脑设备销售事宜,另一份合同约定软件开发服务事宜,A 公司又该如何计算缴纳增值税?

分析:如果按混合销售缴纳增值税,A 公司的销项税额是 26(200×13%)万元。如果允许分别计税,A 公司的销售税额是 19(100×13%+100×6%)万元。前者比后者多出 7 万元。

本案例中 A 公司究竟应该按哪种方式计税?之前增值税混合销售的概念是由同一纳税人在同一项销售业务中,跨越增值税和营业税两个税种,既涉及货物又涉及非增值税应税劳务的行为,此次混合销售的概念改变为同一纳税人在同一项销售业务中,混杂增值税不同税目的业务,既涉及货物又涉及"营改增"应税服务的行为。

本案例中,A 公司向 B 公司提供软件开发服务,是建立在向 B 公司销售电脑设备的基础上的。因为如果 A 公司与 B 公司之间没有发生电脑设备销售行为,B 公司就不可能接受 A 公司的软件开发服务。显然,电脑设备销售与软件开发构成混合销售行为,两者形成主次关系,前者是主要应税项目,后者构成次要的、辅助的应税项目。

至于 A 公司与 B 公司是签订一份合同还是两份合同,这与混合销售行为的认定没有任何关系,混合销售的判定标准不是合同,软件开发服务是建立在电脑设备销售行为之上的,故有关销售行为应认定为单一销售行为。因此,A 公司电脑设备销售及软件开发服务应认定为混合销售。

正确的增值税计算是:A 公司的销项税额按混合销售计税=[100 万元(销售一批专用电脑设备价款)+100 万元(该批电脑设备有关的软件开发服务价款)]×13%=26 万元。

【案例 3-6】 C 建筑材料有限公司(下称"C 公司")经营范围包括钢材销售、建筑用脚手架租赁,为增值税一般纳税人,适用一般计税方法计税。2019 年 6 月,C 公司销售 200 吨螺纹钢给 D 公司,不含税售价每吨 2 200 元,货物由 C 公司车辆运输至 D 公司,运费每吨 129.87 元;出租脚手架给 E 建筑公司收入 50 000 元;公司店面出租收入 10 000 元。

各项收入账务上已分别核算,请问 C 公司应如何缴税?

分析:C 公司业务发生在全面"营改增"之后,销售螺纹钢并负责运输属于混合销售行为,因为该公司螺纹钢销售行为涉及螺纹钢运输服务,螺纹钢运输服务与螺纹钢销售行为有着直接的关系,是同一项行为,因此可以判定为混合销售。

C 公司从事货物零售,其混合销售行为按照销售货物缴纳增值税;至于销售螺纹钢和出租脚手架、店面大家很容易分清不是一种销售行为,而是不同的销售行为。不销售螺纹钢,同样可以出租脚手架、店面,出租脚手架、店面不建立在销售螺纹钢的基础之上。因此,收取的运费按货物销售缴纳增值税;脚手架和店面出租则属于兼营行为。由于各项收入账务上已分别核算,因此税率可按相应的应税行为适用,不必从高。

C 公司的增值税应税收入=(2 200+129.87÷1.13)×200+50 000÷1.13+10 000÷1.09=516 407.9元

增值税销项税额=2 200×200×13%+129.87÷1.13×200×13%+50 000÷1.13×13%+10 000÷1.09×9%=66 766.06 元

(二)视同销售行为的筹划思路、方法与案例解析

1. 避免视同销售行为纳税误区的筹划

对视同销售行为征收增值税的目的在于:保证增值税税款抵扣制度的实施,不致因该类行为造成税款抵扣环节的中断;尽量避免因发生该类行为而造成货物的销售税收负担不平衡的矛盾,防止以此逃避纳税的现象。视同销售行为中的某些行为由于不是以资金的形式反映出来的,会出现无销售额的现象,会计核算上常常不作为销售处理,在经济生活中企业在视同销售中经常出现纳税误区。而且,现行的企业所得税税法采用的是法人所得税的模式,缩小了视同销售的范围,对于货物在统一法人实体内部之间的转移,比如用于在建工程、管理部门、分公司等,不再作为销售处理。因此,避免视同销售行为的纳税误区是视同销售经济业务纳税筹划的关键。

【案例3-7】 某公司属于增值税一般纳税人,全年经营情况如下:
全年发生进项税额如下:
(1)购进原材料,取得增值税专用发票,买价(不含税)6 000万元,增值税780万元。
(2)购进配套商品,取得增值税专用发票,买价(不含税)2 000万元,增值税260万元。
(3)购进生产用设备,取得增值税专用发票,买价(不含税)500万元,增值税65万元。
(4)购进小汽车,取得增值税专用发票,买价(不含税)80万元,增值税10.4万元。
(5)购进商品时发生运费,取得运费发票,运费100万元。
(6)购进的原材料中,50%用于生产,30%用于生产工程,20%用于职工福利。
申请进项税额抵扣时,税务部门只认定了以下项目:
①购进材料抵扣进项税额=780×(1-20%)=624万元
②第(2)笔和第(3)笔业务均已认可=260+65=325万元
③运费抵扣进项税额=100×9%=9万元
特别提示:
①购进材料中用于职工福利的部分,进项税额不能抵扣。
②购进的小汽车,进项税额可一次性抵扣。
小计:全年实际抵扣进项税额=624+325+9+10.4=968.4万元
全年实际发生的经济业务如下:
(1)出售产品,开具增值税专用发票,不含税卖价9 000万元,增值税1 170万元。
(2)出售产品,开具普通发票,累计金额1 755万元,税率13%。
(3)将部分产品作为年终福利发放给职工,成本300万元,若对外出售,正常售价468万元,会计按成本作费用列支,未计税。
(4)将部分产品捐赠给老年福利院,成本160万元,正常售价234万元,会计按成本作营业外支出列支,未计税。
(5)该公司下设A、B、C共3个分公司:
A分公司在总部所在地,B、C分公司在其他城市。公司全年从总部向A分公司调拨货物,成本700万元,正常售价1 170万元;向B、C分公司调拨货物,成本1 200万元,正常售价1 404万元;以上调拨业务均按成本转账,未计税。

全年申报缴纳增值税如下：
(1)销项税额＝1 170+1 755÷(1+13%)×13%＝1 371.9 万元
(2)应交增值税＝销项税额－进项税额＝1 371.9－968.4＝403.5 万元
税务部门稽查要求补缴增值税如下：
(1)职工福利耗用产品应补缴增值税＝468÷(1+13%)×13%＝53.84 万元
(2)捐赠老年福利院应补缴增值税＝234÷(1+13%)×13%＝26.92 万元
(3)向 B、C 分公司调拨货物应补缴增值税＝1 404÷(1+13%)×13%＝161.52 万元
合计应补缴增值税＝53.84+26.92+161.52＝242.28 万元
该公司对补税提出异议，要求进行行政复议。

案例分析：
税务机关要求补税正确。理由如下：
(1)设有两个以上机构并实行统一核算的纳税人，将货物从一个机构移送其他机构用于销售，移送环节视同销售，但相关机构设在同一县(市)的除外。实践中简称为"异地调拨，视同销售"。
(2)将自产、委托加工的货物用于集体福利或者个人消费，作为视同销售纳税。
(3)将自产、委托加工或者购进的货物无偿赠送给其他单位或者个人，实践中简称为"做好事也缴税"。

2.行政区划变更的税务筹划

我国《增值税暂行条例实施细则》规定，设有两个以上机构并实行统一核算的纳税人，将货物从一个机构移送其他机构用于销售，移送环节视同销售，但相关机构设在同一县(市)的除外。这一视同销售的规定，是以县(市)区划为界限的，因此，统一核算的机构间的货物调拨就有税务筹划的可能。随着一些地区经济的发展，地区的行政级别往往被提升，比较普遍的是县改市、县改区、县级市升格为地级市等。有时，相邻两个地区会发生行政区划的合并或分立，从而导致行政区划的变更。行政区划的变更为增值税的税务筹划提供了空间。

【案例 3-8】 B 县的甲企业是一家从事饮料生产与销售的企业(增值税一般纳税人)，其产品主要通过甲企业在 A 市的各个区设立的统一核算的分支机构销售，预计销售成本为 200 万元，进项税额为 25 万元，销售总额为 300 万元，各分支机构的市场销售总额为 350 万元。后经批准，A 市将邻近地区的 B 县划入其管辖范围，并将 B 县升格为 A 市的 B 区。B 县行政区划的变更对甲企业的增值税税负有多大的影响？

案例分析：
(1)B 县在划入 A 市前：甲企业应纳增值税额＝300÷(1+13%)×13%－25+350÷(1+3%)×3%＝19.7 万元。因为甲企业调拨给 A 市各分支机构的饮料，尽管未销售，还在分支机构，但都要作销售处理。同时由于其分支机构不是增值税一般纳税人，进项税额不能抵扣，要按 3% 的征收率缴纳增值税(2009 年增值税转型后，小规模纳税人的征收率统一为 3%)，便形成了"双重"征税。
(2)B 县在划入 A 市后：随着行政区划的调整，B 县变成 A 市的 B 区，甲企业和其分支机构处在同一市内，甲企业调拨给分支机构的货物不属于视同销售，分支机构不用"双重"纳税。甲企业将所有产品交由分支机构出售，保证了较好的利润。应纳增值税额＝300÷(1+13%)×13%－25＝9.5 万元。

从上面分析可以看出,企业运用行政区划的变动,合理设置关联机构,从而降低了增值税税负 10.2(19.7－9.5)万元。

纳税人应当注意的是:虽然《增值税暂行条例实施细则》规定的机构间移送货物视同销售,以县(市)为界限,但各地在实际执行中对县(市)范围的规定是有区别的,如有的直辖市规定在全市范围内移送货物,都不作为视同销售处理,没有县、区的区别。

第三节　计税依据的筹划

一、增值税计税依据的主要法律规定解读

根据现行《增值税暂行条例》第四条,增值税一般纳税人采用扣税法计算本环节应纳税额,即凭扣税凭证从当期销项税额中减去当期进项税额,其余额为应纳税额。计算公式为:

当期应纳税额＝当期销项税额－当期进项税额

(一)销项税额

根据现行《增值税暂行条例》第五条,销项税额是指纳税人销售货物或者提供应税劳务,按照销售额和规定的税率计算并向购买方收取的增值税税额。销项税额的计算取决于销售额和适用税率两个因素,适用税率是既定的,销售额的确定分为一般销售方式下的销售额与特殊销售方式下的销售额两种情况。

一般销售方式下,销售额是指纳税人销售货物或者提供应税劳务向购买方(承受应税劳务也视为购买方)收取的全部价款和价外费用,但是不包括收取的销项税额。其中,价外费用(实属价外收入)是指价外向购买方收取的手续费、补贴、基金、集资费、返还利润、奖励费、违约金(延期付款利息)、包装费、包装物租金、储备费、优质费、运输装卸费、代收款项、代垫款项及其他各种性质的价外收费。但下列项目不包括在内:

①向购买方收取的销项税额。

②受托加工应征消费税的消费品所代收代缴的消费税。

③同时符合以下条件的代垫运费:承运者的运费发票开具给购买方的,纳税人将该项发票转交给购买方的。

④符合条件代为收取的政府性基金和行政事业性收费。

⑤销售货物的同时代办保险等而向购买方收取的保险费,以及向购买方收取的代购买方缴纳的车辆购置税、车辆牌照费。

凡随同销售货物或提供应税劳务向购买方收取的价外费用,无论其会计制度如何核算,均应并入销售额计算应纳税额。

税法规定各种性质的价外收费都要并入销售额计算征税,目的是防止以各种名目的收费减少销售额逃避纳税的现象。但应当注意的是,根据国家税务总局规定:对增值税一般纳税人(包括纳税人自己或代其他部门)向购买方收取的价外费用和逾期包装物押金,应视为含税收入,在征税时换算成不含税收入后再并入销售额。

纳税人销售货物或者提供应税劳务的价格明显偏低且无正当理由的,税务机关按下列顺序确定销售额:

第一,按纳税人最近时期同类货物的平均销售价格确定;

第二,按其他纳税人最近时期同类货物的平均销售价格确定;

第三,按组成计税价格确定,计算公式为:

$$组成计税价格＝成本×(1+成本利润率)$$

属于应征消费税的货物,其组成计税价格应加计消费税税额。计算公式为:

$$组成计税价格＝成本×(1+成本利润率)+消费税税额$$

或者,

$$组成计税价格＝\frac{成本×(1+成本利润率)+从量计征的消费税税额}{1-消费税税率}$$

在上式中,"成本"分为两种情况:属于销售自产货物的为货物的实际生产成本;属于销售外购货物的为货物的实际采购成本。

一般,"成本利润率"为10%。但属于应从价定率征收消费税的货物,其组成计税价格公式中的成本利润率,为《消费税若干具体问题的规定》中规定的成本利润率。

根据《增值税暂行条例》及其实施细则和"营改增"税收政策的规定,销售额要以人民币计算。纳税人以人民币以外的货币结算销售额的,应当折合成人民币计算,其销售额的人民币折合率可以选择销售额发生的当天或者当月1日的人民币汇率中间价。纳税人应事先确定采用何种折合率,确定后12个月内不得变更。

(二)进项税额

进项税额是指纳税人购进货物、加工修理修配劳务、服务、无形资产或者不动产,支付或者负担的增值税额。

(1)下列进项税额准予从销项税额中抵扣:

①从销售方取得的增值税专用发票(含税控机动车销售统一发票,下同)上注明的增值税额。

②从海关取得的海关进口增值税专用缴款书上注明的增值税额。

③购进农产品,除取得增值税专用发票或者海关进口增值税专用缴款书外,按照农产品收购发票或者销售发票上注明的农产品买价(包括纳税人购进农产品在农产品收购发票或者销售发票上注明的价款和按照规定缴纳的烟叶税)和9%的扣除率计算的进项税额。计算公式为:进项税额=买价×扣除率。

购进农产品,按照《农产品增值税进项税额核定扣除试点实施办法》抵扣进项税额的除外。纳入农产品增值税进项税额核定扣除试点范围[①]的纳税人购进农产品,按照《农产品增值税进项税额核定扣除试点实施办法》规定的方法核定的增值税进项税额。

---

① 《财政部、国家税务总局关于在部分行业试行农产品增值税进项税额核定扣除办法的通知》(财税〔2012〕38号)规定,自2012年7月1日起,以购进农产品为原料生产销售液体乳及乳制品、酒及酒精、植物油的增值税一般纳税人,纳入农产品增值税进项税额核定扣除试点范围,其购进农产品无论是否用于生产上述产品,增值税进项税额均按照《农产品增值税进项税额核定扣除试点实施办法》的规定抵扣。2013年8月28日,财政部和国家税务总局联合下发《财政部、国家税务总局关于扩大农产品增值税进项税额核定扣除试点行业范围的通知》(财税〔2013〕57号),规定自2013年9月1日起,扩大实行核定扣除试点的行业范围,由各省、自治区、直辖市、计划单列市税务部门商同级财政部门选择部分行业开展核定扣除试点。

④从境外单位或者个人购进服务、无形资产或者不动产,自税务机关或者扣缴义务人取得的解缴税款的完税凭证上注明的增值税额。

(2)不允许从销项税额中抵扣进项税额的项目包括:

税法对进项税额的抵扣范围、条件、数额及方法做了专门规定:一是准予从销项税额中抵扣的进项税额,限于有效增值税扣税凭证上注明的增值税额或按规定的扣除率计算的进项税额;二是不得从销项税额中抵扣的进项税额,具体包括:

①纳税人购进货物、接受应税劳务或者应税服务,未取得或取得的增值税扣税凭证(增值税专用发票、海关进口增值税专用缴款书、农产品收购发票、农产品销售发票和税收缴款凭证)不符合法律、行政法规或者国家税务主管部门有关规定的,其进项税额不得从销项税额中抵扣。纳税人凭税收缴款凭证抵扣进项税额的,应当具备书面合同、付款证明和境外单位的对账单或者发票;资料不全的,其进项税额不得从销项税额中抵扣。

②用于简易计税方法计税项目、免征增值税项目、集体福利或者个人消费的购进货物、加工修理修配劳务、服务、无形资产和不动产。其中涉及的固定资产、无形资产、不动产,仅指专用于上述项目的固定资产、无形资产(不包括其他权益性无形资产)、不动产。

③非正常损失的购进货物,以及相关的加工修理修配劳务和交通运输服务。

④非正常损失的在产品、产成品所耗用的购进货物(不包括固定资产)、加工修理修配劳务和交通运输服务。

⑤非正常损失的不动产,以及该不动产所耗用的购进货物、设计服务和建筑服务。

⑥非正常损失的不动产在建工程所耗用的购进货物、设计服务和建筑服务。

⑦购进的贷款服务、餐饮服务、居民日常服务和娱乐服务。

⑧财政部和国家税务总局规定的其他情形。

需要说明的是:

第⑤和⑥项所称货物,是指构成不动产实体的材料和设备,包括建筑装饰材料和排水、采暖、卫生、通风、照明、通信、煤气、消防、中央空调、电梯、电气、智能化楼宇设备及配套设施。

固定资产是指使用期限超过12个月的机器、机械、运输工具以及其他与生产经营有关的设备、工具、器具等有形动产。

非正常损失是指因管理不善造成被盗、丢失、霉烂变质的损失,以及造成货物或者不动产被依法没收、销毁、拆除的情形。

纳税人的交际应酬消费属于个人消费。

纳税人新建、改建、扩建、修缮、装饰不动产,均属于不动产在建工程。

在特定情况下,为了减轻纳税人的负担,方便纳税人纳税,对一些特定的经营行为,一般纳税人同样可适用简易计税方法。

以建筑业为例,《财政部、国家税务总局关于全面推开营业税改征增值税试点的通知》(财税〔2016〕36号)中规定,一般纳税人为甲供工程提供的建筑服务,可以选择适用简易计税方法计税。"甲供材"是指全部或部分设备、材料、动力由工程发包方(甲方)自行采购,提供给建筑施工企业(乙方)用于建筑、安装、装修和装饰的一种建筑工程。甲供工程是指全部或部分设备、材料、动力由工程发包方自行采购的建筑工程。为甲供工程提供建筑服务,建筑施工企业在增值税计税方法上具有一定的选择性,既可以选择增值税一般计税方法,也可以选择增值税简易计税方法,即存在选择的税负临界点。

假设"甲供材"合同中约定的工程价税合计(不含甲方购买的材料和设备)为 A(含税),则"甲供材"中建筑企业选择一般计税方法和简易计税方法下的增值税计算如下:

一般计税方法下的应交增值税为:

$$应交增值税 = A \times 9\%/(1+9\%) - 建筑企业采购材料物资的进项税额$$
$$= 8.26\% \times A - 建筑企业采购材料物资的进项税额$$

简易计税方法下的应交增值税为:

$$应交增值税 = A \times 3\%/(1+3\%) = 2.91\% \times A$$

两种方法下税负相同的临界点为:

$$8.26\% \times A - 建筑企业采购材料物资的进项税额 = 2.91\% \times A$$

推导出:

$$建筑企业采购材料物资的进项税额 = 5.35\% \times A$$

由于在一般情况下,建筑企业采购材料物资适用的税率均是 13%,于是,推导出临界点:

$$建筑企业采购材料物资的进项税额 = 建筑企业采购材料物资价税合计 \times 13\%/(1+13\%) = 5.35\% \times A$$

由此计算出临界点:

$$建筑企业采购材料物资价税合计 = 46.5\% \times A。$$

所以,在"甲供材"模式下,建筑企业选择按一般计税方法或者简易计税方法的临界点参考值是建筑企业采购材料物资价税合计=46.5%×"甲供材"合同中约定的工程价税合计。

结论:

(1)若建筑企业采购材料物资价税合计>46.5%×"甲供材"合同中约定的工程价税合计,则选择一般计税方法有利。

(2)若建筑企业采购材料物资价税合计<46.5%×"甲供材"合同中约定的工程价税合计,则选择简易计税方法有利。

因此,建筑企业采购材料物资占整个工程造价的比例,或者说"甲供材"占整个工程造价的比例,是选择计税方法的关键。

二、增值税计税依据的筹划思路、方法与案例解析

(一)一般销售方式销售额筹划思路、方法与案例解析

1. 正确处理代收代垫费用,避免虚增收入

现行税法规定,下列项目不包括在销售额内:(1)受托加工应征消费税的消费品所代收代缴的消费税;(2)符合条件的代垫运输费用;(3)符合条件的代为收取的政府性基金或者行政事业性收费。除了上述项目外,其他价外收取的费用(收入)一律作为价外收入,计征销项税额。现实经济生活中企业会由于各种合作业务代合作伙伴向顾客收取各种代收代垫费用,这部分代收代垫费用并不是企业的真实收入,但按税法规定却是要作为价外收入计征销

项税额的。因此,应正确处理各种代收代垫费用,避免虚增收入,避免为不是真实的收入承担税负。

【案例 3-9】 2022 年 6 月,凯悦公司在长沙某电器商场购买了一台空调,空调售价为 4 000 元(含税价)。该电器商场为了促销,推出了为客户免费安装的服务。实际上,购买电器免费安装已成为商业习惯。但经过询问发现,为凯悦公司安装空调的不是该电器商场的人,而是另外一家专门的安装公司。安装人员称:该电器商场每台空调付给安装公司 200 元的安装费。这样,电器商场开具 4 000 元发票给消费者,安装公司另开具 200 元的发票给电器商场。

有关税负如下:

(1)电器商场开具了 4 000 元的发票要按 13%的税率计算增值税销项税额,即 4 000/(1+13%)×13%=460.18 元

(2)安装公司就 200 元的安装费按 9%的税率计算增值税销项税额,即 200/(1+9%)×9%=16.51 元

由此,电器商场有 200 元收入在重复缴税。

那么,如果商场只开具 3 800 元的发票,计提销项税额 437.17[3 800/(1+13%)×13%]元,另外则由安装公司直接开具发票给消费者。这样,每台空调便可节省 23.01 元增值税。而且该商场在全国许多地方都有连锁店,假设每年销售 10 万台,一年就可以节省 230.1 万元的增值税税款。

2. 适度低价销售

(1)适度低价的前提

对外销售:一般限于交易双方相互销售货物或提供劳务,同时为购货方和供货方(劳务提供方),且彼此都按适度低价为对方供货或提供劳务。这样,购销双方可同时受益,容易达成适度低价销售的协议。

对内销售:①将自产产品销售给本企业员工;②将自产产品用于本企业非增值税应税项目、集体福利或者个人消费。

(2)筹划的方法

由于税务机关有权对明显偏低且无正当理由的售价进行调整,所以利用适度低价进行筹划时,"适度"是关键,既要实现低价销售的目的,又要得到税务机关的认同。

①在对内和对外的销售中,应充分利用税务机关认同的正常价格幅度,在幅度内选择价格的下限来进行定价,降低售价。

②在对内(本企业内)的销售中,应充分利用残次品低价的不确定性降低售价。由于残次品价格的客观标准难以确定,可以合理利用残次品的名义来降低对内销售价款。

3. 正确处理包装物相关费用

税法规定:(1)包装物作价连同应税货物一并销售,无论如何核算,包装物价值均应并入销售额计税;(2)包装物不作价随同产品销售,而是收取押金的;或作价随同销售,又另收押金的,凡逾期(1 年)不再退还的押金均并入销售额计税;(3)黄酒、啤酒以外的酒类产品的包装物押金,无论是否退还,均并入销售额计税。

筹划思路:(1)变"包装物作价出售"为"收取包装物押金"的方式;(2)变收取"包装物租金"为"包装物押金"的方式;(3)采用适当调整产品与包装物押金价格分配比例的方式。

【案例3-10】 某焰火生产企业为增值税一般纳税人,2022年度销售焰火50 000件,每件价值200元,另外包装物的价值为每件20元,以上均为不含税价格。那么该企业应该进行怎样的销售处理才能够达到税后利润最大化的目的?(根据现行税法规定,鞭炮、焰火的消费税税率为15%)

案例分析:

方案一　采取包装物作价出售的方式

企业当期发生的销项税额=200×50 000×13%+20×50 000×13%=1 430 000元

企业当期应缴纳的消费税额=200×50 000×15%+20×50 000×15%=1 650 000元

方案二　采取包装物押金的方式

(1)若包装物押金在1年内收回:

企业当期发生的销项税额=200×50 000×13%=1 300 000元

企业当期应缴纳的消费税额=200×50 000×15%=1 500 000元

较之方案一,该企业可节约增值税支出130 000元,可节约消费税支出150 000元。

(2)若包装物押金在1年内未收回,那么企业在1年后应:

补缴增值税:20×50 000×13%=130 000元

补缴消费税:20×50 000×15%=150 000元

较之方案一,同时将130 000元的增值税和150 000元的消费税的纳税期限延缓了1年,充分利用了货币的时间价值。

从该案例我们可以看出,企业在条件允许的情况下,最好不将包装物作价随同主要产品一并出售,而是应该采取收取包装物押金的方式,因为不论押金是否按期收回,都能够达到节税的目的。

【案例3-11】 某企业2022年8月销售产品10 000件,每件价值500元(不含税价),另外收取包装物租金每件113元。如果采取包装物押金的方式且押金在1年内可以收回,那么该企业应该进行怎样的销售处理才能够达到税后利润最大化的目的?

案例分析:

方案一　采取包装物租金的方式。那么,企业当期应缴纳的增值税销项税额=10 000×500×13%+10 000×113÷(1+13%)×13%=780 000元。

方案二　采取包装物押金的方式。那么,企业当期应缴纳的增值税销项税额=10 000×500×13%=650 000元。

较之方案一,方案二节约增值税支出:780 000-650 000=130 000元。

从该案例可以看出,企业在条件允许的情况下,最好不采取收取包装物租金的方式,而是采取收取包装物押金的方式,这样才能够达到节税的目的。

(二)特殊销售方式销售额筹划思路、方法与案例解析

让利促销是商业企业在零售环节常用的销售策略。常见的让利促销方式包括打折销售、购买商品赠送实物、购买商品赠送现金等。让利促销方式不同,纳税人的税收负担也不同,因而存在纳税筹划的空间。下面以一个综合案例进行详细说明。

特殊销售方式销售额筹划思路与方法

【案例3-12】 某商场是增值税一般纳税人,商品销售利润率为40%,也就是说,每销售

100元商品,其成本为60元。商场购货均取得增值税专用发票。该商场为促销拟采用以下四种方式:

一是商品以七折销售;

二是"满一百送三十",即购物每满100元赠送30元购物券,可在商场购物(所赠商品的成本为18元,均为含税价);

三是购物每满100元可再选30元商品,销售价格不变,仍为100元。

四是购物每满100元返还30元现金。

消费者同样是购买一件价值1 000元的商品,对于商家来说在以上方式下的应纳税情况及利润情况是不同的。现分别进行计算分析,借以衡量哪种方式对商家更为有利。(由于城市维护建设税和教育费附加对结果影响较小,计算时暂不予考虑)

案例分析:

方案一 所有商品七折销售,价值1 000元的商品售价为700元

税法规定,纳税人采取折扣方式销售货物,销售额和折扣额在同一张发票上分别注明的,可按折扣后的销售额征收增值税;如果将折扣额另开发票,不论其在财务上如何处理,均不得从销售额中减除折扣额。

显然,将销售额和折扣额开在同一张发票上比分别开具发票节税多。所以,现假设商场是将销售额和折扣额在同一张发票上注明的。

应交增值税=销项税额-进项税额=700÷(1+13%)×13%-600÷(1+13%)×13%=11.5元

商场销售利润额(税前利润)=营业收入-营业成本-税金及附加=700÷(1+13%)-600÷(1+13%)=619.5-531=88.5元

应纳企业所得税=税前利润×企业所得税税率=88.5×25%=22.13元

税后净利润=税前利润-应纳企业所得税=88.5-22.13=66.37元

方案二 购物满1 000元,赠送价值300元的购物券。

应交增值税=(1 000-600)/(1+13%)×13%=46.02元

赠送300元购物券应视同销售处理。

应交增值税=(300-180)/(1+13%)×13%=13.81元

合计应交增值税=46.02+13.81=59.83元

商场赠送价值300元的商品所缴个人偶然所得税应由商场承担:300/(1-20%)×20%=75元

商场销售利润额=(1 000-600-180)/(1+13%)-75=119.69元

由于企业所得税法规定,买一赠一不属于捐赠,将总的销售金额按各商品公允价值的比例来分摊确认各项的销售收入,代顾客缴纳的个人所得税款不允许税前扣除,因此,应纳企业所得税=(1 000-600-180)/(1+13%)×25%=48.67元

税后净利润=119.69-48.67=71.02元

方案三 购物满100元,再选购30元的商品,销售价格不变。

这也是让利促销的方式,但该促销行为不会被视同销售。

应交增值税额=(1 000-780)/(1+13%)×13%=25.31元

商场销售利润额=(1 000-780)/(1+13%)=194.69元

应纳企业所得税＝194.69×25％＝48.67元

税后净利润＝194.69－48.67＝146.02元

方案四　购物满100元返还30元现金。

在这种情况下,所返还的现金也要缴纳个人所得税,且由商家承担。

应交增值税＝1 000/(1＋13％)×13％－600/(1＋13％)×13％＝46.01元

个人偶然所得税(同方案二)＝300/(1－20％)×20％＝75元

应纳企业所得税(同方案二)＝[1 000/(1＋13％)－600/(1＋13％)]×25％＝88.5元

商场销售利润额＝1 000/(1＋13％)－600/(1＋13％)－300－75＝－21.02元

税后净利润＝－21.02－88.5＝－109.522元

　　由此可见,采用不同的促销方式不仅税收负担截然不同,对商家利润的影响也是显而易见的。但是,以上分析带有一定的局限性,仅凭企业税负与利润的大小来判断选取促销方案并不是合理、正确的筹划。而且本案例的假设前提是四种方案对消费者的吸引力是一样的,但在实际生活中,不同方案所产生的促销效果是不一样的,从而使得商业企业的选择各有差异。这主要体现在以下三个方面:

　　第一,在实际运营过程中,商业企业不一定会选择纳税少的促销方案。他们往往更看重如何实现既定的目标,比如争夺消费者、占领市场份额,同时考虑哪种促销方式对消费者的刺激最大,即最能提高销售额。比如,当消费者面临方案一"打七折销售"和方案二"赠购物券"这两种让利促销方式时,他们的反应会有所不同。部分消费者在方案二下往往为了得到更多的优惠,买一些可买可不买的商品,尤其当他们的购买金额比较接近优惠条件时。因此,方案二可以获得更多的销售额,进而帮助企业获得更多的市场份额,在竞争中取得优势地位。因此,综合来看,商业企业会倾向于选择方案二而不是方案一。

　　第二,四种促销方式的会计处理和相应的税收处理可能存在差异,因此面临的纳税风险是不同的。其中方案一最为简单,会计处理和税收处理不存在差异,企业的纳税风险最小,从税收管理角度出发,是一种值得推荐的促销方式,而且在实践中,商业企业一般直接按实际收取的货款部分开具发票,完全可按折扣后的余额作为销售额计算增值税。而方案四则存在差异,企业面临的纳税风险较大,如果操作不当,极有可能遭受税务机关的纳税调增。因此,从纳税风险角度来看,商场会倾向于采取打折销售。

　　第三,商业企业在选择促销方式时,还必须考虑筹划的难易程度。比如,第四种方案"实物赠送"中,虽然无论从税收负担还是企业整体效益方面都优于方案一,但在实践中,要操作方案四可能会出现一些问题。首先,这种方式不能真实反映促销赠送的业务实质;其次,税务机关可能会不认同这种税收处理方式,从而给企业带来风险。因此,筹划难易程度也影响着企业的选择。

　　综上所述,商业企业在选择让利促销方式时,一方面,应该在促销效果与税负、利润之间进行综合考虑,即通过观察、试销等方式确定让利促销方式的效果,再结合各种方式下的单位税负与利润情况综合考量,找到有利于实现企业价值最大化的促销方案;另一方面,还应与税务部门进行充分沟通,在正确理解税收法规的基础上,争取对自己有利的税收待遇,将企业的纳税风险最小化。总之,让利促销方式下的纳税筹划是多方面因素共同作用的结果,企业只有充分考虑到这一点才能找到最优的筹划方案。

(三)进项税额抵扣的筹划思路、方法与案例解析

1. 利用价格平衡点,选择合适供货方

(1)一般纳税人供货对象的选择筹划

增值税分为一般纳税人和小规模纳税人,各自适用的税率和征收率是不同的,税款的抵扣额也不相同。因此,如何选择供货对象购进商品和劳务,将直接影响到增值税税负和企业的收益。假设价格和质量相同的情况下,从一般纳税人购进可以索取专用发票,抵扣的进项税额最大,则应纳税额最小,这是最佳选择;从小规模纳税人购进,通过其主管税务机关代开的增值税专用发票,可以按3%的征收率抵扣进项税额;从个体工商户购进,则不能抵扣进项税额。但是这种假设不现实,因为价格相同,小规模纳税人和个体工商户将无法生存,若要在市场中生存,必然要降低销售价格。这样,无论是从一般纳税人购进,还是从小规模纳税人和个体工商户购进,均要计算比较各自的税负和收益,从而确定各自的购进与销售价格,使本企业的利益最大化。如小规模纳税人和个体工商户要和一般纳税人竞争,为克服不能开专票的劣势,其供货价格比一般纳税人降低到何种程度才可?

假定一般纳税人身份的销售方的含税销售额为 S,其从一般纳税人身份的供货方购进的含税购进额为 P,适用的增值税税率为 T_1。从小规模纳税人购进货物的含税价与从一般纳税人购进货物的含税价的比率为 R,小规模纳税人适用的征收率为 T_2,小规模纳税人向主管税务机关申请代开发票,则:

从一般纳税人购进货物后销售的税后现金流量为:

$$S-P-[S\div(1+T_1)T_1-P\div(1+T_1)T_1]$$

从小规模纳税人购进货物后销售的税后现金流量为:

$$S-P\times R-[S\div(1+T_1)T_1-P\times R\div(1+T_2)T_2]$$

在两者税后现金流量相等情况下:

$$R=(1+T_2)/(1+T_1)\times100\%$$

若实际含税价格比<R,应选择从小规模纳税人购进;若实际含税价格比>R,应选择从一般纳税人购进;若实际含税价格比=R,从税收上而言两者均可,更多考虑其他因素。从销售定价而言,小规模纳税人在确定货物价格时,应当依据一般纳税人货物的含税价格,使其货物含税价格略低于或等于一般纳税人含税价格的 R 倍。

假设小规模纳税人在销售货物时,不愿或不能委托主管税务机关代开增值税专用发票而出具普通发票,则一般纳税人在购进货物时,小规模纳税人销售货物的含税价格与一般纳税人销售货物的含税价格比为:

$$R=1/(1+T_1)\times100\%$$

在增值税一般纳税人适用税率为13%、9%,小规模纳税人征收率为3%,以及不能开具增值税专用发票的情况下的 R 比率计算见表3-4。

表3-4　　　　　　　　　　不同纳税人含税价格比率

一般纳税人适用的增值税税率	小规模纳税人适用的增值税征收率	索取专用发票后的含税价格比率	未索取专用发票的含税价格比率
13%	3%	91.15%	88.5%
9%	3%	94.5%	91.74%

【案例 3-13】 某服装生产企业为增值税一般纳税人,适用增值税税率 13%,预计每年可实现含税销售收入 500 万元,需要外购棉布 200 吨。现有 A、B、C 三个企业提供货源,其中 A 为生产棉布的一般纳税人,能够开具增值税专用发票,适用增值税税率 13%;B 为生产棉布的小规模纳税人,能够委托主管税务机关代开增值税征收率为 3% 的专用发票;C 为个体工商户,仅能提供普通发票。A、B、C 企业所能提供的棉布质量相同,但是含税价格却不同,分别为每吨 2 万元、1.55 万元和 1.45 万元。作为采购人员,应当如何进行购货价格的税务筹划,选择较为合适的供货方?

案例分析:

B 企业与 A 企业的实际含税价格比率=1.55÷2=77.5%<91.15%

C 企业与 A 企业的实际含税价格比率=1.45÷2=72.5%<88.5%

通过上述不同纳税人含税价格与一般纳税人含税价格的比率计算,以及与收益平衡时的价格比率的比较,可以看出,选择 A 企业购进棉布不合算,应当选择 B 企业或者 C 企业。但从 3 个供货方因此产生的收益额比较,选择 C 企业作为供货方较为合算。其具体的收益和应交增值税计算如下:

(1)从 A 企业购进:

应交增值税=500÷(1+13%)×13%−200×2÷(1+13%)×13%=11.5 万元

收益额=500÷(1+13%)−200×2÷(1+13%)=88.5 万元

(2)从 B 企业购进:

应交增值税=500÷(1+13%)×13%−200×1.55÷(1+3%)×3%=48.49 万元

收益额=500÷(1+13%)−200×1.55÷(1+3%)=141.51 万元

(3)从 C 企业购进:

应交增值税=500÷(1+13%)×13%=57.52 万元

收益额=500÷(1+13%)−200×1.45=152.48 万元

若考虑所有税负情况,怎样找到这个临界点呢?我们从现金流量分析入手,并借用数学方法求解。

假设一个增值税一般纳税人,当某货物的含税销售额为 Q(适用 13% 税率)时,该货物的采购情况分别为索取 13%、3% 专用发票和不能取得专用发票,含税购进额分别为 A、B、C,城市维护建设税和教育费附加两项按 10% 计算,企业所得税税率 25%。另外,上述三种情况的采购费用、供货质量都相同(不考虑采购费用对所得税的影响)。那么,根据现金净流量计算公式,分别求出各采购情况下的现金净流量。

索取 13% 专用发票情况下的现金净流量为:

现金净流量=现金流入额−现金流出额=含税销售额−(含税购进额+应交增值税+应纳城市维护建设税+应纳教育费附加+应纳所得税)=Q−{A+(Q÷1.13×0.13−A÷1.13×0.13)+(Q÷1.13×0.13−A÷1.13×0.13)×0.1+[Q÷1.13−A÷1.13−(Q÷1.13×0.13−A÷1.13×0.13)×0.1]×0.25}

=0.655 1Q−0.655 1A (1)式

运用同样的方法,我们不难求出索取 3% 专用发票和不能取得专用发票情况下的现金净流量,分别为:

索取3%专用发票情况下的现金净流量为：
$$0.655\ 1Q-0.726\ 0B \qquad (2)式$$
不能取得专用发票情况下的现金净流量为：
$$0.655\ 1Q-0.750\ 0C \qquad (3)式$$

现在，采购企业以(1)式——购销双方互不吃亏状态下的现金净流量为标准，若令(2)式等于(1)式，即索取3%专用发票情况下的现金净流量跟(1)式这个标准现金净流量相等，可求出(2)式中的B与(1)式中的A之比为90.23%，也就是说，当采购企业只能索取3%的专用发票购货时，只要供货方给予含税价9.77%的价格折让，采购企业就不会吃亏。同样的方法，能够计算出采购企业不能取得专用发票情况下，供货方的价格折让临界点为12.65%。

【**案例3-14**】 某服装生产企业(增值税一般纳税人)，每年要外购棉布500吨。如果从外省市棉纺厂(一般纳税人)购入，每吨价格需3万元(含税价)。当地有几家规模较小的棉纺企业(小规模纳税人)，所生产棉布的质量可与外省市棉纺厂生产的棉布相媲美。假定当地棉纺企业能从税务局开出3%的增值税专用发票，那么，该服装生产企业以什么价格从小规模纳税人那里购进才不会吃亏呢？

按上面的公式，企业能索取3%专用发票时的价格折让点为9.77%，即该服装生产企业只要以每吨 30 000×(1－9.77%)＝27 069元的价格购入，就不会吃亏。如果考虑到运费的支出，以这个价格购入还会节省不少费用。当地棉纺企业只要价格定在 27 069 元以下，就比一般纳税人具备竞争优势。

(2) 小规模纳税人对购进价格的选择筹划

小规模纳税人在购进货物的时候，含税价中的增值税额对其意味着单纯的现金流出，因为不能在其销项税额中得到扣除。所以小规模纳税人对含税购价非常敏感，但对于不含税购价不敏感。小规模纳税人愿意从小规模纳税人处购进货物的含税价与愿意从一般纳税人购进货物的含税价的比率R为1，也就是二者相等。

2. "正常损耗"的纳税筹划

税法中规定了非正常损失的购进货物或在产品、产成品所耗用的购进货物或应税劳务的进项税额不得抵扣。而正常损耗的货物所对应的进项税额可以抵扣，不用进项转出。但是，税法和税务机关对各具体行业、产品的正常损耗率无法准确界定，由此也给纳税人提供了进行筹划的空间。但是应当注意把握好损耗的度，否则就不是合法或非违法的纳税筹划，而是偷税。

【**案例3-15**】 由于秋季天气干燥，水分蒸发快，某医药公司盘库时库存量略有减少。该公司会计将这部分损失及时记入了"待处理财产损溢"科目。目前，国税局稽查局对该公司稽查，查看到"待处理财产损溢"科目记录了1 550元的药材损失，认为应转出相应的进项税额，要求其补缴税款1 550×13%＝201.5元。该公司提出不同意见，认为水分蒸发导致库存减少应属于正常损耗，不应转出进项税额。情况反映到稽查案件审理委员会后，经研究讨论，税务干部觉得企业的意见有理，遂做出决定，企业可以不转出进项税额，税务机关不补征其税款。

该企业的情况属于正常损耗还是非正常损失，可以从以下两个方面考虑：一方面，虽然存在损失,但真正属于药材那部分的货物的数量并没有减少,减少的仅是水分,这是与盗窃、霉烂变质等损失截然不同的;另一方面,该企业当期库存有 60 多万元,1 550 元的损失与当期库存的比例甚小。因而认定其为正常损耗是有道理的。既然法律、法规没有规定正常损耗不得抵扣进项税额,那么,不作进项税额转出并无不妥。

3.农产品收购的纳税筹划

(1)购进农产品:进货渠道影响税负

筹划原理与依据:国家对于农产品给予的税收扶持政策,不仅体现在自产农产品的销售环节,农产品的购进环节也有专门的优惠。《增值税暂行条例》第八条规定了准予从销项税额中抵扣的进项税额,其中购进农产品,除取得增值税专用发票或者海关进口增值税专用缴款书外,按照农产品收购发票或者销售发票上注明的农产品买价和 9% 的扣除率计算的进项税额。进项税额计算公式为:进项税额=买价×扣除率。

【案例 3-16】 A 油品加工企业 2022 年 8 月计划以 3 700 元/吨的价格采购大豆 100 万吨,其既可以从其他一般纳税人企业集中采购,又可以直接从农民个人以及农业合作社或者其他非一般纳税人企业分散采购。

案例分析:

A 企业从一般纳税人企业集中采购,支出 3 700 万元,取得的增值税进项税额为 3 700÷(1+9%)×9%=305.5 万元。

A 企业从非一般纳税人企业或个人处采购进货,支出 3 700 万元,取得的增值税进项税额为 3 700×9%=333 万元。

A 企业从非一般纳税人企业或个人处采购增加增值税进项税额 27.5(333-305.5)万元。可见,按照"买价×9%"的公式计算扣除进项税额,比从一般纳税人处获得专用发票可以享有更高的扣除比例。

另外,需要注意的是,从非一般纳税人企业或个人处采购尽管可以提高增值税进项税额,但是材料成本将降低 27.5 万元,间接增加企业所得税 27.5×25%=6.875 万元。

综上所述,与从一般纳税人企业采购比较,A 企业从非一般纳税人企业或个人处采购共减少税金支出 20.625(27.5-6.875)万元。

以上为税金进货渠道的理论分析,实务中建议企业结合采购的其他综合成本一并考虑,方能确定适合企业的采购方案。

(2)适当提高农产品的收购价格

【案例 3-17】 某县供销合作社向农民收购黄花、木耳 120 000 元,则可以抵扣的进项税额为:120 000×9%=10 800 元。

案例分析:

如果企业平时对农民进行一些相关技术培训和指导,则可以合理抬高收购价格。如收购价可以定为 180 000 元,另外企业再向农民收取农业技术培训指导费 60 000 元。农业技术培训指导费属于增值税应税服务范围,按照现行规定可以减免增值税。则此时企业可以抵扣的进项税额变为:180 000×9%=16 200 元。这样筹划后,农民在得到了技术培训的同时并未增加负担,企业在没有增加其他成本的情况下,可以有效减轻增值税负担 5 400 元。

第四节　筹划风险与控制

一、纳税人筹划中的主要风险及其控制

从2017年1月1日起,我国开始实施新的《增值税暂行条例》,修订后的增值税条例删除了有关不得抵扣购进固定资产进项税额的规定,允许纳税人一次性抵扣购进固定资产的进项税额,对小规模纳税人不再设置工业和商业两档征收率,将征收率统一降至3%。因此,增值税转型改革及小规模征收率的降低为企业利用增值税纳税人身份筹划提供了广阔空间,但同时应注意筹划涉及的税收风险以及如何对风险进行有效的防范与控制。

(一)违法违规风险

实务中,许多纳税人达到了增值税一般纳税人标准,但是从税负角度来看往往保持小规模纳税人身份更为合算,于是许多企业采取"注销——登记——再注销"的循环反复操作,成为"长不大的小规模纳税人"。还有的企业规模已经超过一般纳税人规模,但为了仍然按小规模纳税人简易计税,在开票方面采取"化整为零"的策略,让他人代开发票、虚开发票等,逃离税务机关的监控。其实,这些实务中的典型做法蕴藏着巨大的违法违规筹划风险。因为,《增值税暂行条例实施细则》第三十四条第二款规定"纳税人销售额超过小规模纳税人标准,未申请办理一般纳税人认定手续的,应按销售额依照增值税税率计算应纳税额,不得抵扣进项税额,也不得使用增值税专用发票"。二十大报告指出,要深入开展法治宣传教育,增强全民法治观念。对此,企业应充分重视违反政策的巨大风险,积极进行事前税负测量,若保持小规模纳税人身份有利的同时经营环境也许可,应事前在经营规模未达到规定标准之前进行合法的筹划操作。不能为了节税,乱用小规模纳税人身份。

【案例3-18】　甲公司是2022年开业的原煤开采企业,为增值税一般纳税人,增值税税负在9.5%左右(实缴增值税/主营业务收入)。乙公司是甲公司新近收购并控股的原煤开采企业,该公司在2023年1月上旬刚注册,是增值税小规模纳税人,增值税税负3%(实缴增值税/主营业务收入)。两公司同在一个县内,相距30公里。为最大限度降低税收成本,公司股东提出了两个纳税筹划方案。

该公司根据纳税主体的不同身份(一般纳税人或小规模纳税人)提出了纳税筹划方案。筹划前,甲公司增值税税负在9.5%左右,针对乙公司作为小规模纳税人增值税实际税负低于甲公司一般纳税人税负的实际情况,甲公司可以将客户分为两类,第一类是需要增值税专用发票的一般纳税人客户,第二类是不需要增值税专用发票的小规模纳税人客户。

甲公司把第二类客户的业务交由乙公司负责生产并销售,以此来达到降低增值税税负的目的。对于第二类客户,因其不需增值税专用发票,不同的销售主体(一般纳税人或小规模纳税人)含税定价相同,其成本不会发生变化。但因小规模纳税人的税负率为3%,故乙公司销售比甲公司销售有优势,增值税税负下降6.5个百分点。

例如,2022年某中学从甲公司购入原煤价税共计500万元,甲公司的收入为$500\div1.13=442.48$万元。如果改由乙公司销售给该中学,乙公司的收入为$500\div1.03=485.44$万元。以销售含税额500万元计算,转移给乙公司销售后可增加利润42.96万元。

该方案看似完美,但在此提醒企业应该重点关注《增值税暂行条例实施细则》第二十八条第一款内容,"条例第十一条所称小规模纳税人的标准为:从事货物生产或者提供应税劳务的纳税人,以及以从事货物生产或者提供应税劳务为主,并兼营货物批发或者零售的纳税人,年应征增值税销售额(以下简称"应税销售额")在500万元以下(含本数,下同)的"和第三十四条第二款规定"纳税人销售额超过小规模纳税人标准,未申请办理一般纳税人认定手续的,应按销售额依照增值税税率计算应纳税额,不得抵扣进项税额,也不得使用增值税专用发票"。

据此,上述乙公司销售额达到500万元就必须办理一般纳税人认定手续。

如果乙公司的销售额超过500万元而未申请办理一般纳税人认定手续,后果是十分严重的。乙公司的销售将按13%缴纳增值税,而且没有相应的进项税额可以抵扣,增值税税负将达到13%。

例如,某工业企业账簿记载销售收入为460万元,为小规模纳税人,当年缴纳税款13.8万元。经税务稽查部门稽查,发现该企业少计50万元收入,该企业当年的销售收入为510万元,超过了500万元的认定标准,而该企业未申请一般纳税人认定手续。根据《增值税暂行条例实施细则》第三十四条第二款规定,企业须补税:$510\times13\%-13.8=52$万元,而不是补税$50\times3\%=1.5$万元。

所以,虽然小规模纳税人的征收率降至3%,很多企业会有成为小规模纳税人的动力,但如果企业对新的条例把握不好,如对视同销售收入等处理不当,造成税法上认可的销售收入超过500万元但企业未及时申报办理一般纳税人手续的,则需要补税。

(二)片面性风险

实务中,纳税人在进行纳税人身份筹划时,没有从整体和全局的角度考虑风险,缺乏对筹划方案的综合全盘考虑。片面性风险在纳税人身份筹划上表现在以下几个方面:一是往往侧重从税负的角度进行分析,而忽略了企业所处的经营环境、管理成本、发展阶段、产业链环节、出口退税等其他重要因素;二是往往只重视增值税税负测算,而忽略了不同纳税人身份适用不同的计税方法导致的税后净利润差别;三是只考虑筹划方案对自身带来的利益,忽视了利益相关方的影响。企业在进行纳税人身份筹划时,应综合考虑各个影响因素,选择涉税整体利益最大化的最佳方案。

二、征税范围筹划中的主要风险及其控制

"营改增"改革给不同行业带来不同的政策变动筹划风险。例如,从行业税负来看,小规模纳税人大多由原实行的5%营业税税率降为适用3%的增值税征收率,且以不含税销售额为计税依据,税负下降超过40%。部分现代服务业(有形动产租赁除外)虽然"营改增"税率

由5%上升到6%,但转化成一般纳税人之后可以抵扣进项税额,所以大部分现代服务业纳税人税负均有不同程度的下降。而个别行业一般纳税人税负增加,比如交通运输业一般纳税人整体税负上升,其主要原因是交通运输业从原营业税的3%,提高到增值税的9%,企业可抵扣的进项税额有限,导致行业整体税负上升。企业应积极关注税制改革对企业自身利益的影响,有利的争取尽快申请增值税一般纳税人身份,不利的应事前积极进行相关筹划。

三、计税依据筹划中的主要风险及其控制

(一)错误筹划风险

销售环节应注意价外费用筹划中的正确操作。实务中,许多企业对各种代收代垫款项并没有进行正确的纳税处理,又没有进行适当的纳税筹划,从而埋下税务风险与隐患。按会计制度规定,由于大多价外收费一般都不在"产品销售收入"或"商品销售收入"科目中核算,而在"其他应付款""营业外收入"等科目中核算。这样,企业在实务中常出现对价外收费虽然在相应科目中做了会计核算,但遗漏核算其销售税额;有的企业则既不按会计核算要求进行收入核算,又不按规定核算销项税额,而是将发生的价外收费直接冲减有关费用科目,这些做法都是逃避纳税的错误行为,是要受到税法处罚的。因此,纳税人对价外收费应按税法规定并入销售额计税予以高度重视,严格核查各项价外收费,保证做到正确计税和会计核算。

采购环节筹划需要重点注意以下问题:选择的商家是否符合开具增值税专用发票的条件,在签订合同时是否就已明确需开具增值税专用发票,取得的发票是否符合抵扣条件,是否能在规定期限内取得可抵扣发票并及时传递,汇总开具的增值税专用发票与后附清单是否相符,取得的发票是否能够及时认证,不符合抵扣条件的是否能及时准确转出进项税额。另外,采购进项抵扣不能为多扣税而"张冠李戴",例如实务中许多企业为多抵扣进项税额,用汽油票来冲抵运费发票。

【案例3-19】 北京某汽车4S店2022年度销售的汽车收入接近1 000万元,但售价与进价差距不大,扣除必要的成本后,几乎没有什么赚头。那汽车4S店靠什么赢利?该店一名资深员工一语道破玄机:"大家都在等年底厂家给的返利呢!"实际上,该店2021年年底收到授权厂商拨付的广告费补助22万元、促销补贴12万元。

近年来,厂家返利已经成为汽车4S店经营业务的特色之一。通俗地讲,厂家返利就是汽车4S店以厂家制定的全国统一销售价格销售后,厂家直接依据销售规模或销售数量定额给予汽车4S店的奖励。厂家返利名目繁多,一般包括实销奖、达标奖、广告费支援、促销费补助、建店补偿等。返利方式既有资金返利,也有实物返利。不管是资金还是实物,按照税法规定,汽车4S店收到厂家返利后,必须按规定缴纳相应的增值税,而不能将其全部作为利润支配。但不少汽车4S店在这一点上处理不当,有意无意地逃避缴纳税款,税务风险极高。

对于上述各种经营"潜规则"可能蕴含的税务风险,税收专家表示,汽车4S店内部需加强财务管理,依法进行税务处理,同时规范经营方式,合理筹划,以期最终实现依法纳税,保证行业持续健康发展。

(二)方案选择风险

在各种促销方案筹划中,存在方案选择风险,即当纳税人选择一种筹划方案而放弃其他筹划方案可能带来的收益所存在的风险。如前论述,纳税筹划主要利用各种销售方式或采购方式中税法政策法规的差异或弹性,通过不同方案进行分析、比较和综合判断,选择最为有利的方案。然而,不同方案具有各自的优缺点,受多种因素影响,纳税人选择的未必就是最优方案,而且最优方案也不是一成不变的。因此,企业的各种购销行为筹划中,不可避免地存在方案选择风险。对此,纳税人应有充分的估计,选择涉税整体利益最大化的方案,并及时做动态调整。

【案例 3-20】据商务部监测,我国汽车经销行业呈现出持续的供需两旺形势。特别是在"国庆黄金周"中,全国各地车市十分火爆。北京、重庆、南京、西安等地的汽车 4S 店销售量增长比例均超过 50%,一些紧俏车型甚至出现断货。为了在异常激烈的市场竞争中扩大销售量,4S 店会推出各种形式的促销活动,既可以是降价销售,也可以是赠送礼品,还可以是赠送保险服务或维修保养服务,不同的促销方式,面临的税负是不同的,如果选择不当,就可能与最优方案失之交臂,产生方案选择风险。

(三)认定差异风险

在各种促销方式中,纵观税法,仅是对符合条件的价格折扣给予按折扣之后的金额计税的规定,而其他众多促销方式,如实物折扣、以旧换新、还本销售等,都必须全额纳税。于是,筹划的重点常常是将不能差额课税的促销销售方式巧妙地转化为可以差额课税的价格折扣,这样的操作能不能得到主管税务机关的认可存在着极大的税务风险。对此,纳税人应充分重视,规范操作,积极沟通,有效化解相关筹划风险。

(四)政策变动风险

面对"营改增",纳税人需要关注税负的变化,在关注税负的基础上,还要进一步关注税后利润的变化。税负的变化和税后利润的变化是不完全统一的,有的企业税负轻了,但是税后利润也减少了;有的企业税负重了,但是税后利润反而增多了。企业测算税制改革的影响,一定要测算到税后利润变化这一步。测算税后利润变化的目的,是根据税后利润变化与企业上下游客户谈判,争取有利的交易价格。

对于"营改增"企业而言,由于改革以前缴营业税,企业购置设备、购进货物时虽然负担了增值税进项税额,但不能抵扣,只能计入成本;改革以后缴纳增值税,进项税额可以抵扣,但以前可以在税前扣除的营业税和增值税进项税额在缴纳企业所得税时没有了。所以,"营改增"影响的不仅仅是货物和劳务税,也引起收入和成本费用的变化,进而影响企业的税后利润。因此,分析改革对税负的影响,应综合考虑营业税、增值税及因税前扣除和营业收入变化对企业利润的影响。

值得注意的是,近年来我国增值税的税率变动较为频繁,纳税人应关注增值税的税率变动,避免产生政策变动的风险。

【案例 3-21】 假定交通运输劳务提供方甲公司当月因购进燃料承担的增值税进项税额是 10 元,当月为乙公司提供运输劳务的营业收入是 400 元,当月缴纳营业税 12 元。其他可税前扣除的成本、费用是 78 元。交通运输劳务接受方乙公司是增值税一般纳税人,当月支付的运费是 400 元,抵扣进项税额 28 元。假定改革后,交通运输业适用 9% 的税率,含税的运费仍是 400 元。

按照上述数据,改革前,甲公司当月应纳税所得额为 300(400－10－12－78)元,应纳企业所得税 75 元,税后利润 225 元。改革后,甲公司应纳增值税 23.03[400÷(1＋9%)×9%－10]元,应纳税所得额 288.97[400÷(1＋9%)－78]元,应纳企业所得税 72.24 元,税后利润为 216.73(288.97－72.24)元,税后利润减少了 8.27 元。

甲公司税后利润的下降主要是由税负的增加引起的。改革前,甲公司按 3% 的税率缴纳营业税 12 元,改革后虽然可以抵扣进项税额,但缴纳的增值税达 29.64 元。综合考虑进项税额、营业税对企业所得税的影响,甲公司改革后税负总体有所增加。

甲公司在成本不变的情况下,为了抵消改革带来的不利影响,可以通过涨价的方式,保持税后利润不变。那么涨价多少才能保持税后利润不变呢?

假设应涨价 X 元,即价格达到 $(400＋X)$ 元后,税后利润保持不变。可以从以下公式中求出 X 值:

$[(400＋X)÷(1＋9\%)－78]×75\%＝225$,求出 $X＝12.02$ 元

也就是说甲公司将含税价格上涨到 412.02 元,可以保持与改革前相同的税后利润水平。接下来的问题是接受甲公司劳务的乙公司会同意涨价吗?这就需要甲公司从税负变化的角度去说服乙公司。

乙公司改革前支付 400 元运费,可以抵扣进项税额 28 元,所得税税前扣除为 372 元;改革后其可以抵扣的进项税额提高到 33.03 元,在销项税额不变的情况下,可以少缴增值税 5.03(33.03－28)元。双方可以通过谈判实现利益共享。

本章小结

增值税纳税人筹划中,从税负角度筹划主要有增值率平衡点、抵扣率平衡点和成本利润率平衡点筹划指标及方法。在进行纳税人身份筹划时,应着重注意以下问题:第一,并非所有纳税人都可以自主选择纳税人身份;第二,比较纳税人身份转化后的税负大小;第三,考虑纳税人身份转化过程中的相关成本和利润变化情况;第四,除另有规定外,纳税人一经认定为一般纳税人后,不得转为小规模纳税人。此外,还应从企业所处的经营环境、购买方情况、管理成本、出口退税、企业发展情况等方面综合考量,考虑涉税利益整体最大化后做出最优选择。

增值税课税范围领域的筹划存在大量的混合销售和兼营行为,对于属于增值税课税范围的特殊项目和特殊行为,如视同销售等,有着专门的筹划空间和方法。

一般纳税人的当期销项税额等于当期销售额乘以税率,如果采取一般销售方式,应注意价外收入、包装物押金、在恰当的情况下适当低价销售等方面的纳税筹划。如采取特殊的销售方式,应进行综合税负的税后净利润的精细比较。实践中,企业的供

应商概括起来有三种类型:可以开具增值税专用发票(抵扣率为13%或9%)的一般纳税人、只能开具普通发票或可以让税务机关代开专票(抵扣率为3%)的小规模纳税人以及不能开票或只能开普通发票的个体工商户等,企业应考虑综合税负,选择最优供货商。

增值税纳税人、课税范围和计税依据等主要筹划领域中存在的主要风险类型有错误筹划风险、方案选择风险、认定差异风险、政策变动风险等,企业应注意上述风险的防范与控制。

主要概念

增值税一般纳税人　增值税小规模纳税人　增值率　抵扣率　成本利润率
增值税课税范围　视同销售　混合销售　增值税计税依据　一般销售方式
特殊销售方式　进项税额抵扣　政策变动风险　错误筹划风险　方案选择风险

思考题

❶ 增值税的计税原理及其特点是什么？由此可推理出增值税有哪些重要的纳税筹划空间？

❷ 增值税纳税人身份有哪些重要的筹划空间？增值率筹划法及抵扣率筹划法是如何推导出来的？增值税纳税人身份筹划除了考虑税负影响因素之外,还应综合考虑哪些因素？

❸ 增值税征税范围存在哪些重要的筹划空间？视同销售行为中有哪些重要的筹划思路？其操作应注意哪些要点？

❹ 增值税计税依据存在哪些重要的纳税筹划空间？销项税额和进项税额的筹划如何进行操作？其筹划应注意哪些要点？

❺ 增值税纳税人、计税依据和课税范围纳税筹划存在哪些涉税风险？如何进行有效的防范与控制？

练习题

❶ 金鑫公司是一家即将成立的专门从事电子数码产品经营的企业,公司地处市区繁华地段,会计核算健全。全年销售收入2 340万元,年商品购进金额1 900万元(均含13%的增值税)。该企业既可以申请注册成立一家企业,也可以注册成立几家相对规模较小的企业。

分析要求:请分别采用增值率筹划法、抵扣率筹划法和成本利润率筹划法为该企业进行纳税人身份筹划,并进行增值税税负测算。

❷ 某商场分别于元旦和春节推出大减价活动,商场的所有商品在活动期间一律七折销

售,分别实现287万元和308万元的含税销售收入。该商场的增值税税率为13%,企业所得税税率为25%。

分析要求:分析该商场折扣销售所降低的税负对让利损失的补偿效应。

❸某生产企业为增值税一般纳税人,适用增值税税率13%,主要耗用甲材料加工产品。现有A、B、C三个企业提供甲材料,其中A为生产甲材料的一般纳税人,能够开具增值税专用发票,适用税率13%;B为生产甲材料的小规模纳税人,能够委托主管税务局代开增值税率为3%的专用发票;C为个体户,只能出具普通发票。A、B、C三个企业所提供材料质量相同,但是含税价格不同,分别为133元、103元、100元。

分析要求:该企业应当与A、B、C三家企业中的哪一家签订购销合同?

❹某建筑材料企业,在主营建筑材料批发和零售的同时,还对外承接安装工程作业。假定该企业某年度混合销售行为较多,当年建筑材料销售额为2 000万元,购进项目金额为1 800万元,销项税率与进项税率均为13%,取得施工作业收入1 800万元。

分析要求:从税务筹划角度分析该企业如何缴纳增值税比较有利。

❺甲公司是一家厨房用品生产企业,主要产品是微波炉,副产品是电磁炉。属于一般纳税人企业,增值税税率为13%,所得税税率为25%。微波炉成本为每台800元,售价为每台1 000元。电磁炉成本为每台150元,售价为每台200元。代销手续费为销售额的10%。2019年11月发生如下业务:

(1)已收到的代销清单上记录售出微波炉100台。经核对,代销的电磁炉仍有100台未收到代销清单,本月发出商品已经满180天。

在销售旺季商家的各种促销手段轮番登场,吊足了消费者的胃口,其中最常见的就是采用实物折扣即"捆绑销售"的方式,几件商品组合在一起,价钱就比单件买便宜许多。比如"买二送一""促销装大让利",10元一支的牙膏,买两支就能送一支小的;原本5元一块的香皂,5块放在一起只卖20元,商家的让利行动看起来的确让人心动。

(2)为了增加销售额、减少库存,公司决定买1台微波炉赠1台电磁炉,本月共卖出1 000台微波炉。

(3)本月领用100台电磁炉加工成电、气两用炉(新产品)。

(4)通过政府向养老院捐赠50台微波炉,作为福利发给职工100台微波炉。

讨论:如何对上述事项进行会计和税务处理并就"捆绑销售"提出具体的筹划思路。

❻"我们是一家商品零售企业,2022年年初购进一批价值20万元(不含税)的商品,进项税额34 000元。因管理不善发生变质,产生毁损。应怎样处置,才能将企业的损失降到最低?"前不久,福建省福清市信佳税务师事务所接到一家代理企业财务人员的电话咨询。

税务师告诉该财务人员,存货发生毁损时,经常面临两种处置方案:报废和贱卖。如果选择报废,根据《增值税暂行条例》第十条规定,非正常损失的购进货物的进项税额不得从销项税额中抵扣。由于报废没有产生增值税的纳税义务,不确认销项税额。相应地,其已产生的进项税额也因增值税专用发票链条的中断而不予抵扣,即原先已作进项抵扣的税额34 000元要作进项税额转出。同时根据《财产损失税前扣除管理办法》规定,可予抵扣企业所得税的金额为:(200 000+34 000)×25%=58 500元。因此,企业的损失为:(200 000+34 000)−58 500=175 500元。

如果选择贱卖,由于贱卖产生了增值税的纳税义务,确认了销项税额。购进货物的增值税专用发票链条没有中断,故无需作进项税额转出,但应确认贱卖收入产生的销项税额。假使贱卖取得收入200元,其应确认的销项税额为:$200×13\%=26$元。另外,可予抵扣企业所得税的金额为:$(200\ 000-200)×25\%=49\ 950$元。因此,企业的损失为:$(200\ 000-200)-49\ 950+26=149\ 876$元。

相比之下,贱卖虽然只取得了象征性的收入200元,损失却减少了25 624(175 500－149 876)元。因此,零售企业储存过程中发生存货毁损时,采取贱卖对企业有利。

讨论:选择"贱卖"的筹划方案是否可行? 为什么?

推荐阅读书目

❶ 翟继光.新税法下企业纳税筹划.6版.北京:电子工业出版社,2019年
❷ 梁文涛,苏杉.纳税筹划实务.3版.大连:东北财经大学出版社,2018年
❸ 应小陆.税收筹划.2版.上海:上海财经大学出版社,2018年

第四章

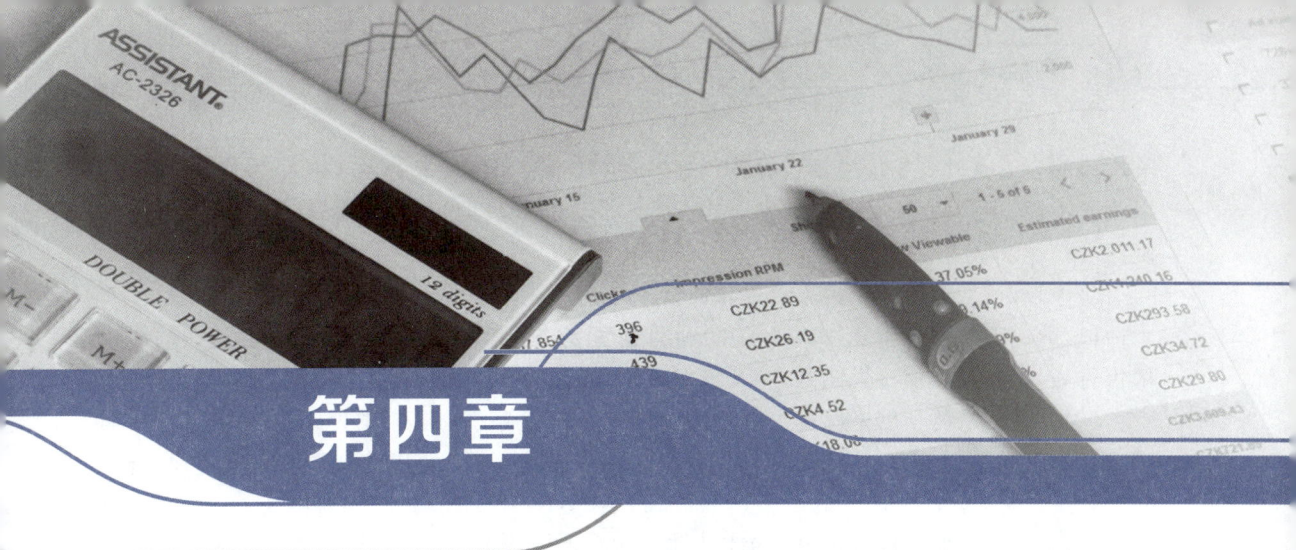

增值税的其他纳税筹划

教学目的与要求

理解增值税纳税时间、税收优惠和出口退税等主要法律规定,领会增值税纳税时间、税收优惠和出口退税主要领域的筹划思路,灵活运用增值税纳税时间、税收优惠和出口退税等领域的筹划方法,结合典型案例加强对增值税其他纳税筹划领域中筹划空间、筹划思路、筹划方法等的学以致用。解读增值税纳税时间、税收优惠和出口退税等筹划领域中存在的主要风险点及其防范思路,结合典型案例举一反三,以此掌握增值税其他纳税筹划应注意的涉税风险的防范与控制。

导读

我国现行增值税对纳税义务时间等税收征管、税收优惠做出了具体规定,同时还对出口退税制度进行了安排。如何在不违背税法规定的条件下根据纳税人的实际情况从纳税义务时间、税收优惠、出口退税等方面切入进行筹划,从而寻找到筹划空间,实施最优的筹划方案,是增值税筹划中不容忽视的问题。本章将具体围绕这些基本点进行介绍。

第一节 纳税时间的筹划

一、增值税纳税时间的主要法律规定解读

对于增值税纳税义务发生时间的界定,总的来讲是发生应税销售行为的,为收讫销售款项或者取得索取销售款项凭据的当天;先开具发票的,为开具发票的当天。进口货物,为报

关进口的当天。就发生应税销售行为而言,确定其增值税纳税义务发生时间的总原则就是,以收讫销售款项、取得索取销售款项凭据或者发票开具时间三者孰先(谁在前)的原则确定。

具体来讲,增值税的纳税义务发生时间包括但不限于以下时点:

(1)纳税人发生销售货物或者加工、修理修配劳务,销售服务、无形资产、不动产的应税销售行为,先开具增值税发票的,为开具发票的当天。

(纳税人收取款项但未发生销售货物、应税劳务、服务、无形资产或不动产的行为,按照国家税务总局的规定使用"未发生销售行为的不征税项目"编码开具不征税发票的情形除外)

(2)纳税人采取直接收款方式销售货物,不论货物是否发出,均为收到销售款或者取得索取销售款凭据的当天。

(3)纳税人采取赊销方式销售货物,签订了书面合同的,为书面合同约定的收款日期的当天。

(4)纳税人采取赊销方式销售货物,无书面合同的或者书面合同没有约定收款日期的,为货物发出的当天。

(5)纳税人采取分期收款方式销售货物,签订了书面合同的,为书面合同约定的收款日期的当天。

(6)纳税人采取分期收款方式销售货物,无书面合同的或者书面合同没有约定收款日期的,为货物发出的当天。

(7)纳税人采取预收货款方式销售货物(特定货物除外),为货物发出的当天。

(8)纳税人采取预收货款方式,生产销售生产工期超过12个月的大型机械设备、船舶、飞机等特定货物,为收到预收款或者书面合同约定的收款日期的当天。

(9)纳税人委托其他纳税人代销货物,为收到代销单位的代销清单或者收到全部或者部分货款的当天。未收到代销清单及货款的,为发出代销货物满180天的当天。

(10)纳税人销售加工、修理修配劳务,为提供劳务同时收讫销售款或者取得索取销售款的凭据的当天。

(11)纳税人进口货物,为报关进口的当天。

(12)纳税人发生销售服务、无形资产或者不动产的应税行为,并在其应税行为发生过程中或者完成后收到销售款项的当天。

(13)纳税人销售服务、无形资产或者不动产,签订了书面合同并确定了付款日期的,为书面合同确定的付款日期的当天。

(14)纳税人销售服务、无形资产或者不动产,签订了书面合同但未确定付款日期的,为服务、无形资产转让完成的当天或者不动产权属变更的当天。

(15)纳税人销售服务、无形资产或者不动产,未签订书面合同的,为服务、无形资产转让完成的当天或者不动产权属变更的当天。

(16)纳税人销售(有形动产和不动产)租赁服务采取预收款方式的,为收到预收款的当天。

(17)纳税人销售建筑服务,被工程发包方从应支付的工程款中扣押的质押金、保证金,未开具发票的,以纳税人实际收到质押金、保证金的当天为纳税义务发生时间。

(18)纳税人从事金融商品转让的,为金融商品所有权转移的当天。

(19)金融企业发放贷款后,自结息日起90天内发生的应收未收利息按现行规定缴纳增值税,自结息日起90天后发生的应收未收利息暂不缴纳增值税,待实际收到利息时按规定缴纳增值税。

上述所称金融企业,是指银行(包括国有、集体、股份制、合资、外资银行以及其他所有制形式的银行)、城市信用社、农村信用社、信托投资公司、财务公司、证券公司、保险公司、金融租赁公司、证券基金管理公司、证券投资基金以及其他经人民银行、银监会、证监会、保监会批准成立且经营金融保险业务的机构。

(20)银行提供贷款服务按期计收利息(纳税人提供贷款服务,一般按月或按季结息)的,结息日当日计收的全部利息收入,均应计入结息日所属期(增值税纳税义务发生时间)的销售额,按照现行规定计算缴纳增值税。

(21)纳税人发生下列列视同销售货物行为,为货物移送的当天:

①设有两个以上机构并实行统一核算的纳税人,将货物从一个机构移送其他机构用于销售,但相关机构设在同一县(市)的除外;

②将自产或者委托加工的货物用于非增值税应税项目;

③将自产、委托加工的货物用于集体福利或者个人消费;

④将自产、委托加工或者购进的货物作为投资,提供给其他单位或者个体工商户;

⑤将自产、委托加工或者购进的货物分配给股东或者投资者;

⑥将自产、委托加工或者购进的货物无偿赠送其他单位或者个人。

(22)纳税人发生以下视同销售的情形,为服务、无形资产转让完成的当天或者不动产权属变更的当天:

①单位或者个体工商户向其他单位或者个人无偿提供服务,但用于公益事业或者以社会公众为对象的除外;

②单位或者个人向其他单位或者个人无偿转让无形资产或者不动产,但用于公益事业或者以社会公众为对象的除外;

③财政部和国家税务总局规定的其他情形。

另,增值税扣缴义务发生时间为被代扣税款的纳税人增值税纳税义务发生的当天。

二、增值税纳税时间的筹划思路、方法与案例解析

(一)销项税额纳税义务发生时间的筹划

1. 收入确认时点与纳税义务发生时间的关系

纳税义务发生时间一经确定,必须按此时间计算应缴税款。税法中按照不同的销售结算方式规定了不同情况下纳税义务的发生时间,其不同的销售结算方式实质上就是不同的销售收入确认方式。所以对纳税义务发生时间的规定就是规定了企业何时确认销售收入。只要确认了销售收入,就产生了纳税义务。因此,收入确认时点与纳税义务发生时间具有一致性,即收入确认时点就是纳税义务发生时间。

2. 在不同的销售结算方式下,收入确认时点与各经济行为发生时点的关系

(1)开具提货单的时点不一定是收入确认时点。如采取赊销方式销售货物。

(2)提取货物的时点不一定是收入确认时点。如采取赊销方式销售货物。

(3)未收到货款的时点不一定不是收入确认时点。如采取托收承付方式销售货物,以办妥托收手续为收入确认时点,而办妥托收手续当天并未收到货款。

(4)收到款项的时点不一定是收入确认时点。如采取预收货款方式销售货物,以货物发出的当天为收入确认时点。

(5)未开具发票的时点不一定不是收入确认时点。如采取分期收款方式销售货物,合同约定的收款日期为收入确认时点,不论是否收到款项,在分期应当收款的各时点可能并未开具发票。

(6)开具发票的时点一定是收入确认时点。不论采取何种销售结算方式,只要开具了发票,该时点就是收入确认时点,而不论该时点有无交易发生。

3. 收入确认时点的筹划

企业进行收入确认时点筹划的最高目标是尽可能使现金流入的时点早于收入确认的时点,保证应该缴纳税款时有足够的现金上缴;最基本目标是使现金流入的时点与收入确认的时点一致,以保证有足够的现金缴纳税款。具体筹划方法如下:

(1)避免在没有发生经济业务的时候就开具发票,或者超过经济业务额度开具发票。

(2)避免采取直接收款方式的销售,如采用托收承付、委托收款等,因为这类方式往往纳税义务产生在先,收取款项时点在后。

(3)当无法确定收到款项的时点和额度时,最好选择委托代销的结算方式销售,收到受托方的代销清单时才确认收入;当可以确定收到款项的时点和额度时,选择分期收款的结算方式销售,可以将纳税义务发生时间延缓到合同约定的收款日期。

(4)争取按预收账款的方式或现款现货的方式进行销售。

4. 纳税期限的筹划

根据税法规定,纳税人应在规定的纳税期限完成一次纳税;在规定的申报期限进行纳税申报;在规定的缴款期限进行税款划缴。但是税法中只规定了一个时间范围,纳税人可以在规定的申报期限的最迟时点进行纳税申报,争取一个较迟的缴款时间;必要时还可申请延期申报或延期缴纳,以充分利用资金的时间价值。

【案例 4-1】 A 企业与 B 企业在 3 月 6 日签订了一份购销合同,A 企业向 B 企业销售某型号的推土机,总价值 2 000 万元,双方合同规定采取委托银行收款方式结算价税款。A 企业于当日向 B 企业发货,并到当地某银行办理了托收手续。4 月 15 日,B 企业收到 A 企业的全部推土机,对其进行技术检测后,认为不符合合同的要求,拒绝付款,并将全部推土机退回。

虽然税款可以在退税发生的当期销项税额中抵扣,但这种抵扣与以前垫付是有一定时间间隔的,相当于企业占有了一部分资金用于无回报的投资,而且还要承担资金成本 2.11(340×5.58%×40/360,银行贷款利率为 5.58%)万元。对于资金比较紧张的企业而言,这无疑是一种损失。

【案例 4-2】 某电缆厂(增值税一般纳税人)当月发生电缆销售业务三笔,货款共计 1 800 万元(不含税)。其中,第一笔 800 万元,货款两清;第二笔 300 万元,两年后一次付清;

第三笔700万元,其中一年半后付500万元,余款200万元两年后结清。

企业若全部采取直接收款方式,则应当当月全部计算销售额,计提销项税额234(1 800×13%)万元;若未收到的货款不入账,则违反了税法规定,少计销项税额130万元,属于偷税行为;若将未收到的300万元和700万元货款记入"应收账款"科目,分别在贷款结算中采取赊销和分期收款的结算方式,就可以延缓纳税时间。毫无疑问,采取赊销和分期收款方式,既可以为企业节约大量的流动资金,又不违背税法的规定。

(二)进项税额抵扣时间的纳税筹划

1. 推迟索取用于进项税额抵扣的增值税专用发票

当期和未来一段时期销售规模不大而购进又较大的企业,可以将索取增值税专用发票的时点推迟到有足够销售规模及销项税额时,然后再到税务机关进行认证和抵扣,这样就可以充分利用进项税额抵扣减轻税负。

2. 提前索取用于进项税额抵扣的增值税专用发票

当期和近期销售规模较大而购进又较小的企业,可以将可能在未来某时点才可取得的专用发票提前到现在时点取得,则可进行较多的进项税额抵扣,减轻当期和近期的增值税负担。如在分期付款购进货物时,就可要求在支付每笔款项时取得增值税专用发票,而不是待付清最后一笔款项时才取得整个购进的增值税专用发票。

第二节 税收优惠的筹划

一、增值税税收优惠的主要法律规定解读

(一)增值税税收优惠的主要方式

我国现行增值税税收优惠方式主要包括直接免税、减征税款、即征即退、先征后退等。

直接免税是指对某些货物在生产流通的某个环节或者全部环节直接免征增值税。纳税人用于免征增值税项目的购进货物或者应税劳务的进项税额不得抵扣。销售免税货物一般不得开具增值税专用发票。

减征税款是指对计算出来的增值税应纳税额按照一定比例进行部分减免。

即征即退是指由税务部门先足额征收增值税,再将已征的全部或部分增值税税款定期退还给纳税人。纳税人可以开具增值税专用发票,并照常计算销项税额、进项税额和应纳税额。

先征后退是指由税务部门先足额征收增值税,再由财政部门将已征税款全部或部分退还给纳税人。纳税人可以开具增值税专用发票,并照常计算销项税额、进项税额和应纳税额。

具体政策设计中,增值税按优惠对象可分为对产品(劳务)优惠、对行业优惠、对企业优

惠;按优惠程度可分为免税但不得抵扣进项税额、免税且可以抵扣进项税额、减半征收、全额退还、部分退还;按优惠环节可分为全环节优惠和单一环节优惠等。总之,增值税的优惠方式多种多样。

2022年增值税留抵退税新政,是国家促进富民强企的大决策、大创举,是税收助企解难纾困的"先手棋""及时雨"。要切实确保全面、及时、准确贯彻落实,需把握好以下五个要点:

第一,衡量企业规模。属小型企业、微型企业且符合退税条件的,增量、存量留抵退税皆可全额退还。

第二,确定行业划型。属制造业等六行业和批发零售等七行业,且符合退税条件的,增量、存量留抵退税皆可全额退还。

第三,吃透退税条件。属小型企业、微型企业及制造业等六行业,批发和零售等七行业的,适用四项退税条件;属其他企业的,适用五项退税条件。

第四,正确计算退税。不同行业、不同规模的一般纳税人,可能存在分别适用国家税务总局公告2019年第20号和财政部总局公告2022年第14号等留抵退税不同的政策规定、计算方法、增量存量和退税比例等。

第五,及时申请退税。小型、微型企业和制造业等六行业存量留抵退税,为阶段性退税优惠政策,2022年年底前完成;增量留抵退税为长期优惠政策,注意二者的区别及不同行业、规模企业申请退税时间的差异。

2022年增值税留抵退税新政见表4-1。

表4-1　　　　　　　　　　2022年增值税留抵退税新政　　　　　　　　（2022.6.8更新）

序号	项目	微型企业		小型企业		制造业等6行业、批发和零售等7行业			
		增量	存量	增量	存量	增量	存量		
1	行业范围	全行业(含6+7行业)				全部6+7行业	6行业中型企业	6行业大型企业	7行业
2	申请起始时间	2022.4.纳税申报期起		2022.5.申报期起		2022.4.申报期起	2022.5.申报期起	2022.6.申报期起	2022.7.申报期起
3	完成时间	持续办理	2022.4.30前	持续办理	2022.6.30前	持续办理	2022.6.30前	2022.6.30前	2022.12.31前
4	自主选择权	1.纳税人可以选择向主管税务机关申请留抵退税,也可以选择结转下期继续抵扣 2.同时符合财政部 税务总局公告2022年第14号第一条和第二条相关留抵退税政策的纳税人,可任意选择申请适用增量或存量留抵退税政策							
5	申请事项	1.纳税人应在纳税申报期内,完成当期增值税纳税申报后申请留抵退税 2.2022年4月至6月的留抵退税申请时间,延长至每月最后一个工作日(含适用39号公告申请增量留抵退税的纳税人) 3.纳税人可以在规定期限内同时申请增量留抵退税和存量留抵退税 4.纳税人既欠缴增值税,又有增值税留抵税额的,应以期末留抵税额减增值税欠税(含其滞纳金、简易计税形成的欠税,不含预缴增值税)后,再申请增值税增量及存量留抵退税(总局公告2019年第20号、国税发〔2004〕112号、国税函〔2004〕1197号) 5.提交留抵退税资料:通过电子税务局或办税服务厅提交《退(抵)税申请表》(见国家税务总局公告2022年第11号附件)							

(续表)

序号	项目	微型企业 增量	微型企业 存量	小型企业 增量	小型企业 存量	制造业等6行业、批发和零售等7行业 增量	制造业等6行业、批发和零售等7行业 存量
6	办理程序要求	1.办理程序:期末留抵税额抵减增值税欠税(如有)、10万以下小微"简易退税流程"归类管理(系统自动完成:退税金额判定、风险判定、审核核准、开具收入退还书)、受理退税申请、审核及核准、出具"税务事项通知书"(从"受理申请"至本环节,限10个工作日内办结)、开具收入退还书、国库办理退税 2.办理流程:"窗口受理、内部流转、限时办结、窗口出件"。办理留抵退税的其他税收管理事项,继续严格执行《增值税留抵退税操作规程》及其他现行文件规定							
7	留抵退税审核要点	1.表单初审:《退(抵)税申请表》(国家税务总局公告2022年第4号附件1)填报信息完整性 2.主行业界定:是否正确无误 3.分类核准:简易程序(小微企业、退税额不超过10万元、风险等级较低)、一般程序、特别程序(系统暂停、终止审批流程等) 4.表内信息核实、比对(退税4条件、申请退还项目勾选、退税类型勾选、申请退还项目勾选、营业收入及资产总额、企业划型、留抵退税 申请类型勾选、留抵退税计算数据复核等),是否正确且符合现行政策规定 5.核实部门意见:根据上述审核情况,签注部门审核及终审核准意见							
8	退税条件	2022.12.31.前,同时符合(小微企业2023年以后,按财政部 税务总局 海关总署公告2019年第39号第八条的五项条件): 1.纳税信用等级为A级或者B级 2.申请退税前36个月未发生骗取留抵退税、骗取出口退税或虚开增值税专用发票情形 3.申请退税前36个月未因偷税被税务机关处罚两次及以上 4.2019年4月1日起未享受即征即退、先征后返(退)政策(政策适用的具体范围参见附表3、4)							
9	增量留抵计算	1.获得一次性存量留抵退税前,增量留抵税额为当期期末留抵税额与2019年3月31日相比新增加的留抵税额 2.纳税人获得一次性存量留抵退税后,增量留抵税额为当期期末留抵税额							
10	存量留抵确定	1.获得一次性存量留抵退税前:按"孰小"原则确定。即: ①当期期末留抵税额≥2019年3月31日期末留抵税额的,存量留抵税额为2019年3月31日期末留抵税额 ②当期期末留抵税额＜2019年3月31日期末留抵税额的,存量留抵税额为当期期末留抵税额 2.获得一次性存量留抵退税后:存量留抵税额为零;其以后所形成留抵税额,均为增量留抵税额							
11	企业划型标准	一、中型企业、小型企业和微型企业,按照《中小企业划型标准规定》(工信部联企业〔2011〕300号)和《金融业企业划型标准规定》(银发〔2015〕309号)中的营业收入指标、资产总额指标确定(详见附件1、附件2) 纳税人适用小微企业留抵退税政策时行业归属,根据《国民经济行业分类》关于以主要经济活动确定行业归属的原则,以上一会计年度从事《国民经济行业分类》对应业务增值税销售额占全部增值税销售额比重最高的行业确定。其中: 1.资产总额指标按照纳税人上一会计年度年末值确定 2.营业收入指标按照纳税人上一会计年度增值税销售额确定 3.不满一个会计年度的,按照以下公式计算:增值税销售额(年)＝上一会计年度企业实际存续期间增值税销售额÷企业实际存续月数×12 二、上述所列行业以外的纳税人,未采用营业收入指标或资产总额指标划型确定的纳税人,划型标准为: 1.微型企业:增值税销售额(年)＜100万元 2.小型企业:增值税销售额(年)＜2000万元 3.中型企业:增值税销售额(年)＜1亿元 4.大型企业,指除上述中型企业、小型企业和微型企业外的其他企业 三、符合增量、存量留抵退税条件的"小微企业""6＋7行业"及其他企业,均含个体工商户一般纳税人							

(续表)

序号	项目	微型企业 增量	微型企业 存量	小型企业 增量	小型企业 存量	制造业等6行业、批发和零售等7行业 增量	制造业等6行业、批发和零售等7行业 存量
12	销售额的确定	增值税销售额，包括纳税申报销售额(含申报的未开票收入等)、稽查查补销售额、纳税评估调整销售额。适用增值税差额征税政策的，以差额后的销售额确定					
13	主行业界定	根据财政部 税务总局公告2022年第14号、财政部 税务总局公告2022年第21号规定，制造业等六行业、批发和零售业等七行业纳税人，是指《国民经济行业分类》(GB/4754—2017)中的"制造业""科学研究和技术服务业""电力、热力、燃气及水生产和供应业""软件和信息技术服务业""生态保护和环境治理业""交通运输、仓储和邮政业"(下表中代码门类及大类分别为：C13-43,D44-46,G53-60,I65,M73-75,N77)等六个行业，以及"农、林、牧、渔业""批发和零售业""住宿和餐饮业""居民服务、修理和其他服务业""教育""卫生和社会工作""文化、体育和娱乐业"(下表中代码门类及大类分别为：A01-05,F51-52,H61-62,O80-82,P83,Q84-85,R86-90)等七个行业业务相应发生的增值税销售额合计占全部增值税销售额的比重超过50%的纳税人 上述"6+7行业"纳税人销售额比重，应根据其申请退税前连续12个月的销售额计算确定；申请退税前经营不满12个月但满3个月的，按照实际经营期的销售额计算确定 计算公式："6+7"行业增值税销售额合计÷全部增值税销售额×100%					
14	销售额比重计算确定	(一)适用小微企业留抵退税政策的行业归属确定：根据《国民经济行业分类》关于以主要经济活动确定行业归属的原则，以上一会计年度从事《国民经济行业分类》对应业务增值税销售额占全部增值税销售额比重最高的行业确定 (二)适用"6+7"行业留抵退税政策的行业归属界定："销售额比重"是否超过50%按下列方法计算确定： 1.根据纳税人申请退税前连续12个月的销售额计算确定 2.申请退税前经营期不满12个月但满3个月的，按照实际经营期的销售额计算确定					
15	留抵退税计算	1.允许退还的增量留抵税额=增量留抵税额×进项构成比例×100% 2.允许退还的存量留抵税额=存量留抵税额×进项构成比例×100%					
16	进项构成比例计算口径	一、进项构成比例：为2019年4月至申请退税前一税款所属期已抵扣的下列五类扣税凭证注明的增值税额，占同期全部已抵扣进项税额的比重： 1.增值税专用发票(含带有"增值税专用发票"字样全面数字化的电子发票) 2.税控机动车销售统一发票 3.收费公路通行费增值税电子普通发票 4.海关进口增值税专用缴款书 5.解缴税款完税凭证 计算公式为：进项构成比例=2019年4月至申请退税前一税款所属期已抵扣的"五类扣税凭证"注明的增值税额÷同期全部已抵扣进项税额×100% 二、无须扣减已转出进项：纳税人在2019年4月至申请退税前一税款所属期内按规定转出的进项税额，无须从已抵扣增值税额中扣减 三、其他纳税人"进项构成比例"计算口径：适用财政部 税务总局公告2022年第14号以外的其他纳税人：申请退还增量留抵税额的规定以及"进项构成比例"计算口径，也按本口径执行					

(续表)

序号	项目	微型企业 增量	微型企业 存量	小型企业 增量	小型企业 存量	制造业等6行业、批发和零售等7行业 增量	制造业等6行业、批发和零售等7行业 存量
17	增量、存量留抵退税特别条款	一、享受增值税即征即退、先征后返(退)政策的: 1.自2019年4月1日起已取得留抵退税款的,不得再申请享受增值税即征即退、先征后返(退)政策。纳税人可以在2022年10月31日前一次性将已取得的留抵退税款全部缴回后,按规定申请享受增值税即征即退、先征后返(退)政策 2.自2019年4月1日起已享受增值税即征即退、先征后返(退)政策的,可以在2022年10月31日前一次性将已退还的增值税即征即退、先征后返(退)税款全部缴回后,按规定申请退还留抵税额 二、出口货物劳务、发生跨境应税行为的: 1.适用免抵退税办法的,应先办理免抵退税。免抵退税办理完毕后,仍符合本公告规定条件的,可以申请退还留抵税额 2.适用免退税办法的,相关进项税额不得用于退还留抵税额					
18	后续处理	一、纳税人 1.取得退还的留抵税额后,应相应调减当期留抵税额 2.以虚增进项、虚假申报或其他欺骗手段,骗取留抵退税款的,由税务机关追缴其骗取的退税款,并按照《中华人民共和国税收征收管理法》等有关规定处理 3.纳税人按规定需要申请缴回已退还的全部留抵退税款的,可通过电子税务局或办税服务厅提交《缴回留抵退税申请表》(见国家税务总局公告2022年第14号附件2) 5.纳税人在缴回已退还的全部留抵退税款后,办理增值税纳税申报时,将缴回的全部退税款在《增值税及附加税费申报表附列资料(二)》(本期进项税额明细)第22栏"上期留抵税额退税"填写负数,并可继续按规定抵扣进项税额 6.已退还的增量、存量留抵退税,允许其从城市维护建设税、教育费附加和地方教育附加的计税(征)依据中扣除。(财税〔2018〕80号) 二、税务机关 1.留抵退税网格化管理(台账管理) 2.如果发现纳税人存在留抵退税政策适用有误的情形,纳税人应在下个纳税申报期结束前缴回相关留抵退税款 3.自受理《缴回留抵退税申请表》之日起5个工作日内,依申请向纳税人出具留抵退税款缴回的《税务事项通知书》					
19	附件下载	附件1:增值税留抵退税之《中小企业划型标准规定》 附件2:增值税留抵退税之《金融业企业划型标准》 附件3:增值税留抵退税之【即征即退】政策梳理 附件4:增值税留抵退税之【先征后退(返)】政策梳理 附件5:增值税留抵退税之《国民经济行业分类与代码(6+7行业简版)》(GB/4754—2017)					

★小微企业

《国家税务总局关于小规模纳税人免征增值税政策有关征管问题的公告》(国家税务总局公告2019年第4号,以下简称4号公告)下发后,为便于基层税务机关及纳税人理解和操作,确保减税效果,省局就部分热点问题下发《小微企业增值税减税新政指引》,供基层税务机关和纳税人参考。

一、2019年1月1日起,小规模纳税人发生增值税应税销售行为,月销售额10万元(以1个季度为1个纳税期的,季度销售额未超过30万元,下同)的,免征增值税,计算月(季)销售额时有哪些注意事项?

(一)月(季)销售额包括纳税人发生所有增值税应税销售行为的合计销售额(包括应征增值税销售额、免税销售额、出口免税销售额)。计算月(季)销售额不再区分营改增应税项目和原增值税应税项目。

(二)小规模纳税人销售货物、劳务、服务、无形资产和不动产的合并月销售额未超过10万元的,免征增值税;合并月销售额超过10万元,但扣除本期发生的销售不动产的销售额后未超过10万元的,其销售货物、劳务、服务、无形资产取得的销售额免征增值税,其销售不动产取得销售额按现行规定申报纳税。

(三)适用增值税差额征税政策的小规模纳税人,以差额后的销售额确定是否可以享受免征增值税政策。

二、按固定期限纳税的小规模纳税人可以选择以1个月或1个季度为纳税期限,一经选择,一个会计年度内不得变更,选择纳税期限有何具体要求?

小规模纳税人按固定期限纳税的,可以选择在当年1月1日至12月31日期间任何时间点,向主管税务机关申请选择纳税期限。纳税人自选择纳税期限之日起至当年12月31日,不得再变更纳税期限。

如,按月申报的小规模纳税人在2019年4月选择按季申报,那么从2019年4月至2019年12月31日不得再变更为按月申报,2020年可沿用按季申报或任一时间点再选择按月申报。

2019年5月新办小规模纳税人,首次选择按月申报,则2019年12月31日前不得再变更为按季申报,2020年可沿用按月申报或任一时间点再选择按季申报。

三、月销售额10万元以下(以1个季度为1个纳税期的,季度销售额30万元以下)的小规模纳税人代开增值税发票缴纳的税款应如何处理?

(一)代开增值税专用发票:小规模纳税人月销售额未超过10万元的,当期因开具增值税专用发票已经缴纳的税款,在增值税专用发票全部联次追回或者按规定开具红字专用发票后,可以向主管税务机关申请退还。

(二)代开普通发票:小规模纳税人2019年1月销售额未超过10万元(以1个季度为1个纳税期的,2019年第一季度销售额未超过30万元),但当期因代开普通发票已经缴纳的税款,可以在办理纳税申报时向主管税务机关申请退还。

四、月销售额10万元以下(以1个季度为1个纳税期的,季度销售额30万元以下)的小规模纳税人发生异地预缴税款业务时应如何处理?

按照现行规定应当预缴增值税税款的小规模纳税人,凡在预缴地实现的月销售额未超过10万元(以1个季度为1个纳税期的,季度销售额未超过30万元)的,当期无需预缴税款。4号公告下发前已预缴税款的,可以向预缴地主管税务机关申请退还。这里所称的"销售额"与预缴税款时的计税销售额口径一致,有扣除项目的为差额后不含税销售额。

五、纳税人在经营地预缴或者因自开、代开发票预缴的增值税,符合退税条件的,如何申请退税,需提供哪些资料?

小规模纳税人符合4号公告规定退税条件,可向增值税税款预缴地或缴纳地主管税务机关申请退还增值税,并提供以下资料:

1.《退(抵)税申请表》一式4份;

2.完税凭证原件。

根据不同退税情形,纳税人应再分别提供对应资料:

1.属于公告第六条规定情形的,提供《增值税预缴税款表》。

2.属于公告第八条规定情形的,提供增值税专用发票全部联次或者按规定开具的红字专用发票原件。

3.属于公告第九条规定情形的,提供代开的增值税普通发票复印件。

特别需要提示的:纳税人银行账号发生变更等特殊情况,应一并需提供书面说明、指定接受退税的银行账号资料各1份。

六、免税标准调整后,《增值税纳税申报表(小规模纳税人适用)》及其附列资料的填报规则有哪些变化?

纳税人填写《增值税纳税申报表(小规模纳税人适用)》中的"免税销售额"相关栏次时,应填写差额后的销售额。差额部分填报在《增值税纳税申报表(小规模纳税人适用)附列资料》中。

七、其他个人采取一次性收取租金形式出租不动产取得的租金收入,免税标准有何变化?

其他个人采取一次性收取租金形式出租不动产取得的租金收入,可在对应的租赁期内平均分摊,分摊后的月租金收入未超过10万元的,免征增值税。

八、免税标准调整后,保险企业代个人保险代理人统一汇总代开增值税发票操作有何变化?

免税标准调整后,保险企业代个人保险代理人汇总代开增值税发票时,对月销售额未超过10万元的个人代理人可汇总代开免税增值税普通发票。

(二)现行增值税主要优惠政策

1.直接免税

在《增值税暂行条例》中列举的免税项目限于以下七项:

(1)农业生产者销售的自产农业产品。农业是指种植业、养殖业、林业、牧业、水产业。农业生产者包括从事农业生产的单位和个人。农产品是指初级农产品,具体范围由财政部、国家税务总局确定。

(2)避孕药品和用具。

(3)古旧图书。古旧图书是指向社会收购的古书和旧书。

(4)直接用于科学研究、科学试验和教学的进口仪器、设备。

(5)外国政府、国际组织无偿援助的进口物资和设备。

(6)由残疾人组织直接进口供残疾人专用的物品。

(7)销售的自己使用过的物品。自己使用过的物品是指其他个人自己使用过的物品。

2.《财政部 国家税务总局关于全面推开营业税改征增值税试点的通知》[①]关于过渡政策的免税项目

(1)托儿所、幼儿园提供的保育和教育服务。

(2)养老机构提供的养老服务。

---

① 参见《财政部 国家税务总局关于全面推开营业税改征增值税试点的通知》(财税〔2016〕36号)附件3。

(3)残疾人福利机构提供的育养服务。

(4)婚姻介绍服务。

(5)殡葬服务。

(6)残疾人员本人为社会提供的服务。

(7)医疗机构提供的医疗服务。

(8)从事学历教育的学校提供的教育服务。

(9)学生勤工俭学提供的服务。

(10)农业机耕、排灌、病虫害防治、植物保护、农牧保险以及相关技术培训业务,家禽、牲畜、水生动物的配种和疾病防治。

(11)纪念馆、博物馆、文化馆、文物保护单位管理机构、美术馆、展览馆、书画馆、图书馆在自己的场所提供文化体育服务取得的第一道门票收入。

(12)寺院、宫观、清真寺和教堂举办文化、宗教活动的门票收入。

(13)行政单位之外的其他单位收取的符合《试点实施办法》第十条规定条件的政府性基金和行政事业性收费。

(14)个人转让著作权。

(15)个人销售自建自用住房。

(16)2018年12月31日前,公共租赁住房经营管理单位出租公共租赁住房。

(17)台湾航运公司、航空公司从事海峡两岸海上直航、空中直航业务在大陆取得的运输收入。

(18)纳税人提供的直接或间接国际货物运输代理服务。

(19)符合条件的利息收入,如国家助学贷款等。

(20)被撤销金融机构以货物、不动产、无形资产、有价证券、票据等财产清偿债务。

(21)保险公司开办的一年期以上人身保险产品取得的保费收入。

(22)符合条件的金融商品转让收入。

(23)金融同业往来利息收入。

(24)符合条件的担保机构从事中小企业信用担保或者再担保业务取得的收入(不含信用评级、咨询、培训等收入)3年内免征增值税。

(25)国家商品储备单位管理及其直属企业承担商品储备任务,从中央或者地方财政取得的利息补贴收入和价差补贴收入。

(26)纳税人提供技术转让、技术开发和与之相关的技术咨询、技术服务。

(27)符合条件的合同能源管理服务。

(28)2017年12月31日前,科普单位的门票收入,以及县级及以上党政部门和科协开展科普活动的门票收入。

(29)政府举办的从事学历教育的高等、中等和初等学校(不含下属单位),举办进修班、培训班取得的全部归该学校所有的收入。

(30)政府举办的职业学校设立的主要为在校学生提供实习场所、并由学校出资自办、由学校负责经营管理、经营收入归学校所有的企业,从事现代服务(不含融资租赁服务、广告服务和其他现代服务)、生活服务(不含文化体育服务、其他生活服务和桑拿、氧吧)[①]业务活动取得的收入。

(31)家政服务企业由员工制家政服务员提供家政服务取得的收入。

(32)福利彩票、体育彩票的发行收入。

(33)军队空余房产租赁收入。

(34)为了配合国家住房制度改革,企业、行政事业单位按房改成本价、标准价出售住房取得的收入。

(35)将土地使用权转让给农业生产者用于农业生产。

(36)涉及家庭财产分割的个人无偿转让不动产、土地使用权。

(37)土地所有者出让土地使用权和土地使用者将土地使用权归还给土地所有者。

(38)县级以上地方人民政府或自然资源行政主管部门出让、转让或收回自然资源使用权(不含土地使用权)。

(39)随军家属就业。

(40)军队转业干部就业。

以家政服务企业为例,在很多城市,对家政服务的需求越来越多,家政服务公司蓬勃发展起来。企业可以通过将中介型转变为员工制来享受免征增值税的优惠政策。但必须满足以下条件:

(1)依法与家政服务企业签订半年及半年以上的劳动合同或服务协议,且在该企业实际上岗工作。

(2)家政服务企业为其按月足额缴纳基本养老保险、基本医疗保险、工伤保险、失业保险等社会保险。已享受新型农村养老保险和新型农村合作医疗等社会保险或者下岗职工原单位继续为其缴纳社会保险的家政服务员,如果本人书面提出相关证明,则视同家政服务企业已为其按月足额缴纳了相应的社会保险。

(3)家政服务企业实际支付的工资,不低于企业所在地最低工资标准。

3.即征即退优惠

对于软件产品,增值税一般纳税人销售其自行开发生产的软件产品,按13%的法定税率征收增值税后,对其增值税实际税负超过3%的部分实行即征即退政策。

对于资源综合利用产品和劳务,纳税人销售自产的资源综合利用产品和提供资源综合利用劳务可享受增值税即征即退政策,具体规定可参考《资源综合利用产品和劳务增值税优惠目录》。[②]

(1)一般纳税人提供管道运输服务,对其增值税实际税负超过3%的部分实行增值税即征即退政策。

(2)经人民银行、银监会或者商务部批准从事融资租赁业务的试点纳税人中的一般纳税人,提供有形动产融资租赁服务和有形动产融资性售后回租服务,对其增值税实际税负超过

[①] 现代服务、生活服务的解释参见《财政部 国家税务总局关于全面推开营业税改征增值税试点的通知》(财税〔2016〕36号)附件1。

[②] 参见《财政部 国家税务总局关于印发〈资源综合利用产品和劳务增值税优惠目录〉的通知》(财税〔2015〕78号)。

3%的部分实行增值税即征即退政策。商务部授权的省级商务主管部门和国家经济技术开发区批准的从事融资租赁业务和融资性售后回租业务的纳税人中的一般纳税人,2016年5月1日后实收资本达到1.7亿元的,从达到标准的当月起按照上述规定执行;2016年5月1日后实收资本未达到1.7亿元但注册资本达到1.7亿元的,在2016年7月31日前仍可按照上述规定执行;2016年8月1日后开展的有形动产融资租赁业务和有形动产融资性售后回租业务不得按照上述规定执行。[①]

(三)增值税的起征点

对于小规模纳税人中的个人(包括个体工商户和其他个人)来说,其销售货物、提供应税劳务或者应税服务的销售额未达到增值税起征点的,免征增值税;达到起征点的,按规定全额计算缴纳增值税。

值得关注的是,近年来为扶持小微企业的发展,国家不断加大税收支持力度,国务院及财政税务主管部门多次下发文件扩大税收优惠覆盖范围。对主要包括小微企业、个体工商户和其他个人的小规模纳税人,将增值税起征点由月销售额3万元提高到10万元。

【案例 4-3】 佳佳机械维修店从事维修业务,是增值税小规模纳税人,增值税征收率为3%。当地政府规定的增值税起征点为100 000元,当月销售额在100 000元以下(含本数)的,免征增值税,超过起征点的,应按全额计算征税。

由于增值税起征点所指的销售额为不含税销售额,但小规模纳税人只能使用普通发票,而普通发票上的销售额是含税销售额,所以,在确定起征点时,应将不含税销售额换算为含税销售额与之对应,即 $100\ 000 \times (1+3\%) = 103\ 000$ 元。

所以,按含税销售额确定的起征点为103 000元。

佳佳机械维修店的月销售额为100 000~200 000元,那么是不是说在这个区间内,销售额越多,可以获得的税收收益就越高呢?根据增值税起征点的规定分析如下:

第一,若月含税销售额在103 000元(含本数)以下,由于在起征点以下,不用缴纳增值税,因此收入越多越好。

第二,若月含税销售额超过103 000元,则要考虑应负担的税收情况。由于超过103 000元要全额征税(同时,依据增值税税率征收7%的城市维护建设税及3%的教育费附加,综合税率为3.3%),这里就存在一个节税点的问题。

第三,现在我们计算一下月含税销售额为多大时税后收益与取得103 000元销售额时相等。设两者税收收益相等时的营业额为 X,即

$$X - X/(1+3\%) \times 3.3\% = 103\ 000$$

$$X = 106\ 409.23\ 元$$

也就是说,当纳税人的月含税销售额为106 409.23元时,其税收收益为103 000元。若月含税销售额在103 000~106 409.23元,其税收收益小于103 000元,在这种情况下,纳税人应尽量将月含税销售额控制为103 000元;若月含税销售额大于106 409.23元,其税收收益大于103 000元,在这种情况下,月含税销售额越大,其税收收益越大。

---

① 参见《财政部 国家税务总局关于全面推开营业税改征增值税试点的通知》(财税〔2016〕36号)附件3第二条。

二、增值税税收优惠的筹划思路、方法与案例解析

(一)企业派生或分立:为享受税收优惠政策

在现实经济生活中,大多数未经纳税筹划的农产品加工企业往往按照传统的商业惯例,采取"产加销"一体化的运作模式,即生产、加工和销售等主要生产经营环节都在一个大企业集团内部完成。这样的运作模式带来的问题就是,农业原材料、半成品等投入大,但因为在一个企业内部完成生产、加工和销售,成本投入大却取不到相应的发票进行增值税进项税额抵扣,同样企业所得税的成本费用也得不到相应扣除,会给企业带来沉重的税收负担,因此,应积极进行纳税筹划。

其基本筹划思路是划大核算单位为小核算单位,利用企业派生或分立,将生产环节独立出去,充分利用农业生产销售自产农业初级产品免税以及企业所得税减免税等一系列涉农税收优惠政策,同时又可以利用独立出去的生产企业开具的发票为加工、销售环节抵扣增值税进项税额及企业所得税的成本费用扣除。这样,既可以充分享受涉农税收优惠政策,又能解决进行抵扣和成本费用合理扣除的问题。

【案例 4-4】 黄海金色滩涂肉品有限公司是增值税一般纳税人,以农产品为原料,主要从事生猪的饲养、屠宰和肉制品加工销售业务。2019 年出栏生猪 25 000 头,当年生产取得分割肉销售收入 1 000 万元,肉制品销售收入 2 000 万元(加工生肉成本 1 200 万元)。企业主要扣除项目有电力、燃料、辅料及修理用备件等,合计允许抵扣的进项税额为 100 万元。

方案一 公司采取饲养并屠宰分割方式,部分白肉直接对外销售,部分经屠宰后移送肉品加工车间加工成各种肉制品后进入各大超市肉品柜。企业应纳增值税额及增值税负担率计算如下:

(1)销售分割肉收入 1 000 万元,按照"销售自产农业产品"免缴增值税;

(2)销售肉制品收入 2 000 万元,应计提增值税销项税额 2 000×13%=260 万元;

(3)允许抵扣的进项税额为 100 万元;

(4)应缴纳增值税=260-100=160 万元;

(5)销售肉制品增值税负担率=160/2 000=8%。

方案二 仍以上述公司业务为例,假设 2019 年饲养场生产销售分割肉收入 2 200 万元,其中 1 000 万元直接销往市场,1 200 万元销售给独立核算的加工车间。按照规定,饲养场属农业生产者销售自产农业产品,可以享受免征增值税税收优惠(销售免税产品只能开具普通发票),其耗用的电力、燃料、辅料及修理用备件等不得抵扣进项税额。而肉品加工车间从饲养场购进分割肉,可以凭取得的普通发票上注明的金额按 9%计提增值税进项税额 108 万元予以抵扣;加工车间加工成成品后全部用于销售,取得收入 2 000 万元;主要扣除项目仍是电力、燃料、辅料及修理用备件等,允许抵扣进项税额为 80 万元。加工车间应纳增值税及增值税负担率计算如下:

(1)销售肉制品 2 000 万元应计提增值税销项税额=2 000×13%=260 万元;

(2)允许抵扣的进项税额=108+80=188万元;

(3)应纳增值税=260-188=72万元;

(4)销售肉制品增值税负担率=72/2 000=3.6%。

案例分析:

通过上述两种筹划方案的比较我们可以看出,组建子公司改变其经营方式,将一个统一的核算单位划分为若干个小核算单位,充分利用"农业生产者销售自产农业产品免征增值税"的税收优惠政策,从而使增值税负担率下降4.4%(8%-3.6%=4.4%),不仅不影响企业的对外销售业务,也不影响企业的经营成果,还为企业节省了88(160-72=88)万元的增值税款,形成"饲养—屠宰—销售—市场"和"采购—加工—销售—市场"两条营销链条。海产品的捕捞、保鲜、腌制、加工、销售,牛饲养、宰杀及其制品的生产、销售,奶牛的饲养及鲜奶、牛乳制品的加工、销售等,均可仿照上述筹划模式,以达到节税的目的。

采取方案一经营方式,生猪饲养环节无法抵扣进项税额,导致增值税负担率较高。因此,纳税筹划的出发点要从改变企业经营方式入手,采取扩大企业规模划小核算单位的形式,即成立企业集团或组建子公司,划大核算单位为小核算单位,将饲养、加工两道工序分别作为独立核算单位分设开来,由饲养场分别向市场和肉品加工车间提供生肉,再由肉品车间加工成产品后销往市场。将"饲养—屠宰—销售—市场"和"加工—销售—市场"单一营销链条改为"饲养—屠宰—销售—市场"和"采购—加工—销售—市场"等多条营销链条。

(二)特殊经营模式筹划:以"公司加农户"为例

某些特殊的经营模式,可以充分利用增值税的税收优惠政策。"公司加农户"就是其中的典型代表。"公司加农户"是目前纳税筹划中一个比较成熟的思路,其关键就在于如何将部分农产品简单加工业务前移给农户通过其手工作坊进行加工,制作成农业初级产品,然后公司再以收购的方式将农业初级产品收购过来,达到抵扣增值税进项税额的目的。

【案例4-5】 江苏海星菊花饮品有限公司是专门生产菊花饮品的涉农工业企业,有两种方案可供选择:

方案一 2019年公司直接收购农户生产的菊花支付120万元,上门收购运输费用为10万元,取得增值税专用发票,蒸制、杀青和干制成菊花饼耗用的人工费等不得抵扣进项税额的费用为19万元,电费等支出5.88万元,可抵扣进项税额1万元,生产菊花饮品耗用电费、辅助材料等进项税额3.4万元,销售菊花饮品取得收入510万元。其应纳增值税及增值税负担率计算如下:

(1)增值税销项税额=510×13%=66.3万元;

(2)允许抵扣的进项税额=120×9%+10×9%+1+3.4=16.1万元;

(3)应纳增值税=66.3-16.1=50.2万元;

(4)增值税负担率=50.2/510=9.84%。

方案二 2019年收购农户生产的菊花饼支付144.88万元,上门收购运输费用为10万元,生产菊花饮品耗用电费、辅助材料等进项税额3.4万元,销售菊花饮品取得收入510万元。

其应纳增值税及税收负担率计算如下:

(1)增值税销项税额＝510×13％＝66.3万元；
(2)允许抵扣的进项税额＝144.88×9％＋10×9％＋3.4＝17.34万元；
(3)应纳增值税＝66.3－17.34＝48.96万元；
(4)增值税负担率＝48.96/510＝9.6％。

案例分析：

通过上述两个方案的比较，直接收购菊花比收购菊花饼生产的菊花饮品的增值税负担率要高，其原因是当工序进入到蒸制、杀青和干制成菊花饼的生产流程时所耗用的人工费等无法抵扣进项税额，所支付的费用相等，但税负增加0.24个百分点。在公司简单加工成本与支付给农户加工成本相等的情况下，收购成本越低，税负将会越高。

为进一步贯彻落实中共中央、国务院关于促进农民增加收入若干政策的意见，加快发展农产品连锁、超市、配送经营，国家税务总局与商务部等部门联合下发了《关于开展农产品连锁经营试点的通知》(商建发〔2005〕1号)，决定自2005年起，用三年的时间开展农产品连锁经营的试点工作，促进农产品流通的规模化，增加农民收入。该通知扩大了植物类、畜牧类、渔业类等初级产品及其初加工品的范围。因此，更加有利于投资于农业的各种经济实体更好地利用"初级产品及其初加工品"税收政策，筹划好增值税进项税额抵扣事项，将工序前移让利于农民，不仅可以节省加工成本，还可以达到节税的目的，是富农利企的双赢策略。

采取"公司加农户"的生产模式，企业与农户签订产供合同，公司向农户提供资金、种苗、样品、规格等，农户作为公司的辅助生产车间，完成菊花的种植、采集和整理，以及蒸制、杀青和干制成菊花饼等生产流程，然后再由公司将农户生产的菊花饼收购过来，进行烘焙、提炼、包装等精加工，制成菊花饮品、菊花晶等上市销售，这种生产方式特别适合于对植物产品的精加工、深加工。

(三)放弃免税权的纳税筹划

《增值税暂行条例实施细则》第三十六条规定："纳税人销售货物或者应税劳务适用免税规定的，可以放弃免税，依照条例的规定缴纳增值税。放弃免税后，36个月内不得再申请免税。"根据增值税征扣税一致的原理，纳税人享受免税，其销售货物或提供应税劳务的销售额，不再计算销项税额，相应的进项税额也不得抵扣，也不能向购买方开具专用发票。由于购买方没有向销售方支付销项税额，也就不能取得进项税额计算抵扣。因此，在某种程度上会增加购买方的税收负担，也影响销售方顺利地将自己生产的货物卖出，所以会有一部分纳税人要求放弃免税，以减少免税政策对购销双方经济业务的影响。

对某些纳税人来说，免税不一定减轻增值税税负，选择是免税还是纳税时，应根据企业的实际情况判断，测算免税与纳税的税负差。通常当应税项目适用较低的税率而外购货物适用较高的税率时，可能出现免税产品进项税额转出金额远大于销项税额的情况，此时，选择放弃免税可能更有利。

《增值税暂行条例实施细则》第二十六条规定了一般纳税人兼营免税项目或者非增值税应税劳务而无法划分不得抵扣的进项税额的，按下列公式计算不得抵扣的进项税额：

不得抵扣的进项税额＝当月无法划分的全部进项税额×当月免税项目销售额、非增值税应税劳务营业额合计÷当月全部销售额、营业额合计但是,部分企业存在"高扣低征"的情况,若转出进项税额较多,则可能出现免税比放弃免税缴纳更多增值税的情况。

值得注意的是,放弃免税权只适用于一些特定的纳税人。这些特定的纳税人主要分为以下两类:

第一类纳税人是货物或劳务接受对象不是最终消费环节而是继续生产环节的企业。客户需要索取增值税专用发票抵扣,如果该类纳税人享受免税权的话,由于不得开具增值税专用发票,将直接影响产品的销售,乃至企业的正常生产经营。

第二类纳税人是既有应税项目,又有免税项目,由于无法准确分清各自的进项,免税项目需要转出较多进项税额(税率13%),产品销售适用9%低税率的企业。

【案例4-6】 某面粉加工企业为增值税一般纳税人,主要产品为面粉,剩下麸皮可作为免税的饲料类产品。企业有专门向农户收购小麦的机构,凭税务机关认可的收购凭证,可按收购发票的金额抵扣9%的进项税额。2019年8月面粉销售收入744万元,麸皮销售收入379万元,当期进项税额为1 560万元,且所有进项无法准确划分免税与应税项目。

方案一 选择麸皮免税,当期进项税额转出为:$1\,560×379÷(744+379)=526.5$万元,应纳税款为:$744×9\%-(1\,560-526.5)=-966.54$万元。

方案二 申请放弃免税,而如果麸皮销售收入作为应税处理的话,应纳增值税为:$(744+379)×9\%-1\,560=-1\,458.93$万元,新增的城市维护建设税与教育费附加可以忽略暂不考虑。如果企业放弃免税,比免税销售多了492.39(1 458.93-966.54)万元可供后期抵扣的留抵税款。

本期的进项税额主要是小麦的季节性收购。对于向农业生产者免税购进的农业初级产品可以按收购金额的票面价的9%抵扣进项税额,而企业销售时按售价的9%缴纳销项税。假设企业将100元收购的小麦以零增值100元价格再卖出,企业的增值税及增值税负担率为:

进项税额$=100×0.09=9$元;

销项税额$=100÷1.09×0.09=8.26$元;

应纳增值税$=8.26-9=-0.74$元;

增值税负担率$=-0.74÷100=-0.74\%$。

案例分析:

正常情况下,在本环节货物没有发生增值则增值税应为零,但是由于国家为了扶持农业的发展,制定了优惠政策,相当于政府给予了补贴,企业可以利用优惠政策,把增值税转嫁给政府。若选择方案一,则享受不到免税项目可抵扣增值税进项税额的好处;若选择方案二,即使以方案一的免税价作为含税售价,也不会影响到购货方的购货成本,同时不会影响到麸皮以后的加工生产环节的增值税负担,所以不会对本企业的麸皮供求关系产生影响。而从本企业来看,可在其他条件不变的情况下,减轻增值税税负,增加利润,放弃麸皮的免税。

如果企业决定要放弃免税权,需要注意的是:必须履行法定程序,要以书面形式申请到税务机关备案,税务机关接受备案从形式上表明已认可纳税人的声明,从时间上已确认放弃免税权的起始时间;同时应考虑到近三年内企业生产经营情况将会发生的变化,因为申请放弃免税权后36个月内不得再申请免税。

第三节　出口退税的筹划

一、出口退税的主要法律规定解读

(一)出口货物退(免)税的适用范围

我国对出口货物分别就不同情况实行出口退税、出口免税和出口不退税也不免税三种不同的出口退(免)税政策。

《出口货物退(免)税管理办法》规定：对出口的凡属于已征或应征增值税、消费税的货物，除国家明确规定不予退(免)税的货物和出口企业从小规模纳税人处购进并持普通发票的部分货物外，都是出口货物退(免)税的货物范围，均应退还已征增值税和消费税或免征应征的增值税和消费税。但可以退(免)税的出口货物一般应具备以下四个条件：

一是必须是属于增值税、消费税征税范围的货物。

二是必须是报关离境的货物。所谓报关离境，即出口，就是货物输出海关，这是区别货物是否应退(免)税的主要标准之一。凡是报关不离境的货物，不论出口企业以外汇结算还是以人民币结算，也不论企业在财务上和其他管理上做何处理，均不能视为出口货物予以退(免)税。

三是必须是在财务上作销售处理的货物。出口货物只有在财务上作销售处理后，才能办理退税。

四是必须是出口收汇并已核销的货物。将出口退税与出口收汇核销挂钩可以有效防止出口企业高报出口价格骗取退税，有助于提高出口收汇率，有助于强化出口收汇核销制度。

(二)出口货物的退税率

出口货物的退税率是出口货物的应退税额与计税依据的比例。出口不同的货物适用不同的出口退税率。为了调整出口贸易结构，促进产业结构的优化升级，更好地发展对外贸易，我国结合国内外经济形势的发展变化，对出口退税率进行不断的调整。增值税出口退税率的调整变化比较频繁。除财政部和国家税务总局根据国务院的决定而明确的增值税出口退税率外，出口货物的退税率为其适用税率。国家税务总局根据规定将退税率通过出口退税率文库予以发布，供征纳双方执行。退税率有调整的，除另有规定外，其执行时间以货物(包括被加工、修理修配的货物)出口报关单(出口退税专用)上注明的出口日期为准。根据财政部、税务总局发布的《关于调整部分产品出口退税率的通知》(财税〔2018〕123号)，出口货物报关单显示的出口日期在2018年11月1日及之后的出口货物劳务，按提高后的退税率申报退税。根据《财政部　税务总局　海关总署关于深化增值税改革有关政策的公告》(财政部　税务总局　海关总署公告2019年第39号)，我国目前实行的出口退税率包括16%、13%、9%、6%和0。

企业经营多种出口货物,应将不同税率的货物分开核算和申报,凡划分不清适用税率的,一律从低适用税率计算退税。

(三)出口货物应退税额的计算方法

出口货物只有在适用既免税又退税的政策时,才会涉及如何计算退税的问题。由于各类出口货物的会计核算办法不同,有对出口货物单独核算的,有对出口和内销的货物统一核算的。为了与出口企业的会计核算办法相一致,《出口货物退(免)税管理办法》规定了两种退税计算办法。一种是出口企业兼营内销和出口货物,且其出口货物不能单独设账核算的,应先对出口的货物免征出口环节增值税,然后对内销货物计算销项税额并扣除当期进项税额后,再对未抵扣完的进项税额用公式计算出口货物的应退税额。这种计算办法,简称为"免、抵、退"税办法,目前主要适用于自营和委托出口自产货物的生产企业。另一种计算办法是出口企业将出口货物单独设立库存账和销售账的,依据购进出口货物增值税专用发票所列明的进项金额和退税率计算应退税额。由于运用这种办法是对购进货物先缴税,然后再纳入国家出口退税计划审批退税,因此,简称为"先征后退"办法,目前主要适用于收购货物出口的外(工)贸企业。

1. "免、抵、退"税的计算方法

(1)当期免、抵、退税额=当期出口货物离岸价×外汇人民币牌价×出口货物退税率－当期免、抵、退税额抵减额;当期免、抵、退税额抵减额=免税购进原材料价格×出口货物退税率。

(2)当期免、抵、退税不得免征和抵扣税额=当期出口货物离岸价×外汇人民币牌价×(出口货物征税率－出口货物退税率)－当期免、抵、退税不得免征和抵扣税额抵减额;当期免、抵、退税不得免征和抵扣税额抵减额=免税购进原材料价格×(出口货物征税率－出口货物退税率)。

(3)当期应纳税额=当期内销货物的销项税额－(当期进项税额－当期免、抵、退税不得免征和抵扣税额)－上期留抵税额。

当期应退税额和免抵税额按以下公式计算:

①若当期应纳税额≥0,则当期应退税额=0;

②若当期期末留抵税额>当期免、抵、退税额,则当期应退税额=当期免、抵、退税额,当期免抵税额=0;

③若当期期末留抵税额≤当期免、抵、退税额,则当期应退税额=当期期末留抵税额,当期免抵税额=当期免、抵、退税额－当期应退税额。

2. "先征后退"的计算方法

(1)外贸企业"先征后退"的计算方法

外贸企业以及实行外贸企业财务制度的工贸企业收购货物出口,其出口销售环节的增值税免予征收。其收购货物的成本部分,因外贸企业在支付收购货款的同时也支付了生产经营该类商品的企业已纳的增值税款,因此,在货物出口后按收购成本与退税率计算退税退还给外贸企业,征、退税之差计入企业成本。

外贸企业出口货物增值税的计算应依据购进出口货物增值税专用发票上所注明的进项金额和退税率计算。

应退税额=外贸收购不含增值税进项金额×退税率

(2)外贸企业收购小规模纳税人出口货物增值税的退税规定

凡从小规模纳税人处购进取得税务机关代开的增值税专用发票的出口货物，按以下公式计算退税：

$$应退税额＝增值税专用发票上注明的金额×3\%$$

(3)外贸企业委托生产企业加工出口货物的退税规定

外贸企业委托生产企业加工收回后报关出口的货物，按购进国内原辅材料的增值税专用发票上注明的进项金额，依原辅材料的退税率计算原辅材料应退税额。支付的加工费，凭受托方开具货物的退税率，计算加工费的应退税额。

(四)增值税零税率应税服务的相关规定

根据"营改增"税收政策的相关规定，增值税零税率应税服务退(免)税办法包括"免、抵、退"税办法和"免、退"税办法。境内的单位和个人提供适用增值税零税率的应税服务，属于适用增值税一般计税方法的，生产企业实行"免、抵、退"税办法，外贸企业外购研发服务和设计服务出口实行"免、退"税办法，外贸企业自己开发的研发服务和设计服务出口，视同生产企业连同其出口货物统一实行"免、抵、退"税办法。零税率应税服务的退税率为对应服务被提供给境内单位适用的增值税税率(9%或6%)。

二、出口退税的筹划思路、方法与案例解析

(一)选择经营方式的筹划思路、方法与案例解析

1.进料加工与来料加工的区别

进料加工与来料加工之间有着本质上的区别：

一是贸易。进料加工是出口企业用外汇从国外进口原材料、元器件、配套件和包装材料，经生产加工后复出口的一种贸易方式；而来料加工是由外商提供一定的原材料、半成品、零部件、元器件及技术设备，出口企业根据外商的要求进行加工装配，将成品出口并收取加工费的一种贸易方式。

二是风险。进料加工使用外汇占用周转资金，承担着出口货物质量与国外市场销售的风险；来料加工不必占用资金，只要货物质量合格也不考虑销售存在的风险。

三是物权。进料加工拥有出口货物的所有权，出口企业与外商是卖出与买入的交易关系；来料加工不拥有出口货物的所有权，出口企业与外商之间是受托人与委托人的协议关系。

四是税收。进料加工自营或委托代理出口的货物生产企业增值税执行"免、抵、退"税办法，即出口货物在产品的销售环节免税，内、外销货物进项税额准予抵扣的部分与销项税额抵扣，不足抵扣的按规定申报办理退税；其出口的应税消费品免征消费税。外贸企业增值税执行"免、退"税办法，即对本环节增值部分免税，进项税额退税；其收购出口的应税消费品退还消费税。来料加工出口货物实行免征增值税、消费税。加工企业取得的加工费收入免征增值税、消费税，出口货物所耗用国内原料支付的进项税额不得抵扣，转入生产成本，其国内

配套的原材料已征税款也不予退税。

2.税收政策比较与分析

在加工贸易中,进口料件的占比、征退税率之差的大小以及出口价格的高低,都会影响出口企业对进料加工还是来料加工方式的选择,在同等条件下重点考虑税负的差异(不考虑所得税因素,只涉及与出口退税有关的税种)。

(1)征、退税率之差的大小

按照税法规定,出口货物FOB价换算为人民币的外销收入乘以征、退税率之差的积要计入主营业务成本。在外销收入一定的前提下,征、退税率之差越大,出口企业所要承担的成本税负就越高。

【案例4-7】 某生产型出口企业A为国外客商B加工一批货物,进口料件组成计税换算为人民币的价格为2 000万元,加工后复出口的货物换算为人民币的总价格为3 500万元(单证收齐)。假设货物全部出口无内销发生,其加工所耗用国内购进的料件及其他费用进项税额为70万元人民币,适用的增值税税率为13%,出口退税率为9%,试分析出口企业选择进料加工还是来料加工较为合适。

①采用来料加工方式:

根据来料加工免税政策,3 500万元的出口货物按免税处理,70万元进项税额不予抵扣转入主营业务成本自行负担,其负担成本为70万元人民币。

②采用进料加工方式:

3 500万元的出口货物执行"免、抵、退"税办法,进口料件2 000万元所计算的免税税额不予办理退税,应在计算的"免、抵、退"税额中抵减。

当期免、抵、退税不予免征和抵扣税额=出口货物离岸价×外汇人民币牌价×出口货物征退税率差－免税购进原材料价格×出口货物征、退税率差=(3 500－2 000)×(13%－9%)=60万元

当期应纳税额=销项税额－(进项税额－当期免、抵、退税不予免征和抵扣税额)=0－(70－60)=－10万元

当期免、抵、退税额=出口货物离岸价(单证收齐)×外汇人民币牌价×出口货物退税率－免税购进原材料价格×出口货物退税率=(3 500－2 000)×9%=135万元

由于留抵税额10万元小于"免、抵、退"税额135万元,则退税等于10万元,免抵税额为135－10=125万元。如果考虑免抵税额参与城市维护建设税和教育费附加计算,那么,其税费额为125×(7%+3%)=12.5万元

从以上假设的条件看,采用进料加工方式出口企业能得到10万元的增值税退税,其应纳税额为零,就算缴纳了12.5万元的税费,但税负也小于来料加工缴纳的70万元的税款。

再假设,如果出口退税率出现下调,由原退税率9%下调为6%,采用进料加工方式,那么:

当期免、抵、退税不予免征和抵扣税额=(3 500－2 000)×(13%－6%)=105万元

当期应纳税额=0－(70－105)=35万元

当期免、抵、退税额=(3 500－2 000)×6%=90万元

由于当期应纳税额大于零,则免、抵、退税额=免抵税额=90万元,其缴纳城市维护建设税和教育费附加为90×(7%+3%)=9万元。

如果采用来料加工在税收负担上要多于进料加工26(35+9－70)万元。

(2)进口料件占比的多少

出口货物所耗用进口料件与国内耗料之间所占比例大小与加工贸易方式的选择密切相关。在进料加工方式下,国内耗料增值税进项税额的大小直接影响税额的计算。

延用【案例4-7】,假设A企业加工出口的货物国内耗料占的比重较大,国外进料只是其中的一小部分,如将国内耗料等费用的进项税额由70万元调增为90万元,进口料件组成计税价格由2 000万元调减为1 500万元,则情况又有所改变:

当期免、抵、退税不予免征和抵扣税额=(3 500−1 500)×(13%−9%)=80万元

当期应纳税额=0−(90−80)=−10万元

当期免、抵、退税额=(3 500−1 500)×9%=180万元

由于留抵税额10万元小于免、抵、退税额180万元,则退税等于10万元,免抵税额为180−10=170万元,其缴纳城市维护建设税和教育费附加为170×(7%+3%)=17万元。

如在来料加工方式下,则应纳税额为90万元,税负大于进料加工缴纳的17万元税费。

相反,如果A企业加工出口的货物国内耗料占的比重较小,其国内耗料等费用的进项税额由70万元调减为10万元,进口料件组成计税价格由2 000万元调增为3 000万元,则:

当期免、抵、退税不予免征和抵扣税额=(3 500−3 000)×(13%−9%)=20万元

当期应纳税额=0−(10−20)=10万元

当期免、抵、退税额=(3 500−3 000)×9%=45万元

由于当期应纳税额大于零,则免、抵、退税额=免抵税额=45万元,其缴纳城市维护建设税和教育费附加为45×(7%+3%)=4.5万元。

如在来料加工方式下,应纳税额为10万元,税负小于进料加工的14.5(10+4.5)万元应纳税额。

(3)出口货物价格的高低

出口货物价格的高低也是影响税负大小选择加工贸易方式的因素之一。延用【案例4-7】,在进料加工方式下,如果出口价格由3 500万元上调为5 000万元,则:

当期免、抵、退税不予免征和抵扣税额=(5 000−2 000)×(13%−9%)=120万元

当期应纳税额=0−(70−120)=50万元

当期免、抵、退税额=(5 000−2 000)×9%=270万元

由于当期应纳税额大于零,则免、抵、退税额=免抵税额=270万元,其缴纳城市维护建设税和教育费附加为270×(7%+3%)=27万元。

如在来料加工方式下,则应纳税额为70万元,税负小于进料加工77(50+27)万元的应纳税额。

相反,如果出口价格由3 500万元下调为2 500万元,则:

当期免、抵、退税不予免征和抵扣税额=(2 500−2 000)×(13%−9%)=20万元

当期应纳税额=0−(70−20)=−50万元

当期免、抵、退税额=(2 500−2 000)×9%=45万元

由于留抵税额50万元大于免、抵、退税额45万元,则退税等于45万元,免抵税额为0。

如在来料加工方式下,则应纳税额为70万元,税负大于进料加工。

综上分析,出口企业应根据实际业务的需要,考虑上述三种条件,找出一个最佳的经营方式,使税收负担降到最低,利润收益达到最佳限度。

从以上分析来看,加工贸易采用进料还是来料方式关键取决于条件的设定与税负的大小,总结要点如下:

(1)当出口货物所耗用的进口料件占比小于国内耗料,且征、退税率之差较小时,选择进料加工方式较为合适。因为在国内耗料比例较大时,对于来料加工而言其不予抵扣的进项税额转入成本会增多,税负相应变大且是免税没有退税。而采用进料加工由于国外进料占比少,所以,在计算的退税当中所要抵减的国外进料免税税额相对较少,实际可以办理退税的数额相对变大。另外,征、退税率之差较小,还说明进项税额转出就少,相比之下进项税额就会变大,容易形成留抵税额带来退税。

(2)当出口货物所耗用的进口料件占比大于国内耗料,且征、退税率之差较大时,选择来料加工方式较为合适,而非进料加工方式。特别是在出口退税率下调的前提下,征、退税之差相对会变大,这表明进项税额不予抵扣部分会变大,随之成本税负也会变大。又因来料加工是免税,不存在征、退税之差变化的因素,所以,在国内耗料较少时,购进国内原料的进项税额转出较多,所承担的税负相对变小,并且不会占用更多的周转资金。

(3)在同等条件下,加工贸易出口额较大且国内耗料较少时,如采用进料加工方式,则当期免、抵、退税不得免征和抵扣的税额就会变大,容易产生应纳税额,有时在无内销的前提下也会形成现倒缴税现象。另外,由于国内耗料少国外进料就相对变大,在当期计算的应退税额中抵减的进口免税税额就会多,实际形成的退税额就会变少。相比之下,采用来料加工较为合适。相反,在加工贸易出口额较大且国内耗料比较多时,采用进料加工更为合适。

总之,不同的贸易经营方式、不同的退税计算方法对出口企业的成本、效益及周转资金都有很大影响。另外,出口企业无论是采用来料加工还是进料加工,都应考虑出口货物的所有权问题。在来料加工方式下,进口料件和出口货物的所有权都归外商所有,承接方只收取加工费(工缴费),没有定价权。但在进料加工方式下,进口料件及加工后成品的所有权及定价权都归承接方,购买的进口材料可以比较灵活地操作。如果出口货物国内市场有需求,可以在海关补缴关税和增值税的前提下,转而将出口货物在国内销售,从而平衡部分国外市场的销售风险,增加企业的利润总额。

(二)选择出口方式的筹划思路、方法与案例解析

对于有出口经营权的企业来说,出口方式有两种:一种是自营出口;另一种是通过外贸企业代理出口自产货物。以这两种方式出口货物都可以获得免税并退税,但获得退税的数额却不尽相同。

【案例4-8】 某中外合资企业采购国内原材料生产产品,全部用于出口,2022年自营出口产品的价格为100万元,当年可以抵扣的进项税额为10万元,增值税税率为13%,无上期留抵税额。

(1)当该企业的出口退税率为13%时,如果企业自营出口:

免、抵、退税额=出口货物离岸价×外汇人民币牌价×出口货物退税率-免、抵、退税额抵减额=100×13%=13万元

当期期末应纳税额=当期内销货物的销项税额-(进项税额-免、抵、退税不得免征和抵扣税额)=0-(10-0)=-10万元

由于当期期末应纳税额为负数,即为当期期末留抵税额。

若:当期期末留抵税额≤当期免、抵、退税额,则:当期应退税额=当期期末留抵税额。

因此,该企业的应收出口退税为10万元。

如果该合资企业通过关联企业——某外贸企业代理出口,合资企业将产品以同样的价格100万元(含税)出售给外贸企业,外贸企业再以同样的价格出口,那么,应纳税额的计算如下:

合资企业应纳增值税额:

$100÷(1+13\%)×13\%-10=1.5$ 万元

外贸企业应收出口退税额:

$100÷(1+13\%)×13\%=11.5$ 万元

两企业合计获得退税10(11.5-1.5)万元。

由此可以看出,在退税率与征税率相等的情况下,企业选择自营出口还是委托外贸企业代理出口,税负相等。

(2)当该企业的出口退税率为9%时,如果企业自营出口:

免、抵、退税额=出口货物离岸价×外汇人民币牌价×出口货物退税率-免、抵、退税额抵减额=$100×9\%-0=9$ 万元

免、抵、退税不得免征和抵扣税额=当期出口货物离岸价×外汇人民币牌价×(出口货物征税率-出口货物退税率)-免、抵、退税不得免征和抵扣税额抵减额=$100×(13\%-9\%)-0=4$ 万元

当期期末应纳税额=当期内销货物的销项税额-(进项税额-免、抵、退税不得免征和抵扣税额)=$0-(10-4)=-6$ 万元

由于当期期末应纳税额为负数,即为当期期末留抵税额。

若:当期期末留抵税额≤当期免、抵、退税额,则:当期应退税额=当期期末留抵税额。

因此,该企业的应收出口退税为6万元。

如果该合资企业通过关联企业——某外贸企业出口,合资企业将产品以同样的价格100万元(含税)出售给外贸企业,外贸企业再以同样的价格出口,那么,应纳税额的计算如下:

合资企业应纳增值税额:

$100÷(1+13\%)×13\%-10=1.5$ 万元

外贸企业应收出口退税额:

$100÷(1+13\%)×9\%=7.96$ 万元

两企业合计获得退税6.46(7.96-1.5)万元。

由此可见,在退税率与征税率不等的情况下,企业选择自营出口还是委托外贸企业代理出口,税负是不相同的,即选择自营出口收到的出口退税额小于委托外贸企业代理出口应获得的出口退税额,选择外贸企业代理出口有利于减轻增值税税负。

(三)利用税收政策进行纳税筹划

出口退(免)税筹划中要注意把握有关出口退(免)税政策的规定,全面分析相关政策,才能做出最有利的选择。同时,要及时关注出口退(免)税政策的最新变化情况,用足、用好优惠政策,做出最有利的纳税筹划选择。

【案例 4-9】 某公司是增值税一般纳税人,生产 A 产品,每件售价 34 元(不含税价)。其产品成本构件每件大致为:材料 20 元(其中主要原材料 18 元,辅助材料 2 元),工资等其他成本 12 元(进项税额忽略不计)。当年预计生产产品 200 万件。现有一国外外来加工的订单,外方提供主要原材料,由该公司提供辅助材料并加工成 A 产品,加工费每件 15 元,共计 10 万件。

该公司销售部门的人员做了测算,由于来料加工货物出口时免征增值税,其耗用的辅助材料的进项税额不能抵扣,应增加材料的成本,该加工成本每件是辅助材料 2.26 元,工资等其他成本 12 元,合计成本 14.26 元,加工利润 7.4[(15-14.26)×10]万元,于是双方签订了加工合同。

该业务财务部门的计算与销售部门的测算大不一样。由于来料加工产品与该公司的产品完全一样,所以来料加工业务不得抵扣的进项税额无法准确进行划分(如无法确定机床修理费是为哪批产品而发生的或某件辅助材料是为自产产品购进还是为来料加工业务购进的),因此,按照《增值税暂行条例实施细则》的规定,增值税纳税人兼营免税项目而无法准确划分不得抵扣的进项税额,按下列公式计算不得抵扣的进项税额:

不得抵扣的进项税额＝全部进项税额×免税项目销售额÷全部销售额合计

按照上面提供的数据:

全部进项税额＝20×13％×2 000 000＋2.34×13％×100 000＝522.6 万元

免税项目销售额＝15×100 000＝150 万元

全部销售额合计＝34×2 000 000＋15×100 000＝6 950 万元

不得抵扣的进项税额＝522.6×150÷6 950＝11.28 万元

该来料加工业务的成本总额＝2×100 000＋112 800＋12×100 000＝151.28 万元

来料加工业务利润＝150－151.28＝－1.28 万元

即该订单不但不盈利,反而亏损 1.28 万元。其原因在于销售人员只知道来料加工业务免税,其耗用的进项税额不得抵扣,却不知道该进项税额应按上面的公式来计算,造成加工合同签订后,实际不得抵扣进项税额大于该业务实际耗用的进项税额,一方面多转出的进项税额加大了来料加工的成本而造成亏损,另一方面也造成了实际抵扣的进项税额减少,多缴纳了增值税而得不偿失。

第四节　筹划风险与控制

一、纳税时间筹划中的主要风险点及其控制

(一)认定差异风险

纳税时间筹划中的主要风险点主要是税企双方的认定差异风险。《增值税暂行条例实施细则》第 38 条对三种不同的销售结算方式进行了确定。第一种方式:直接收款模式。采取直接收款方式销售货物,不论货物是否发出,均为收到销售款项或者取得索取销售款项凭

据的当天。第二种方式:赊销收款模式。采取赊销和分期收款方式销售货物,为书面合同约定的收款日期的当天;无书面合同的或者书面合同没有约定收款日期的,为货物发出的当天。第三种方式:预收货款模式。采取预收货款方式销售货物,为货物发出的当天。

三种收款模式的增值税纳税义务发生时间不同,因此确定企业到底是哪一种销售模式就显得非常重要,《增值税暂行条例实施细则》释义中对如何正确区分不同形式的收款方式做了如下表述:"具体如何运用税法,最根本的还是取决于购销双方订立的合同,因为在法治社会,合同是标注购销双方权利义务关系的重要依据,因此,税法对于纳税义务发生时间的很多细节问题都是根据双方订立合同的内容而确定的,是来源于具体生活的。因此,判断直接收款和预收货款行为的依据在于双方订立的合同,在合同中确定了的付款结算方式,一般就是适用税法的首要依据。当然,在确定时,也要考虑实质重于形式的原则,如果合同约定内容与人们的一般常理相违背,那么在适用税法时也不能将其作为依据,而要根据其实际内容进行适用"。

可见区分不同收款方式最根本的方法是研究纳税主体之间签订的销售合同,并考虑实质重于形式进行判断。直接收款方式中强调"无论货物是否发出",因此在实践中就有与预收货款模式、赊销收款模式混淆的可能性。先收货款,后发货物,例如,销售购物卡,就可能混淆为预收货款模式;先发货物,销售款后确定,就可能混淆为赊销收款模式。

【案例4-10】 2022年4月,南通苏源煤炭公司同天津宏峰公司的煤炭购销合同情况公告内容摘要如下:煤炭到达物资指定卸货港码头,符合质量标准,首月按648元/吨结算,煤炭到达卸货港码头落地前的一切费用由大连神华负担。以后价格双方以随行就市原则确定。在上月煤炭交货后,双方必须协商确定下月价格,并以书面方式确认为准。如不回价,按原价执行。如果煤炭质量达不到约定指标,购货方有权拒收。具体的约定指标为:发热量低于5 000 Kcal/kg;煤样含硫超过1.0%;挥发分低于24%(不含24%);收到基全水分≥13%;未能满足合同约定的灰熔点、哈氏可磨系数、焦渣特性、煤炭粒度的标准。

假设南通苏源煤炭公司2022年4月26日将10 000吨煤炭发往天津宏峰公司,根据经验暂估确认648万元销售收入,借:应收账款648万元,贷:主营业务收入——暂估648万元。该公司一直到2022年5月5日,收到天津宏峰公司确认的煤炭检验指标确认书,确认煤炭符合合同要求,可以结款。

请问南通苏源煤炭公司2022年4月用"应收账款"会计科目确认销售收入,该收款方式应确认为赊销收款模式,还是直接收款模式?如果确认为直接收款模式,应该在4月确认销售收入,还是在5月确认销售收入?

分析:虽然该公司运用的会计科目为"应收账款"科目,但是本案例中的收款模式应该确认为直接收款模式。

赊销合同的基础是货物交付与收款时间的分离,带有明显的隐性融资性质,在赊销合同上应明确注明收款时间。本案例的交易模式本质上属于"货款两清"的直接收款模式。2022年4月南通苏源煤炭公司发出去的煤炭尚未确定质量已经验收合格,因此该项交易尚未完成,一般而言记账,借:发出商品,贷:库存商品,有时企业认为根据经验确认收入无重大风险,因此直接记账,借:应收账款,贷:主营业务收入,此时会计记账表象容易同赊销收款模式混淆,税务机关可能判定为赊销收款模式,并以"书面合同没有约定收款日期"为由,要求在4月按照暂估收入额缴纳税款。

为了解决直接收款模式下,货物先发出、后确定销售款项的问题,国家税务总局2011年第40号公告规定:纳税人生产经营活动中采取直接收款方式销售货物,已将货物移送对方并暂估销售收入入账,但既未取得销售款项或取得索取销售款项凭据也未开具销售发票的,其增值税纳税义务发生时间为取得销售款项或取得索取销售款项凭据的当天。上例中,2022年4月南通苏源煤炭公司将货物发出,但是未确定煤炭质量,煤炭公司未取得财务结款的索取销售款项凭据,根据国家税务总局2011年第40号公告,该公司应该在2022年5月5日,即收到天津宏峰公司确认的煤炭检验指标确认书(或类似资料,甚至是电话通知)的当日确认增值税的销项税额。

(二)政策变动风险

2011年7月15日,国家税务总局发布了《关于增值税纳税义务发生时间有关问题的公告》(国家税务总局2011年第40号公告)。该文件对增值税纳税义务发生时间的基本规则做了内涵性解释。《增值税暂行条例》第19条第1款规定,销售货物或者应税劳务,为收讫销售款项或者取得索取销售款项凭据的当天;先开具发票的,为开具发票的当天。该条款有两层含义。第一层含义是增值税纳税义务采取类似"收付实现制"原则,收讫销售款项或者取得索取销售款项凭据是确定增值税纳税义务发生时间的关键。《增值税暂行条例实施细则》第38条则规定了不同的销售模式下纳税义务发生时间的具体情况,是对本条款的具体解释。第二层含义是先开具发票的,应当即时纳税。这主要是由于增值税专用发票是扣税凭证,在现行的"以票抵税"征管模式下,如果允许上游企业开具发票而不确认销项,下游企业却凭票进行抵扣,增值税链条就会断绝,从这个意义上,条例第19条特此规定,先开发票的必须要即时缴纳税款,从而保证增值税链条的完整。因此,增值税纳税义务发生时间的具体规定与开具发票的时间遵循孰早的原则。

二、税收优惠筹划中的主要风险点及其控制

(一)认定差异风险

增值税税收优惠筹划中风险主要是认定差异风险。具体体现在,免税分为报批类和备案类,报批类继续按照审批的方式办理,纳税人只要按照税务机关的要求健全财务制度,加强核算管理,基本上就可以避免风险。问题经常发生在备案类减免税项目上。因为备案类减免税仅需要提出备案,经税务机关登记备案后,自登记备案之日起就可以享受税收优惠。规定看上去很简单,但其实隐含的风险很大。对于备案类减免税,备案时税务机关仅需要按备案程序受理即可,并不意味着税务机关认为纳税人实质上符合减免税的条件。在这种情况下,纳税人虽然事先享受了减免税,但是否确实完全符合减免税的条件,需要经税务机关事后的检查、调查,经过较长期限后才能确定。因此,纳税人更应该重视备案类减免税的办理,最好请专业机构认真细致地依据减免税的条件,包括实质条件和形式要件,对本企业的情况进行审查,确信完全符合减免税条件后再进行备案,以免遭受缴纳滞纳金甚至罚款的损失。因此,纳税人学习税法,了解税法,及时掌握减免税的内容,按规定申请审批或备案才是上策。

(二)片面性风险

增值税税收优惠筹划中的片面性风险常指的是陷入"优惠陷阱",即享受相关免税政策看似优惠,但没有考虑到由此带来的相关进项税额不能抵扣的负面影响,甚至导致享受减免税反而增加税负的情形。这是典型的涉税风险,应予以回避,事前进行税负测算,采取最有利的操作方式,在某些情况下果断放弃免税。同时,应注意到长期的发展态势,因为放弃减免税通常要 36 个月之后才能再次申请享受减免税。另外,不仅要考虑流转税减免税优惠,还要注意到对成本、费用和利润尤其是税后净利润的影响。

(三)政策变动风险

税收优惠往往体现国家的产业政策导向,具有较强的时效性,且必须满足其必备的前提条件。纳税人必须时刻审查自身业务有没有完全符合享受税收优惠的条件,而且要审查是否处于政策的有效期之内,要关注政策的变化趋势。

三、出口退税筹划中的主要风险点及其控制

(一)错误操作风险

根据国家政策规定,并非所有出口货物都是可以退税的。出口不退税商品、出口退税超过申报期限以及所附核销单信息超期等多种情况都需要对所出口的货物视同内销征税。在国税部门 2015 年的检查中发现,对出口货物已征收税款 6 906 万元,其中因退税超期问题征税 3 040 万元。经过调研分析,出现这种征税问题主要是由于有些企业对退税政策不理解,内部的业务部门和办税员沟通不够,内部流转不畅,业务员办事责任心不强等原因。如有些企业对出口退税延期申请政策不了解,在退税申报超期后才提出申请;有些企业业务员已收齐了退税所需单证,但由于没有退税期限的时间概念,没把单证及时交到办税员手中,致使企业不能退税。为了方便出口企业,实行了免于审核纸质出口收汇核销单的办法后,也出现了一些因核销单信息超期而征税的问题。部分原因是企业人员在网上提交核销单后没有对这些信息的核销结果进行跟踪,致使未能成功核销,企业的出口货物视同内销征收了税款。为了避免以上问题的发生,建议企业加强内部管理,理顺企业相关人员的关系,对负责出口和办税的人员进行必要的培训,建立出口业务部门与财务部门的内部资料流转机制,规范出口单据资料的管理,按国税部门的要求处理业务,及时办理退税。

【案例 4-11】 税务机关在对某碱业有限公司 2021、2022 年度出口情况的检查中发现,该企业某类产品 2021 年下半年不再享受出口退税的优惠政策,按照规定应视同内销补税。该项业务为进料加工出口业务,按照政策规定,应按简易办法征税并合理划分不得抵扣进项税额。检查发现,该企业按照进料加工贸易方式进行了补税,但未按规定划分不得抵扣进项税额。经核算,该企业应补缴增值税税款 250 多万元。

当企业发生视同内销货物计提销项税额或征收增值税的情况时,纳税风险也已悄悄地来临。不同的出口贸易方式采用不同的计税方法,如果适用政策不对,将造成税款计算错误的风险。

纳税人发生视同内销补缴增值税税款前,首先应根据出口报关注明的贸易性质确定货物出口是一般贸易出口还是进料加工出口;其次再按照税法的相关规定采用不同的计算方法缴纳税款,从而减少不必要的损失,规避纳税风险。

知识链接

《国家税务总局关于出口货物退(免)税若干问题的通知》(国税发〔2006〕102号)第一条规定,生产企业视同内销货物计提销项税额或征收增值税,以一般贸易方式出口上述货物计算销项税额公式:

销项税额＝出口货物离岸价格×外汇人民币牌价÷(1＋法定增值税税率)×法定增值税税率

一般纳税人以进料加工复出口贸易方式出口上述货物以及小规模纳税人出口上述货物计算应纳税额公式:

应纳税额＝(出口货物离岸价格×外汇人民币牌价)÷(1＋征收率)×征收率

对上述应计提销项税额的出口货物,生产企业如已按规定计算免、抵、退税不得免征和抵扣税额并已转入成本科目的,可从成本科目转入进项税额科目;外贸企业如已按规定计算征税率与退税率之差并已转入成本科目的,可将征税率与退税率之差及转入应收出口退税的金额转入进项税额科目。出口企业出口的上述货物若为应税消费品,除另有规定者外,出口企业为生产企业的,须按现行有关税收政策规定计算缴纳消费税;出口企业为外贸企业的,不退还消费税。

(二)政策变动风险

出口退税率上调对外贸出口的促进作用是十分明显的,但经过几次大幅度的调整后,目前的出口退税率已处于一个比较高的水平。有些产品进一步提升的空间已很小,如部分机电产品的退税率已达到13%,真正实现了出口"零税率",纺织服装的出口退税率也已提高至10%,也接近出口"零税率"。对出口这些产品的企业来讲,出口退税政策的作用已近最大化。从长期发展来看,企业还要立足本身,加强内部管理,降低管理成本,加大技改项目投资,加快产品更新换代,增加出口产品附加值,从而提高出口效益。

本章小结

增值税纳税时间存在一定的筹划空间,因为实践中往往采取不同的销售方式和不同的结算方式及结算工具,这决定了销项税额的纳税义务发生时间,因此增值税纳税时间可对销项税额的发生时间和进项税额抵扣时间进行绝对收益或相对收益的纳税筹划。

增值税税收优惠纳税筹划相对简单。现行增值税税收优惠主要体现在:资源综合利用的优惠政策、涉农优惠政策、改组改制优惠政策、文化企业优惠政策、高新技术的优惠政策、促进就业优惠政策等方面。企业应积极创造条件,达到减免税的政策要求,充分享受税收优惠政策。

增值税出口退税纳税筹划相对较为复杂,应当注意:在选择经营方式方面,企业发生国外料件加工复出口业务,可以采取进料加工和来料加工,应考虑退税导致的税负差异以及不同贸易经营方式和不同的退税方式对企业成本和收益及现金流量等的综合影响;在选择出口方式方面,我国企业代理出口商品主要有生产企业自营出口、委托代理出口和买断出口三种,自营或委托出口与通过外贸企业出口采取不同的退税方式,对企业的税负产生不同的影响,采取哪种出口方式值得重点筹划;在利用税收政策方面,我国将出口退税率调整作为调控外需的重要政策工具,应及时关注出口退(免)税政策的变化情况,用足、用好优惠政策。

增值税纳税时间、税收优惠和出口退税等主要筹划领域中存在的主要风险类型有错误筹划风险、方案选择风险、认定差异风险、政策变动风险等,应注意对上述风险的防范。

主要概念

纳税义务发生时间 进项税额抵扣时间 "免、抵、退" "先征后退" 进料加工
来料加工 自营出口 代理出口 直接免税 减征税款 即征即退 先征后退
违法违规风险 政策变动风险 错误操作风险

思考题

❶ 请问增值税纳税义务发生时间存在哪些重要的纳税筹划空间?其筹划应注意哪些要点?

❷ 请问增值税出口退税存在哪些重要的纳税筹划空间?选择加工方式和出口方式应如何进行筹划?其筹划应注意哪些要点?

❸ 请问增值税税收优惠存在哪些重要的纳税筹划空间?如何操作?其筹划应注意哪些要点?

❹ 纳税人一般在什么情况下应放弃免税权?

❺ 请问增值税其他纳税筹划(增值税纳税时间、税收优惠和出口退税)存在哪些涉税风险?如何进行有效的防范及控制?

练习题

❶ M商场2022年4月30日销售购物卡1 000万元,记账,借:银行存款1 000万元,贷:预收账款1 000万元。该项行为到底属于直接收款模式,还是预收货款模式?增值税究竟应该在当年4月确认,还是在以后年度客户凭借购物卡选购货物时确认?

❷ 某竹器加工企业为增值税一般纳税人,主要生产竹制模板等。生产原料主要是收购的原竹、原竹加工成的篾条、已编织成网状的初级竹制产品等。现有三种方案可供选择。

方案一:企业自己收购原竹,自行加工成竹制坯具。假设企业当年2月收购原竹68 000元,运输费2 600元,支付车间工人工资7 800元,电费1 200元,

方案二：企业收购原竹，委托加工成竹具。如果企业将收购的原竹委托给农民或其他企业（小规模纳税人）代为加工成竹制坯具，同方案一资料。如果企业支付的委托加工费为9 000元，委托加工费取得税务机关代开的增值税专用发票。

方案三：采取"公司＋农户"方式，企业与农户构成松散性联合体，公司向农户提供资金、样品、规格等，与农户签订劳动合同，农户作为公司员工，按照公司的要求收购原竹或者加工成的篾条、编织成网状的初级竹制产品，等于企业自行收购农产品。

请问，上述三种方案哪种最优？

❸ S纺织有限公司为增值税一般纳税人，有自营进出口权。当年3月打算进口涤纶一批，在国内加工后出口。业务人员提出三种贸易方式：①一般贸易；②进料加工复出口贸易；③来料加工复出口贸易。请税务筹划人员就上述三种贸易方式做出决策。

税务筹划人员了解到的有关业务情况如下：

(1) 进口料件合同价USD180 000元(CIF)；

(2) 加工后的成品出口合同价USD700 000元(FOB)；

(3) 国内生产加工环节购入辅助材料、电、气、水等预计支付的进项税额为人民币200 000元；

(4) 若以一般贸易方式进口，须按成交价的1‰缴纳关税，按成交价和缴纳关税之和缴纳13％的进口环节增值税；

(5) 若以进料加工复出口贸易方式进口，按规定免征进口环节关税和增值税；

(6) 若以来料加工复出口贸易方式进口，按规定也免征进口环节关税和增值税；

(7) 出口产品的征税率为13％，退税率为9％。

请问：为降低税负，该企业应采取一般贸易方式、进料加工复出口贸易方式和来料加工复出口贸易方式中哪一种方式？

推荐阅读书目

❶ 朱青. 企业税务筹划：原理与方法. 2版. 北京：中国人民大学出版社，2019年

❷ 蔡昌. 税收纳税筹划：理论、实务与案例. 2版. 北京：中国人民大学出版社，2018年

❸ 朱沙. 税收筹划实务与案例. 重庆：重庆大学出版社，2018年

第五章

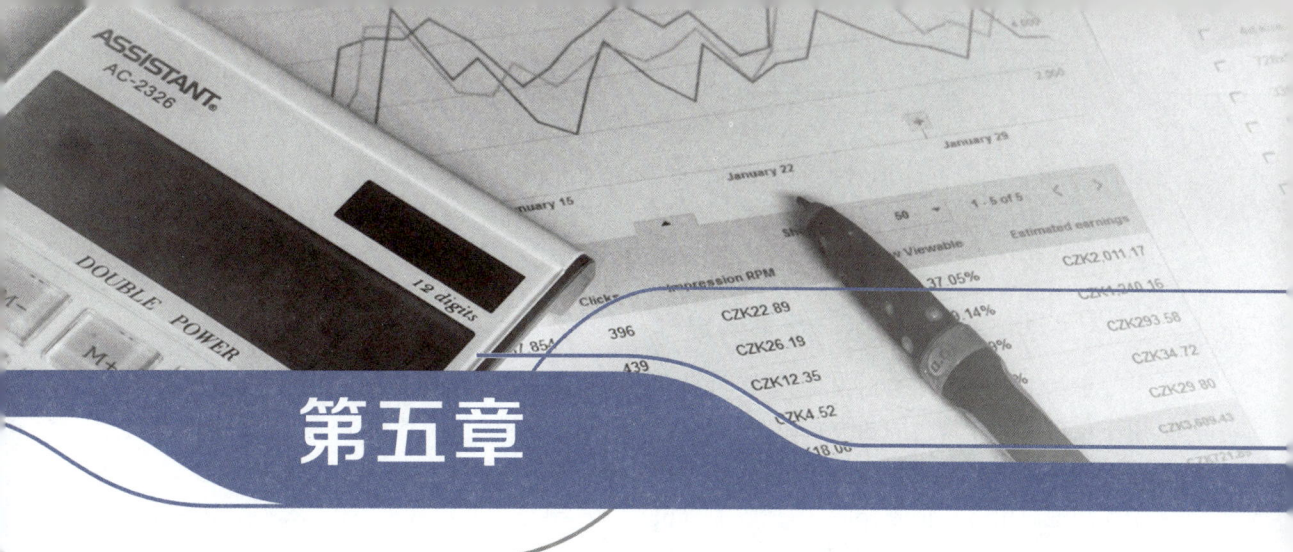

消费税纳税筹划

> **教学目的与要求**
>
> 熟悉消费税征税对象、纳税环节、税率、计税依据、税收抵扣、减免退税的税法基本规定；掌握消费税征税对象、纳税环节、税率、计税依据、税收抵扣、减免退税的主要筹划方法；了解销售价格纳税禁区的模型筹划；掌握消费税筹划风险与控制。

> **导读**
>
> 消费税有如下特点：从征税对象来看，消费税对部分消费品征税，具有选择性；从纳税环节看，消费税对卷烟实行二次课征制，对其他应税消费品实行一次课征制；从税率角度来看，消费税采用比例税率、定额税率和复合税率，具有极大的差别性；从税基角度来看，消费税是价内税，计税价格包含消费税本身。从税收抵扣来看，消费税实行耗用扣税法，只对列举的中间消费品进行抵扣；从减免退税来看，消费税很少减免，但对出口实行退（免）税政策。根据消费税各要素的特点，本章分别从征税对象和纳税环节、税率、计税依据、税收抵扣与减免退税等方面进行消费税筹划，并分析消费税筹划风险与控制。

第一节 征税对象和纳税环节的筹划

一、征税对象的筹划

消费税的征税对象主要包括过度消费对人体有害的消费品、对环境有害的消费品、能源消费品、高档消费品。消费税的征税对象主要包括烟及电子烟,酒及酒精,高档化妆品,贵重首饰及珠宝玉石,鞭炮、焰火,成品油,摩托车,小汽车,高尔夫球及球具,高档手表,游艇,木制一次性筷子,实木地板,铅蓄电池,涂料等税目。

(一)在产品设计上避开征收范围

小汽车征收范围包括含驾驶员座位在内最多不超过 9 个座位的、在设计和技术特性上用于载运乘客和货物的各类乘用车和含驾驶员座位在内的座位数在 10 座至 23 座的各类中轻型商用客车。车身长度大于 7 米(含),并且座位在 10 座以下 23 座以上的商用客车,不属于中轻型商用客车征收范围,不征收消费税。汽车制造业可对汽车座位、车身长度进行合理设计,避开消费税的征收范围,无须缴纳消费税。

【案例 5-1】 某商用车制造公司,拟生产 23 座商用客车,每辆销售价 20 万元(不含增值税)。该商用车制造公司如何进行纳税筹划?

案例分析:

23 座商用客车属中轻型商用客车,适用的消费税税率为 5%。

每辆车应纳消费税=20×5%=1 万元

如果该商用车制造公司生产 24 座商用客车,24 座商用客车不属于中轻型商用客车范围,不征收消费税。

通过纳税筹划,每辆车节省消费税 1 万元。

(二)在生产流程上避开征收范围

纳税人自产自用的应税消费品,用于连续生产应税消费品的,不纳税;用于其他方面的,于移送使用时纳税。用于连续生产应税消费品是指纳税人将自产自用的应税消费品作为直接材料生产最终应税消费品,自产自用应税消费品构成最终应税消费品的实体。用于其他方面是指纳税人将自产自用应税消费品用于生产非应税消费品、在建工程、管理部门、非生产机构、提供劳务、馈赠、赞助、集资、广告、样品、职工福利、奖励等方面。如果纳税人自产的最终产品不属于消费税征收范围,而自产的中间产品属于消费税征收范围,应缴纳消费税。纳税人可进行纳税筹划,在生产流程上避开征收范围。

(三)在销售价格上避开征收范围

高档手表是指销售价格(不含增值税)每只在 10 000 元(含)以上的各类手表。本税目征收范围包括符合以上标准的各类手表。高档手表适用的消费税税率为 20%,全国平均成本利润率暂定为 20%。因此,每只销售价格在 10 000 元(含)以上的各类手表是高档手表,属于消费税的征收范围,而每只销售价格在 10 000 元以下的各类手表不是高档手表,不属于消费税的征收范围。纳税人应进行纳税筹划,避开销售价格的纳税禁区,增加税后收入(主营业务收入−税金及附加)。

【案例 5-2】 某手表厂(增值税一般纳税人)位于县城,生产手表销售,每只销售价格为 11 000 元(不含增值税,下同)。当地附加税费率为 10%(其中城市维护建设税税率为 5%,教育费附加比率为 3%,地方教育附加比率为 2%)。该手表厂如何避开消费税征收范围?

案例分析：

每只手表销售价格为 11 000 元，属于高档手表，应缴纳消费税。

每只手表应纳消费税及附加＝11 000×20％×(1＋10％)＝2 420 元

如果将每只手表销售价格降为 9 999 元，则不属于高档手表，无须缴纳消费税。

通过筹划，收入减少＝11 000－9 999＝1 001 元

消费税及附加减少＝2 420 元

本案例销售价格不含增值税，无须考虑增值税，但要考虑增值税附加。

增值税附加减少＝(11 000－9 999)×13％×10％＝13.01 元

通过筹划，税后收入增加＝2 420＋13.01－1 001＝1 432.01 元

对于这类问题，我们可以通过模型来寻找筹划规律。每只销售价格 10 000 元实质上构成手表消费税的起征点，每只手表销售价格存在纳税禁区。当每只手表销售价格处于纳税禁区时，税后收入不能达到最大，不如将销售价格降到临界点(10 000 元)以下。

设每只手表销售价格 S 元(不含增值税)处于纳税禁区内，$S \geqslant 10\ 000$。

设附加税费率为 a。

$S－10\ 000 ＜ S×20％×(1＋a)＋(S－10\ 000)×13％×a$

解得：$10\ 000 \leqslant S ＜ 10\ 000×(1－13％×a)/[1－20％×(1＋a)－13％×a]$

当 $a＝10％$ 时，$10\ 000 \leqslant S ＜ 12\ 868.32$

即当附加税费率为 10％时，每只手表销售价格处于 10 000 元至 12 868.32 元，为纳税禁区。当销售价格处于纳税禁区时，不如将销售价格降至 10 000 元以下。

二、纳税环节筹划

在中华人民共和国境内生产、委托加工和进口本条例规定的消费品的单位和个人，以及国务院确定的销售本条例规定的消费品的其他单位和个人，为消费税的纳税人，应当依照本条例缴纳消费税。纳税人生产的应税消费品，于纳税人销售时纳税。纳税人自产自用的应税消费品，用于连续生产应税消费品的，不纳税；用于其他方面的，于移送使用时纳税。委托加工的应税消费品，除受托方为个人外，由受托方在向委托方交货时代收代缴税款。委托个人加工的应税消费品，由委托方收回后缴纳消费税。委托加工的应税消费品，委托方用于连续生产应税消费品的，所纳税款准予按规定抵扣。委托加工的应税消费品直接出售的，不再缴纳消费税。进口的应税消费品，于报关进口时纳税。

消费税对卷烟实行二次课征制，在工业生产和商业批发环节征收。卷烟消费税在生产和批发两个环节征收后，批发企业在计算纳税时不得扣除已含的生产环节的消费税税款。消费税对其他应税消费品实行一次课征制，一般在初始环节征收。金银首饰、铂金首饰、钻石及钻石饰品消费税改在零售环节征收，适用的消费税税率为 5％。

消费税并非全环节征收，除金银首饰、铂金首饰、钻石及钻石饰品在最后零售环节征收外，其他应税消费品均在前面环节征收。对于在前面环节征收的消费税，纳税人可以运用纳

税环节筹划技巧,设立关联企业,增加交易环节,并进行转让定价,不纳或少纳前面环节的消费税,并不会增加以后环节的消费税。

(一)增加交易环节不纳消费税

【案例5-3】 某手表厂(增值税一般纳税人)位于市区,生产手表销售,每只手表的销售价格为11 000元(不含增值税,下同)。该手表厂如何运用纳税环节筹划技巧进行纳税筹划?

案例分析:

每只手表销售价格为11 000元,属于高档手表,应缴纳消费税。

每只手表应纳消费税=11 000×20%=2 200元

如果手表厂将销售部门独立出去,设立全资销售子公司(增值税一般纳税人),手表厂以每只9 500元的出厂价卖给销售子公司,销售子公司再以每只11 000元的价格对外销售。

手表厂每只手表销售价格未达到10 000元,不属于高档手表,不在消费税的征收范围,无须缴纳消费税。销售公司不生产、委托加工、进口手表,不是消费税纳税环节,也无须缴纳消费税。通过筹划,每只手表节省消费税2 200元。

(二)增加交易环节少纳消费税

【案例5-4】 某高档化妆品公司,生产化妆品销售,年销量达1万件。现有两种纳税方案可供选择:

方案1 高档化妆品公司内设销售部门,直接对外销售,每件价格200元(不含增值税,下同)。

方案2 高档化妆品公司设立销售子公司,高档化妆品公司先以每件180元销售给子公司,子公司再以每件200元对外销售。

计算比较这两种纳税方案的税负情况,并选择最优纳税方案。

案例分析:

方案1 高档化妆品公司按照每件200元计算缴纳消费税。

应纳消费税=200×10 000×15%=300 000元

方案2 高档化妆品公司按照每件180元计算缴纳消费税,销售子公司不缴纳消费税。

应纳消费税=180×10 000×15%=270 000元

选择方案2,每年节省消费税=300 000−270 000=30 000元

第二节 税率的筹划

消费税税率属于产品差别税率,具体采用比例税率、定额税率和复合税率三种形式。

消费税税率和全国平均成本利润率表见表5-1。

知识链接

表 5-1　　　　　　　　消费税税率和全国平均成本利润率表

税目	定额税率	比例税率	全国平均成本利润率
一、烟及电子烟			
1.卷烟			
(1)工业生产甲类卷烟	0.003 元/支	56%	10%
(2)工业生产乙类卷烟	0.003 元/支	36%	5%
(3)商业批发卷烟	0.005 元/支	11%	
2.雪茄烟		36%	5%
3.烟丝		30%	5%
4.电子烟			10%
二、酒及酒精			
1.白酒			
(1)粮食白酒	0.5 元/500 克或 500 毫升	20%	10%
(2)薯类白酒	0.5 元/500 克或 500 毫升	20%	5%
2.黄酒	240 元/吨		
3.啤酒			
(1)甲类啤酒	250 元/吨		
(2)乙类啤酒	220 元/吨		
4.其他酒		10%	5%
三、高档化妆品		15%	5%
四、贵重首饰及珠宝玉石			
1.金银首饰、铂金首饰和钻石及钻石饰品	零售环节征收	5%	6%
2.其他贵重首饰和珠宝玉石	生产环节征收	10%	6%
五、鞭炮、焰火		15%	5%
六、成品油			
1.汽油			
(1)含铅汽油	1.52 元/升		
(2)无铅汽油	1.52 元/升		
2.石脑油	1.52 元/升		
3.溶剂油	1.52 元/升		
4.润滑油	1.52 元/升		
5.柴油	1.2 元/升		
6.航空煤油	1.2 元/升		
7.燃料油	1.2 元/升		
七、摩托车			
1.排气量在 250 毫升(含)以下的		3%	6%
2.排气量在 250 毫升以上的		10%	6%
八、小汽车			
1.乘用车			
(1)排气量(汽缸容量,下同)≤1 升		1%	8%
(2)1.0 升<排气量≤1.5 升		3%	8%
(3)1.5 升<排气量≤2.0 升		5%	8%
(4)2.0 升<排气量≤2.5 升		9%	8%
(5)2.5 升<排气量≤3.0 升		12%	8%
(6)3.0 升<排气量≤4.0 升		25%	8%
(7)排气量>4.0 升		40%	8%
2.中轻型商用客车		5%	5%
3.超豪华小汽车		10%	

(续表)

税目	定额税率	比例税率	全国平均成本利润率
九、高尔夫球及球具		10%	10%
十、高档手表[销售价格(不含增值税)每只在10 000(含)元以上]		20%	20%
十一、游艇		10%	10%
十二、木制一次性筷子		5%	5%
十三、实木地板		5%	5%
十四、铅蓄电池 无汞原电池、金属氢化物镍蓄电池、锂原电池、锂离子蓄电池、太阳能电池、燃料电池和全钒液流电池		4% 免征	
十五、涂料 施工状态下挥发性有机物(Volatile Organic Compounds,VOC)含量低于420克/升(含)		4% 免征	

注1：甲类卷烟：调拨价70元(不含增值税)/条以上(含70元)；乙类卷烟：调拨价70元(不含增值税)/条以下。

注2：甲类啤酒：每吨啤酒出厂价格(含包装物及包装物押金)在3 000元(含3 000元,不含增值税)以上，娱乐业、饮食业自制啤酒；乙类啤酒：每吨啤酒出厂价格在3 000元(不含3 000元,不含增值税)以下。

一、分别核算降低税率

纳税人兼营不同税率的应当缴纳消费税的消费品(以下简称应税消费品)，应当分别核算不同税率应税消费品的销售额、销售数量；未分别核算销售额、销售数量，或者将不同税率的应税消费品组成成套消费品销售的，从高适用税率。纳税人兼营不同税率的应当缴纳消费税的消费品，是指纳税人生产销售两种税率以上的应税消费品。

消费税税目分别适用比例税率、定额税率和复合税率，消费税税率差别极大。纳税人兼营不同税率应税消费品，分别核算可降低税负，节省消费税。

【案例5-5】 某啤酒厂生产A型、B型两种啤酒。2016年6月销售A型啤酒200吨给副食品公司，开具专用发票注明价款600 000元，另收取包装物押金30 000元；销售B型啤酒100吨给宾馆，开具普通发票注明价款280 000元，另收取包装物押金15 000元。该啤酒厂应分别核算，还是不分别核算？

案例分析：

如果该啤酒厂分别核算，两种啤酒分别适用税率。

A型啤酒每吨计税价格＝[600 000＋30 000/(1＋13%)]/200＝3 132.74元，属于甲类啤酒，定额税率为250元/吨。

B型啤酒每吨计税价格＝(280 000＋15 000)/(1＋13%)/100＝2 610.62元，属于乙类啤酒，定额税率为220元/吨。

应纳消费税＝200×250＋100×220＝72 000元

如果该啤酒厂不分别核算，两种啤酒从高适用税率。

应纳消费税＝(200＋100)×250＝75 000元

选择分别核算，节省消费税＝75 000－72 000＝3 000元

二、改变设计降低税率

乘用车消费税按汽缸容量(排气量)适用七档比例税率,事实上构成七级全额累进税率,纳税人应对乘用车发动机排气量进行合理设计,降低消费税比例税率,节省消费税。

【案例5-6】 某乘用车制造公司,拟生产汽缸容量为2.1 L的乘用车,每辆出厂价为20万元。该乘用车制造公司应如何进行纳税筹划?

案例分析:

生产汽缸容量为2.1 L的乘用车,适用的消费税税率为9%。

厂家每辆车应纳消费税=20×9%=1.8万元

如果该公司将汽缸容量设计为2 L,则适用的消费税税率为5%。

厂家每辆车应纳消费税=20×5%=1万元

通过筹划,厂家每辆车节省消费税=1.8-1=0.8万元

这样筹划,乘用车的购置者每年还可节省车船税。

三、合理申报进口卷烟类型降低税率

在一定条件下,进口卷烟既可按甲类卷烟申报进口,也可按乙类卷烟申报进口,合理申报进口卷烟类型,可降低消费税税负,大幅节省消费税。

【案例5-7】 有进出口经营权的某外贸公司,2019年3月份从国外进口卷烟320箱(每箱250条,每条200支),支付买价2 000 000元,支付到达我国海关前的运输费用120 000元、保险费用80 000元。该批进口卷烟适用最惠国税率,进口关税税率为25%。该外贸公司如何进行纳税筹划?

案例分析:

如果该外贸公司按甲类卷烟申报进口:

每条关税完税价格=(2 000 000+120 000+80 000)/320/250=27.5元

每条组成计税价格=[27.5×(1+25%)+0.6]/(1-56%)=79.49≥70元

应纳消费税=320×250×0.6+320×250×79.49×56%=3 609 152元

如果该外贸公司按乙类卷烟申报进口:

每条组成计税价格=[27.5×(1+25%)+0.6]/(1-36%)=54.65元<70元

应纳消费税=320×250×0.6+320×250×54.65×36%=1 621 920元

该外贸公司选择按乙类卷烟申报进口,可大幅节省进口消费税。

节省消费税=3 609 152-1 621 920=1 987 232元

下面构建一个筹划模型。卷烟两档比例税率,实质上构成两级全额累进税率,临界点是70元。设卷烟进口关税税率为t_g,倒算进口卷烟临界点每条关税完税价格BG_1、BG_2。

$BG_1=[70×(1-56\%)-0.6]/(1+t_g)=30.2/(1+t_g)$

$BG_2=[70×(1-36\%)-0.6]/(1+t_g)=44.2/(1+t_g)$

卷烟现行进口关税最惠国税率为25%,普通税率为180%。以最惠国税率25%为例:

当$t_g=25\%$时,$BG_1=24.16$,$BG_2=35.36$。

也就是说在卷烟进口关税税率为25%的情况下,当进口卷烟每条关税完税价格处于[24.16,35.36]元的区间时,纳税人既可按甲类卷烟申报进口,也可按乙类卷烟申报进口,选择按乙类卷烟申报进口,可大幅节省进口消费税。当然,进口卷烟每条关税完税价格小于24.16元时,只能按乙类卷烟申报进口;进口卷烟每条关税完税价格大于或等于35.36元时,只能按甲类卷烟申报进口。

四、降低售价降低比例税率

卷烟两档比例税率,实质上构成两级全额累进税率,调拨价格存在纳税禁区,纳税人应进行纳税筹划,避开调拨价格的纳税禁区,降低适用的比例税率。

【案例5-8】某卷烟厂为一般纳税人,每条(200支,下同)卷烟调拨价格为75元(不含增值税,下同)。当地附加税费率为10%。该卷烟厂如何进行纳税筹划?

案例分析:

每条卷烟调拨价格为75元,适用消费税比例税率56%,定额税率0.6元/条。

每条应纳消费税及附加=(0.6+75×56%)×(1+10%)=46.86元

如果卷烟厂将每条调拨价格降为69元,则适用消费税比例税率36%,定额税率0.6元/条。

每条应纳消费税及附加=(0.6+69×36%)×(1+10%)=27.98元

通过筹划,收入减少=75-69=6元

消费税及附加减少=46.86-27.98=18.88元

本案例调拨价格不含增值税,无须考虑增值税,但要考虑增值税附加。

增值税附加减少=(75-69)×13%×10%=0.078元

通过筹划,税后收入增加=18.88+0.078-6=12.958元

下面构建筹划模型。卷烟两档比例税率,实质上构成两级全额累进税率,每条卷烟调拨价格存在纳税禁区。当每条卷烟调拨价格处于纳税禁区时,税后收入不能达到最大,不如将调拨价格降到临界点(70元)以下。

设每条(200支,下同)调拨价格S元(不含增值税)处于纳税禁区内,$S \geq 70$。

设附加税费率为a。

$S-70 < (S \times 56\% - 70 \times 36\%) \times (1+a) + (S-70) \times 13\% \times a$

解得:$70 \leq S < 70 \times [1-36\% \times (1+a) - 13\% \times a]/[1-56\% \times (1+a) - 13\% \times a]$

当$a=10\%$时,$70 \leq S < 111.51$。

即当附加税费率为10%时,每条卷烟调拨价格处于70元至111.51元,为纳税禁区。当调拨价格处于纳税禁区时,不如将调拨价格降至70元以下。

五、降低售价降低定额税率

啤酒两档定额税率,实质上构成两级全额累进税率,出厂价格存在纳税禁区。纳税人应进行纳税筹划,避开出厂价格的纳税禁区,降低适用的定额税率。

【案例5-9】某啤酒厂为一般纳税人,每吨啤酒出厂价格为3 010元(不含增值税,下

同)。当地附加税费率为10%。该啤酒厂如何进行纳税筹划？

案例分析：

每吨啤酒出厂价格为3 010元,适用消费税定额税率250元/吨。

每吨应纳消费税及附加＝250×(1＋10%)＝275元

如果啤酒厂将每吨啤酒出厂价格降为2 999元,则适用消费税定额税率220元/吨。

每吨应纳消费税及附加＝220×(1＋10%)＝242元

通过筹划,收入减少＝3 010－2 999＝11元

消费税及附加减少＝275－242＝33元

本案例出厂价格不含增值税,无须考虑增值税,但要考虑增值税附加。

增值税附加减少＝(3 010－2 999)×13%×10%＝0.14元

通过筹划,税后收入增加＝33＋0.14－11＝22.14元

下面构建筹划模型。啤酒两档定额税率,实质上构成两级全额累进税率,每吨啤酒出厂价格存在纳税禁区。当每吨啤酒出厂价格处于纳税禁区时,税后收入不能达到最大,不如将出厂价格降到临界点(3 000元)以下。

设每吨啤酒出厂价格S元(不含增值税)处于纳税禁区内,$S \geqslant 3\,000$。

设附加税费率为a。

$S－3\,000 < (250－220)×(1＋a)＋(S－3\,000)×13\%×a$

解得：$3\,000 \leqslant S < 3\,000＋(250－220)×(1＋a)/(1－13\%×a)$

当$a＝10\%$时,$3\,000 \leqslant S < 3\,033.43$

即当附加税费率为10%时,每吨啤酒出厂价格处于3 000元至3 033.43元,为纳税禁区。当出厂价格处于纳税禁区时,不如将出厂价格降至3 000元以下。

第三节　计税依据的筹划

消费税实行从价定率、从量定额,或者从价定率和从量定额相结合的复合计税(以下简称复合计税)的办法计算应纳税额。应纳税额计算公式如下：

实行从价定率办法计算的应纳税额＝销售额×比例税率

实行从量定额办法计算的应纳税额＝销售数量×定额税率

实行复合计税办法计算的应纳税额＝销售额×比例税率＋销售数量×定额税率

销售额为纳税人销售应税消费品向购买方收取的全部价款和价外费用。

一、先销售后包装

纳税人将自产的应税消费品与外购或自产的非应税消费品组成套装销售的,以套装产品的销售额(不含增值税)为计税依据。纳税人生产成套消费品的,采用先销售后包装的办法,可降低税基,节省消费税。

【案例 5-10】 某日用化妆品厂,将生产的化妆品、护肤护发品、小工艺品等组成成套消费品销售,每套消费品价格 2 160 元(不含增值税,下同)。每套消费品由下列产品组成:高档化妆品包括一瓶香水 1 000 元,一瓶指甲油 500 元,一支口红 500 元;非高档护肤护发品包括一瓶洗发水 50 元,一瓶沐浴露 50 元,一瓶洗手液 30 元;化妆工具及小工艺品 25 元,塑料包装盒 5 元。该化妆品厂如何进行纳税筹划?

案例分析:

如果按照习惯做法,将产品包装后再销售给商家。

每套应纳消费税=2 160×15%=324 元

如果改变做法,将上述产品先分开销售给商家,再由商家包装后对外销售。实际操作中,换了个包装地点,并将产品分别开具发票,会计上分别核算销售收入即可。

应纳消费税=(1 000+500+500)×15%=300 元

通过筹划,每套化妆品节省消费税=324-300=24 元

二、先销售后换货、入股、抵债

纳税人用于换取生产资料和消费资料,投资入股和抵偿债务等方面的应税消费品,应当以纳税人同类应税消费品的最高销售价格作为计税依据计算消费税。纳税人进行非货币性资产交换,应尽量回避最高销售价。采取先销售后换货、入股、抵债的办法,可降低税基,节省消费税。

【案例 5-11】 某摩托车生产企业,当月对外销售同型号的摩托车时共有 3 种价格(均不含增值税),以 4 000 元/辆的单价销售 50 辆,以 4 500 元/辆的单价销售 10 辆,以 4 800 元/辆的单价销售 5 辆。当月以 20 辆同型号的摩托车与甲企业换取原材料,双方按当月的加权平均销售价格确定摩托车的价格。该摩托车气缸容量在 250 毫升以上,消费税税率为 10%。该摩托车生产企业如何进行纳税筹划?

案例分析:

以摩托车换取原材料,按最高销售价格计算消费税。

应纳消费税=4 800×20×10%=9 600 元

以摩托车换取原材料,按平均销售价格计算增值税销项税额。

当月加权平均销售价格=(4 000×50+4 500×10+4 800×5)/(50+10+5)=4 138.46 元

增值税销项税额=4 138.46×20×13%=10 760 元

如果该企业先协议按照当月的加权平均价将这 20 辆摩托车销售给甲企业,再向甲企业购买原材料,则按协议价计算消费税和增值税销项税额。

应纳消费税=4 138.46×20×10%=8 276.92 元

增值税销项税额=4 138.46×20×13%=10 760 元

通过筹划,节省消费税=9 600-8 276.92=1 323.08 元。

该筹划不能节省增值税。

三、包装物收取押金

应税消费品连同包装物一并销售的,无论包装物是否单独计价以及在会计上如何核算,均应并入应税消费品的销售额中缴纳消费税。如果包装物不作价随同产品销售,而是收取押金,此项押金不应并入应税消费品的销售额中征税。但对因逾期未收回的包装物不再退还的或者已收取的时间超过12个月的押金,应并入应税消费品的销售额,按照应税消费品的适用税率缴纳消费税。

对酒类产品生产企业销售酒类产品而收取的包装物押金,无论押金是否返还与会计上如何核算,均须并入酒类产品销售额中,依酒类产品的适用税率征收消费税。

包装物作价随同产品销售的,并入应税消费品销售额。包装物收取押金,除酒类消费品外,押金不并入应税消费品销售额。纳税人应对包装物进行纳税筹划。

【案例5-12】 某烟花厂生产一批烟花共1万箱,每箱销售额360元(不含增值税),其中包含包装物价款60元(不含增值税)。该烟花厂如何进行纳税筹划?

案例分析:

如果应税消费品连同包装物销售,包装物应并入销售额计算消费税。

应纳消费税=360×10 000×15‰=540 000元

如果该烟花厂以每箱300元的价格销售,同时每箱收取60×(1+13%)=67.8元的包装物押金。

应纳消费税=300×10 000×15‰=450 000元

当包装物在12个月内退回,则退还包装物押金,不用补缴消费税,节省消费税9万元。

当包装物超过12个月未退回,则不退还包装物押金,应补缴消费税9万元,则推迟交税12个月,相当于获得9万元的1年无息贷款。

四、合理分摊成本

纳税人自产自用的应税消费品,按照纳税人生产的同类消费品的销售价格计算纳税;没有同类消费品销售价格的,按照组成计税价格计算纳税。

知识链接:

实行从价定率办法计算纳税的组成计税价格的计算公式:

组成计税价格=(成本+利润)÷(1-比例税率)

实行复合计税办法计算纳税的组成计税价格的计算公式:

组成计税价格=(成本+利润+自产自用数量×定额税率)÷(1-比例税率)

委托加工的应税消费品,按照受托方的同类消费品的销售价格计算纳税;没有同类消费品销售价格的,按照组成计税价格计算纳税。

实行从价定率办法计算纳税的组成计税价格的计算公式:

组成计税价格=(材料成本+加工费)÷(1-比例税率)

实行复合计税办法计算纳税的组成计税价格的计算公式:

组成计税价格=(材料成本+加工费+委托加工数量×定额税率)÷(1-比例税率)

进口的应税消费品,按照组成计税价格计算纳税。

实行从价定率办法计算纳税的组成计税价格的计算公式:

$$组成计税价格＝(关税完税价格＋关税)÷(1－消费税比例税率)$$

实行复合计税办法计算纳税的组成计税价格的计算公式:

$$组成计税价格＝(关税完税价格＋关税＋进口数量×消费税定额税率)÷(1－消费税比例税率)$$

纳税人生产不同类型的消费品,有的对外销售,有的自产自用,其分摊共同费用时,在符合会计准则的前提下,选择合理的分摊方法,尽量将共同费用分摊给对外销售的消费品,减少自产自用消费品的成本,从而节省自产自用消费品的消费税,而对外销售消费品的消费税不会增加。

【案例 5-13】 某生产企业生产应税消费品,当月生产 A 型消费品成本 36 万元,对外销售不含增值税价格为 80 万元。当月生产 B 型消费品成本 14 万元,发给企业职工。该消费品消费税税率为 10%,全国平均成本利润率为 5%。

对外销售应纳消费税＝800 000×10%＝80 000 元

自产自用应纳消费税＝140 000×(1＋5%)/(1－10%)×10%＝16 333.33 元

增值税销项税额＝140 000×(1＋5%)/(1－10%)×13%＝21 233.33 元

该生产企业应如何进行纳税筹划?

案例分析:

在分摊共同费用时,尽量减少 B 型消费品成本,增加 A 型消费品成本。比如将 B 型消费品成本 4 万元转移到 A 型,则 A 型消费品成本 40 万元,B 型消费品成本 10 万元。

对外销售应纳消费税＝800 000×10%＝80 000 元

自产自用应纳消费税＝100 000×(1＋5%)/(1－10%)×10%＝11 666.67 元

增值税销项税额＝100 000×(1＋5%)/(1－10%)×13%＝15 166.67 元

通过筹划,节省消费税＝16 333.33－11 666.67＝4 666.66 元

节省增值税＝21 233.33－15 166.67＝6 066.66 元

第四节 税收抵扣与减免退税的筹划

一、税收抵扣的筹划

下列应税消费品准予从消费税应纳税额中抵扣原料已纳的消费税税款:

(1)外购或委托加工收回的已税烟丝生产的卷烟。

(2)外购或委托加工收回的已税化妆品生产的化妆品。

(3)外购或委托加工收回的已税珠宝玉石生产的贵重首饰及珠宝玉石。

(4)外购或委托加工收回的已税鞭炮、焰火生产的鞭炮、焰火。

(5)以外购或委托加工收回的已税杆头、杆身和握把为原料生产的高尔夫球杆。

(6)以外购或委托加工收回的已税木制一次性筷子为原料生产的木制一次性筷子。

(7)以外购或委托加工收回的已税实木地板为原料生产的实木地板。

(8)以外购或委托加工收回的已税石脑油、润滑油、燃料油为原料生产的应税消费品。

当期准予扣除的外购或委托加工收回的应税消费品的已纳消费税税款,应按当期生产领用数量计算。计算公式如下:

当期准予扣除的外购应税消费品已纳税款＝当期准予扣除的外购应税消费品买价×外购应税消费品适用税率

当期准予扣除的外购应税消费品买价＝期初库存的外购应税消费品的买价＋当期购进的应税消费品的买价－期末库存的外购应税消费品的买价

当期准予扣除的委托加工应税消费品已纳税款＝期初库存的委托加工应税消费品已纳税款＋当期收回的委托加工应税消费品已纳税款－期末库存的委托加工应税消费品已纳税款

(一)选择购买渠道增加抵扣

允许扣除已纳税款的应税消费品只限于从工业企业购进的应税消费品,对从商业企业购进应税消费品的已纳税款一律不得扣除。

【案例5-14】 某卷烟生产企业,购进烟丝用于生产卷烟。2019年5月初库存外购应税烟丝金额50万元(不含增值税,下同),当月又外购应税烟丝金额500万元,月末库存烟丝金额30万元,其余被当月生产卷烟领用。当月销售卷烟4万标准条,每标准条200元。该企业外购烟丝有两种渠道:向工业企业购买,向商业企业购买。假定两种渠道烟丝质量与价格相同。选择哪种渠道可节省消费税?

案例分析:

如果向工业企业购买烟丝,可抵扣购进烟丝已纳消费税。

外购烟丝可抵扣的消费税＝(500 000＋5 000 000－300 000)×30％＝1 560 000元

该卷烟每标准条200元,属于甲类卷烟。

销售卷烟应纳消费税＝40 000×0.6＋40 000×200×56％－1 560 000＝2 944 000元

如果向商业企业购买烟丝,不得抵扣购进烟丝已纳消费税。

销售卷烟应纳消费税＝40 000×0.6＋40 000×200×56％＝4 504 000万元

选择向工业企业购买烟丝可节省消费税156万元。

(二)取得适当发票增加抵扣

小规模纳税人计算增值税不能抵扣进项税额,而外购已缴纳消费税的应税消费品连续生产应税消费品,可以抵扣已纳消费税。小规模纳税人取得的发票类型不同,允许抵扣的消费税税额不同,应进行纳税筹划。

消费税计税销售额,不包括应向购货方收取的增值税税款。如果纳税人应税消费品的销售额中未扣除增值税税款或者因不得开具增值税专用发票而发生价款和增值税税款合并收取的,在计算消费税时,应当换算为不含增值税税款的销售额。其换算公式为:

应税消费品的销售额＝含增值税的销售额÷(1＋增值税税率或者征收率)

【案例 5-15】 某卷烟厂（小规模纳税人）从烟丝厂（一般纳税人）购进烟丝，用于生产卷烟，支付价税合计 113 000 元。该卷烟厂应取得专用发票还是普通发票？

案例分析：

若取得专用发票：允许抵扣的消费税＝113 000/(1＋13％)×30％＝30 000 元

若取得普通发票：允许抵扣的消费税＝113 000/(1＋3％)×30％＝32 912.62 元

取得普通发票比取得专用发票多抵扣消费税＝32 912.62－30 000＝2 912.62 元

该笔业务，对销售方来说，无论开具何种发票，其应纳增值税和消费税是不变的。对购买方来说，由于小规模纳税人不得抵扣增值税进项税额，无论取得何种发票，应纳增值税不变。

二、减免退税的筹划

对纳税人出口应税消费品，免征消费税；国务院另有规定的除外。出口应税消费品的免税办法，由国务院财政、税务主管部门规定。出口的应税消费品办理退税后，发生退关或者国外退货进口时予以免税的，报关出口者必须及时向其机构所在地或者居住地主管税务机关申报补缴已退的消费税税款。纳税人直接出口的应税消费品办理免税后，发生退关或者国外退货，进口时已予以免税的，经机构所在地或者居住地主管税务机关批准，可暂不办理补税，待其转为国内销售时，再申报补缴消费税。

纳税人出口应税消费品的筹划，应充分利用出口退（免）税政策，符合税收优惠条件的，应主动申请，做到应免尽免、应退尽退。

第五节　筹划风险与控制

一、违法违规筹划风险与控制

纳税筹划以遵守税法为前提，违背税法、偷逃税收的安排不属于纳税筹划的范畴。纳税人假借纳税筹划之名，行偷逃税收之实，存在法律风险，将受到法律的制裁，轻则受到行政处罚，重则受到刑事制裁。

【案例 5-16】 某烟厂主要产品是卷烟和烟丝。2019 年 3 月，销售卷烟 2 万条，每条售价 100 元（不含增值税，下同），合计售价 200 万元；另销售烟丝 50 万元。

案例分析：

为了少缴消费税，该烟厂在销售过程中，有 2 000 条卷烟在开具销售发票时，发票联商品名称为"卷烟"，而记账联则为"烟丝"，售价 20 万元。会计核算时将这 20 万元记入"主营业务收入——烟丝"科目。该烟厂申报 3 月份消费税时，"卷烟"按 1.8 万条、销售额 180 万元申报，"烟丝"按销售额 70 万元申报。

该烟厂3月份申报缴纳消费税＝1.8×0.6+180×56%+70×30%＝122.88万元

2019年4月,主管税务机关对该烟厂进行税务检查,调查账簿、实物,并进行外调。发现该烟厂将2 000条卷烟按烟丝处理。根据《中华人民共和国税收征收管理法》(中华人民共和国主席令第49号)第六十三条规定:纳税人伪造、变造、隐匿、擅自销毁账簿、记账凭证,或者在账簿上多列支出或者不列、少列收入,或者经税务机关通知申报而拒不申报或者进行虚假的纳税申报,不缴或者少缴应纳税款的,是偷税。对纳税人偷税的,由税务机关追缴其不缴或者少缴的税款、滞纳金,并处不缴或者少缴的税款百分之五十以上五倍以下的罚款;构成犯罪的,依法追究刑事责任。

主管税务机关认定该烟厂偷税,但未构成犯罪,决定追缴少缴的消费税及滞纳金,并处二倍罚款。

应纳消费税＝2×0.6+200×56%+50×30%＝128.2万元

应补消费税＝128.2-122.88＝5.32万元

税收罚款＝5.32×2＝10.64万元

纳税人应对违法筹划风险进行控制,严格遵守税法,对经济活动的筹划安排限定在税法允许的范围之内,认真履行纳税义务,这样才可以规避违法风险,实现涉税零风险。

二、认定差异筹划风险与控制

纳税人利用税法漏洞减轻税收是避税,合法但不合理。避税筹划没有违法风险,但存在筹划风险,当筹划方案得不到税务机关的认可时,便产生了风险。政府和税务机关通过完善税法、堵塞漏洞进行反避税,对纳税人实施不具有合理商业目的的安排而减少税收的,税法有明文规定的,税务机关可进行特别纳税调整或核定征收。纳税人投入成本进行避税筹划,如果遭到税务机关特别纳税调整或核定征收而避税失败,则前功尽弃。

【案例5-17】某白酒生产企业下设销售子公司,白酒生产企业将生产的白酒全部销售给子公司,子公司再对外销售。2019年1—3月每月销售白酒1万瓶(每瓶500克)。

案例分析:

为了降低税基,减少消费税,白酒生产企业以每瓶100元(不含增值税,下同)的价格销售给子公司,子公司再以每瓶200元的价格对外销售。

该企业每月申报缴纳消费税＝10 000×0.5+100×10 000×20%＝205 000元

2019年4月,主管税务机关对该企业进行税务检查。根据《中华人民共和国消费税暂行条例》(中华人民共和国国务院令539号)规定:纳税人应税消费品的计税价格明显偏低且无正当理由的,由主管税务机关核定其计税价格。根据《中华人民共和国消费税暂行条例实施细则》(财政部 国家税务总局第51号令),应税消费品计税价格的核定权限规定如下:(1)卷烟、白酒和小汽车的计税价格由国家税务总局核定,送财政部备案;(2)其他应税消费品的计税价格由省、自治区和直辖市国家税务局核定;(3)进口的应税消费品的计税价格由海关核定。根据《国家税务总局关于加强白酒消费税征收管理的通知》(国税函〔2009〕380号):白酒生产企业销售给销售单位的白酒,生产企业消费税计税价格低于销售单位对外销售价格(不含增值税,下同)70%以下的,税务机关应核定消费税最低计税价格。

该白酒生产企业销售给子公司的价格为子公司对外销售价格的50%,主管税务机关认定该企业计税价格明显偏低,国家税务总局根据该企业生产规模、白酒品牌、利润水平等情况核定其最低计税价格为子公司对外销售价格的70%,即每瓶140元,并责令补缴2019年1—3月每月消费税。

每月应纳消费税=10 000×0.5+140×10 000×20%=285 000元

每月应补消费税=285 000-205 000=80 000元

纳税人应对认定差异筹划风险进行控制。政府和税务机关反避税压缩了避税的空间,但避税仍有一定空间。比如独立交易价格不是一个点,而是一个区间。纳税人避税应谨慎,不但要遵守税法,也要遵守反避税法,在一定区间内进行合法避税筹划。

三、政策变动风险与控制

纳税人没有掌握税法最新变动,将产生筹划风险。

【**案例 5-18**】 2022年6月某高档化妆品生产公司欲将50万元(不含增值税,下同)的原材料加工成化妆品销售。现有以下两种方案可供选择:

方案1 委托某协作厂加工,支付加工费37.5万元,受托方没有同类化妆品销售价格;

方案2 企业自行生产,据测算,自行生产的人工费及分摊费用为34万元。

假设两种方案生产的化妆品品质没有差异,对外销售都可以实现销售收入200万元。此案例消费税附加不重要,可不考虑。

案例分析:

这两种方案公司应纳消费税和税后毛利(主营业务收入-主营业务成本-税金及附加)计算如下:

方案1 该厂向受托方支付加工费的同时,向其支付代收代缴的消费税。

消费税组成计税价格=(50+37.5)/(1-15%)=102.94万元

应纳消费税=102.94×15%=15.44万元

公司根据《中华人民共和国消费税暂行条例实施细则》(财政部 国家税务总局第51号令):委托加工的应税消费品直接出售的,不再缴纳消费税。该公司收回化妆品直接出售,不再缴纳消费税。

税后毛利=200-50-37.5-15.44=97.06万元

方案2 自行生产的应税消费品对外销售时,计算缴纳消费税。

应纳消费税=200×15%=30万元

税后毛利=200-50-34-30=86万元

该公司认为选择方案1,可以节省消费税=30-15.44=14.56万元

增加税后毛利=97.06-86=11.06万元

于是该公司选择方案1,委托协作厂加工。

2022年7月,主管税务机关对该公司进行税务检查时,根据《财政部 国家税务总局关于

《中华人民共和国消费税暂行条例实施细则》有关条款解释的通知》(财法〔2012〕8号):委托方将收回的应税消费品,以不高于受托方的计税价格出售的,为直接出售,不再缴纳消费税;委托方以高于受托方的计税价格出售的,不属于直接出售,需按照规定申报缴纳消费税,在计税时准予扣除受托方已代收代缴的消费税。因此,主管税务机关责令该公司补缴消费税。

应补缴消费税=200×15%-15.44=14.56万元

补缴消费税后,税后毛利=97.06-14.56=82.5万元

选择方案1,委托加工,补缴消费税后,节省消费税0元,减少税后毛利3.5万元。该公司没有考虑税法变动,筹划失败。

纳税人应通晓税法、税收政策及税法变动,防范风险,从而实现纳税筹划最终目标。

本章小结

1. 纳税人应根据消费税各个要素的特点进行消费税纳税筹划。

2. 从征税对象来看,消费税对部分消费品征税,具有选择性。征税对象的筹划可运用下列方法:在产品设计上避开征收范围,在生产流程上避开征收范围,在销售价格上避开征收范围。

3. 从纳税环节来看,消费税对卷烟实行二次课征制,对其他应税消费品实行一次课征制。对于在前面环节征收的消费税,通过增加交易环节,不纳或少纳前面环节的消费税,并不会增加以后环节的消费税。

4. 从税率角度来看,消费税采用比例税率、定额税率和复合税率,具有极大的差别性。税率的筹划可运用下列方法:分别核算降低税率,改变设计降低税率,合理申报进口卷烟类型降低税率,降低售价降低比例税率,降低售价降低定额税率。

5. 从税基角度来看,消费税是价内税,计税价格包含消费税本身。计税依据的筹划可运用下列方法:先销售后包装,先销售后换货、入股、抵债,包装物收取押金,设立销售子公司,合理分摊成本。

6. 从税收抵扣来看,消费税实行耗用扣税法,只对税法列举的中间消费品进行抵扣。对税法列举允许抵扣的中间消费品,选择购买渠道增加抵扣,取得适当发票增加抵扣。对税法未列举不得抵扣的中间消费品,自行生产节省中间环节消费税,企业合并节省中间环节消费税。

7. 从减免退税来看,消费税很少减免税,但对出口实行退(免)税政策。纳税人兼营应税消费品和减免税消费品,应当分开销售、分别核算,享受消费税减免。纳税人出口应税消费品,符合税收优惠条件的,应主动申请,做到应免尽免、应退尽退。

主要概念

一次课征制　复合税率　临界点　纳税禁区　成套销售　分开销售　复合核算　分别核算　自行生产　委托加工　税法变动

思考题

① 消费税征税对象有何特点？如何对消费税征税对象进行纳税筹划？
② 消费税纳税环节有何特点？如何对消费税纳税环节进行纳税筹划？
③ 消费税税率有何特点？如何对消费税税率进行纳税筹划？
④ 消费税税基有何特点？如何对消费税税基进行纳税筹划？
⑤ 消费税税收抵扣有何特点？如何对消费税税收抵扣进行纳税筹划？
⑥ 消费税减免退税有何特点？如何对消费税减免退税进行纳税筹划？
⑦ 消费税筹划风险有哪些？如何进行风险控制？

练习题

① 某酒厂既生产白酒，又生产药酒（属于其他酒）。2022年5月，该厂销售白酒2万瓶（每瓶500克），每瓶120元（不含增值税）；销售药酒1.2万瓶（每瓶500克），每瓶50元（不含增值税）。该酒厂对两类酒应分别核算还是不分别核算？

② 某制酒公司将白酒与药酒组成礼品套装进行销售，每套白酒、药酒各一瓶，均为1斤装，每套200元（不含增值税），其中白酒每套120元，药酒每套80元。假设此包装属于简易包装，忽略不计。如何进行纳税筹划？

③ 某轮胎企业生产1 000个汽车轮胎销售，每个售价2 300元（不含增值税），其中含包装物价格300元（不含增值税）。如何进行纳税筹划？

④ 某汽车制造公司拟将自产的15辆乘用车向某汽车租赁公司进行投资，双方协商乘用车每辆价款25万元（不含增值税）。该汽车制造公司销售该类型乘用车每辆不含增值税价格分为26万元、25万元、24万元三种。该类型乘用车排气量2.4L。该汽车制造公司如何进行纳税筹划？

⑤ 某白酒生产企业委托当地酒精厂加工酒精，原材料为粮食，由委托方提供，本月发出粮食成本790 000元，支付加工费65 000元，增值税11 050元。受托方无同类酒精销售价。白酒生产企业收回的酒精全部用于连续生产白酒100吨，每吨不含增值税售价30 000元，当月全部销售。该白酒厂拟收购当地酒精厂，能否获得节税效果？

⑥ 某汽车制造公司，生产乘用车（汽缸容量2.5L），每月产销量1 000辆。现有两种销售方案可供选择：

方案1　设立非独立核算销售部门，每辆对外售价30万元（不含增值税，下同）；

方案2　设立销售子公司，汽车制造公司以每辆25万元的价格销售给子公司，子公司再以每辆30万元的价格对外销售。

试计算、比较这两种销售方案。

⑦ 某手表厂位于市区，城市维护建设税税率7%，教育费附加比率3%，地方教育附加比率2%，计算该手表厂每只手表销售价格的纳税禁区。

⑧ 某卷烟厂位于建制镇，城市维护建设税税率5%，教育费附加比率3%，地方教育附加比率2%，计算该卷烟厂每条卷烟调拨价格的纳税禁区。

推荐阅读书目

❶ 梁文涛,苏杉.纳税筹划.3版.北京:中国人民大学出版社,2019年
❷ 李淑霞.纳税筹划.上海:上海财经大学出版社,2019年
❸ 应小陆.税收筹划.2版.上海:上海财经大学出版社,2018年

第六章

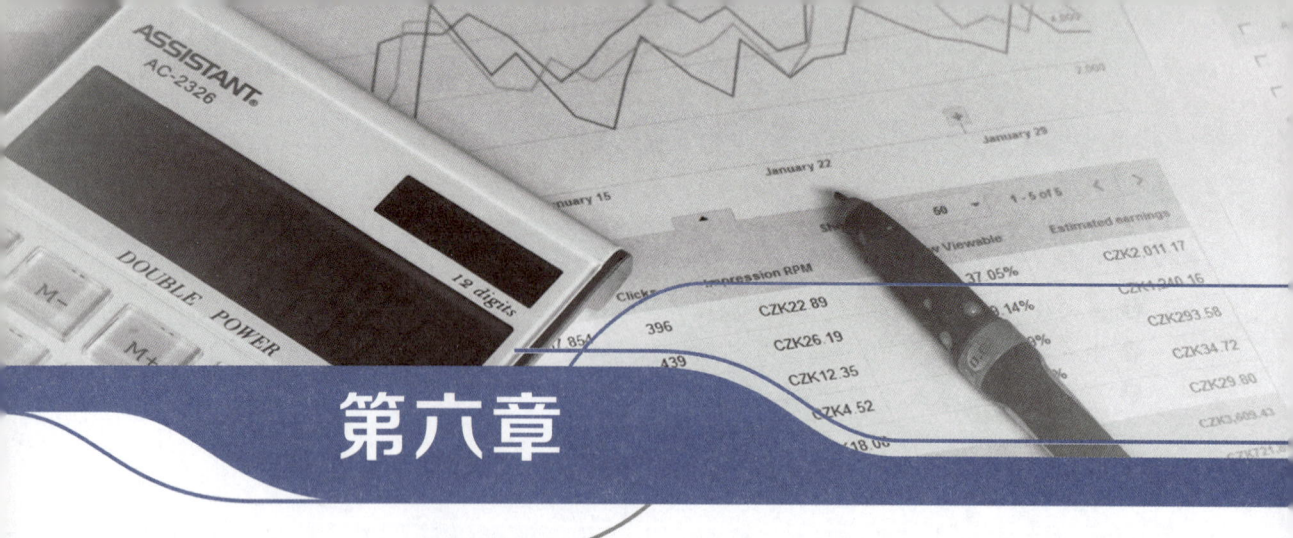

流转环节其他税种纳税筹划

> **教学目的与要求**
>
> 本章主要介绍流转环节若干小税种的纳税筹划空间和思路。要求掌握资源税、关税、契税的基本课征制度和纳税筹划方法。

导读

神华集团煤液化项目主要采用的是将煤直接液化的技术,即在高温高压条件下,通过加氢使煤中复杂的有机化学结构直接转化为液体燃料的技术,又称加氢液化。典型工艺过程主要包括煤破碎干燥、煤浆制备、加氢液化、固液分离、气体净化、液体产品分馏和精制,以及液化残渣气化制取氢气等部分,特点是对煤种要求较为严格,液体产品回收率高。一般情况下,1吨无水无灰煤能转化成半吨以上的液化油,加上制氢用煤约3~4吨原料可产1吨成品油,液化油可以再进行提质加工后生产洁净优质的汽油、柴油和航空燃料等。由于我国的能源资源特点是富煤少油,石油对外依存度高且在国民经济发展中具有举足轻重的作用,所以在油价居高不下的情况下,发展煤液化技术具有十分重要的意义。现有一承包商从境外和境内的设备材料供应商购买设备材料,进口额约为70亿元,作为项目一部分,转卖给神华集团。该进口设备材料,按照上述税法规定,须缴纳关税和进口环节的增值税。当然这些税负最终会转嫁给神华集团,增加其负担。请问应如何筹划?

税费额计算如下:(假设进口设备额为70亿元人民币,关税税率为10%)

关税=70×10%=7亿元

进口环节增值税=(70+7)×13%=10.01亿元

应纳城市维护建设税及教育费附加=10.01×(7%+3%)=1.001亿元

应纳税费合计=7+10.01+1.001=18.011亿元

第六章 流转环节其他税种纳税筹划

筹划方案：

在不增加项目成本的基础上改变合同部分条款，即由该承包商根据对工程的设计选择境外材料设备供应商，商谈好价格后由神华集团与供应商签订设备材料采购合同，并由神华集团支付货款。根据《国务院关于调整进口设备税收政策的通知》，对符合《当前国家重点鼓励发展的产业、产品和技术目录》的国内投资项目，在投资总额内进口的自用设备，除《国内投资项目不予免税的进口商品目录》所列商品外，免征关税和进口环节的增值税。境外采购部分，由于神华集团享受进口设备减免关税和进口增值税的政策，以神华集团名义进口，这部分关税和进口增值税以及附属的城市维护建设税和教育费附加均可以免除，极大地减轻了公司的现金流压力。

第一节 城市维护建设税的筹划

城市维护建设税是指对向缴纳增值税、消费税的单位和个人，以其实际缴纳流转税额为计税依据计征的一种税。我国于 1985 年发布了《中华人民共和国城市维护建设税暂行条例》，但是该《条例》不适用于外资企业和个人。2010 年国务院发布《国务院关于统一内外资企业和个人城市维护建设税和教育费附加制度的通知》规定，自 2010 年 12 月 1 日起，外商投资企业、外国企业及外籍个人应按照税法规定缴纳城市维护建设税及教育费附加。

知识链接

城市维护建设税的特征：

(1)属于受益税。城市维护建设税的税款专款专用，主要是用来保证城市的公共事业和公共设施的维护和建设。城市维护建设税是一种特定目的税。

(2)属于附加税。城市维护建设税没有独立的征税对象或税基，而是以增值税、消费税等实际缴纳的税额之和为计税依据，是依附于增值税、消费税而征的附加税，分别与增值税、消费税同时缴纳。值得注意的是，计税依据不包括增值税、消费税加收的滞纳金和罚款。

(3)弹性税率设计。根据城镇规模的不同设置差别税率，这样能较好地满足城市建设的不同需要。城市维护建设税采取地区差别比例税率。纳税人所在地在市区的，税率为 7%；纳税人所在地在县城、镇的，税率为 5%；纳税人所在地不在市区、县城或镇的，税率为 1%。

(4)征收范围较广。由于城市维护建设税依附于增值税、消费税而征收，换言之，只要缴纳增值税、消费税中任一税种的纳税人都要缴纳城市维护建设税，征税范围较为广泛。从地域范围来看，城市维护建设税的征收范围包括：城市、县城、建制镇、工矿区。具体根据行政区划分标准。

由于城市维护建设税依附于流转税而征收，其纳税环节和纳税期限基本与增值税、消费税保持一致，因此，城市维护建设税的筹划方法，实际上就是增值税、消费税的筹划方法。除此之外，城市维护建设税还可以从以下两点着手进行纳税筹划：

一、充分利用税收优惠政策

有关城市维护建设税的减免政策主要有以下几种情况,纳税人应注意把握,用足用好这些税收优惠政策。

(1)海关对进口产品代征增值税、消费税的,不征收城市维护建设税;但对出口产品退还增值税、消费税时,不退还已缴纳的城市维护建设税。

(2)对于因减免税需要进行增值税、消费税退库的,可同时退还已缴纳的城市维护建设税。

(3)城市维护建设税随同增值税、消费税征收或者减免,一般不能单独减免。但是,如果纳税人缴纳城市维护建设税确有困难,可以由所在省(自治区、直辖市)人民政府酌情给予减税或者免税照顾。

二、利用纳税地点的差异进行筹划

城市维护建设税的纳税地点,实际就是纳税人缴纳增值税、消费税的地点。但是,属于下列情况的,纳税地点有特殊的规定。由于不同的纳税地点适用的税率存在一定的差异,纳税人应权衡比较后进行选择。

(1)代征代扣增值税、消费税的单位和个人,其城市维护建设税的纳税地点为代征代扣地。

(2)跨省开采的油田,下属生产单位与核算单位不在一个省内的,其生产的原油,在油井所在地缴纳增值税,其应纳税款由核算单位按照各油井的产量和规定税率,计算汇拨各油井缴纳。所以,各油井应纳的城市维护建设税,应由核算单位计算,随同增值税一并汇拨油井所在地,在缴纳增值税的同时,一并缴纳。

(3)对流动经营无固定纳税地点的单位和个人,应随同增值税、消费税在经营地按适用税率缴纳城市维护建设税。

第二节 资源税的筹划

资源税是对在我国境内开采应税矿产品以及生产盐的单位和个人,就其应税资源销售数量或自用数量为课税对象而征收的一种税。二十大报告提出,推动绿色发展,促进人与自然和谐共生。资源税的征收是为了合理、有效利用资源,保护有限的、不可再生的自然资源,调节因资源禀赋差异而形成的级差收入。在我国境内开采资源税法规定的矿产品或者生产盐的单位和个人,都是资源税的纳税人。资源税的扣缴义务人是指收购未税矿产品的单位和个人,即独立矿山、联合企业和其他企业在收购未税矿产品时,代扣代缴资源税。在征收范围上,我国现行的资源税是狭义上的资源税,即仅对有限的资源如部分矿产(或非矿产)资源、盐和部分土地征收,而森林、草场、海洋、河流等众多自然资源未纳入资源税的征税范围。在计税依据上,既有从价定率征收,也有从量定额征收。

一、生产环节的纳税筹划

(一)明确资源税课税范围,防止多缴税款

我国资源税只对税法列举的矿产品和盐征收,这里的矿产品是指原矿或者初级产品。特别应注意的是,下列资源产品不征资源税:(1)人造石油;(2)煤矿生产的天然气;(3)开采原油过程中用于加热、修井的原油。

【案例6-1】 山西省某煤矿以生产煤炭、原煤为主,同时也小规模生产洗煤和选煤,某月该煤矿发生如下业务:

(1)外销原煤5 000吨,售价为600元/吨。
(2)销售原煤2 000吨,售价为550元/吨。
(3)销售本月生产的选煤100吨,选煤回收率为70%,售价为1 200元/吨。
(4)移送加工煤制品用原煤1 500吨。
(5)用本月生产的80吨选煤支付发电厂电费。

该公司财务人员计算应纳税情况如下:
当月煤矿购进原材料及辅助材料准予抵扣的进项税额为250 000元。
山西省原煤资源税单位税额为0.5元/吨,月底煤矿计算应纳的资源税和增值税为:
应纳资源税课税数量=5 000+2 000+100+1 500+80=8 680吨
应纳资源税=8 680×0.5=4 340元
增值税销项税额为:
(5 000×600+2 000×550+100×1 200+80×1 200+1 500×550)×17%=873 970元
应纳增值税=873 970−250 000=623 970元
问题:试指出该公司应纳税额计算中存在的问题,并改正。

案例分析:

错误1:选煤不缴纳资源税,但要依加工的回收率转化为原煤计缴资源税。

现行资源税税法中有关煤的规定主要有:

(1)煤炭是资源税的应税项目,它仅指原煤,洗煤、选煤和其他煤炭制品不征税。
(2)原煤应税数量是外销或自用的数量。
(3)煤炭,对于连续加工前无法正确计算原煤移送使用量的,可按加工产品的综合回收率,将加工产品实际销量和自用量折算为原煤数量作为课税数量。由此可见,只有原煤才征收资源税,对于洗煤、选煤以及其他煤炭制品,要根据加工的综合回收率折算为原煤后计算缴纳资源税。因此,该矿厂实际应缴纳的资源税为:

[5 000+2 000+1 500+(100+80)÷0.7]×0.5=4 378.6元

错误2:资源税纳税人开采或者生产应税产品自用的资源,要以自用数量为课税对象缴纳资源税。但是,根据增值税法,将自产的货物用于生产应税项目,不属于视同销售行为,不用缴纳增值税。因此,移送加工煤制品的1 500吨原煤不需缴纳增值税,只需缴纳资源税。

(二)利用折算比进行筹划

纳税人由于某种原因,在现实经济生活中可能无法提供或无法准确提供应税产品销售

数量或移送数量,根据税法规定,以应税产品的产量或主管税务机关确定的折算,通过企业自身估计的实际综合回收率或选矿比与税务机关确定的综合回收率或选矿比进行比较,选择折算比高的核算方式,可以少缴纳资源税。

【案例 6-2】 某煤矿 10 月份对外销售原煤 400 万吨,使用本矿生产的原煤加工洗煤 80 万吨,已知该矿加工产品的综合回收率为 80％,税务机关确定的同行业综合回收率为 60％,原煤适用的单位税额为每吨 2 元。对此,如何进行筹划?

案例分析:

根据现行税法规定,对洗煤、选煤和其他煤炭制品不征税,但对加工洗煤、选煤和其他煤炭制品的原煤照章征收资源税。对于连续加工前无法正确计算原煤移送使用量的煤炭,可按加工产品的综合回收率,将加工产品实际销量和自用量折算成原煤数量,以此作为课税数量。

(1)按实际综合回收率计算:

应纳资源税＝400×2＋80÷80％×2＝1 000 万元

(2)按税务机关确定的综合回收率计算:

应纳资源税＝400×2＋80÷60％×2≈1 067 万元

比较计算结果可以发现,按实际综合回收率计算可节省税款 67 万元。因此,当企业实际综合回收率高于税务机关确定的综合回收率时,应当加强财务核算,准确提供应税产品销售数量或移送数量,方可免除不必要的税收负担。

(三)充分利用优惠政策

资源税的下列三项政策对开展纳税筹划具有十分重要的意义,纳税人应当合理运用。

(1)纳税人开采的原油中的应税产品(指稠油、高凝油、稀油)划分不清或不易划分的,一律按原油的数量课税。

(2)关于伴生矿、伴采矿、伴选矿的征税规定:

所谓伴生矿,是指在同一矿床内,除主要矿种外,还包含其他多种可供工业利用的矿产。对于伴生矿,已按主产品作为应税品目,并确定了适用税额,所以不再单独计算纳税。所谓伴采矿,是指开采单位在同一矿区内开采主产品时,伴采出来的非主产品元素矿石。对于量大的伴采矿,由省、自治区、直辖市人民政府根据规定对其核定资源税单位税额标准;量小的,在销售时,按照国家对收购单位规定的相应品目的单位税额标准缴纳资源税。所谓伴选矿,是指在对矿石原矿中所含主产品进行选精矿的加工过程中,以精矿形式伴选出的副产品。对于以精矿形式伴选出的副产品不征收资源税。

(3)中外合作开采石油、天然气,按照现行规定只征收矿区使用费,暂不征收资源税。

二、不同应税产品分别核算的筹划

纳税人如有兼营不同税目的产品或减免税项目的产品,一定要单独且准确核算,以避免不必要的税收支出。《资源税暂行条例》第八条规定,纳税人的减免税项目,应当单独核算课税数量;未能单独核算或者不能准确提供减免税产品课税数量的,不予减税或者免税。

【案例6-3】 华北某矿产开采企业2022年12月份开采销售原油10 000吨,每吨销售价格3 900元,生产销售原煤5 000吨,开采自用天然气10万立方米(其中,5万立方米开采原油时伴生,5万立方米开采煤炭时伴生,该企业未分别核算),天然气销售价格3元/立方米。其适用的单位税额或税率为:原油8%,原煤11.5元/吨,天然气8%。那么该企业当年12月份应缴纳的资源税为:

3 900×8%+5 000×11.5/10 000+10×3×8%=320.15万元

而根据税法,煤炭开采时生产的天然气免税,那么如果该企业将采煤时伴生的天然气分开核算,则可以享受免税,节省资源税50 000×3×8%=12 000元。

第三节 关税的筹划

关税是海关依法对进出国境或关境的货物和物品征收的一种税,是国际通行的税种,包括进口税、出口税和过境税。关税的纳税范围(对象)是进出境的货物和物品。进口货物的收货人、出口货物的发货人、进出境物品的所有人,是关税的纳税义务人。为了体现关税政策和便于货物监管,按商品分类目录编制,对进出关境货物征收关税时所适用税率规定了进出口税则,这些税则成为进出口关税条例的组成部分。

一、关税完税价格的纳税筹划

关税的计税依据有两种:一是从量计征;二是从价计征;另外还有些物品采取从量和从价混合计征的办法。从价计征适用的范围有弹性。凡是适用从价计征的物品,均采取完税价格作为计税依据。因此,在关税税率确定之后,货物完税价格的高低直接影响课征关税税额的大小。关税完税价格的高低是关税纳税筹划的主要着力点。

(一)进口货物完税价格筹划

进口货物的完税价格由海关以货物的成交价格为基础审查确定,包括货物运抵中华人民共和国关境内输入地点起卸前的包装费、运费、保险费和其他劳务费等费用。进口货物的成交价格应该符合一定的条件,海关进行估价时,首先尽可能使用实际成交价格,但并不是所有的进口货物都有实际成交价格。对于进口货物的成交价格不符合规定条件,或者成交价格不能确定的,海关应采取一定的方法进行估价。

因此进口货物完税价格筹划的一般思路是,首先,使进口货物的实际成交价格降低。例如,从不同国家或地区进口相同货物,成本费用构成不同,导致价格存在差异,纳税人应选择成交价格比较低的、运费、杂项费用相对小的货物进口,才能降低完税价格。其次,对于无法按实际成交价格确定完税价格的,海关会根据相同货物的成交价格估价方法、类似货物的成交价格估价方法、倒扣价格估价方法、计算价格估价方法、合理估价方法等进行估定。这些方法的运用虽然原则上规定应依次使用,但仍存在一定的主观性,进口商可以根据实际情况,在有理有据的基础上对估价产生影响,从而获取税收收益。尤其是对于创新型、高科技产品,海关无法在市场上找到类似产品,因此估价的主动权就掌握在纳税人手中。

(二)出口货物完税价格筹划

出口货物的完税价格由海关以该货物的成交价格为基础审查确定,包括货物运至中华人民共和国输出地点装卸前的运费及其相关费用、保险费等。出口货物的成交价格不能确定的,海关对其进行估价,并与纳税人进行价格磋商后,按照一定的次序和规定审查确定货物的完税价格。与进口货物关税完税价格估价一样道理,纳税人应掌握估价过程中的主动权,尽量降低出口货物离岸价的估价。

二、关税优惠税率的纳税筹划

关税条例规定,进口税率分为最惠国税率、协定税率、特惠税率、普通税率、关税配额税率等税率形式。一般根据原产地于我国之间的关系选择税率。例如,最惠国税率适用于原产地与我国共同适用最惠国待遇条款的WTO成员方的进口货物,或原产于与我国签订有相互给予最惠国待遇条款的双边贸易协定的国家或地区的进口货物,以及原产于我国境内的进口货物。协定税率适用于原产于我国参加的含有关税优惠条款的区域性贸易协定的有关缔约方的进口货物。特惠税率适用于原产于与我国签订有特殊优惠关税协定的国家或地区的进口货物。普通税率适用于原产于上述国家或地区以外的其他国家或地区的进口货物,以及原产地不明的进口货物。因此,关税优惠税率的纳税筹划思路是纳税人应在进口货物时,在同等条件下,选择与我国缔结关税互惠协议的国家和地区。

三、利用"实质性加工标准"进行纳税筹划

关于货物原产地的确认,有两种标准:一是"完全在一国生产"的标准,即对只有一个国家可供审定的进口货物,可以采用这一规则;二是"实质性改变"的标准,即对有两个及两个以上国家参与生产的进口货物,可以采用这一规则。其基本原则是,凡是经过两个或两个以上国家加工生产的货物,应以最后一个实质性改变了原产品,使其得到新的特有的性质或特征的国家作为货物的原产地。而这种实质性改变主要通过三种方法确定货物的原产地。一是改变税号的方法。改变了税号就改变了原产地。二是列出加工程序表的方法。三是从价百分比的方法。该方法重点放在甲国产品在乙国进行加工生产时所增加的价值,当其中乙国增值量等于或超过规定的百分比率时,即将乙国视为产品的原产地。在这里,关税纳税人应首先了解一下哪些国家、地区与中国签订关税互惠协议;然后,了解在与中国签订关税互惠协定的国家和地区中,哪一个更优惠或者在经济成本上更为有利;最后,通过控制产品百分比率的方法,将最终产品的生产选在与我国签订关税互惠协议而且是相对优惠的国家。当然,也要考虑该国的外汇管制、出口配额控制和政局是否稳定等因素。

第四节　契税的筹划

契税是对土地、房屋权属发生转移时,按照订立的契约向产权承受人征收的一种税。契税的课税对象是指发生土地使用权和房屋所有权权属转移的土地和房屋,具体包括国有土地使用权的出让、土地使用权的转让、房屋买卖、房屋赠与、房屋交换等。契税的纳税人是指在中华人民共和国境内转移土地、房屋权属,承受的单位和个人。契税实行幅度比例税率,其税率幅度为3‰~5‰。具体执行税率,由各省、自治区、直辖市人民政府在规定的幅度内,根据本地区的实际情况确定。

一、房屋或土地等价交换的契税筹划

根据《中华人民共和国契税暂行条例》及其实施细则规定,土地使用权、房屋交换,契税的计税依据为所交换的土地使用权、房屋的价格差额,由多交付货币、实物、无形资产或其他经济利益的一方缴纳税款,交换价格相等的,免征契税。这样,如果两家纳税人存在土地使用权和房屋的交换,应尽量使其差价最小或者为零,即等价交换,以享受契税的减免政策。

二、单签房屋附属设施销售合同的契税筹划

根据《财政部　国家税务总局关于房屋附属设施有关契税政策的批复》(财税〔2004〕126号)规定:(1)对于承受与房屋相关的附属设施(包括停车位、汽车库、自行车库、顶层阁楼以及储藏室,下同)所有权或土地使用权的行为,按照契税法律、法规的规定征收契税;对于不涉及土地使用权和房屋所有权转移变动的,不征收契税。(2)采取分期付款方式购买房屋附属设施土地使用权、房屋所有权的,应按合同规定的总价款计征契税。(3)承受的房屋附属设施权属如为单独计价的,按照当地确定的适用税率征收契税;如与房屋统一计价的,适用与房屋相同的契税税率。该项政策表明,在支付独立于房屋之外的建筑物、构筑物以及地面附着物价款时不征收契税,因此,纳税人可以与土地或者房屋销售单位约定将房屋之外的建筑物、构筑物以及地面附着物单签合同,并适当提高其评估价格,降低土地或者房屋的评估价格,这样就会节约契税支出。

三、抵债的契税筹划

(一)改变抵债时间的筹划

根据《财政部　国家税务总局关于企业事业单位改制重组契税政策的通知》财税〔2012〕4号文规定:企业依照有关法律、法规规定实施破产,债权人(包括破产企业职工)承受破产企

业抵偿债务的土地、房屋权属,免征契税;对非债权人承受破产企业土地、房屋权属,凡按照《中华人民共和国劳动法》等国家有关法律、法规、政策妥善安置原企业全部职工,与原企业全部职工签订服务年限不少于三年的劳动用工合同的,对其承受所购企业的土地、房屋权属,免征契税;与原企业超过30%的职工签订服务年限不少于三年的劳动用工合同的,减半征收契税。根据该政策,纳税人拥有存在严重亏损且准备破产倒闭的企业的债权,如果在其倒闭之前承受其土地或者房屋的抵偿债务,将面临契税的征收。如果等到其实施破产清算后,以主要债权人的身份承受其土地或者房屋的抵偿债务,将节约契税的支出。

(二)改变抵债不动产接收人的筹划

改变抵债不动产接收人的筹划是针对存在三角债的情形。假设甲欠乙,乙欠丙,甲以房产或土地抵偿乙的债务,乙再将该房产或土地抵偿丙的债务,将产生乙收到甲抵偿房屋或土地环节的契税。因此,在三方欠款均相等的情况下,甲、乙、丙签订债务偿还协议,由甲将抵债商品房直接销售给丙,丙将房款汇给甲,甲收到丙房款后再汇给乙用于偿还债务,乙收回甲欠款后再汇给丙偿还债务。经上述筹划后,三方欠款清算完毕,且乙可免征契税。

四、改变投资方式的契税筹划

根据《财政部 国家税务总局关于企业事业单位改制重组契税政策的通知》财税〔2012〕4号文规定:非公司制企业,按照《中华人民共和国公司法》的规定,整体改建为有限责任公司(含国有独资公司)或股份有限公司,有限责任公司整体改建为股份有限公司,股份有限公司整体改建为有限责任公司的,对改建后的公司承受原企业土地、房屋权属,免征契税。这样,如果两个自然人要投资创建有限责任公司,一个以房子或者土地投资,一个以货币资金投资,就会产生该有限责任公司接受房产投资后的契税。但是如果拥有房产或土地的一方首先注册登记成个人独资公司,并将房产投入个人独资公司,然后将其个人独资公司进行公司制改造,接受他人的货币资金投入,按照财税〔2012〕4号文规定,属于非公司制企业整体改建为有限责任公司,对改建后的公司承受原企业土地、房屋权属,免征契税。

五、销售变投资的契税筹划

根据《财政部 国家税务总局关于企业事业单位改制重组契税政策的通知》财税〔2012〕4号文规定:非公司制国有独资企业或国有独资有限责任公司,以其部分资产与他人组建新公司,且该国有独资企业(公司)在新设公司中所占股份超过50%的,对新设公司承受该国有独资企业(公司)的土地、房屋权属,免征契税。两个或两个以上的公司,依据法律规定、合同约定,合并为一个公司,且原投资主体存续的,对其合并后的公司承受原合并各方的土地、房屋权属,免征契税。

【案例6-4】 假定甲购买乙的房产需要缴纳契税,但是改为投资方式承继乙的房产,则可能获得契税的减免。首先,甲与乙签订投资协议,共同组建公司丙,甲以货币资金出资,乙也以货币资金出资,乙所占的比例大于甲且超过50%,并约定在一定期限内办理商品房产权变更手续。在办理商品房产权变更手续时,新设立公司丙承受乙投入的房产,因乙的投资比例超过50%,享受免征契税。其次,甲与乙另签订一份股权转让协议,约定乙将所持丙公司股份原价转让给甲。再次,股权转让手续办理完毕后,甲与丙签订合并协议,由甲合并乙,合并后甲承受丙的房产,同样享受免征契税。

第五节　房产税的筹划

房产税是以房产为征税对象,依据房产价格或房产租金收入向房产所有人或经营人征收的一种税。

一、房产税的法律界定

房产税的纳税义务人是房屋的产权所有人或经营管理单位、承典人、房产代管人或者使用人。征税对象是房产。征税范围为城市、县城、建制镇和工矿区。

房产税的计税依据分为从价计征和从租计征。从价计征即依照房产原值一次减除10%~30%后的余值计算缴纳,税率为1.2%;从租计征即房产出租以租金收入为计税依据,税率为12%。

房产税的税收优惠政策包括:

(1)国家机关、人民团体、军队自用的房产,免征房产税。

(2)国家财政部门拨付事业经费的单位自用的房产免税。

(3)宗教寺庙、公园、名胜古迹自用的房产免税。

(4)个人所有非营业用的房产免税。

(5)自2008年3月1日起,对个人出租住房,减按4%的税率征收房产税。对企事业单位、社会团体以及其他组织按市场价格向个人出租用于居住的住房,减按4%的税率征收房产税。

(6)经财政部批准免税的其他房产,如房产大修停用半年以上的,经纳税人申请,税务机关审核,在大修期间可免征房产税。

二、房产税的筹划

(一)利用税收优惠筹划

如税法规定,对企事业单位、社会团体以及其他组织按市场价格向个人出租用于居住的住房,房产税暂减按4%的税率征收。因此纳税人出租房屋时,可使用市场价格,向个人出租用于居住,享受税收优惠。又如,税法规定房产大修停用半年以上,经税务机关审核在大修期间可以免税,因此,纳税人理应及时加以利用。

(二)合理确定房产原值进行筹划

房产原值是指房屋的造价,包括与房屋不可分割的各种附属设备或一般不单独计算价值的配套设施。可见,房产原值的大小直接决定房产税的多少,合理地减少房产原值是房产税筹划的关键。

其一,"纳税人或代缴人不能提供房产原值的,由评估机关进行评估,并由税务机关确认,或由税务机关根据同类房产确定"。作为固定资产,由于取得的来源不同,其原值的构成也不一致。新建或重建的固定资产以历史成本作为原值,从其他途径取得的固定资产以重置成本作为原值。因此,纳税人是否将房产在固定资产中正确分类及合理计价,直接影响到企业的折旧额,进而影响所得税,同时也影响房产税。

其二,附属设备分散筹划。在实际税收征管中对与房屋不可分割的各种附属设备的最终确认,还涉及具体的技术标准和相关的财务处理,目前尚没有明确、详细的税法规定,很多地方仍有进一步探讨的余地。有关国际会计准则规定,当一项固定资产的某些组成部分在使用效能上与该项资产相对独立,并且有不同的使用年限时,应将该组成部分单独确认为固定资产。将此项规定应用到对房产原值的确定中可以得知,作为房产的有关附属设备按照财务制度的规定有可能单独划为非房屋类固定资产处理,因而也就可能不计入房产原值。比如,某超市的保鲜制冷设备虽然在物理上是建在超市之中,直观上是房屋不可分割的附属设备,但是因其特殊的功能,且其使用年限与房屋也不同,具有相对独立性,因此可以将其划分为机器设备类计提折旧,而不属于房屋,因此也就不用缴纳房产税。

(三)房产修理、更新改造的筹划

房产的改扩建与修理、合资合股建房也是筹划的重要内容。进行更新改造或装饰装修而发生的相关费用是否应计入房产原值非常关键。

我国会计准则规定,发生的修理支出达到固定资产原值20%以上,经过修理后有关固定资产的经济使用寿命延长2年以上,经过修理后的固定资产被用于新的或不同的用途,应确认为固定资产更新改造支出,计入固定资产原值。不满足条件的大修理支出则计入待摊费用或预提费用,直接在税前扣除,不计入房产原值。发生改扩建房产行为的,应将房产改扩建支出减去改扩建过程中发生的变价收入计入房产原值。

(四)房产投资联营的筹划

对投资联营的房产,由于投资方式不同,房产税的计征也不同,从而为纳税人提供了筹划的空间。

对于以房产投资联营,投资者参与投资利润分红、风险共担的,被投资方要以房产余值作为计税依据计征房产税;对以房产投资,收取固定收入,不承担联营风险的,实际以联营名义取得房产租金,应由投资方按租金收入计征房产税。纳税人可以进行成本效益分析以决定选择偏好。

【案例6-5】 南方某企业欲兴建一座花园式工厂,除厂房、办公用房外,还包括厂区围墙、水塔、变电塔、室内停车场、露天凉亭、室内游泳池、喷泉设施等建筑物,总计造价为1亿元。如果1亿元都作为房产原值,该企业自工厂建成的次月起就应缴纳房产税,每年应纳房产税(扣除比例为30%)为84[10 000×(1−30%)×1.2%]万元。这84万元的税负只要该工厂存在,就不可避免。如果以20年计算,就将是1 680万元。

而按税法有关规定,房产是以房屋形态表现的财产。房屋是指有屋面结构,可供人们在其中生产、工作、居住或储藏物资的场所,不包括独立于房屋的建筑物,如围墙、水塔、变电塔、露天停车场、露天凉亭、露天游泳池、喷泉设施等。因此,对该企业除厂房、办公用房外的建筑物,如果把停车场、游泳池都建成露天的,并且把这些独立建筑物的造价同厂房、办公用房的造价分开,在会计账簿中单独记载,则这部分建筑物的造价不计入房产原值,不缴纳房产税。

该企业经过估算,除厂房、办公用房外的建筑物的造价为800万元左右,独立出来后,每年可少缴房产税6.72[800×(1−30%)×1.2%]万元。以20年计算,就节约了134.4万元的房产税。

本章小结

1. 城市维护建设税主要从税收优惠、纳税地点差异两个方面进行筹划。

2. 资源税筹划在生产环节上,一是要明确资源税课税范围,防止多缴税款,二是要合理利用折算比,三是充分利用税收优惠条件;在销售环节上,一是不同应税产品分别核算,二是在合并还是分立中合理选择。

3. 关税的筹划主要应从关税完税价格、关税优惠税率以及利用"实质性加工标准"等三个方面着手。

4. 契税筹划主要应从单签房屋附属设施销售合同、改变抵债时间、改变抵债不动产接收入、改变投资方式、销售变投资等方面入手。

5. 房产税筹划主要应从合理减少房产原值、投资联营方式等方面入手。

主要概念

城市维护建设税 附加税 折算比 关税完税价格 关税追缴和退还
实质性加工标准 房产税 房产原值

思考题

❶ 如何筹划契税?
❷ 如何筹划资源税?主要有哪些筹划方法?
❸ 什么是"实质性加工标准"?如何利用"实质性加工标准"进行纳税筹划?
❹ 如何进行关税完税价格纳税筹划?

练习题

❶ 某铜矿10月份销售铜矿石原矿10 000吨,移送入选精矿2 000吨,选矿比为20%,该矿山铜矿属于五等,按规定适用1.2元/吨单位税额,假定该矿山的实际选矿比为20%,税务机关确定的选矿比为25%。比较两者资源税的大小。

❷ 信宜公司有一块价值5 000万元的土地拟出售给北方公司,然后从北方公司购买其另外一块价值5 000万元的土地。双方签订土地销售与购买合同后,信宜公司应缴纳的契税为150(5 000×3%)万元,北方公司应缴纳的契税为150(5 000×3%)万元。如何筹划节约契税?

❸ 某实业公司拟出售一生产车间,该生产车间有一幢生产厂房及其他生产厂房附属物,附属物主要为围墙、烟囱、水塔、变电塔、油池油柜、若干油气罐、挡土墙、蓄水池等,生产车间总占地面积3 000平方米,整体评估价为1 000万元(其中生产厂房评估价为260万元,3 000平方米土地评估价为340万元,其他生产厂房附属物评估价为400万元),月星化工公司按整体评估价1 000万元购买,应缴纳的契税为30(1 000×3%)万元。如何进行纳税筹划?

推荐阅读书目

❶ 梁文涛,苏杉.纳税筹划.3版.北京:中国人民大学出版社,2019年
❷ 李淑霞.纳税筹划.上海:上海财经大学出版社,2019年
❸ 应小陆.税收筹划.2版.上海:上海财经大学出版社,2018年

第七章

企业所得税纳税筹划

教学目的与要求

企业所得税是我国的第二大税种,也是筹划空间很大的一个税种。通过本章的学习,应熟悉企业所得税的有关法律规定,掌握企业所得税纳税人、税率和计税依据的纳税筹划原理及筹划方法,在了解相关筹划风险的前提下,能够利用扣除项目、存货计价方法、计提折旧方法、税收优惠政策等手段进行企业所得税的纳税筹划并做出筹划决策方案。

导读

随着经济的发展,市场竞争变得越来越激烈,企业要想在竞争中脱颖而出,并且不断地发展,必须要采用各种各样的方式,比如提高劳动生产率、进行技术更新、降低生产成本等。而在经济资源相对有限的情况下,通过纳税筹划来降低税收成本,也是纳税人的必然选择。

第一节 纳税人的筹划

一、企业所得税纳税人的法律、法规解读

《中华人民共和国企业所得税法》(以下简称《企业所得税法》)第一条规定:在中华人民共和国境内,企业和其他取得收入的组织(以下统称企业)为企业所得税的纳税人。个人独

资企业、合伙企业不适用本法。《企业所得税法》第二条规定:企业分为居民企业和非居民企业。

我国是按照"登记注册地"和"实际管理机构地"双重标准来判定居民企业和非居民企业纳税人身份的。居民企业和非居民企业的身份判定标准和纳税义务区别见表7-1。

表 7-1　　　　居民企业和非居民企业的身份判定标准和纳税义务区别

纳税人	判定标准	纳税人范围	征税对象	纳税义务
居民企业	(1)依照中国法律、法规在中国境内成立的企业; (2)依照外国(地区)法律成立,但实际管理机构在中国境内的企业	包括国有、集体、私营、联营、股份制等各类企业;外商投资企业和外国企业;有生产经营所得和其他所得的其他组织。但不包括个人独资企业和合伙企业	来源于中国境内、境外的所得	无限纳税义务
非居民企业	(1)依照外国(地区)法律成立且实际管理机构不在中国境内,但在中国境内设立机构、场所的企业; (2)在中国境内未设立机构、场所,但有来源于中国境内所得的企业	在中国境内从事生产经营活动的机构、场所,包括: (1)管理机构、营业机构、办事机构; (2)工厂、农场、开采自然资源的场所; (3)提供劳务的场所; (4)从事建筑、安装、装配、修理、勘探工程作业的场所; (5)其他从事生产经营活动的机构、场所	来源于中国境内的所得	有限纳税义务

知识链接：　国外居民企业与非居民企业身份的判定标准

就企业所得税的居民企业与非居民企业身份判定,国际上主要有以下三类标准:

(1)单一标准:如美国、泰国,只以注册地来判定居民企业与非居民企业;墨西哥、马来西亚则以实际管控中心为判定标准。

(2)双重标准:如中国、印度,兼以注册地和实际管理机构所在地为判定标准。

(3)三重标准:如英国,除注册地和实际管理机构所在地外,还以控制股东国籍作为第三重标准。

二、纳税人的筹划思路、案例与解析

(一)选择合适的纳税人身份进行筹划

1. 政策依据

两种不同的纳税人承担不同的纳税义务。居民企业承担无限纳税义务,非居民企业承担有限纳税义务。

2. 筹划思路

企业应当尽可能避免成为居民企业,或通过选择不同的运营方式来适用低档税率,从而达到节约税款的目的。

避免成为居民企业的关键在于搞清楚居民企业的判定标准,见表7-2。

表 7-2　　　　　　　　　　居民企业的判定标准及纳税筹划

判定标准	标准内容	纳税筹划方法
登记注册地标准	依照中国法律、法规在中国境内成立的企业	尽可能将总机构设在避税地或低税区
实际管理机构地标准	依照外国(地区)法律成立,但实际管理机构在中国境内的企业	尽可能减少某些收入与总机构之间的联系

【**案例 7-1**】 某企业现有两种运营方式:一是依照外国法律成立但使其实际管理机构在中国境内;二是依照外国法律成立且使其实际管理机构不在中国境内,且在中国境内不设立机构、场所。假设两种方式下每年来源于中国境内的应纳税所得额均为 1 000 万元,且没有来源于中国境外的所得。请对其进行纳税筹划。

知识链接:

根据税法规定,居民企业应当就其来源于中国境内、境外的所得缴纳企业所得税,适用基本税率 25%;非居民企业在中国境内设立机构、场所的,应当就其所设机构、场所取得的来源于中国境内的所得,以及发生在中国境外但与其所设机构、场所有实际联系的所得,缴纳企业所得税,适用基本税率 25%;非居民企业在中国境内未设立机构、场所的,或者虽设立机构、场所但取得的所得与其所设机构、场所没有实际联系的,应当就其来源于中国境内的所得缴纳企业所得税,即预提所得税,适用低税率 20%。(但实际征税时适用 10%的税率)

案例分析:

方案一:依照外国法律成立但使其实际管理机构在中国境内,即成为居民纳税人。

应纳所得税＝1 000×25%＝250 万元

方案二:依照外国法律成立并使其实际管理机构不在中国境内,且在中国境内不设立机构、场所,即成为非居民纳税人。

应纳所得税＝1 000×10%＝100 万元

结论:方案二比方案一节税 150(250－100)万元,因此,应当采用第二种运营方式。

但应当注意的是,依照外国法律成立并使其实际管理机构不在中国境内,且在中国境内不设立机构、场所,虽然会降低企业所得税税率,但必然会降低来源于中国境内的所得,企业应当权衡利弊,综合考虑,最终选择合适的运营方式。

(二)选择合适的企业组织形式进行筹划

1.设立企业时在公司制企业、个人独资企业、合伙企业之间选择的纳税筹划

企业可以划分为三类:公司制企业、个人独资企业、合伙企业。《企业所得税法》第一条规定,我国企业所得税的纳税人不包括个人独资企业和合伙企业。我国对个人独资企业、合伙企业和公司制企业的征税区别见表 7-3。

知识链接:

表 7-3　　　　我国对个人独资企业、合伙企业和公司制企业的征税区别

企业组织形式	征税规定
个人独资企业、合伙企业	从 2000 年 1 月 1 日起,比照个体工商户的生产经营所得,适用五级超额累进税率,仅征收个人所得税
公司制企业	须缴纳企业所得税,税后利润向个人投资者分配股息、红利,须按 20%的税率代扣其股息、红利所得的个人所得税

可见,公司制企业由于涉及双重征税,其总体税负要高于个人独资企业、合伙企业。所以企业在设立之初,应充分考虑税基、税率和税收优惠政策等多种因素,进行企业类型的筹划选择。

【案例 7-2】 某企业预计每年可获盈利 500 000 元,企业在设立之初有以下两个方案可供选择:

方案一　有五个合伙人,每人出资 100 000 元,订立合伙协议,设立合伙企业。

方案二　设立有限责任公司,注册资本 500 000 元。

案例分析:

以上两个方案的纳税情况如下:

方案一　五个合伙人每人需缴纳个人所得税 20 250(500 000÷5×30％－9 750)元,五个合伙人合计纳税 101 250(20 250×5)元。

方案二　假设公司税后利润全部作为股利平均分配给五个投资者,则公司需缴纳企业所得税 125 000(500 000×25％)元,五个股东每人还需缴纳个人所得税 15 000〔(500 000－125 000)÷5×20％〕元,共计 75 000(15 000×5)元。两税合计 200 000 元。

可见,成立公司制企业比设立个人独资、合伙企业多承担所得税 98 750(200 000－101 250)元。

在进行企业组织形式的选择时,考虑到企业所得税实行比例税率,一般企业的最低税率就达到 20％,而个人所得税法对"个体工商户生产、经营所得"实行超额累进税率,35％已经是其适用的最高税率,因此,企业规模越小,采用自然人企业组织形式时税收负担越小,相对税后收益越大。总而言之,如果仅从税收负担和税后收益的角度考虑,采用自然人企业组织形式是比较可取的。但在选择企业组织形式时,要注意以下三点:

(1)根据我国个人所得税法及其实施细则的规定,合伙企业投资者应得的收益,无论是实际获得还是保留在合伙企业中未进行分配,都应当依法计缴个人所得税;而公司制企业投资者只在分得股息、红利时才计算缴纳个人所得税。因此采取公司制企业的形式,具有递延纳税的作用。

(2)我国企业所得税法对企业亏损弥补做了如下的规定:一般企业发生年度亏损的,可以用下一年度的所得弥补;下一年度所得不足弥补的,可以逐年弥补,但延续弥补期最长不得超过五年。而对于个人独资企业和合伙企业则没有相应的规定。因此,对于赢利波动性较大的企业,采取公司制企业形式,可以使不同年度的盈亏相抵,从而降低应纳税所得额,进而在一定程度上减轻税负。

(3)本案例仅从税收负担和税收收益的角度考虑如何选择企业组织形式的问题,在现实中还要考虑风险等因素。如法律规定合伙企业投资者对合伙企业债务承担无限连带责任,若投资于高风险行业,采用公司制企业形式,则可以化解企业风险、稳定投资收益。此外,公司制企业在筹资、市场营销等方面具有合伙企业不可比拟的优越性。

知识链接:

企业组织形式类型介绍:

(1)个人独资企业

个人独资企业又称业主制企业,是以自己的名义执行企业业务,并以个人全部财产对企业经营的后果负责,对企业债务承担无限责任,由出资者独立经营的经济实体。

法律特征:
①由自然人投资设立;
②企业财产全部归投资者个人所有,投资人承担无限责任。

设立条件:
①投资人是自然人而非法人;
②企业名称中不能出现"有限""有限责任""公司"字样;
③出资由投资人申报,其出资额、出资方式由出资人自行决定;
④有固定的生产经营场所和必要的生产经营条件;
⑤有必要数量的从业人员。

涉税规定:2000年1月1日起,个人独资企业和合伙企业不需缴纳企业所得税,只缴纳个人所得税(就投资者的经营所得),流转税和其他税收按照相应规定缴纳。

(2)合伙企业

合伙企业是由两个或两个以上的出资者共同经营的企业,每个合伙人以本人名义执行企业业务,共同分享企业利润,以个人全部资产对企业债务承担无限责任,且相互间承担连带责任。

法律特征:
①合伙方签订合伙协议;
②共享共担企业的权利和义务;
③共同承担无限连带责任。

设立条件:
①必须有两个或两个以上的合伙人;
②合伙人是能够依法承担无限责任者;
③须有书面合伙协议;
④企业名称中不能出现"有限""有限责任""公司"字样;
⑤有生产经营场所及用于生产经营的必要设备。

涉税规定:同业主制。

需要说明的是,只有个人独资企业和合伙企业负无限责任时,才缴纳个人所得税,如果是有限责任的公司和企业,则应缴纳企业所得税,投资者取得的税后利润分配额,还应缴纳个人所得税。

(3)公司制企业

公司制企业是多人出资组建的企业,其基本特征是建立法人财产制,强调出资人对企业经营的有限责任,是依照法律程序设立的以营利为目的的社团法人,是独立的民事主体。具体类型及涉税规定见表7-4:

表7-4　　　　　　　　　　公司制企业类型及涉税规定

类型	有限责任公司	股份有限公司	母子公司	总分公司
设立条件	由2~50个股东共同出资设立	由法定人数的股东依法成立,全部资本划分为等额股份	母公司是持有其他公司一定比例以上的股份从而能够对其他公司进行控制的公司;被母公司所控股的公司则是子公司	总公司是指全资设立不定数量、不具法人资格的分支营业机构的公司;附属于总公司不能独立承担民事责任的分支机构为分公司(也称常设机构)

(续表)

类型	有限责任公司	股份有限公司	母子公司	总分公司
法律特征	股东以出资额为限对公司承担有限责任；不能公开募集资本；不能发行股票	股东以其所持股份对公司债务承担责任；股份等额，且以股票形式体现	母子公司都是独立的企业法人，均可承担民事责任，子公司在设立地负全面纳税义务	总公司具有独立法人资格，分公司不具有独立性，负有限纳税义务，其利润、亏损与总公司合并计算
涉税规定	适用于税法体系中有关的实体法和程序法，并符合法律规定程序的优惠政策			

2. 设立分支机构时在子公司和分公司之间选择的纳税筹划

子公司和分公司的税收利益存在着较大差异，公司在选择企业组织形式时应细心比较、统筹考虑、正确筹划。子公司与分公司的法律界定与纳税义务区别见表 7-5。

表 7-5　子公司与分公司的法律界定与纳税义务区别

子公司	分公司
(1)在东道国只负有限的债务责任； (2)子公司向母公司报告企业成果只限于生产经营活动方面，而分公司则要向总公司报告全面情况； (3)子公司是独立法人，其所得税计征独立进行；子公司可享受东道国给其居民公司包括免税期在内的税收优惠待遇，而分公司由于是作为企业的组成部分之一派往国外，东道国大多不愿为其提供更多的优惠； (4)东道国适用税率低于居住国时，子公司的累积利润可得到递延纳税的好处； (5)子公司利润汇回母公司要比分公司灵活得多，这等于母公司的投资所得、资本利得可以持留在子公司，或者可选择税负较轻的时候汇回，得到额外的税收利益； (6)许多国家对子公司向母公司支付的股息规定减征或免征预提税	(1)分公司一般便于经营，对财务会计制度的要求也比较简单； (2)分公司承担的成本费用可能要比子公司节省； (3)分公司不是独立法人，只就流转税在所在地缴纳，对利润所得由总公司合并纳税；在经营初期，分公司往往出现亏损，但其亏损可以冲抵总公司的利润，减轻税收负担； (4)分公司交付给总公司的利润通常不必缴纳预提税； (5)分公司与总公司之间的资本转移，因不涉及所有权变动，不必负担税收

具体筹划思路是：在开办初期，下属企业可能发生亏损，设立分公司可以与总公司合并报表冲抵总公司的利润，减少应税所得，少缴所得税。而设立子公司就得不到这一项好处。但如果下属企业在开设后不长时间内就可盈利或能很快扭亏为盈，那么设立子公司就比较适宜，既可以享受作为独立法人经营的便利，又可以享受未分配利润递延纳税的好处。在企业的经营、运作过程中，随着整个集团或下属企业的业务发展，盈亏情况的变化，总公司仍有必要通过资产的转移、兼并等方式，对下属分支机构进行调整，以获得更多的税收利益。分支机构组织形式的筹划选择见表 7-6。

表 7-6　分支机构组织形式的筹划选择

分支机构预期经营情况	分支机构组织形式	理由
初创阶段较长时间无法盈利	分公司	利用公司扩张成本冲抵总公司利润，实现节税
扭亏为盈迅速	子公司	享受东道国税法中的优惠政策
设立在低税国或低税区	子公司	转移高税区相关公司的利润，达到国际避税效果（注意签订国际税收协定）

【案例 7-3】　茂业公司拟在外地设立两家分支机构 A、B，在综合考虑分支机构预期盈亏的前提下，从企业所得税税负最小化出发，对于设立地区和设立分支机构的形式设计了以下三种方案：

方案 1　预期分支机构出现亏损时,设立分公司和子公司的利弊比较。

当外地分支机构发生亏损时,设立分公司比设立子公司整体税负水平低。假设:茂业公司在外地设立 A、B 两家分支机构,设立当年茂业公司总部实现利润 1 000 万元,其 A 公司实现利润 100 万元,B 公司亏损 150 万元。测算见表 7-7。

表 7-7　　　　外设分、子公司税率相同出现亏损时整体所得税税负比较　　　　单位:万元

项目	当年利润	设立分公司应纳税额	设立子公司应纳税额	子公司比分公司多缴税
茂业公司	1 000	250	250	0
A 公司	100	25	25	0
B 公司	−150	−37.5	0	37.5
合计		237.5	275	37.5

如表 7-7 所示,如果 A、B 分支机构设立为分公司的形式,假设茂业公司所在地和 A、B 两分支机构所在地适用的企业所得税税率均为 25%。由于 A、B 分公司不是独立法人,对其利润所得由茂业公司合并纳税。其中 B 分公司出现了 150 万元的亏损,按照税法规定,可以冲抵总公司的利润。应纳税额为:

$(1\,000+100-150)\times 25\% = 237.5$ 万元

如把 A、B 分公司改设为子公司,则子公司需以独立法人身份独立计税。

茂业公司应纳所得税 $=1\,000\times 25\% = 250$ 万元

A 子公司应纳所得税 $=100\times 25\% = 25$ 万元

B 子公司应纳所得税 $=0$(亏损 150 万元,不需缴纳企业所得税)

公司总体税负 $=250+25=275$ 万元

可见,当分支机构出现亏损时,母子公司高出总分公司税负 37.5(275−237.5)万元。

但如果公司总部与分支机构适用的所得税税率不同,则上述情况又会发生变化。

方案 2　当分支机构盈利时,设立分公司和子公司的利弊比较。

当外地分支机构都盈利时,设立分公司与设立子公司整体纳税水平相同。如果预期 B 公司盈利 100 万元。茂业公司规定,子公司税后利润的 50%汇回总部,50%自己留用。测算见表 7-8。

表 7-8　　　　外设分、子公司税率相同且盈利时整体所得税税负比较　　　　单位:万元

项目	当年利润	设立分公司应纳税额	设立子公司应纳税额	子公司比分公司多缴税
茂业公司	1 000	250	250	0
A 公司	100	25	25	0
B 公司	100	25	25	0
合计		300	300	0

由表 7-8 可以看出,当分支机构与总机构税率相同且都盈利时,分公司与子公司的税负相等。

方案 3　当分支机构盈利、税率与公司总部有差异时,设立分公司和子公司的利弊比较。

如果茂业公司将 A、B 两分支机构设在低税区,适用税率为 15%,而茂业公司所在地企业所得税税率为 25%,盈利和利润汇回情况相同。测算见表 7-9。

表 7-9　　　外设分、子公司盈利且税率不同时整体所得税税负比较　　　单位：万元

项目	当年利润	设立分公司应纳税额	设立子公司应纳税额	子公司比分公司多缴税
茂业公司	1 000	250	258.5	8.5
A 公司	100	25	15	－10
B 公司	100	25	15	－10
合计		300	288.5	－11.5

如表 7-9 所示，若将 A、B 分支机构设立为子公司，则：

茂业公司应纳所得税＝1 000×25％＝250 万元

A 子公司应纳所得税＝100×15％＝15 万元

B 子公司应纳所得税＝100×15％＝15 万元

茂业公司分回子公司利润额＝(100－15)×50％×2＝85 万元

分回利润应补税额＝85×(25％－15％)＝8.5 万元

公司整体税负＝250＋15＋15＋8.5＝288.5 万元

若将子公司改设为分公司，则公司总体应纳税额为：

(1 000＋100＋100)×25％＝300 万元

可见，当分支机构盈利且适用税率不同时，设立子公司比分公司整体节约税金 11.5(300－288.5)万元。

设立子公司和分公司各有利弊。企业应在综合考虑分支机构预期盈亏的前提下，从企业所得税税负最小化出发，对分支机构设立地区和设立形式进行科学设计，同时也应该注意可能存在的筹划风险。

3. 外资在中国境内设立营业机构的筹划

外资若在中国境内设立为具有法人资格的企业，包括中外合资企业、中外合作企业和外资企业，就会成为中国的居民企业纳税人，对在中国境内注册的企业的境内、境外所得全部在中国纳税；若设立为外国企业的分支机构，就是中国的非居民企业纳税人，其纳税义务就会不同，仅就其来源于中国境内的所得以及发生在中国境外但与其所设机构、场所有实际联系的所得，缴纳企业所得税。因此，外资在中国设立营业机构也有纳税筹划的空间。

第二节　　税率的筹划

一、企业所得税税率的法律法规解读

《企业所得税法》第四条规定，我国企业所得税的基本税率为 25％。另设两档优惠税率：20％和 15％。20％优惠税率主要适用于以下两种情况：(1)所得税法第三条第三款提到的在中国境内未设立机构、场所，或者虽设立机构、场所但取得的所得与其所设机构、场所没有实际联系的非居民企业，应当就其来源于中国境内的所得适用 20％的优惠税率缴纳企业所得税；(2)所得税法第二十八条规定，符合条件的小型微利企业，减按 20％的税率征收企

业所得税。对小型微利企业年应纳税所得额不超过100万元的部分,减按25%计入应纳税所得额,按20%的税率缴纳企业所得税;对年应纳税所得额超过100万元但不超过300万元的部分,减按50%计入应纳税所得额,按20%的税率缴纳企业所得税。所得税法第二十八条同时也规定国家需要重点扶持的高新技术企业,减按15%的优惠税率征收企业所得税。

知识链接:

符合条件的小型微利企业和国家需要重点扶持的高新技术企业的判定

1. 符合条件的小型微利企业的判定

从事国家非限制和禁止行业,且同时符合年度应纳税所得额不超过300万元,从业人数不超过300人,资产总额不超过5 000万元,即可认定为小型微利企业,适用20%的税率计缴企业所得税。

2. 国家需要重点扶持的高新技术企业的判定

科技部、财政部、国家税务总局联合发布的《高新技术企业认定管理办法》规定,国家需要重点扶持的高新技术企业须同时满足以下六个条件:

(1)在中国境内(不含港、澳、台地区)注册的企业,近三年内通过自主研发、受让、受赠、并购等方式,或通过五年以上的独占许可方式,对其主要产品(服务)的核心技术拥有自主知识产权。

(2)产品(服务)属于《国家重点支持的高新技术领域》规定的范围。

(3)具有大学专科以上学历的科技人员占企业当年职工总数的30%以上,其中研发人员占企业当年职工总数的10%以上。

(4)企业为获得科学技术(不包括人文、社会科学)新知识,创造性运用科学技术新知识或实质性改进技术、产品(服务)而持续进行了研究开发活动,且近三个会计年度的研究开发费用总额占销售收入总额的比例符合要求。

(5)高新技术产品(服务)收入占企业当年总收入的60%以上。

(6)企业研究开发组织管理水平、科技成果转化能力、自主知识产权数量、销售与总资产成长性等指标符合《高新技术企业认定管理工作指引》(另行制定)的要求。

可见,企业所得税税率的筹划主要是利用好优惠税率政策。

二、税率的筹划思路、案例与解析

1. 具备条件的企业应创造条件努力向高新技术企业发展,把握税法的优惠税率政策

【案例7-4】 某企业成立于2018年,2023年该企业具备成为国家需要重点扶持的高新技术企业的其他五个条件,只是第三个条件未满足,即具有大学专科以上学历的科技人员有40人,占企业当年职工总数(100人)的30%以上,其中研发人员9人,占企业当年职工总数不足10%。该企业2023年预计应纳税额为600万元。请对其进行纳税筹划。

案例分析:

通过案例可知,该企业仅仅不满足研发人员的比例条件。这样可通过招聘再增加2名研发人员,即可符合研发人员占企业当年职工总数的10%以上的条件。由此可申请成为国家需要重点扶持的高新技术企业。

如果该企业不采取任何措施,则:

应纳企业所得税=600×25%=150万元

如该企业当年招聘增加了2名研发人员,则研发人员占企业当年职工总数达到了10%以上。由此可申请成为国家需要重点扶持的高新技术企业。则:

应纳企业所得税=600×15%=90万元

通过筹划,企业可获得60万元的节税收益。因此,企业应结合自身实际情况,努力创造条件成为国家需要重点扶持的高新技术企业。

筹划点评:

此种筹划方法不仅没有纳税风险,而且通过享受优惠政策中的低税率,会给企业带来节税收益。

2. 小型微利企业应注意把握所得税实施条例对小型微利企业的认定条件,掌握企业所得税率临界点的应用

【案例7-5】 通达公司从事交通运输业务,资产总额为2 700万元,从业人员160人。2022年该公司的税务审计显示其年度应纳税所得额为301万元,所以该公司不符合小型微利企业的标准,应按25%的基本税率缴纳所得税。同时,已知该公司有大量联运业务。请问通达公司应如何进行相应的纳税筹划?

案例分析:

通达公司是从事交通运输业务的非工业企业,其小型微利企业身份的认定条件是年度应纳税所得额不超过300万元,从业人数不超过300人,资产总额不超过5 000万元。我们可以看出,通达公司之所以不能被认定为小型微利企业,原因仅在于其年度应纳税所得额比认定标准多出1万元。如果能结合公司的业务特点,将应纳税所得额进行压缩,还是有机会被认定为小型微利企业的。

如果通达公司不采取任何措施,则应纳企业所得税为:301×25%=75.25万元

税后利润为:301-75.25=225.75万元

由于通达公司有大量联运业务,如果公司和其联运公司协商,通过合理安排相互之间业务往来以增加对其联运公司的支付额,或提前在2022年多采购1万元的企业日常经营用品作为费用类项目在税前扣除,使得应纳税所得额减少到300万元,则符合小型微利企业的标准。筹划后应纳企业所得税为:100×25%×20%+200×50%×20%=25万元

税后利润为:300-25=275万元

通达公司通过筹划使得应纳企业所得税减少450.25(75.25-25)万元,企业的税后利润增加49.25(275-225.75)万元。需要注意的是,如果实际应纳税所得额超出认定标准数额较多,则上述筹划操作容易有多列费用、少计收入之嫌,就会产生筹划风险。

因此,此案例筹划操作主要是对企业所得税率临界点的应用。当处于税率等级边沿时,纳税人应尽量降低应纳税所得额,或推迟收入实现,或增加扣除额,以适用较低的税率级次,避免不必要的税款支出。

现实中,应纳税所得额正好在300万元左右的情况毕竟是少数,但本案例提供的纳税筹划思路值得借鉴。

第三节　计税收入的筹划

一、企业所得税计税收入的法律法规

《企业所得税法》第五条规定：企业每一纳税年度的收入总额，减除不征税收入、免税收入、各项扣除以及允许弥补的以前年度亏损后的余额，为应纳税所得额。其中，收入总额包括九大类收入，分别为销售货物收入；提供劳务收入；转让财产收入；股息、红利等权益性投资收益；利息收入；租金收入；特许权使用费收入；接受捐赠收入；其他收入。《企业所得税法》第七条规定：不征税收入是指收入总额中的财政拨款；依法收取并纳入财政管理的行政事业性收费、政府性基金；国务院规定的其他不征税收入三项。《企业所得税法》第二十六条也界定了企业的四项免税收入：分别为国债利息收入；符合条件的居民企业之间的股息、红利等权益性投资收益；在中国境内设立机构、场所的非居民企业从居民企业取得与该机构、场所有实际联系的股息、红利等权益性投资收益；符合条件的非营利性组织的收入。

可以看出，企业所得税的纳税人取得的收入是多方面的，既有主营业务收入，也有其他业务收入；既有计税收入，也有不征税收入和免税收入。对企业所得税的纳税筹划来说，计税收入的纳税筹划至关重要。

对于计税收入的筹划，同理于前述流转税的筹划原理，通过筹划达到压缩应税收入额、推迟应税收入的确认时间以降低当期应税所得额的目的。

二、收入确认时间的筹划

销售收入确认方式的不同为纳税筹划提供了空间。不同销售方式的收入确认时间见表 7-10。

表 7-10　　　　　　　　　不同销售方式的收入确认时间

销售方式	收入确认时间
直接收款	以收到销货款项或取得索取销货款项凭据，并将提货单交给买方的当天为收入确认时间
赊销和分期收款	均以合同约定的收款日期为收入确认时间
订货销售和分期预收货款	待交付货物时确认收入

纳税人可根据企业实际情况，通过合理安排收入确认时间，实现递延纳税的筹划收益，获取资金的时间价值。

【案例 7-6】　浩运机械厂某月发生销售业务 10 笔，共计销售额 2 500 万元。其中有 8 笔业务货款已付清，总计 2 000 万元；一笔 200 万元的销售收入可以在两年后一次付清；另一笔 300 万元的销售收入在未来三年内每年支付 100 万元。该机械厂若在操作上全部采用直接收款方式，在提货时开具全部的发票和提货单，则应在本月全部计算销售额，其应纳所得税为：2 500×25％＝625 万元。

该机械厂如果针对未收到的 500 万元销售收入分别采用赊销和分期收款方式结算,在合同上注明收款日期,在实际收到货款时开具发票,则可以分期核算销售收入,延缓纳税时间。应纳所得税及延缓纳税天数如下:

200×25%＝50 万元,延缓纳税天数 720 天;

100×25%＝25 万元,延缓纳税天数 360 天;

100×25%＝25 万元,延缓纳税天数 720 天;

100×25%＝25 万元,延缓纳税天数 1 080 天。

在假定年利率为 6% 的条件下,则:

可节约的资金时间价值＝$50×(1+6\%)^2+25×(1+6\%)^1+25×(1+6\%)^2+25×(1+6\%)^3-(50+25×3)$＝15.55 万元

通过这一案例可以看出,在采用直接收款方式无法及时收到货款的情况下,通过合同约定采用赊销或分期收款方式结算,可以为纳税人节约流动资金,为纳税人获取资金的时间价值。

三、投资收益的筹划

(一)法律法规规定

企业取得的国债利息收入免征企业所得税,如果购买的是国家重点建设债券、金融债券或企业债券,其取得的利息收入则应缴纳企业所得税。

(二)筹划思路

企业如有资金准备投资于债券,应在一般债券利率较高、风险较大且要缴纳企业所得税与国债利率较低、风险低但免征企业所得税之间进行权衡。在收益率大致相当的情况下,尽可能选择购买国债。但如果应税债券与免税债券的利息差超过了应税债券利息应缴纳的企业所得税额,则应选择购买应税债券。

【**案例 7-7**】 某公司打算 2023 年用 300 万元资金进行债券投资,有以下两种方案可供选择:一是购买票面年利率 5.6% 的企业债券;二是购买年利率为 4.8% 的国债。假定不考虑风险和流动性的差异,从税后收益的角度出发,应选择哪个方案?

案例分析:

两种投资方案的利息差＝300×(5.6%−4.8%)＝2.4 万元

方案一　购买企业债券

利息收入＝300×5.6%＝16.8 万元

应纳企业所得税＝16.8×25%＝4.2 万元

税后收益＝16.8−4.2＝12.6 万元

方案二　购买国债

利息收入＝300×4.8%＝14.4 万元

税后收益＝14.4 万元

由于国债利息收入免征所得税,其收入即等于税后收益,而其他债券只有扣除各种税收以后才是纳税人的税后收益。因此选择方案二。

【案例 7-7】中,如果两种债券利息差发生变化,则情况会有所不同。假设企业债券年利率为 6.5%,国债利率不变。则

利息差 = 300×(6.5% − 4.8%) = 5.1 万元

购买企业债券应纳企业所得税 = 300×6.5%×25% = 4.875 万元

税后收益 = 19.5 − 4.875 = 14.625 万元

购买国债利息收益 = 300×4.8% = 14.4 万元

税后收益 = 14.4 万元

因此,应税债券与免税债券的利息差超过了应税债券利息应缴纳的企业所得税税额(5.1＞4.875),选择购买应税债券。

四、关联企业之间收入的筹划

我国税法所指的关联企业,是指与企业有以下关系之一的公司、企业和其他经济组织:(1)在资金、经营、购销等方面,存在直接或者间接的拥有控制关系;(2)直接或者间接地同为第三者所拥有或者控制;(3)其他在利益上相关联的关系。关联企业的特质在于是基于特定的经济目的,具有独立法人资格的企业由多种联系纽带联结而成的企业之间的联合体。

(一)法律法规规定

关联企业之间的交易,应按照独立企业之间的业务往来收取或者支付价款、费用。否则,税务机关可以进行合理的调整。

但在竞争激烈的市场环境下,价格的正常浮动可在很大程度上影响纳税人的应税所得额。

(二)筹划思路

(1)在税率存在差异的前提下,关联企业间通过购销业务转移利润。即高税率一方通过高价买进低价卖出减少应税所得额,低税率或享受减免税一方通过低价买进高价卖出增加应税所得额,实现整体税负的减少,实现更多的税后利润。

【案例 7-8】甲公司和乙公司为关联公司,甲公司主要生产汽车发动机,乙公司主要生产整车。甲公司产品主要供应乙公司生产需要。2022 年度甲公司出售给乙公司发动机 3 000 台,每台售价为 2 万元,应税所得额为 6 000 万元,乙公司应税所得额为 1 500 万元,甲公司所得税税率为 25%,乙公司为 15%,甲、乙公司的应纳企业所得税分别为 1 500 万元和 225 万元,关联公司合计应纳企业所得税 1 725 万元,是否有节税方案?

假设甲、乙公司采用转移定价手段转移利润的筹划方法,将发动机每台降价 1 000 元销售,定为市场正常浮动范围内的 19 000 元/台,则:

甲公司应税所得额 = 6 000 − 0.1×3 000 = 5 700 万元

乙公司应税所得额 = 1 500 + 0.1×3 000 = 1 800 万元

甲公司应纳企业所得税 = 5 700×25% = 1 425 万元

乙公司应纳企业所得税＝1 800×15％＝270万元

关联公司合计应纳企业所得税1 695万元,实现节税收益30(1 725－1 695)万元。

需要注意的是,交易价格不能过于偏离市场价格。

(2)通过借贷资金利息转移利润。对于没有直接购销业务的关联企业,可通过借贷资金利息转移利润。税法规定,借款的总额和费用的列支上限为注册资本的50％以及金融机构同期同类贷款利率。

【案例7-9】 假设甲、乙两个公司通常情况下没有购销业务往来,两公司的注册资本均为11 000万元。2022年度甲公司应税所得额为6 000万元,乙公司应税所得额为1 500万元,甲公司所得税税率为25％,乙公司为15％,两公司应纳企业所得税分别为1 500万元和225万元,关联公司合计应纳企业所得税1 725万元。由于两公司之间没有购销关系,不能通过转移定价方法进行纳税筹划。是否还有其他节税方法?

案例分析:

假设当年甲公司向乙公司借款5 000万元,年利率为6％,这一利率不高于银行同期同类贷款利率,也没有超过注册资本的50％的限定,则:

甲公司向乙公司支付利息＝5 000×6％＝300万元

甲公司应税所得额＝6 000－300＝5 700万元

甲公司应纳企业所得税＝5 700×25％＝1 425万元

乙公司应纳企业所得税＝225＋300×15％＝270万元

关联公司合计应纳所得税1 695万元,实现节税收益30(1 725－1 695)万元。

由此可见,关联企业之间转移利润的方式是多种多样的。

第四节 成本费用扣除的筹划

《企业所得税》第八条明确规定,企业实际发生的与取得收入有关的、合理的支出,包括成本、费用、税金、损失和其他支出,准予在计算应税所得额时扣除。企业所得税的纳税人可充分利用成本费用扣除的各种规定进行必要的筹划操作。

一、存货计价方法的筹划

存货计价是指在缴纳所得税时对存货发出的价值计算,存货计价是否正确得当,直接影响当期销售成本,从而影响当期和以后各期的企业利润和应税所得额。

知识链接:

存货计价的会计核算方法

1.先进先出法

先进先出法是假设先入库先发出,每次发货时,先按第一批购入该种存货的单价计算,超出部分再按第二批购入该种存货单价计算,以此类推。

2. 加权平均法

加权平均法是以月初结存的存货实际成本与全月收入该种存货实际成本之和除以月初结存该种存货数量与全月收入该种存货数量之和,求得平均单价。这种平均单价每月计算一次。其计算公式如下:

某种存货平均单价=(月初结存的存货实际成本+全月收入该种存货实际成本)/(月初结存该种存货数量+全月收入该种存货数量)

发出存货实际成本=该种存货平均单价×本月发出该种存货数量

3. 移动加权平均法

移动加权平均法是以上次结存的存货实际成本与本次收入该种存货实际成本之和,除以上次结存该种存货数量与本次收入该种存货数量之和,求得该种存货平均单价。这实际上也是一种加权平均法,但这种平均单价,每购进一次存货,就要计算一次,其计算公式如下:

某种存货平均单价=(上次结存该种存货实际成本+本次收入该种存货实际成本)/(上次结存该种存货数量+本次收入该种存货数量)

发出存货实际成本=该种存货平均单价×发出该种存货数量

一般情况下,企业通过选择存货计价方法进行纳税筹划时,要考虑物价波动因素以及企业所处的具体环境。

(一)针对物价波动因素的企业所得税纳税筹划

现实中,材料的价格并非稳定不变,材料价格波动时存货计价方法的纳税筹划见表7-11。

表 7-11　　　　　　　　材料价格波动时存货计价方法的纳税筹划

材料价格波动趋势	存货计价方法选择	期末存货成本	本期销售成本	应纳税所得额	所得税额
下跌	先进先出法	降低	提高	相对减少	减少
上下波动	加权平均法 移动加权平均法	相对稳定	相对稳定	相对稳定	各期均衡

(二)针对企业所处具体环境的所得税纳税筹划

一般而言,从长久趋势来看,材料价格是上涨的,企业处于所得税不同时期的存货计价方法是不同的。

综合上述两种情况,存货计价方法的筹划思路可概括为以下三点:

(1)对于盈利企业,由于存货成本可最大限度地在本期所得额中税前抵扣,因此,应选择能使本期成本最大化的计价方法。在通货紧缩、材料价格下跌时,应选择先进先出法。

(2)对于亏损企业,计价方法的选择应与亏损弥补情况相结合,选择的计价方法必须使不能得到或不能完全得到税前弥补的亏损年度的成本费用降低,使成本费用延迟到以后能够完全得到抵补的时期,保证成本费用的抵税效果得到最大限度的发挥。

(3)对于享受税收优惠的企业,如果正处于优惠期内,就意味着企业获得的利润越多,其得到的减免税额就越高,因此,应选择优惠期内成本最小化的存货计价方法。减少存货费用的当期摊入,扩大当期利润。相反,处于非税收优惠期间时,应采用存货成本最大化的计价方法,尽量扩大当期存货费用,以减少当期利润,实现节税。

【案例 7-10】 某企业 2022 年 5 月和 10 月先后购进数量和品种相同的货物两批，进货价格分别为 1 200 万元和 1 600 万元。该企业于 2022 年 10 月出售这些货物的一半，出售价格为 1 700 万元，适用的企业所得税税率为 25%，不考虑其他因素，则不同的存货计价方法对所得税的影响见表 7-12。

表 7-12 存货计价方法对所得税的影响 单位：万元

项目	方法	
	先进先出法	加权平均法
销售收入	1 700	1 700
销售成本	1 200	1 400
销售利润	500	300
所得税额	125	75
税后净利	375	225

由表 7-12 可见，加权平均法总体上比较均衡，在物价变动趋势一定的情况下，加权平均法优于先进先出法。如物价趋于下跌，则先进先出法优于加权平均法。

注意：纳税人的存货计价方法一经确定，不得随意改变，如确需改变的，应在下一纳税年度开始前报主管税务机关批准。

二、固定资产折旧的纳税筹划

《企业所得税法》第十一条规定，在计算应税所得额时，企业按照规定计算的固定资产折旧，准予扣除。但下列固定资产不得计算折旧扣除：房屋、建筑物以外未投入使用的固定资产；以经营租赁方式租入的固定资产；以融资租赁方式租出的固定资产；已足额提取折旧仍继续使用的固定资产；与经营活动无关的固定资产；单独估价作为固定资产入账的土地；其他不得计算折旧扣除的固定资产。

固定资产价值是通过折旧形式转移到成本费用之中的，折旧额的多少取决于固定资产的计价、折旧年限和折旧方法。

(一)固定资产计价的筹划处理

税法细则规定固定资产的计价按下列原则进行筹划处理：

(1)建设单位交付完工的固定资产，根据建设单位交付使用的财产清册中所确定的价值计价。

(2)自制、自建的固定资产，在竣工使用时按实际发生的成本计价。

(3)购入的固定资产，按购入价加上发生的包装费、运杂费、安装费以及缴纳税金后的价值计价。从国外引进的设备按设备的买价加上进口环节的税金、国内运杂费、安装费等后的价值计价。

(4)以融资租赁方式租入的固定资产，按照租赁协议或者合同确定的价款加上运输费、途中保险费、安装调试费以及投入使用前发生的利息支出和汇兑损益等后的价值计算。

(5)接受赠与的固定资产，按发票所列金额加上由企业负担的运输费、保险费、安装调试费等确定；无所附发票的，按同类设备的市价确定。

(6)盘盈的固定资产，按同类固定资产的重置完全价值计价。

(7)接受投资的固定资产，应当按该资产折旧程度，以合同、协议确定的合理价格或评估确认的价格确定。

(8)在原有固定资产基础上进行改扩建的，按照固定资产的原价，加上改扩建发生的支出，减去改扩建过程中发生的固定资产变价收入后的金额确定。

纳税人可利用固定资产计价范围进行纳税筹划，具体如图7-1所示。

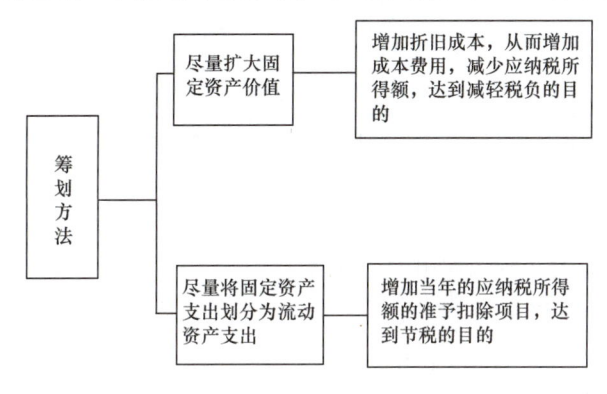

```
                    ┌─尽量扩大固──增加折旧成本，从而增加
                    │  定资产价值   成本费用，减少应纳税所
                    │              得额，达到减轻税负的目
      筹划方法──────┤              的
                    │
                    └─尽量将固定资产──增加当年的应纳税所得
                       支出划分为流动   额的准予扣除项目，达
                       资产支出         到节税的目的
```

图7-1　固定资产计价范围的纳税筹划

(二)折旧年限、折旧方法的筹划选择

1.折旧年限的筹划选择

固定资产折旧年限取决于其能够使用的年限，它是一个估计的经验值，包含了人为的成分，因而为纳税筹划提供了可能性。一般筹划思路是，采用缩短折旧年限的方法，以加速成本回收，使后期成本费用前移，从而使前期会计利润后移，在税率不变的情况下，可以使企业所得税递延缴纳。但如果企业享受开办初期的减免税或低税率优惠，则缩短折旧年限会将折旧费提前到免税或低税期间实现，减少了免税或低税期间的所得额，反而使享受税收优惠的范围缩小。

【案例7-11】某物流公司有运输车辆100台，每台价值20万元，残值按原价的5%估算，预计使用年限为8年。该公司按直线法计提折旧，企业所得税税率为25%。该公司的资金成本为10%。则年计提折旧额计算如下：

年折旧额＝100×200 000×(1－5%)÷8＝2 375 000元

如果该公司将折旧年限缩短为5年，则：

年折旧额＝100×200 000×(1－5%)÷5＝3 800 000元

两种折旧年限下年折旧额相差1 425 000(3 800 000－2 375 000)元，即5年折旧期与8年折旧期相比，前5年每年少缴纳企业所得税356 250(1 425 000×25%)元。具体数据见表7-13。

表7-13　　　　　　　　不同折旧年限下的所得税差异　　　　　　　　单位:元

时间	8年期的年折旧额	5年期的年折旧额	折旧额每年相差	应纳企业所得税每年相差
第一年	2 375 000	3 800 000	1 425 000	－356 250
第二年	2 375 000	3 800 000	1 425 000	－356 250

(续表)

时间	8年期的年折旧额	5年期的年折旧额	折旧额每年相差	应纳企业所得税每年相差
第三年	2 375 000	3 800 000	1 425 000	−356 250
第四年	2 375 000	3 800 000	1 425 000	−356 250
第五年	2 375 000	3 800 000	1 425 000	−356 250
第六年	2 375 000	0	−2 375 000	593 750
第七年	2 375 000	0	−2 375 000	593 750
第八年	2 375 000	0	−2 375 000	593 750
合计	19 000 000	19 000 000	0	0

结论：第一，两种年限下总的应纳企业所得税是相等的；第二，考虑到资金的时间价值，缩短折旧年限对公司更为有利。值得注意的是，缩短折旧年限要注意"度"，不能突破税法关于折旧年限的最低要求。

知识链接： 固定资产折旧年限的法律界定

除国务院财政、税务主管部门另有规定外，固定资产计算折旧的最低年限为：

(1) 房屋、建筑物为20年。

(2) 火车、轮船、机器、机械和其他生产设备为10年。

(3) 与生产经营活动有关的器具、工具、家具等，为5年。

(4) 飞机、火车和轮船以外的运输工具，为4年。

(5) 电子设备为3年。

如果企业享受开办初期的减免税或低税率优惠，则情况又会有所不同。

【案例7-12】 某路桥建设公司主要从事公路等基础设施项目建设，现拥有固定资产2 000万元，按国家政策规定，该公司享受"三免三减半"税收优惠，则每年的折旧额和应纳所得税情况见表7-14。

表7-14　　　　　　　　折旧额与所得税　　　　　　　　单位：元

时间	8年期的年折旧额	5年期的年折旧额	折旧额每年相差	应纳企业所得税每年相差
第一年	2 375 000	3 800 000	1 425 000	0
第二年	2 375 000	3 800 000	1 425 000	0
第三年	2 375 000	3 800 000	1 425 000	0
第四年	2 375 000	3 800 000	1 425 000	−178 125
第五年	2 375 000	3 800 000	1 425 000	−178 125
第六年	2 375 000	0	−2 375 000	296 875
第七年	2 375 000	0	−2 375 000	593 750
第八年	2 375 000	0	−2 375 000	593 750
合计	19 000 000	19 000 000	0	1 128 125

结论：在税收优惠年度内，折旧费用越少，利润就越多，可以充分享受减免税政策。筹划时应尽可能降低这一期间的折旧费。在本案例中，按8年计提折旧反而对企业更加有利。

2.固定资产折旧方法的筹划选择

税法规定,一般情况下纳税人可扣除的固定资产计算应该采取直线折旧法,只有当企业固定资产出于技术进步等原因,确需加速折旧的,才可采取加速折旧法。

知识链接:

固定资产折旧方法

(1)平均年限法(直线法)

年折旧率=(1-预计净残值率)÷预计使用寿命(年)×100%

月折旧额=固定资产原价×年折旧率÷12

(2)双倍余额递减法

年折旧率=2÷预计使用寿命(年)×100%

月折旧额=固定资产净值×年折旧率÷12

(3)年数总和法

年折旧率=尚可使用年限/预计使用寿命的年数总和×100%

月折旧额=(固定资产原价-预计净残值)×年折旧率÷12

(4)工作量法

单位工作量折旧额=固定资产原价×(1-预计净残值率)/预计总工作量

某项固定资产月折旧额=该项固定资产当月工作量×单位工作量折旧额

纳税人应尽可能创造条件达到符合实行加速折旧的要求,对于符合实行加速折旧条件的企业,在取得税务机关的认可之后,应充分利用税法给予的优惠政策,选择对自己有利的计算方法。

【案例7-13】 某公司进口一台检测设备,原值为100万元,预计使用5年,残值率为5%。假设该企业每年未扣除该折旧之前的利润为1 000万元,企业所得税税率为25%,在不考虑其他因素的条件下,采用不同折旧方法对企业所得税的影响如下:

(1)采用直线法:

年折旧额=100×(1-5%)÷5=19万元

(2)采用双倍余额递减法:各年折旧额见表7-15。

表7-15　　　　双倍余额递减法下各年折旧额　　　　单位:万元

时间	折旧基数	年折旧率(%)	年折旧额	累计年折旧额	账面净值
第一年	100	40	40	40	60
第二年	60	40	24	64	36
第三年	36	40	14.4	78.4	21.6
第四年	21.6	—	8.3	86.7	13.3
第五年	13.3	—	8.3	95	5

(3)采用年数总和法:各年折旧额见表7-16。

表7-16　　　　年数总和法下各年折旧额　　　　单位:万元

时间	折旧基数	年折旧率(%)	年折旧额	累计年折旧额	账面净值
第一年	95	5/15	31.67	31.67	68.33

(续表)

时间	折旧基数	年折旧率(%)	年折旧额	累计年折旧额	账面净值
第二年	95	4/15	25.33	57	43
第三年	95	3/15	19	76	24
第四年	95	2/15	12.67	88.67	11.33
第五年	95	1/15	6.33	95	5

三种折旧方法下企业所得税比较见表 7-17。

表 7-17　　　　三种折旧方法下企业所得税比较　　　　单位:万元

时间	未扣折旧利润	直线法			双倍余额递减法			年数总和法		
^	^	年折旧额	税前利润	企业所得税	年折旧额	税前利润	企业所得税	年折旧额	税前利润	企业所得税
第一年	1 000	19	981	245.25	40	960	240	31.67	968.33	242.08
第二年	1 000	19	981	245.25	24	976	244	25.33	974.67	243.67
第三年	1 000	19	981	245.25	14.4	985.6	246.4	19	981	245.25
第四年	1 000	19	981	245.25	8.3	991.7	247.925	12.67	987.33	246.83
第五年	1 000	19	981	245.25	8.3	991.7	247.925	6.33	993.67	248.42
合　计	5 000	95	4 905	1 226.25	95	4 905	1 226.25	95	4 905	1 226.25

结论:从纳税筹划的角度出发,为获得货币的时间价值,应尽量采用加速折旧法,在双倍余额递减法与年数总和法之间,尽量选择双倍余额递减法。同样的,如果预期企业所得税的税率会上升,或者在享受减免税优惠期内添置固定资产,其折旧方法的选择还适用此结论吗? 答案是,应考虑未来可能增加的税负,并与所获得的货币时间价值进行比较决策。但在享受减免税优惠期内添置固定资产,采用加速折旧法是不合算的。

综合以上分析,企业固定资产计价和折旧的纳税筹划方法如图 7-2 所示。

```
  盈利企业              亏损企业           享受优惠政策企业

折旧年限尽可能短;   折旧年限尽可能长;    折旧年限尽可能长;
折旧方法宜采用加速   折旧方法不宜采用加   折旧方法不宜采用
折旧法               速折旧法             加速折旧法
```

图 7-2　固定资产计价和折旧的纳税筹划方法

三、借款费用的筹划

(一)法律法规规定

企业向各类银行借款发生的利息支出,可按实际发生数扣除;企业向保险公司等非银行金融机构借款发生的利息支出,浮动利率以内的部分,准予扣除,超过浮动利率的部分,不允许扣除;企业向其他单位或个人等非银行金融机构借款发生的利息支出,凡不高于各类金融机构同类同期贷款利率计算数额的部分,准予扣除,高于各类金融机构同类同期贷款利率计算数额的部分,不得扣除;为购建固定资产或无形资产和经过 12 个月以上才能达到预定可销售状态的存货发生借款的,资本化期间的借款费用应予以资本化;非资本化期间的费用,于发生当期扣除。企业从关联方取得的借款金额超过其注册资本 50% 的,50% 以内的部分准予扣除,超过部分的利息支出,不得在税前扣除。

(二)筹划思路

(1)一般情况下,应尽可能向银行借款。
(2)向非银行金融机构借款应尽可能使利息在规定的浮动范围内。
(3)向其他单位或个人借款利率尽可能不高于各类金融机构同类同期贷款利率。
(4)向关联方借款应控制在不超过注册资本 50% 的范围内。

(三)筹划案例

【案例 7-14】甲企业从关联方乙企业取得借款 500 万元对外投资,期限为 1 年,双方的协议利率为 6%,与同期商业银行的贷款利率相同。该企业的注册资本为 300 万元,当年会计利润为 100 万元,假定无其他调整事项。如果不做任何纳税筹划,则公司应纳企业所得税是多少?

案例分析:

按协议利率计算的利息 = 500 × 6% = 30 万元

借款金额占注册资本的比例 = 500 ÷ 300 × 100% = 166.67% > 50%

允许扣除的利息 = 300 × 50% × 6% = 9 万元

应调增应税所得额 = 30 − 9 = 21 万元

应纳企业所得税 = (100 + 21) × 25% = 30.25 万元

如果纳税人在借款之前进行必要的纳税筹划,适当调整借款结构,将 500 万元借款分为三部分,其中向关联方借款 150 万元,向银行借款 250 万元,向其他单位或个人借款 100 万元,利率均为 6%,这样全部利息均可在税前列支。则:

应纳企业所得税 = 100 × 25% = 25 万元

结论:通过借款的重新组合,达到了节税的目的,节税收益为 5.25(30.25 − 25)万元。

注意:调整借款结构要受到社会总体资金供求状况的制约。

四、广告费、业务宣传费和业务招待费的筹划

(一)法律法规规定

企业所得税法统一规定内外资企业的广告费和业务宣传费支出不超过当年销售(营业)收入 15% 的部分,可以据实扣除,超过比例的部分可结转到以后年度扣除。企业发生的与生产经营有关的业务招待费,按照发生额的 60% 扣除,且扣除总额全年不得超过当年销售(营业)收入的 5‰。即:

广告费及业务宣传费的年度可扣额度 = Min(本期实际发生额 + 上年未抵扣递延额度,本期销售(营业)收入 × 15%)

业务招待费的可扣除额＝Min(本期实际发生额×60％,本期销售(营业)收入×5‰)

(二)筹划思路

(1)企业可将业务招待费的60％控制在当年销售(营业)收入的5‰之内,以充分使用业务招待费的限额,同时又可以减少纳税调整事项。在不影响经营的前提下,一般可以通过在调低业务招待费的同时,调高广告费和业务宣传费来进行。

【案例7-15】 甲企业预计2022年销售(营业)收入为12 000万元。预计广告费为600万元,业务宣传费为400万元,业务招待费为200万元,其他可税前扣除的支出为8 000万元。请对其进行纳税筹划。

案例分析:

企业如保持现状,则:

广告费及业务宣传费列支限额＝12 000×15％＝1 800万元

广告费及业务宣传费实际发生额＝600＋400＝1 000万元

广告费及业务宣传费可据实扣除。

Min(200×60％,12 000×5‰)＝Min(120,60)

业务招待费列支限额＝60万元

须调增业务招待费超支金额＝200－60＝140万元

应税所得额＝12 000－600－400－200＋140－8 000＝2 940万元

应纳企业所得税＝2 940×25％＝735万元

甲企业如果在不影响经营的前提下,调减业务招待费至100万元,同时调增广告费至700万元。则:

广告费及业务宣传费列支限额＝12 000×15％＝1 800万元

广告费及业务宣传费实际发生额＝700＋400＝1 100万元

广告费及业务宣传费可据实扣除。

Min(100×60％,12 000×5‰)＝Min(60,60)

业务招待费列支限额＝60万元

须调增业务招待费超支金额＝100－60＝40万元

应税所得额＝12 000－700－400－100＋40－8 000＝2 840万元

应纳企业所得税＝2 840×25％＝710万元

结论:企业通过业务招待费和广告费的调整,获得了25(735－710)万元的节税收益。

注意:有些情况下,调减业务招待费的同时调增广告费,可能会影响经营业绩,这会对该种筹划方法的运用起到限制作用。

(2)当纳税筹划从会计角度不能寻求到更好结果时,应从更高的战略层次来考虑对企业组织结构进行调整。虽然会发生一些调整成本,但兼顾成本效益原则,从长远利益考虑,还是值得操作的。

【案例7-16】 某企业2022年度实现产品销售收入1亿元,全年共开支业务招待费200万元,广告费1 200万元,业务宣传费400万元,预期以后年度的这些费用还将超出限额。当年税前会计利润总额为1 000万元。假定无其他纳税调整项目,按税法规定的扣除比例,其各项费用列支限额及应纳企业所得税如何计算?

案例分析：

Min(200×60%,10 000×5‰)＝Min(120,50)

业务招待费列支限额＝50万元

业务招待费超支金额＝200－50＝150万元

广告费及业务宣传费列支限额＝10 000×15%＝1 500万元

广告费及业务宣传费超支金额＝(1 200＋400)－1 500＝100万元

应税所得额＝1 000＋150＋100＝1 250万元

应纳企业所得税＝1 250×25%＝312.5万元

若该企业将自己的销售部门独立出去，成立一个销售公司，将产品以8 000万元的价格出售给销售公司，销售公司再以1亿元的价格对外销售。其他条件不变，则该企业及其销售公司的企业所得税缴纳情况如下：

Min[200×60%,(8 000＋10 000)×5‰]＝Min(120,90)

业务招待费列支限额＝90万元

业务招待费超支金额＝200－90＝110万元

广告费及业务宣传费列支限额＝(8 000＋10 000)×15%＝2 700万元

因为(1 200＋400)<2 700，故广告费及业务宣传费可据实扣除。

应税所得额＝1 000＋110＝1 110万元

应纳企业所得税＝1 110×25%＝277.5万元

结论：进行企业组织结构的调整，使企业获得了35(312.5－277.5)万元的节税收益。

注意：在企业组织结构调整过程中会发生一定的调整成本，但从长远利益考虑，还是值得操作的。

五、工资薪金的筹划

(一)月工资及薪金均衡薪酬制度调整

《企业所得税法》规定，企业实际发生的合理的职工工资薪金，准予在税前全额扣除。当然，相应的工会经费、职工福利费和职工教育经费的扣除限额也提高了。企业发生的职工教育经费支出，对于不超过工资薪金总额8%的部分，准予扣除；超过部分，准予在以后纳税年度结转扣除。

在企业员工月工资及薪金不均衡背景下，若某月份薪酬较高，税法规定税率较高，其余月薪酬较低，税率也较低，一些低于费用标准的，不需要纳税。企业以月为单位，替员工代缴税务。企业采取平均发放工资方式，可降低个人所得税负担。若先发放先进奖、季度奖等，则当月应税收入较高，个税税率提高，税负加重。因此，企业应将半年奖、季度奖等进行分摊，均衡安排薪金，在超额累计税率时，降低税务负担。

(二)一次性奖金个人所得税调整

2005年国家颁布《关于调整个人取得全年一次性奖金计算征收个人所得税方法问题的

通知》,为降低企业员工实际税负奠定了基础。其规定,年终一次性奖金可单独作为一个月收入,不扣除费用,均分到12个月中,按照商数确定税率及速算扣除数。但是,这就导致企业年终奖发放后,税后收入减少,税收不合理。造成该现象的原因是按照12个月均分奖金,得出商数,其商数若刚超过工资某计税级数,则需按涉及的高一档税率计税,导致个人收入增加小于税负增加,税后收益下降。实际核算应注意年终奖各级临界点,避免出现多1元年奖,多缴千元个税的现象。将税率临界点月纳税所得额乘以12,得到全年一次性奖金应避免刚超过6万元、9.6万元、20.4万元、36万元、48万、72万元、102万元,从而避免出现税后收入偏低现象。若企业采取全年一次性奖金发放,则需避免进入高税率区。若当月工资需适用高一级税率,需将年终奖分解为月工资,确保年薪可适用较低税率,降低工薪阶层税负。自2022年1月1日起,居民个人取得全年一次性奖金,应并入当年综合所得计算缴纳个人所得税。

(三)工资薪金费用化的个人所得税调整

以现金形式发放高温补贴、餐补、交通补贴等都属于工资薪金,计算并缴纳个人所得税。而经济业务实际发生时,取得合理发票并报销的,属企业正常经营费用,无须缴纳个人所得税。因此,企业可将该部分作为发票报销的办公、招待等,减轻员工个人所得税负担。员工日常消费由企业负担,企业少发放一定薪资,但是员工实际支配薪资不变,企业自身可抵减项目增加,企业所得税得以减少。此外,企业可以为员工设置免费餐饮、交通补助、通信补助,为员工提供旅游、培训等,将费用从薪资中扣除。员工生活开支得到减少,公司控制费用的同时,还能够给员工更多福利待遇。

(四)高收入群体纳税筹划

个体经营户的经营所得最高征收点为50万元,税率为35%,而工资薪金最高征收点为96万元,税率为45%。对于高收入群体,若转为技术、劳务合同性质征收个税,或在有税收优惠的地区成立相关的工作室,则其收入所征收的整体税负比以工资薪金征收个人所得税要低。

(五)个税专项扣除

由于个人信息采集量大,信息常有变动,纳税人应自行填报信息并对填报内容的真实性负责。纳税人需要留存备查的相关资料应当留存五年。纳税单位应对员工进行全员、全面的专项培训,使员工充分享受国家税收红利。纳税人应及时更新信息后进行个税计算,对于有漏填的项目,可在同一纳税年度补填,不影响享受专项附加扣除。"专扣"政策充分考虑到最大限度降低纳税人的报税成本。例如,除了大病医疗是限额据实扣除外,其他5个"专扣"项目都是定额扣除。

(六)特殊事项

在2021年12月31日前,居民个人取得全年一次性奖金,居民个人取得股票期权、股票增值权、限制性股票、股权奖励等股权激励,不并入当年综合所得。

新个人所得税影响下企业薪酬制度还有几个事项值得注意:
(1)税收政策变化频繁,企业应及时关注国家税收动态,积极学习新的税收法规,制定合适薪酬制度及纳税筹划方案,确保薪酬制度与税收法规具有一致性,尽可能减少员工个人所得税税收负担。

(2)企业为员工代缴个人所得税,有一定成本投入,因此,需对纳税进行统筹规划,遵循"经济性"原则,尽可能确保纳税筹划收益大于实际付出成本,发挥纳税价值。企业应合理调整薪酬制度,为员工争取更多利益的同时,也为企业发展奠定基础。良好的薪酬制度可调动员工工作积极性,发挥自身价值,为企业创造更高的经济效益。从长久发展角度而言,国家短时间税收增长并不是长久之策,适当减少税收,员工可为企业创造更大利益,企业经济效益增加,发展壮大,可为国家持续提供税收。因此,企业通过调整薪酬制度,对个人所得税统筹规划,对促进员工长久发展、企业长久发展、国家经济进步具有重要意义。

综上所述,根据新个人所得税对企业薪酬制度进行调整,应在员工月收入适用税率处于年终奖适用税率条件下,确保年终奖使用税率不提升一级别,在此基础上,将奖金和年终奖共同发放。若月收入适用税率低于年终奖适用税率,则需将年终奖均分到月工资中,减轻个人所得税税负。企业可以通过为员工提供宿舍、交社保、存住房公积金等方式,减少应纳税收入。

【案例 7-17】 某公司为了增强自己在竞争中的凝聚力与生命力,准备提高工人工资水平,增强内部员工生产的积极性与主动性。但在如何提高工人工资水平,即采取何种方式提高工人工资水平上,领导者之间出现了意见分歧。

一种观点认为,可以采取直接增加工资的方式;另一种观点认为,直接增加工资的方式不可取,因为个人工资水平的提高,个人所得税缴纳额也就相应增大,所以,现金增加的方式不一定有利于工人生活消费水平的有效提高,他们认为可以采取实物分配的方式,如给工资达到一定基数的职工购买小汽车,这样对个人、企业双方都有好处,是一个"双赢"的方式。

那么,该公司究竟应选择哪种方式呢?

案例分析:

从工人角度筹划分析来看,如果企业采取直接增加工人工资的方式,从表面上看,工人的工资有了一定的提高,但是工资达到一定数额是要缴纳个人所得税的,这样看来,增加的现金收入一部分用在了税负支出上,而只有扣除了税收的那部分才真正可以用来提高自己的生活消费水平。如果企业采取一定的实物分配形式,而不是采取直接增加工资的方式,那么对个人而言,就不用缴纳那部分的个人所得税了。举例来说,现代家庭都渴望拥有一辆家庭小轿车。企业如果能为内部员工着想,那么直接购买汽车分配给职工不是更好吗?一方面,可以减少员工的纳税负担,另一方面,对员工而言可以早一点实现自己的"轿车之梦"。

另一方面,从企业角度来看,如果企业采取实物分配的方式,企业本身也有很多效益。首先,表现在费用的增加,所得税的抵减。企业利用这种方式可以达到节税的目的。其次,工人福利水平的提高有利于增强工人的积极性、主动性和创造性,对企业而言,这是一笔不可估量的无形财富。另外,企业可以吸引各方面的人才,提高内部员工的整体技能素质。采取第二种方式对企业的好处是显而易见的,但关键是现在很多企业没有意识到从税收的角度加以分析的必要性。

企业为员工提供车辆,员工不用加薪,也不会支付车辆使用税。而对企业来讲,当员工的税金支付影响其消费水平时,就要考虑采取加薪措施。加薪必然会引起税收变化,导致企业支付量的扩大。因此,由企业承担部分费用的做法,往往会使员工、企业双方均受益。由企业向员工提供的各种福利设施,若不能将其转化为现金,则不必计入个人所得,这样,企业通过提高职工福利,而不采取大幅度加薪,可以促使其少缴纳个人所得税。

上面提到的由企业提供车辆只是其中的一种方式,其他方式还包括企业提供和安排免费医疗福利、家具及住宅设备、免费膳食等。但是,这种方式也不是十全十美的。首先,企业要有能力提高职工的薪酬,如果企业本身资金运转困难,那么提高职工的薪酬是不切实际的。种种的方案措施也就成了空中楼阁,毫无价值。其次,这需要企业与职工的积极配合,职工要为企业着想,不能在个人利益驱使下不顾集体利益。那种采取多报账手段的职工会加重企业的负担,这样原本非常好的计划将会适得其反,甚至有可能造成企业内部的分散,不利于企业的生产经营。对于工资薪金收入者来讲,企业支付的工资是申报个人所得税的依据。如何保证个人消费水平提高而又不加重税收负担,是个人所得税纳税筹划的主要问题。所以,采取适当的方式,提高职工实际消费水平是关键,在实施的过程中需要职工与企业的积极配合,这样既有利于企业的长期经营与发展,也有利于职工实际消费水平的提高。

六、弥补亏损的筹划

《企业所得税法》第十八条规定:企业纳税年度发生的亏损,准予向以后年度结转,用以后年度的所得弥补,但结转年限最长不得超过五年。对此特殊的规定如图 7-3 所示。

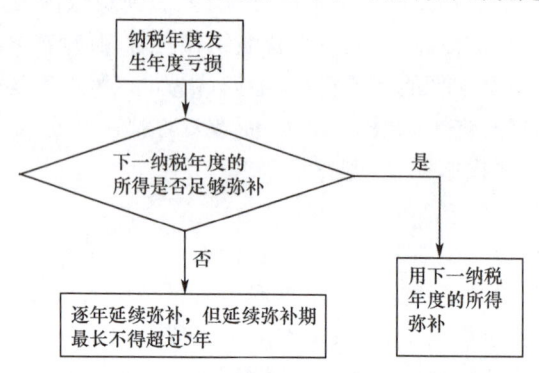

图 7-3 《企业所得税法》关于弥补亏损的规定

此外,为支持高新技术企业和科技型中小企业发展,根据《中华人民共和国企业所得税法》及其实施条例、《财政部 税务总局关于延长高新技术企业和科技型中小企业亏损结转年限的通知》(财税〔2018〕76 号,以下简称《通知》)规定,当年具备高新技术企业或科技型中小企业资格(以下统称"资格")的企业,其具备资格年度之前 5 个年度发生的尚未弥补完的亏损,是指当年具备资格的企业,其前 5 个年度无论是否具备资格,所发生的尚未弥补完的亏损。2018 年具备资格的企业,无论 2013 年至 2017 年是否具备资格,其 2013 年至 2017 年发生的尚未弥补完的亏损,均准予结转以后年度弥补,最长结转年限为 10 年。2018 年以后年度具备资格的企业,依此类推,进行亏损结转弥补税务处理。

【案例 7-18】 某公司为 2016 年创立的工业型企业,创办初期投入较大,需要采购较多的物资和固定资产,所以亏损较大(-40 万元)。公司年度应税所得额资料见表 7-18:

表 7-18　　　　　　　　　公司年度应税所得额　　　　　　　　单位:万元

2016 年	2017 年	2018 年	2019 年	2020 年	2021 年	2022 年
－40	－10	－8	－2	10	20	30

因为 2016—2019 年均亏损,所以,这四年公司均不必缴纳企业所得税,2020 年公司开始赢利。应纳所得税为:

2020 年应税所得额:10－40＝－30 万元,不纳税;

2021 年应税所得额:20－30＝－10 万元,不纳税;

2022 年应纳所得税额:(30－10－8－2)×20％＝2 万元

由于超过了税法规定的 5 年弥补期限,公司尚有的 2016 年的 10 万元亏损无法在税前弥补,也就无法发挥亏损的抵税作用。

案例分析:

假设公司将 2016 年采购的物资(可在税前全额抵扣)分两批分别在 2016 年和 2017 年购进,在总采购额不变的前提下,2016 年和 2017 年的亏损额分别为－30 和－20 万元。

这样公司的亏损就全部得到弥补,在 2022 年前应税所得额都为 0,不用缴纳企业所得税,节税 2 万元。

在筹划过程中需要注意以下三点:其一,利用亏损弥补进行筹划,要求纳税人在合理预估未来年度亏损及利润的基础上,熟练进行财务运作使所有亏损得以在税前弥补;其二,财务运作要注意遵守税法,按规定办事,避免被税务机关认定为偷税行为;其三,企业必须正确地向税务机关申报亏损。

七、企业对外捐赠的筹划

在企业所得税筹划中,巧妙运用捐赠减轻纳税人税负的做法颇为普遍。现行税法对企业向特定项目的捐赠准予税前扣除,因此企业可以税前在税法允许的范围内进行捐赠,从而缩减应税所得,享受税收抵免或降低税率的好处,达到降低企业所得税实际税负的目的。

(一)法律法规规定

《企业所得税法》第九条规定:企业发生的公益性捐赠支出,在年度利润总额 12％以内的部分,准予在计算应税所得额时扣除。公益性捐赠,即企业通过公益性社会团体或县级以上人民政府及其部门,用于《中华人民共和国公益事业捐赠法》规定的公益事业的捐赠。年度利润总额是企业依照国家统一会计制度的规定计算的年度会计利润。非公益性捐赠支出或超过规定标准的公益性捐赠支出或未按规定捐赠的公益性支出不得在税前扣除。

(二)筹划思路

企业在选择捐赠方式时,应当尽可能选择公益性捐赠。在对近两年年度利润总额预期较有把握的前提下,还可进行分次捐赠。

(三)筹划案例

【案例 7-19】 甲公司 2023 年度计划向灾区捐赠 500 万元,2023 年预计实现的会计利润总额为 2 000 万元(已扣除捐赠支出)。假定无其他纳税调整项目,请对其进行纳税筹划。

案例分析:

方案一 将 500 万元现金直接向受赠人捐赠。

根据税法规定,直接捐赠不允许在计算应税所得额时扣除:

应纳企业所得税=(2 000+500)×25%=625 万元

方案二 将 500 万元通过公益性社会团体进行捐赠。

则捐赠支出在年度利润总额 12% 以内的部分,准予在计算应纳税所得额时扣除:

捐赠支出的扣除限额=2 000×12%=240 万元

应纳企业所得税=(2 000+500-240)×25%=565 万元

方案三 将 500 万元在 2023 年和 2024 年分两次平均通过公益性团体进行捐赠。

则 2023 年的捐赠支出扣除限额=2 000×12%=240 万元

2023 年应纳企业所得税=(2 000+250-240)×25%=502.5 万元

假设 2024 年在未考虑捐赠情况下企业会计利润为 2 000 万元,其他情况与 2023 年不变,则三种方案应纳企业所得税情况见表 7-19。

表 7-19　　　　　三种方案应纳企业所得税比较　　　　　单位:万元

方案	应纳企业所得税 2023 年	应纳企业所得税 2024 年	合　计
方案一	625	625	1 250
方案二	565	625	1 190
方案三	502.5	502.5	1 005

结论:可以看出,方案三最优。既符合税法规定,使企业纳税最少,又达到了捐赠的目的,提高了企业的美誉度和知名度。

注意:有些时候,通过公益性社会团体进行捐赠,容易出现捐赠对象错位、捐赠不及时,甚至出现捐赠资金被挪用的情况,进而影响捐赠效果。

第五节　境外所得抵扣的筹划

一、法律法规规定

为避免国际重复征税,《企业所得税法》第二十三条规定,企业取得的下列所得已在境外缴纳的所得税税额,可以从其当期应纳税额中抵扣,抵扣限额为该项所得依照本法规定计算的应纳税额;超过抵扣限额的部分,可以在以后五个年度内,用每年度抵扣限额抵免当年应抵税额后的余额进行抵补:

(1)居民企业来源于中国境外的应税所得；

(2)非居民企业在中国境内设立机构、场所,取得发生在中国境外但与该机构、场所有实际联系的应税所得。

《企业所得税法》第二十四条同时规定,居民企业从其直接或者间接控制的外国企业分得的来源于中国境外的股息、红利等权益性投资收益,外国企业在境外实际缴纳的所得税税额中属于该项所得负担的部分,可以作为该居民企业的可抵扣境外所得税税额,在抵扣限额内抵免。财政部、国家税务总局《境外所得计征所得税暂行办法(修订)》〔财税字(1997)第116号〕规定:纳税人在境外缴纳的所得税,在汇总纳税时,可选择以下一种方法予以抵扣,抵扣方法一经确定,不得任意更改。

①分国不分项抵扣:企业能全面提供境外完税凭证的,可采取分国不分项抵扣。纳税人在境外已缴纳的所得税税款应按国别(地区)进行抵扣。在境外已缴纳的所得税税款,包括纳税人在境外实际缴纳的税款及其按规定视同已缴纳的所得税税款,纳税人应提供所在国(地区)税务机关核发的纳税凭证或纳税证明以及减免税有关证明,如实申报在境外缴纳的所得税税款。

②定率抵扣:为便于计算和简化征管,经企业申请,税务机关批准,企业也可以不区分免税或非免税项目,统一按境外应纳税所得额 16.5% 的比率抵扣。

二、抵扣方法选择的筹划

在不同的抵扣方式下,纳税人的税负会存在差异,纳税人可以通过选择不同的抵扣方法进行筹划,但应当注意以下几点:

(1)在对境外投资之前,应当事先了解被投资国家或地区的所得税税率,以及有关所得税税前扣除的项目、范围及标准,初步确定被投资方所得税税负。

(2)采用限额抵扣法时,纳税人在与中国签有避免双重征税协定的国家进行投资时,按所在国税法及政府规定获得的所得税减免税,以及对外经济合作企业承揽世界性经济组织的援建项目和中国政府驻外使、领馆项目,获当地国家(地区)政府减免所得税的,可由纳税人提供有关证明,经税务机关审核后,视同已缴纳所得税进行抵免。此外,纳税人在境外遇有风、火、地震等严重自然灾害,损失较大,继续投资、经营活动确有困难的,应取得中国政府驻当地使、领馆等驻外机构的证明后,按现行规定报经税务机关批准,按照条例和实施细则的有关规定,对其境外所得给予 1 年减征或免征所得税的照顾。

(3)根据被投资方的所得税税负,结合我国所得税税率和税前扣除的规定来确定采用何种抵扣方法。通常情况下,如果被投资方所得税税负超过我国的所得税税负,则采用限额抵扣法;反之,采用定率抵扣法。如果投资于两个以上的国家或地区,则可根据各个国家的税率,按照预期赢利情况进行模拟测算,用以比较税负。

第六节　税收优惠的筹划

一、企业所得税税收优惠的法律法规解读

现行企业所得税法构筑的税收优惠体系以"产业优惠为主、区域优惠为辅"。

纳税人应对税法下税收优惠政策进行解读，将筹划视角从投资地点的纳税筹划向投资方向的纳税筹划进行转变，寻找纳税筹划的思路和方法。

具体优惠领域及筹划空间主要有以下方面：
(1)利用技术转让进行纳税筹划。
(2)利用高新技术优惠政策进行纳税筹划。
(3)利用研发费用进行纳税筹划。
(4)利用创业投资优惠政策进行纳税筹划。
(5)农业企业的纳税筹划。
(6)利用环境保护优惠政策进行纳税筹划。
(7)利用扶持中小企业发展的政策进行纳税筹划。
(8)照顾特殊人群就业对企业所得税的影响。

如果企业有条件及时转变筹划方向，可转向农、林、牧、渔业项目，国家重点扶持的公共基础设施项目，符合条件的环境保护、节能节水项目，符合条件的技术转让项目，符合条件的微利企业，以及符合条件的国家需要重点扶持的高新技术企业等。

二、利用技术转让进行纳税筹划

(一)法律法规规定

在一个纳税年度内，居民企业技术转让，以及在技术转让过程中发生的与技术转让有关的技术咨询、技术服务、技术培训所得，所得不超过500万元的部分免征企业所得税，超过500万元的部分，减半征收企业所得税。

(二)尽可能使每年的收入充分享受免税限额的政策优惠

【案例7-20】某科技发展有限公司是中国居民企业，2022年对外转让一项专有技术，并在技术转让过程中提供有关的技术咨询、培训等服务。公司与买方签订了3年的协议，共收取1 500万元。公司各年度收入取得可以有以下三种方案(表7-20)：

方案一，每年收取500万元；
方案二，第一年一次性收取1 500万元；
方案三，第一年收取800万元、第二年收取400万元、第三年收取300万元。

从节税角度出发,应采用哪个方案?

表 7-20　　　　　　　各年度技术转让收入情况表　　　　　　　单位:万元

年度\方案	收取的技术转让费金额			应纳税额			三年纳税总额
	方案一	方案二	方案三	方案一	方案二	方案三	
一	500	500	500	0	0	0	0
二	1 500	0	0	125	0	0	125
三	800	400	300	37.5	0	0	37.5

结论:由于方案一将每年的收入均衡地控制在免征额以下,所以每年的应纳税额为零,取得了最好的节税效果。可见,即使收入总额相同,通过合理筹划收入实现的时间,充分利用税收优惠政策,也能取得很好的节税效果。

三、利用高新技术优惠政策进行纳税筹划

所得税法第二十八条规定国家需要重点扶持的高新技术企业,减按 15% 的优惠税率征收企业所得税。且自 2008 年 1 月 1 日之后的高新技术企业,享受"两免三减半"的优惠政策,与法定税率 25% 相比,节省税负 40%～100% 之多。所以具备条件的企业应创造条件努力向高新技术企业发展,把握现行税法的税收优惠政策。

四、利用研发费用进行纳税筹划

《企业所得税法》第三十条规定,企业开发新技术、新产品、新工艺发生的研究开发费用,可以在计算应税所得额时加计 50% 扣除。符合条件的研发费用包括:新产品设计费;工艺规程制定费;设备调整费;原材料和半成品的试制费;技术图书资料费;研究机构人员工资;用于研究开发的仪器、设备折旧;委托其他单位和个人进行科研试制的费用以及其他费用。

例如:企业符合条件的研发费支出 300 万元,可税前列支 150%,即 450 万元。节省 $(450-300) \times 25\% = 37.5$ 万元。

五、利用创业投资优惠政策进行纳税筹划

税法规定:创业投资企业采取股权投资方式投资于未上市的中小高新技术企业 2 年以上的,可以按其投资额的 70%,抵扣应税所得额。

例如:华天公司系创投企业,于 2020 年 2 月 1 日采取股权投资方式投资某中小高新企业 500 万元。

两年以后,2022 年,节省 $500 \times 70\% \times 25\% = 87.5$ 万元。

六、农业企业的纳税筹划

农业企业的免税范围包括：农作物种植、牲畜和家禽饲养、中药材种植、兽医、农技推广、农机维修等。

农业企业减半征税范围：茶叶种植、花卉种植、海水养殖、内陆养殖等。

农业企业的生产经营方式应尽量转向上述优惠领域。

七、利用环境保护政策进行纳税筹划

税法规定：购买符合《节能节水专用设备企业所得税优惠目录》《环境保护专用设备企业所得税优惠目录》《安全生产专用设备企业所得税优惠目录》的专用设备并实际投入使用的，可按投资额的10%申请抵免应纳税额，当年不足抵免的，可以在以后五个纳税年度结转抵免。

【案例7-21】某公司是一家工业生产企业，公司决定于2018年对企业进行符合国家产业政策的技术改造，拟采购安全生产设备一套。根据当时市场价格行情，该套设备价格为1 000万元。公司的企业所得税税率为25%，公司的赢利情况见表7-21。

表7-21　　　　　　　　　公司赢利情况

年度	2018	2019	2020	2021	2022	合计
应税所得额万元	30	−20	80	200	300	590

假如某公司购买的安全生产设备符合税收优惠条件，则2018年允许抵免的企业所得税总额为：

1 000×10%＝100万元

2015—2019年各年度应纳企业所得税及可抵免税额情况见表7-22。

表7-22　　　　应纳企业所得税及可抵免税额情况　　　　　单位：万元

年度	2018	2019	2020	2021	2022	合计
应纳企业所得税	7.5	0	15	50	75	147.5
可抵免税额	7.5	0	15	50	27.5	100
实际纳税额	0	0	0	0	47.5	47.5

结论：购买符合税收优惠条件的安全生产设备少缴纳企业所得税100(147.5−47.5)万元。

需要注意的是，企业购置相关专用设备应自身实际投入使用，如在5年内转让、出租的，应当停止享受企业所得税优惠，并补缴已经抵免的企业所得税税款。

八、照顾特殊人群就业筹划企业所得税

企业安置残疾人员就业，可按支付工资的100%加计扣除工资成本。对安置残疾人的单位，实行由税务机关按单位实际安置残疾人的人数，限额即征即退增值税的办法。具体限

额,由县级以上税务机关根据单位所在区县(含县级市、旗,下同)适用的最低工资标准的6倍确定,但最高不得超过每人每年3.5万元。对单位按照规定取得的增值税退税收入,免征企业所得税。

"残疾人"是指持有《中华人民共和国残疾人证》上注明属于视力残疾、听力残疾、言语残疾、肢体残疾、智力残疾和精神残疾的人员和持有《中华人民共和国残疾军人证(1至8级)》的人员。

【案例7-22】 甲生产企业2022年利润总额300万元,职工总数100人,月平均安置残疾人30人,残疾人平均月工资0.2万元。不考虑其他因素,企业的税负情况如何?

企业可加计扣除的残疾人工资成本支出为:$0.2 \times 12 \times 30 = 72$ 万元

可退还增值税为:$30 \times 3.5 = 105$ 万元

实际应纳税所得额为:$300 - 72 = 228$ 万元

应纳企业所得税为:$228 \times 25\% = 57$ 万元

结论:企业可在不影响正常生产经营的前提下,招聘部分残疾人员,这样,一方面可以关爱社会弱势群体,另一方面,企业除获得所得税每月每名残疾人工资加计扣除100%的税收减免优惠外,还实际获得退还增值税的税收优惠,从而降低企业所得税税负。

符合上述税收优惠的条件:月平均实际安置的残疾人占单位在职职工总数的比例高于25%(含25%),并且实际安置的残疾人人数多于10人(含10人)且生产销售货物或提供加工、修理修配劳务取得的收入占增值税业务达到50%的单位。

本章小结

1. 纳税人的筹划

(1)选择合适的纳税人身份;

(2)选择合适的企业组织形式,同时也应该注意可能存在的筹划风险。

2. 税率的筹划

对于小型微利企业应注意把握所得税实施条例对小型微利企业的认定条件,掌握企业所得税率临界点的应用。另外,具备条件的企业应创造条件努力向高新技术企业发展,把握税法的优惠税率政策。

3. 计税收入的筹划

利用税法在收入方面的诸多规定进行纳税筹划可以取得较好的节税效果。

4. 成本费用扣除的筹划

利用扣除项目、存货计价方法、计提折旧方法等手段进行企业所得税的纳税筹划并做出筹划决策方案。

5. 税收优惠的筹划

如何充分利用既定的优惠政策进行筹划操作也是纳税人必须掌握的手段。

主要概念

纳税人身份　税率　小型微利企业　税前扣除项目　固定资产折旧年限
业务招待费　广告费　技术转让所得　企业公益性捐赠

思考题

❶ 如何利用企业所得税率临界点进行纳税筹划？
❷ 广告费、业务宣传费、业务招待费超支，应如何进行纳税筹划？
❸ 怎样创造条件成为国家重点扶持的高新技术企业？
❹ 简述选择固定资产折旧年限、折旧方法的纳税筹划思路。
❺ 简述选择存货计价方法的纳税筹划思路。

练习题

❶ 甲商业企业资产总额 900 万元，有职工 70 人。该企业预计 2023 年全年实现应税所得额 30.2 万元。请对其进行纳税筹划。

❷ 甲企业欲在外地设立乙公司，预计 2023 年乙公司亏损 100 万元，甲企业自身盈利 200 万元。假设没有其他纳税调整项目。请问乙公司应当选择作为甲企业的分公司还是子公司？

❸ 甲企业计划 2023 年度的业务招待费支出为 150 万元，业务宣传费支出为 120 万元，广告费支出为 480 万元。该企业 2023 年度的预计销售额为 8 000 万元。请对其进行纳税筹划。

❹ 甲企业 2023 年会计利润预计为 100 万元（扣除捐赠后的利润额），计划通过公益性组织捐赠 8 万元，直接向受赠单位捐赠 4 万元。不考虑其他纳税调整因素，计算该企业当年应缴纳的企业所得税，并对其进行纳税筹划。

推荐阅读书目

❶ 梁文涛，苏杉. 纳税筹划. 3 版. 北京：中国人民大学出版社，2019 年
❷ 李淑霞. 纳税筹划. 上海：上海财经大学出版社，2019 年
❸ 应小陆. 税收筹划. 2 版. 上海：上海财经大学出版社，2018 年

第八章

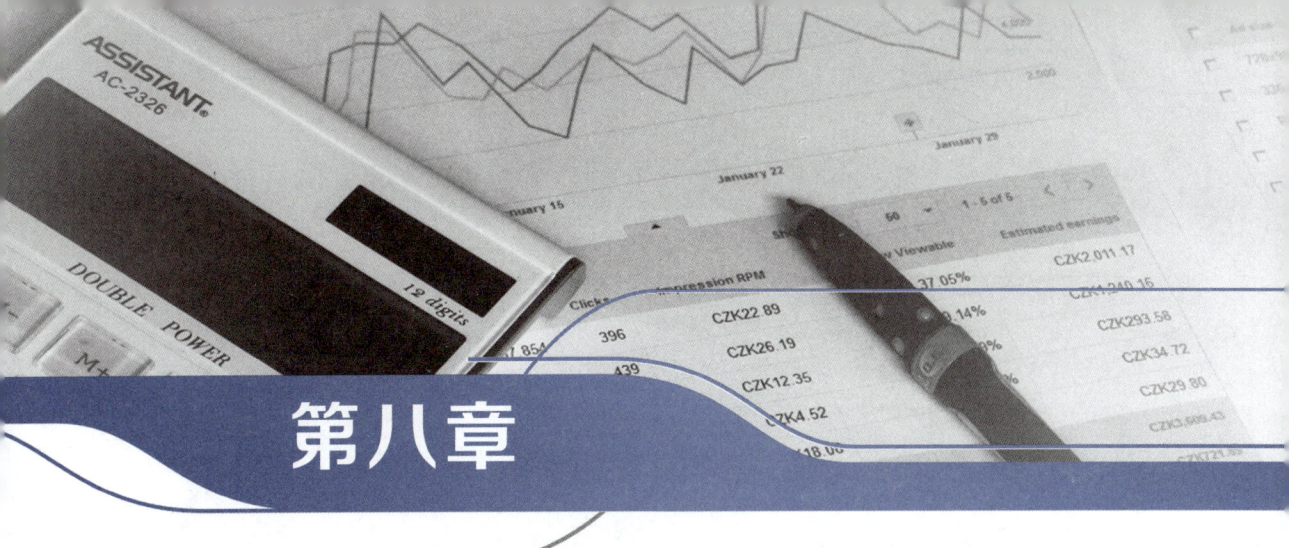

企业所得税的其他纳税筹划

教学目的与要求

本章主要介绍企业所得税其他环节的纳税筹划思路。重点把握企业资本结构选择、企业组织形式选择、企业产权重组决策、企业股利分配决策的纳税筹划方法,并了解纳税筹划风险表现形式与控制措施。

导读

日本日清食品公司在中国收购花生,临时派出它的一个海上车间,在中国大连港口停留28天,将收购的花生加工成花生米,将花生皮压碎制作花生皮制板后又返售给中国。日清食品公司既没有在中国设立实际管理机构,也没有设立机构、场所,仅在大连港口停驻海上车间,因此,按照《中华人民共和国企业所得税法》的规定,日清食品公司属于非居民企业,不必按其获得的花生皮制板收入向中国政府缴纳25%的所得税,而只需按照10%的税率缴纳预提所得税。

这是跨国纳税人利用海上作业、就地收购原料、就地加工、就地出售的典型节税案例。日清食品公司采取这样的措施,不仅能够缩短生产周期和提高资金的周转率,而且通过成功节税实现了税后收益最大化,所以这也是一项有效的税收筹划方案。从这一案例的操作原理及方法来看,它是符合国际税收惯例的要求的。

第一节 企业资本结构选择的筹划

一、企业融资的基本方式和税收效果比较

企业从事生产经营活动,需要进行一定的融资,而不同的融资方式通过改变企业资本结

构,影响企业税收负担。企业融资方式主要有:(1)企业自我积累;(2)向金融机构借款;(3)向非金融机构借款;(4)企业内部集资等。各种融资方式的税收效果比较见表8-1。

表 8-1　　　　　　　　　企业融资方式的税收效果比较

融资方式	融资成本比较	税收负担比较	原因分析
企业自我积累	很难准确判断留存收益成本（资本资产定价模型法）	税收负担最重	只涉及企业自身,企业自身积累形成的利润不能抵税
向金融机构借款	借款利息和借款费用	税收负担次之	利息支出冲减部分利润
向非金融机构借款	借款利息和借款费用	税收负担较小	关联企业从各自利益角度出发,分摊投资而带来的利润
企业内部集资		税收负担最小	

二、企业自我积累资金的纳税筹划

企业自我积累资金又称为企业留存收益,是指企业在缴纳企业所得税后将一部分未分配利润留存在企业,通过税后利润沉积,实质上是增加企业投资。原外商投资企业和外国企业所得税法规定企业将获得的利润进行符合一定条件的投资可以享受一定的再投资退税优惠,新的企业所得税法取消了这一优惠政策。但是对于企业的留存收益不征收个人所得税。

因此,企业运用留存收益对本企业进行再投资由于放弃了股东其他投资所获得的收益,会形成一定的机会成本,并且只涉及企业自身。除了规避部分股东个人的所得税之外,没有办法规避企业所得税,不仅如此,企业自我积累资金再投资所形成的新利润将再一次被征税,税收负担较重。但是,企业留存收益来源可靠和便捷,所受限制较少,具有很大的灵活性,没有筹资费用,不会分散股东控制权,财务负担和风险较小。从企业战略发展和降低股东税负的角度来看,企业应通过提取任意公积或将部分公积金转增企业资本的方式,获得足够的生产经营和扩张过程中需要的运营资金。

值得一提的是,根据我国法律,企业的注册资本可以在法定期限内分期缴纳。于是,许多企业采用分次认缴注册资本的方式进行纳税筹划,在其注册资本未缴清前,企业的资金缺口通常以借款方式加以填补。这样企业借款所支付的利息可以计入费用进行税前列支,从而减轻企业的当前税负。针对此,国家税务总局出台了反避税条款。国税函〔2009〕312号文规定:凡企业投资者在规定期限内未缴足其应缴资本的,该企业对外借款所发生的利息,相当于投资者实缴资本额与在规定期限内应缴资本额的差额应计付的利息,其不属于企业合理的支出,应由企业投资者负担,不得在计算企业应纳税所得额时扣除。因此,企业试图通过延迟注册资本金注入、通过借款进行资本弱化的形式进行筹划的方法应慎重选择。

三、企业向金融机构借款的纳税筹划

(一)相关政策规定

企业向银行等金融机构借入资金,借款的成本主要是利息费用和借款费用。根据《中华人民共和国企业所得税法实施条例》第三十八条规定,纳税人在生产经营期间,向金融机构借款的利息支出,按照实际发生数扣除。企业在生产经营活动中发生的合理的不需要资本化的借款费用,准予扣除;企业为购置、建造固定资产、无形资产和经过12个月以上的建造才能达到预定可销售状态的存货发生借款的,在有关资产购置、建造期间发生的合理的借款费用,应予以资本化,作为资本性支出计入有关资本的成本;有关资产交付使用后发生的借款利息,可在发生当期扣除。

(二)纳税筹划思路

债务资本的筹集费用和利息可以在所得税前扣除;而权益资本的股息不能作为费用列支,只能在企业税后利润中分配。因此,通过举债方式筹集一定的资金,可以冲减部分利润,能起到一定的抵税作用,获取节税收益。

【案例8-1】 负债筹资与权益筹资的有效结合

(1)某企业主要从事煤炭的开采和销售,2022年根据以往销售情况以及未来煤炭市场走势预测2023年度销售数量和息税前收益概率分布,见表8-2。

表8-2　　　　　　　　　煤炭预销售数量和息税前收益状况表

概率	0.3	0.4	0.3
销售量(万吨)	300	400	500
销售额万元	24 000	32 000	40 000
固定成本万元	10 000	10 000	10 000
变动成本万元	12 000	16 000	20 000
息税前收益万元	2 000	6 000	10 000

(2)假定该企业需要的资本总额为8 000万元,债务年利率6%,所得税税率25%,该企业现有四种不同的资本结构方案,方案1全部发行股票;方案2借款占总资本的20%,发行股票占总资本的80%;方案3借款占总资本的40%,发行股票占总资本的60%;方案4借款占总资本的60%,发行股票占总资本的40%。各方案的资本结构见表8-3。

表8-3　　　　　　　　　各方案的资本结构

	方案1	方案2	方案3	方案4
债务/总资本	0	0.2	0.4	0.6
债务万元	0	1 600	3 200	4 800
普通股(万股)	800	640	480	320

(3)不同资本结构下的每股收益概率分布计算见表8-4、表8-5、表8-6、表8-7。

表8-4　　　　　　　　　方案1每股收益概率分布计算表

概率	0.3	0.4	0.3
方案1(零债务)			
息税前收益万元	2 000	6 000	10 000
利息支出万元	0	0	0
税前收益万元	2 000	6 000	10 000
所得税(税率为25%,万元)	500	1 500	2 500
税后净收益万元	1 500	4 500	7 500
800万股每股收益元	1.875	5.625	9.375

表 8-5　　　　　　　　　方案 2 每股收益概率分布计算表

概率	0.3	0.4	0.3
方案 2(20%债务)			
息税前收益万元	2 000	6 000	10 000
利息支出万元	1 600	1 600	1 600
税前收益万元	400	4 400	8 400
所得税(税率为 25%,万元)	100	1 100	2 100
税后净收益万元	300	3 300	6 300
640 万股每股收益元	0.468 75	5.156 25	9.843 75

表 8-6　　　　　　　　　方案 3 每股收益概率分布计算表

概率	0.3	0.4	0.3
方案 3(40%债务)			
息税前收益(EBIT 万元)	2 000	6 000	10 000
利息支出万元	3 200	3 200	3 200
税前收益(EBT 万元)	0	2 800	6 800
所得税(T=25%,万元)	0	700	1 700
税后净收益(EAT,万元)	0	2 100	5 100
480 万股每股收益(EPS 元)	0	4.375	10.625

表 8-7　　　　　　　　　方案 4 每股收益概率分布计算表

概率	0.3	0.4	0.3
方案 4(60%债务)			
息税前收益万元	2 000	6 000	10 000
利息支出万元	4 800	4 800	4 800
税前收益万元	0	1 200	5 200
所得税(税率为 25%,万元)	0	300	1 300
税后净收益万元	0	900	3 900
320 万股每股收益元	0	2.812 5	12.187 5

(4)该企业不同资本结构方案所得税期望值见表 8-8。

表 8-8　　　　　　　　　　不同资本结构方案所得税期望值

	方案 1	方案 2	方案 3	方案 4
每股收益期望值 E(EPS)/元	5.062 6	5.156 25	4.937 5	4.781 25
负担的所得税期望值/万元	1 500	1 100	790	510

案例分析：

本案例中,在财务杠杆作用下,方案 2 普通股每股收益额水平均超过方案 1,充分体现了负债的税收庇护作用。但是,这并不意味着企业借款越多越好,过多的借款融资会形成企业较高的还款风险。当企业息税前收益大于负债成本总额时,负债比率越高,总体收益越高。随着负债比率的提高,企业的财务风险及融资风险也相应增加,负债的成本率高于息税前投资收益率,从而使负债融资呈现负的杠杆效应。为此,筹划中除了应考虑企业的节税金额和税后利润外,还要对企业的资本结构通盘考虑。如本案例所示,随着企业负债比率的提高,利息成本呈上升态势,应税所得的避税额也随之增大,但将债权投资的比例控制较高会增加企业的投资风险,企业将面临债务困扰,影响企业的正常经营,甚至导致亏损或破产,如方案3和方案4的每股收益期望值下降。

因此,企业利用负债融资的财务杠杆效应进行纳税筹划时一定注意组织适度的资本结构,确立适度的负债比率,在适当的时候应选择股权式筹资。该方式的好处是不需要承担到期还本付息的责任。企业通过发行股票筹集资金,虽然也要对股东支付股息,但股息的支付是在税后利润的分配环节,并不影响所得税税基。

四、企业向非金融机构借款的纳税筹划

(一)相关政策规定

现行企业所得税法规定,企业向非金融机构借款的利息支出,不超过按照金融企业同期同类贷款利率计算的数额的部分,准予扣除。但是为了防止关联企业之间利用借款方式规避税收,对于关联企业之间的借贷进行严格的限定。财政部国家税务总局颁布的《关于企业关联方利息支出税前扣除标准有关税收政策问题的通知》(中财税〔2008〕121号)规定,企业实际支付给关联方的利息支出,不超过规定比例和税法及其实施条例有关规定计算的部分,准予扣除,超过的部分不得在发生当期和以后年度扣除。纳税人接受其关联方权益性投资与债权性投资比例为:金融企业5∶1;其他企业2∶1。

(二)筹划思路

1.应尽量避免向非金融机构借款

根据规定,民间资本的借贷是不被法律认可的,这也意味着民间资本的借贷存在着很大的风险。从税收的角度来看也存在一定的风险。比如,当企业直接借贷时,贷款方如果不能收回本金和利息,则存在贷款损失,这种损失按现行税法规定是不能进行税前扣除的。而如果是企业委托银行贷款所发生的贷款损失则可以税前扣除。因此,对于融资方来说,应该避免直接向非金融机构借款,尤其是关联企业之间,更应该通过金融中介的方式进行借贷。

2.应严格按照规定的比例进行借款

即应分解一部分在税法规定的比例范围内进行融资,确保所借资金产生的利息能够进行税前扣除。

3.对于超过比例部分的处理

假设A公司是存在资金缺口的公司,B公司是其关联企业。A公司所需的超过比例的那部分资金可以采取以下三种方案进行筹集:

(1)借款转投资。即关联企业间的借款改成投资。如果B公司不借款给A公司,而是

向A公司注资，就不存在利息给付问题。若两企业之间税率相同，则B公司分回的利润不需补缴税款。若B公司所得税税率高于A公司的，A公司可以保留盈余不分配，这样B公司也就无须补缴所得税。

(2)借款转付款。这种方案只能在两个公司存在一定的购销关系情况下才能实施。如果A、B公司存在购销关系，且A公司生产的产品作为B公司的原材料，那么当A公司需要借款时，B公司可以支付一笔预付款给A公司，A公司以"预收账款"入账，相当于A公司向B公司借入资金无偿使用，然后用货物抵偿，这实质上是没有筹资成本的债务筹资方式，从而排除了关联企业借款利息扣除的限制。但是，作为A公司，由此增加了一笔增值税销项税额，企业应进行权衡比较做出决策。

(3)借款转收款。反过来，如果B公司生产的产品作为A公司的原材料，那么B公司就可以采用赊销方式销售商品，A公司以"应付账款"入账，B公司作为"应收账款"入账。这种融资方式属于商业信用形式，如果应付账款、应付票据不附有现金折扣，则可以长期挂账使用该资金，但是这种方式存在一定的风险，对这种行为税务机关有权进行合理调整。如果附有现金折扣，则意味着企业放弃现金折扣会产生较大的折扣成本。因此，从资金成本角度来看，如果在折扣期内短期投资收益率低于放弃现金折扣成本，则应该选择在折扣期内付款，享受现金折扣；反之，若在折扣期内短期投资收益率高于放弃现金折扣成本，则应放弃折扣，选择延期付款。

五、企业发行债券融资的纳税筹划

债券是企业为筹集资金而发行的用于记载和反映债权债务关系的有价证券，按所筹集资金权属性质可分为一般债券和可转换债券。企业筹集长期资金往往利用发行债券的方式。利用债券发行进行筹资，关键在于债券利率以及对当期利息费用税前扣除额度的确定，因为会影响债券筹资的税收成本，从而影响企业的利润水平。

(一)一般债券发行的筹划思路

税法规定，纳税人为生产经营活动需要承担的与借入资金相关的合理的利息费用，以及与债券相关的溢价、折价摊销及其他辅助费用可以在所得税前直接扣除。债券发行可以采用溢价、折价和平价三种发行方式。债券溢价、折价摊销方法有直线法和实际利率法两种。摊销方式不同，虽然不会影响利息费用总和，但由于计算出来的每年摊销额不同，直接影响到企业每年的应纳税所得额。比如若能用实际利率法对债券溢价进行摊销，用直线法对债券折价进行摊销，则企业前期财务费用较高，应纳税额相对减少，后期财务费用减少，应纳税额相对增多，从而起到延期纳税的效果。现行税法没有对债券的溢价、折价摊销方法做出十分明确的规定，企业可以根据实际情况做出判断和选择。

(二)可转换公司债券发行的筹划思路

可转换公司债券是一种特殊的公司债券，它是由公司发行的，兼具债权和股权双重属性，投资者在一定时期内可选择以一定条件转换成公司股票的公司债券，对投资者来说是

"有保证本金的股票"。

可转换公司债券对投资者具有强大的市场吸引力。首先,它可使投资者获得最低收益权,如果不能实现转换而作为一种低息债券,它会有固定的利息收入;如果实现转换,则会获得出售普通股的收入或获得股息收入。其次,可转换公司债券当期收益较普通股红利高,否则它将很快被转换成股票。再次,可转换公司债券比股票有优先偿还的要求权,属于次等信用债券,在清偿顺序上,同普通公司债券、长期负债(银行贷款)等具有同等追索权利,但排在一般公司债券之后,同可转换优先股、优先股和普通股相比,具有优先清偿的地位。因此,可转换公司债券对于上市公司而言,具有极大的诱惑力。

对可转换债券的发行,有两种会计处理:一种是认为转换权有价值,而将此价值作为资本公积处理;另一种是将全部收入作为发行债券所得。这两种不同的会计处理方法将产生不同的税前摊销额,从而产生企业在纳税方面的时间性差异。

【案例 8-2】 可转换债券发行的筹划

某石油公司于 2017 年 1 月 1 日发行 50 000 元债券,利率 8%,2023 年 12 月 31 日到期,每年 6 月 30 日及 12 月 31 日各付利息一次。若不附转换权,市场利率为 10%,售价 46 000 元,折价 4 000 元。债券允许在发行两年后按每 1 000 元债券面值转换成该公司普通股 50 股,每股面值 10 元,同类可转换债券市场利率 7%,债券售价 52 000 元,转换权价值为 60 000(52 000－46 000)元。

方案 1 确认转换权价值

公司账务处理如下:

借:银行存款	52 000
应付债券折价	4 000
贷:应付债券	50 000
资本公积	6 000

方案 2 不确认转换价值

公司账务处理如下:

借:银行存款	52 000
贷:应付债券	50 000
应付债券溢价	2 000

案例分析:

在采用直线法摊销下,方案 1 在确认转换权价值时,每年摊销 800 元(4 000 元/5 年)的债券折价,并在每年支付 4 000 元利息的基础上,再增加 800 元的债券折价摊销,企业实际上承担 4 800 元的利息费用;而方案 2 在不确认转换权价值时,每年摊销 400 元(2 000 元/5 年)的债券溢价,并在每年支付 4 000 元利息的基础上减少 400 元的债券溢价摊销,企业实际每年承担 3 600 元的利息费用。所以选择方案 1 确认转换价值的会计处理可起到避税的目的。

第二节　企业组织形式决策的筹划

一、企业设立中组织形式决策的纳税筹划

在现代市场经济条件下企业在生产经营中能否取得成功,除与行业本身、市场前景、政策导向、员工素质、管理水平、经营理念等有关系外,很大程度上与企业成立之初的各种筹划有关,而纳税筹划是其中最为重要的一项筹划,因为不同组织形式的企业在税收方面有着不同的特点,投资者对企业不同组织形式的选择,其投资收益也将产生差别,进而影响企业的整体税负和获利能力。一般情况下,可以将企业分为三类,即公司企业、合伙企业和独资企业。不同的企业组织形式有着不同的税负水平,投资者在组建企业时必须考虑不同企业组织形式给企业带来的影响。

【案例 8-3】　假定 2022 年某个人独资企业与一人有限责任公司从业人数均为 30 人,资产总额 300 万元,不考虑纳税调整项目,在未扣除投资者费用(工资)的情况下,年度利润均为 25 万元,个人独资企业和一人有限责任公司的投资者每月取得 13 000 元工资,经税务机关认定,一人有限责任公司的投资者取得的工资薪金支出合理,公司符合小型微利企业的认定条件,适用的企业所得税税率为 20%,税后利润都用来分配股利,比较个人独资企业和一人有限责任公司的税负。

案例分析:

个人独资企业应纳个人所得税＝(250 000－24 000)×35%－6 750＝72 350 元

一人有限责任公司纳税情况:

投资者工资薪金应纳个人所得税＝[(13 000－2 000)×20%－375]×12＝21 900 元

应纳企业所得税＝(250 000－12×13 000)×20%＝18 800 元

股利应纳个人所得税＝(250 000－12×13 000－18 800)×20%＝15 040 元

个人所得税与企业所得税合计＝21 900＋18 800＋15 040＝55 740 元

上述比较得知,一人有限责任公司的税负低于个人独资企业的税负。

二、企业扩张中组织形式决策的纳税筹划

(一)分公司与子公司的税收待遇差异

随着市场竞争日趋激烈,大部分的企业都需要跨地区经营。当企业进行跨地区经营时,常见的做法就是在其他地区设立下属机构,即开办子公司或分公司。所谓子公司,是指被另一家公司(母公司)有效控制的下属公司或者是母公司直接或者间接控制的一系列公司中的一家公司。子公司是一个独立企业,具有独立的法人资格,因此被视为居民企业,履行全面纳税义务,同时也可以享受居民企业应该享受的各种税收优惠。所谓分公司,是指公司独立

核算的、进行全部或者部分经营业务的分支机构。分公司是相对总公司而言的,是总公司的组成部分,不具有独立的法人资格,因此不单独缴税,其利润或亏损可以和总公司盈亏合并纳税。

从法律上讲,子公司与分公司之间的不同在于:一是设立手续不同,在外地创办独立核算子公司,需要办理许多手续,设立程序复杂,开办费用也较大,而设立分公司的程序比较简单,费用开支比较少。二是核算和纳税形式不同,子公司是独立核算并独立申报纳税,当地税务机关比较喜欢,而分公司不是独立法人,由总公司进行核算盈亏和统一纳税,如有盈亏,分公司和总公司可以相互抵扣后再缴纳所得税。三是税收优惠不同,子公司承担全面纳税义务,分公司只承担有限纳税义务。子公司是独立法人,可以享受免税期限等在内的各种优惠政策;而分公司作为非独立法人,则不能享受这些优惠政策。

可见,设立子公司和分公司各有利弊。由于法律上认为子公司和母公司不是同一法律实体,因而子公司的亏损不能并入母公司账上;而分公司和总公司是同一法律实体,其在经营中发生的亏损可以和总公司相抵。因此,当企业扩大生产经营需要到国外或外地设立分支机构时,可以在进入初期,针对当地情况不熟、生产经营处于起步阶段、发生亏损的可能性较大的情况,考虑设立分公司,从而使外地发生的亏损在总公司冲减,以减轻总公司的负担。而当生产经营走向正轨,产品打开销路,可以盈利时,应考虑设立子公司,可以在盈利时保证能享受当地的税收优惠政策。

(二)公司模式选择的筹划思路

企业设立不同形式的分支机构将产生不同的税负效果。企业应视具体情况具体分析。

1.总机构与分支机构面临的税收政策一致(假设都不存在税收优惠)

如果总机构和分支机构所面临的税收政策一致,则无论总机构和分支机构是盈利还是亏损,企业集团选择分公司还是子公司,其应纳税额是一致的。单从税收的角度考虑,当总机构盈利,新设立的分支机构可能出现亏损时,选择总分公司的模式比较合适,因为分公司的亏损可以由总公司的利润弥补。相反,如果选择母子公司模式,由于子公司是独立的纳税人,其亏损并不能在母公司中弥补,而只能在以后年度实现的利润中弥补。

【案例8-4】 税收政策一致情况下分公司与子公司选择的筹划

某企业在外地设立一家负责运输的公司。两地的企业所得税税率一致,都是25%。假设该运输公司预计当年亏损50万元,而该企业预计盈利120万元。若该运输公司是分公司,没有独立法人资格,需要与总公司合并纳税。该企业应纳企业所得税=(120-50)×50%×25%=8.75万元。该运输公司在当地预缴企业所得税=(120-50)×50%×25%=8.75万元,总税负=17.5万元。

案例分析:

若该运输公司是子公司,则该企业应纳企业所得税为30(120×25%)万元。

因此,如果企业在设立分支机构之前能够预测分支机构的盈亏状况,尤其是当预测到分支机构在开业期间会发生许多支出或者因市场不能有效开拓等原因会存在一定的亏损时,就可以采取设立分公司的形式。如本例就可以节约12.5万元的税收支出。

2.总机构与分支机构的税收政策不一致

(1)总机构可以享受税收优惠政策,而分支机构不能享受税收优惠政策。

【案例 8-5】 税收政策不一致的情况下分公司与子公司的选择筹划之一

假设西北某电力企业集团预计 2022 年在北京成立一家分支机构。假设 2022 年仍然可以享受西部地区 15% 税率的优惠政策,存在几种情况:

1)总机构盈利 1 000 万元,分支机构盈利 500 万元时:

方案 1　北京分支机构若为子公司,企业集团应纳企业所得税=1 000×15%=150 万元;子公司应纳企业所得税=500×25%=125 万元;两者应纳税总额=275 万元。

方案 2　北京分支机构若为分公司,根据国税发〔2008〕28 号文,企业集团应纳企业所得税=(1 000+500)×50%×15%=112.5 万元;分公司在当地应纳企业所得税=(1 000+500)×50%×25%=187.5 万元;两者应纳税总额=112.5+187.5=300 万元。按照"五五"比例,企业集团在当地预缴 150 万元,分支机构在当地预缴 150 万元。

结论:选择设立子公司有利。

2)总机构盈利 1 000 万元,分支机构亏损 500 万元时:

方案 1　北京分支机构若为子公司,企业集团应纳企业所得税=1 000×15%=150 万元;子公司应纳企业所得税=0 元;两者应纳税总额=150 万元。

方案 2　北京分支机构若为分公司,根据国税发〔2008〕28 号文,企业集团应纳企业所得税=(1 000-500)×50%×15%=37.5 万元;分公司在当地应纳企业所得税=(1 000-500)×50%×25%=62.5 万元;两者应纳税总额=37.5+62.5=100 万元;按照"五五"比例,企业集团在当地预缴 50 万元,分支机构在当地预缴 50 万元。

结论:选择分公司有利。

3)总机构亏损 500 万元,分支机构盈利 1 000 万元时:

方案 1　北京分支机构若为子公司,企业集团应纳企业所得税=0 元;子公司应纳企业所得税=1 000×25%=250 万元;两者应纳税总额=250 万元。

方案 2　北京分支机构若为分公司,根据国税发〔2008〕28 号文,企业集团应纳企业所得税=(1 000-500)×50%×15%=37.5 万元;分公司在当地应纳企业所得税=(1 000-500)×50%×25%=62.5 万元;两者应纳税总额=37.5+62.5=100 万元。按照"五五"比例,企业集团在当地预缴 50 万元,分支机构在当地预缴 50 万元。

结论:选择分公司有利。

(2)总机构不能享受税收优惠政策,而分支机构可以享受税收优惠政策。

【案例 8-6】 税收政策不一致的情况下分公司与子公司的选择筹划之二

假设东北煤炭企业集团预计 2023 年在北京投资一家高科技产业,且经相关部门认定为高新技术企业,可享受适用 15% 税率的税收优惠待遇。则存在以下几种情况:

1)总机构盈利 1 000 万元,高新技术企业盈利 500 万元时:

方案 1　北京高新技术企业若为子公司,企业集团应纳企业所得税=1 000×25%=250 万元;子公司应纳企业所得税=500×15%=75 万元;两者应纳税总额=325 万元。

方案 2　北京高新技术企业若为分公司,根据国税发〔2008〕28 号文,企业集团应纳企业所得税=(1 000+500)×50%×25%=187.5 万元;分公司在当地应纳企业所得税=(1 000+500)×50%×15%=112.5 万元;两者应纳税总额=112.5+187.5=300 万元。按照"五五"比例,企业集团在当地预缴 150 万元,高新技术企业在当地预缴 150 万元。

结论:选择设立分公司有利。

2)总机构盈利1 000万元,高新技术企业亏损500万元时:

方案1　北京高新技术企业若为子公司,企业集团应纳企业所得税＝1 000×25％＝250万元;子公司应纳企业所得税＝0元;两者应纳税总额＝250万元。

方案2　北京高新技术企业若为分公司,根据国税发〔2008〕28号文,企业集团应纳企业所得税＝(1 000－500)×50％×25％＝62.5万元;分公司在当地应纳企业所得税＝(1 000－500)×50％×15％＝37.5万元;两者应纳税总额＝37.5＋62.5＝100万元。按照"五五"比例,企业集团在当地预缴50万元,高新技术企业在当地预缴50万元。

结论:选择分公司有利。

3)总机构亏损500万元,高新技术企业盈利1 000万元时:

方案1　北京高新技术企业若为子公司,企业集团应纳企业所得税＝0元;子公司应纳企业所得税＝1 000×15％＝150万元;两者应纳税总额＝150万元。

方案2　北京高新技术企业若为分公司,根据国税发〔2008〕28号文,企业集团应纳企业所得税＝(1 000－500)×50％×25％＝62.5万元;分公司在当地应纳企业所得税＝(1 000－500)×50％×15％＝37.5万元;两者应纳税总额＝37.5＋62.5＝100万元。按照"五五"比例,企业集团在当地预缴50万元,高新技术企业在当地预缴50万元。

结论:选择分公司有利。

案例分析:

当总分公司或者母子公司适用的税率不一致时,如果所设立的分支机构的税率比总机构要低,则一般选择分公司的形式可以使集团总体税负降低。但是如果分支机构的税率比总机构的税率要高,则要看两者的盈利水平进行选择。因此,作为集团总部在低税区究竟是选择设立分公司还是子公司,应视情况而定。一般来说,当企业扩大生产经营需要到国外或外地设立分支机构时,由于分支机构在设立初期对于投资税收环境不很熟悉,而且需要进行大量的投资,开支庞大,所以企业通常处于亏损状态,此时可考虑设立分公司或者与当地企业联营的方式。这样,当分公司经营发生亏损时,可以与总部汇总纳税,冲减总公司利润以减轻总公司的负担。而当生产经营走向正轨后,再将各项目分公司注册为项目子公司,尤其在投资区域存在税收优惠政策时,便可以在盈利时保证能享受当地的税收优惠政策。

当然,这仅是一般情况,并不是绝对的。两种形式的公司各有利弊,要综合考虑各种因素,比如设立公司的难易程度、纳税义务的承担、公司间亏损能否冲抵、承受的经营风险等。根据现行税法的分公司预缴规定,当地政府基于争夺财源角度,会成为集团总部设立分支机构的一种干扰因素,即地方税务机关会干预企业的组织形式。比如一家分公司生产经营情况较好,自己单独计算的应纳税额如果大于按照分摊预缴的税额,当地税务机关有可能要求分公司变成子公司;反之,税务机关有可能希望子公司变成分公司。对企业而言,子公司是独立纳税人,盈亏不能在企业间互抵,而分公司的盈亏是可以互抵的,从这一点看,纳税人可能希望设立分公司。

另外,设立子公司还可以分摊费用。企业所得税税前扣除办法中对业务招待费、广告费、宣传费等做了按企业营业收入的一定比例扣除的具体规定。

【案例8-7】设立子公司巧妙分摊费用

某电力企业从事粉煤灰再加工,销售过程中业务招待费、宣传费列支较高,在2022年实现销售收入8 000万元,实际列支业务招待费100万元,宣传费1 500万元,按现行企业所得税税前扣除办法允许扣除业务招待费40万元,宣传费1 200万元。显然,不能充分利用其限额扣除。

案例分析：

设立子公司专门从事销售业务。母公司以经过税务机关认可的关联企业之间价格，比如 7 500 万元价格将产品销售给子公司，子公司再以 8 000 万元对外销售。并且将实际列支业务招待费和业务宣传费在母子公司之间进行合理分摊。两公司的业务招待费分别为 50 万元、50 万元，宣传费分别为 600 万元、600 万元。这样，公司集团都能按扣除限额进行扣除。

第三节　企业产权重组决策的筹划

一、企业债务重组的纳税筹划

（一）企业债务重组的税务处理

（1）以非货币资产清偿债务，应当分解为转让相关非货币性资产、按非货币性资产公允价值清偿债务两项业务，确认相关资产的所得或损失。

（2）发生债权转股权的，应当分解为债务清偿和股权投资两项业务，确认有关债务清偿所得或损失。

（3）债务人应当按照支付的债务清偿额低于债务计税基础的差额，确认债务重组所得；债权人应当按照收到的债务清偿额低于债权计税基础的差额，确认债务重组损失。

（4）债务人的相关所得税纳税事项原则上保持不变。

（二）企业债务重组特殊性税务处理

1. 实行特殊性税务处理的条件

（1）具有合理的商业目的，且不以减少、免除或者推迟缴纳税款为主要目的。

（2）企业重组后的连续 12 个月内不改变重组资产原来的实质性经营活动。

（3）重组交易对价中涉及股权支付金额符合本通知规定比例。

（4）企业重组中取得股权支付的原主要股东，在重组后连续 12 个月内，不得转让所取得的股权。

2. 特殊税务处理具体规定

企业债务重组确认的应纳税所得额占该企业当年应纳税所得额 50% 以上，可以在 5 个纳税年度的期间内，均匀计入各年度的应纳税所得额。企业发生债权转股权业务，对债务清偿和股权投资两项业务暂不确认有关债务清偿所得或损失，股权投资的计税基础以原债权的计税基础确定。企业的其他相关所得税事项保持不变。

二、企业并购的纳税筹划

（一）企业并购形式选择的纳税筹划

广义上的企业并购包括企业合并和企业的收购行为。企业合并包括吸收合并和新设合并,收购则包括资产收购和股权收购。企业合并是一场企业与企业股东之间的交易。吸收合并中被吸收的企业解散,新设合并中的各方都解散。股权收购也称为控股合并,是收购企业通过收购被收购企业的股权以实现对被收购企业的控制的行为,在股权收购过程中,涉及收购企业、被收购企业及被收购企业股东三方。资产收购是一场企业与企业之间的资产交易,交易的双方都是企业。资产收购不涉及法律主体资格的变更或者法律权利义务的概括承受,可以避免被收购方向收购方转嫁债务。在资产收购中,只要购买方对所购资产支付了合理对价,就不再承担被收购方的任何债务。

(二)并购目标企业选择的纳税筹划

1. 目标企业所在地区影响

新企业所得税法下,仍存在地区税收政策差异。企业在并购过程中,选择享有地区税收优惠政策的企业作为并购对象使并购后的纳税主体能够享受到税收优惠。从国家的角度来看,此类纳税筹划顺应国家税收政策的调节方向,是国家所倡导的,因此涉税风险较小。

2. 目标企业的产业影响

同一产业的企业并购称为纵向并购,不同产业之间的并购称为横向并购。横向并购可以承继其他产业的相关税收优惠政策为自己节税,因此,可以选择适用税率低、具有一些税收优惠政策的产业进行并购。

3. 企业的财务状况选择

目标企业的财务状况,一般会影响并购企业的并购选择意向以及并购方式的选择。财税〔2009〕59号文规定,企业合并在一般情况下,实行的是一般性税务处理,被合并企业的亏损不得在合并企业结转弥补。如果符合特殊性税务处理的五个条件,可由合并企业限额弥补被合并企业的亏损。

而且,在企业吸收合并中,合并后的存续企业性质及适用税收优惠的条件未发生改变的,可以继续享受合并前该企业剩余期限的税收优惠,其优惠金额按存续企业合并前一年的应纳税所得额(亏损计为零)计算。

因此,如果目标企业长期处于亏损状态,一方面,并购企业可以在并购过程中占据谈判优势;另一方面,经过筹划,目标企业的亏损额可以结转至并购企业进行抵扣。当然,在并购亏损企业时,要注意并购后可能带来业绩下滑的消极影响以及资金周转不畅造成的"整体贫血",防止并购企业被拖入经营困境。

(三)并购出资方式选择的纳税筹划

企业并购的出资方式一般分为三种:一是以支付现金方式收购,二是以股权加补价方式收购,三是整体合并,不需支付非股权支付额。三种出资方式并购的税务处理方式有很大差异,企业在并购过程中应注意把握。

1. 以支付现金方式收购的税务处理和筹划

(1)被并购企业应视为按公允价值转让、处置全部资产的转让所得依法缴纳所得税,被并购企业以前年度的亏损,不得结转到并购企业弥补。

(2)并购企业接受被并购企业的有关资产,计税时可以按经评估确认的价值确定成本,对于商誉,并购企业以后不得摊销扣除。

2. 以股权加补价方式收购的税务处理和筹划

根据财税〔2009〕59号文规定,企业并购方所发生的合并代价分为支付股权(股票)和支付非股权(现金、债券、实物资产等)。两种不同的并购出资方式采取不同的税务处理。即股权收购、资产收购、企业合并中非股权支付额不高于其交易支付总额15％的,适用特殊性税务处理,反之,则适用一般性税务处理。

适用一般性税务处理称为应税重组或者一般重组,企业所有资产的交易都应当纳税;适用特殊性税务处理称为免税重组或者特殊重组,可以通过税款递延来减轻企业重组时的所得税负担。纳税人采取不同的合并支付方式,可以选择对自身有利的税务处理方式。

适用一般性税务处理,对于目标公司即被合并公司、被收购企业、转让企业等而言没有节税收益,但是对于合并公司、收购企业、受让企业来说,可以按评估确认的价值确定成本。一般来说,所接受的资产经评估后的价值高于原账面价值,因此,并购企业可以获取更高的资产计提折旧的基础,从而获取更多折旧抵税效应。

如果适用特殊性税务处理,对于目标公司来说是有利的,可以暂不确认资产转让所得缴纳税收,从而延迟纳税,获取资金的时间价值。对合并公司、收购企业、受让企业有利方面在于可以用其与目标公司资产相关的所得弥补目标公司的亏损。不利方面是所接受的资产以原有计税基础入账,因此,失去了折旧抵税效应。

【案例8-8】 A公司将其全部资产和负债转让给B公司,实现两个企业的合并。双方协定,B公司向A公司的股东支付600万元补偿,其中包括129万元的非股票资产,以及480万元面值的B公司股票。

根据财税〔2009〕59号文规定,A公司股东取得的股权支付金额占交易支付总额的比例为480÷600＝80％＜85％,因此只能按一般性税务处理。A公司应按视同公允价值销售资产处理,计算缴纳企业所得税。

案例分析:

B公司降低向A公司支付的非股票资产,同时提高股票的比重。比如非股票支付额降低至50万元,股票支付额提高到550万元,股权支付金额占交易支付总额的比例为550÷600＝91.7％＞85％。根据财税〔2009〕59号文规定,只要比例超过85％,A公司就可以享受特殊税收处理方面的各种优惠。

3. 整体合并的税务处理和筹划

合并企业以承担被合并企业的负债为代价实现对被合并企业的合并,由于无须支付非股权支付额,故此类合并视为免税重组。

如被合并企业的资产和负债基本相等,即净资产几乎为零,合并企业以承担被合并企业全部债务的方式实现吸收合并,不视为被合并企业按公允价值转让、处置全部资产,需以被合并企业原账面净值为基础确定。被合并企业的股东视为无偿放弃所持的旧股。

(四)并购会计处理方法的纳税筹划

企业并购的会计处理方法见表8-9:

表 8-9　　　　　　　　　　　企业并购的会计处理方法

税收影响	购买法	权益法
企业留存收益	减少	增加
合并企业的资产价值	增加	减少
被合并企业的商誉处理	确认	不确认

从以上两种会计处理方法对税收影响的分析可以得出，购买法比权益法更能节税。虽然，对于合并亏损企业或濒临破产的企业可能得出相反的结论，但是权益法的持续经营假设条件，已基本排除了这种可能性。在并购费用的摊销方面虽然也存在不一致的地方，即在购买法下，只有间接费用在当期列支，直接费用调节资本公积或计入投资成本，而在权益法下，合并费用全部计入当期损益，有利于减少当期应纳税额，但是，若并购费用尤其是直接并购费用较小时影响不会很大。综上所述，购买法比权益法在节税方面具有更大优势，若考虑资金的时间价值，则节税更多。

第四节　企业股利分配形式选择的筹划

利润分配是指企业将一定时期内实现的利润总额按照有关规定进行合理分配的过程。在企业利润分配过程中，与税负有关的问题主要是利润分配的顺序、时机以及保留利润的问题。

一、企业税后利润处理方式选择的筹划

企业税后利润面临要在企业与股东之间进行分配的问题。按照税法规定，如果股东为企业的，并且存在税率差异，该企业股东还要并入企业利润总额缴纳企业所得税，如果股东为个人，则要缴纳个人所得税。因此，企业税后利润处理方式选择的筹划思路有两种：

(一)延期分配股利时间

股份公司不直接分配股息，把利润中的大部分作为公司的追加投资，一方面，股东的所得税无须缴纳，另一方面，使得公司的资产总额增加，原有股值提升。

(二)将股利转为投资

如果股份公司不直接分红，而是在低税国或地区建立持股公司。一般而言，低税国或地区对股息和资本利息免税或者征收较低的税收，如果股份公司设立持股公司，实质上可以获得延迟纳税的好处。

二、"先分配后转让"的筹划

我国税法规定，企业取得的股权投资股息所得与资本利得的税收待遇不同。股息所得

是投资方从被投资单位获得的税后利润,已经征收了一道企业所得税,在地区间税率一致的情况下,不再重复征收企业所得税。但是资本利得是投资企业处理股权的收益,应全额并入企业的应纳税所得额征收企业所得税。因此,纳税人可以利用股权投资股息所得与资本利得的不同税收差异进行纳税筹划。纳税人如果要将自己的全部或部分股权对外转让,则会形成资本利得,需要缴纳企业所得税,因此,在股权转让之前,应尽量把企业的税后利润分配完毕,这样就不至于形成过高的资本利得,从而减少企业所得税的缴纳。

值得一提的是,"先分配后转让"的筹划思想也适合外商投资企业的外籍个人股东转让其股权的情形。因为按照现行税法规定,外国投资者从外商投资企业取得的利润(股息)和外籍个人从中外合资经营企业分得的股息、红利,免征个人所得税,而外国企业和外籍个人转让其在中国境内外商投资企业的股权取得的超出其出资额部分的转让收益,应按20%的税率缴纳预提企业所得税或个人所得税。因此,采取"先分配后转让"可以有效规避重复征税。

三、利用税前利润弥补以前年度亏损

我国现行企业所得税法规定,对企业发生的年度亏损,税法允许用下一年度的税前利润弥补。下一年度利润不足弥补的,可以逐年延续弥补。但是,延续弥补期最长不得超过五年。所以,纳税人应尽量利用资产计价和摊销方法多列支税前扣除项目和扣除金额,延长税前利润补亏这一优惠政策的期限。

第五节 筹划风险与控制

纳税筹划是企业降低税负的重要手段,也是企业税务风险的重要来源。纳税筹划风险是指企业的纳税筹划行为给其带来的各种有形、无形损失的可能性。

一、纳税筹划风险及其原因

(一)政策理解偏差导致的筹划风险

企业由于自身原因未能全面、准确理解相关税收优惠政策和税收立法精神,或者由于税收政策规定比较笼统,存在企业与税务机关对税收优惠政策解释方面的偏差。基于此,企业制订的纳税筹划方案有时会得不到税务机关的认可,从而给企业带来一定税务风险。

此外,没有履行税收相关优惠政策规定的手续、程序和取得相应的资格认证也是企业纳税筹划风险的一种表现。这种风险属于技术层面的风险,即虽然对税收优惠政策精神意图理解与税务机关保持一致,但是由于企业疏于管理或者受自身能力的局限,没有从技术层面上做出适当的、全面的安排,不符合税收优惠政策所要求的全部限定性条件,使得筹划方案存在潜在的风险。

以上风险主要源自筹划人员的专业能力和职业道德。如果纳税筹划人员的业务水平不高,欠缺对政策的整体把握能力、政策运用能力,就很难全面理解和准确把握国家税收法律、法规的立法精神,从而可能造成纳税筹划方案设计的偏离,就可能被认定为偷税或者是恶意避税。此外,纳税筹划人员职业道德水平的高低也会影响企业的税务风险水平。职业道德水平较高就会降低税务风险,否则就有可能使企业卷入税务泥沼不能自拔。现实经济生活中,许多企业管理层有时候并不知晓企业存在偷逃税的行为,其中最主要的原因是存在代理人问题。在信息不对称的情况下,纳税筹划人员的职业操守不牢靠,要么是马虎大意,要么是故意为之,都会给企业带来税务风险。当然,企业聘请专门的中介机构或税务顾问为其进行纳税筹划,在外部筹划人员对企业的信息不了解的情况下,如果企业基于某种不良动机,提供的是虚假的财务和税务信息,所进行的筹划也会存在风险,一旦税务局进行严格的稽查就会原形毕露。

(二)企业纳税筹划过程中缺乏综合考虑

纳税筹划仅仅围绕某个税种展开,没有考虑除此之外的其他税种,导致企业的总体税负不能减轻反而加重。一种税少缴,另一种税可能多缴,对纳税人而言,整体税负不一定减轻。如果企业在制定发展和竞争战略时单纯考虑税收因素,没有考虑税收以外的其他因素,也会使企业其他方面的利益受损。纳税支出最小的方案,不一定是资本收益最大化的方案。

此外,纳税筹划也存在一定的成本费用支出。比如说,上市公司的财务报告成本,即纳税筹划引起财务报表利润下降而带来的一系列成本。因为财务报表利润的下降会使每股收益下降,进而可能会导致股价下跌,使公司的市值下降,增加公司在资本市场上的融资成本和被并购的风险。而且,财务报表利润的下降还会影响到管理者的利益,从而激起管理者与股东目标的不一致,增加代理成本。

(三)涉税政策变动产生的纳税筹划风险

纳税筹划方案尽管符合现行的涉税政策,但是,在纳税筹划过程中,如果税收政策发生变化,会使得原先的筹划方案失去效果,从而给企业带来风险和损失。

一般认为,对企业固定资产采取加速折旧方法是有利的,或者在直线法下,采取缩短折旧年限的方法是有利的。因为,可以使纳税人在早期获得更多的折旧额,从而使前期缴纳的企业所得税较少,从而获得资金的时间价值。但是企业在折旧筹划过程中并非只要采取了加速折旧的方法或者缩短年限就一定能够节约税收。比如,不是所有的固定资产都可以采取加速折旧的方法进行;折旧最短年限是由税法限定的;对处于正常生产经营期且未享有税收优惠待遇的企业来说,缩短固定资产折旧年限,往往可以加速固定资产成本的回收,使企业后期成本费用前移,前期利润后移,从而获得延期纳税的好处。当企业前期处在亏损的状态时,折旧的抵税效应并不能发挥出来;当企业处在减免税期间时,加速折旧使得减免税期间的税额减少并不见得是好事,纳税人应该把利润或者应纳税额放在减免税期间实现。

(四)关联企业内部转让定价筹划风险

利用关联企业转让定价进行避税是纳税人惯用的一种筹划手段。但是对于关联企业失去公允性、带有欺诈性质的定价,且有明显的避税嫌疑,税务机关有权进行查处和调整。

为了规范关联企业交易行为,新企业所得税法及其实施条例专门规定了特别纳税调整条款,确立了我国企业所得税的反避税制度。明确提出了转让定价的"独立交易原则",增列了成本分摊协议条款,强化了纳税人、关联方和可比企业对转让定价调查的协助义务。规定了受控外国企业、资本弱化、一般反避税等相关条款,并且赋予了税务机关必要的反避税处置权,规定了加收利息条款。这些规定对于金融企业利用转让定价进行避税活动是不利的。

比如有些企业在取得抵债资产时,该抵债资产的评估价格等于或者接近相应债权的金额,即没有呆账损失或者呆账损失数额很小。但是银行在处置该抵债资产时,以低于原先评估价格销售,且是出售给原债务人的关联方,所产生的差价作财产转让损失处理,并且无须税务机关审批,便可达到逃避税收监管的目的。但这种做法其实是存在一定风险的,一旦税务机关进行查处,就可能会启动反避税条款,对金融企业进行纳税调整。

(五)推迟课税筹划的风险

一般而言,进行纳税筹划有两个基本点:能少缴则少缴,能晚缴则晚缴,即推迟课税可以获取时间价值。但是,推迟课税的筹划如果运用不好也会存在一定的风险。

1. 收入递延纳税存在机会成本的问题

如果因为延迟纳税而导致的税收机会成本较高,所进行的此类纳税筹划是没有意义的。例如,企业企图将收入实现在第 $n+1$ 年,而规避第 n 年的应纳税收,在税收成本递延一年的同时,也丧失了未来收入的使用权。因此,递延应纳税所得推迟纳税的好处受这种机会成本的影响而大打折扣。

2. 会产生隐性税收风险

所谓隐性税收,是指纳税人因享受税收优惠而取得较低的税前收益率而遭受的损失。

例如,假定某基金进行债券投资时,如果购买企业债,利率为 10%,如果购买国债,利率为 7%,国债利率比企业债利率低 30%,此为债券投资的隐性税收。此时,如果纳税人的边际税率超过了 30%,其购买利息免税的国债就比较有利,但如果低于 30%,则购买国债不一定有利。因为纳税人的隐性税收超过了其显性税收,此时购买企业债则更有利。

3. 递延应税所得可能会受到将来税制变化的影响而增加一定的纳税风险

当未来的边际税率提高时,所递延的应税所得将面临更重的税负;当然,也可能会带来税收收益,即当边际税率下降时,所递延的应税所得缴纳的税收降低。企业递延应税所得进行纳税筹划不仅要对现实的税制了如指掌,还要对未来税制的发展趋势进行准确的判断。

(六)长期股权投资筹划的风险

企业在进行长期股权投资核算时,投资企业应根据所持股份比例以及对被投资企业财务和经营决策控制和产生影响的程度分别采用成本法和权益法两种核算办法。由于两种办法对收益确认的时间不同,因而对当期收益以及对所得税的缴纳产生影响,也为纳税筹划提供了空间。新会计准则扩大了成本法的核算范围,将原来是权益法核算的"属于具有控制"的范围纳入成本法核算范围。

采用成本法核算的规则是:被投资企业实现净利润时,投资企业并不做任何账务处理,只有在被投资企业宣告分配现金股利或者利润时,投资企业才按其应享有的份额确认当期投资收益,按现金制计入企业应纳税所得,依法缴纳企业所得税。这种核算方法优点有二。一是在收益的确认时间上税法与会计核算基本是一致的。按其实际获得的收益依法纳税,从客观上很公平,容易被接受而且不需要复杂的纳税调整。二是若被投资企业实现净利润,只有在宣告分派时,投资企业才能确认收益将其计入应纳税所得额,如果被投资企业账面上保留一部分投资企业暂时未宣告分配的利润,投资企业可以把这部分已实现收益但未分配的部分作为将来追加投资或挪作他用继续保留在被投资企业的账面上,以此规避或者延缓这部分投资收益应缴纳的所得税。

采用权益法核算的规则是:只要被投资企业实现净利润,不管投资收益是否分配都要按应享有的净损益份额确认投资收益,按规定缴纳所得税。即使投资企业将一部分作为追加投资或挪作他用也无法规避这部分收益应缴纳的所得税。

这两种方法的最重要区别表现在:当被投资方宣告发放股利以及每年末得知被投资方的盈亏情况时,投资方的会计处理方法不同。成本法下,通常在投资当年得知被投资方宣告发放股利时冲减投资成本,年末被投资方盈亏对投资方没有影响。权益法下,投资方在得知被投资方宣告发放股利时要冲减投资成本;而每年年末得知被投资方盈亏情况时,则按其所占比例增加或减少投资收益。两种核算方法区别的焦点在于对投资收益确认的核算,而投资收益对应纳税所得额会产生影响。所以有人就认为:如果被投资方先盈利后亏损,选用成本法核算,投资当年就不确认投资收益;若先亏损后盈利,选用权益法核算就可以不确认投资收益。

但是,这种会计方法的选择并不总是如意的。国家税务总局在《关于企业股权投资业务若干所得税问题的通知》中明确指出:不论企业会计对投资采取何种方法核算,只要被投资方会计账务上做了利润分配处理(包括盈余公积和未分配利润转增资本),投资方都应确认投资所得的实现,按其与被投资方所得税税率的差异情况,决定是否进行应纳税所得额调整。并且税法对长期投资的转让所得以及非货币性资产投资的所得税处理等都进行了详细的规定。这样一来,会计核算中的"投资收益"与税法中的"投资所得与损失"具有不同的含义,企业在进行纳税申报时,需按照《关于企业股权投资业务若干所得税问题的通知》要求进行纳税调整。所以,通过长期投资核算方法的选择进行纳税筹划、减少投资所得和应纳税额的做法是错误的,并且有可能导致会计信息的不真实。

二、风险控制

纳税筹划风险产生的原因是多方面的,有企业自身筹划不够周全的原因,也有国家税收政策变化太快的影响。因此建议企业在筹划过程当中应该坚持不违背税法精神的原则,严格遵循国内外的各项涉税政策;应具备整体筹划和动态筹划的理念,要符合企业自身的发展战略和经营规律,所设计的税收方案应具有前瞻性和预见性。

同时,企业应在平时注重搜集行业的业务和涉税信息,积极而且主动地与税务机关进行各种涉税事宜的沟通和配合;应该让税务机关了解和关注企业的发展意义和特殊性需求,为企业制定一些倾斜性税收政策,从而降低税务风险。

此外,企业应加强与中介机构的合作,由专业人员进行策划,也有助于加强纳税筹划的合法性,规避税务风险,从而带动企业内部纳税筹划水平的提高,继而实现降低企业成本、提高综合竞争力的目的。

本章小结

1. 本章主要讲述了企业资本结构选择的纳税筹划、企业组织形式决策的纳税筹划、企业产权重组决策的纳税筹划、企业股利分配形式选择的纳税筹划等内容。

2. 在企业资本结构选择的纳税筹划中,介绍了企业自我积累资金、向金融机构借款、向非金融机构借款、企业发行债券融资等筹划思路和方法。

3. 在企业组织形式决策的纳税筹划中,主要介绍了企业组织形式设立和扩张中的筹划方法。

4. 在企业产权重组决策的纳税筹划中,重点介绍了企业债务重组和企业并购中的筹划思路。

5. 在企业股利分配形式选择的纳税筹划中,介绍了企业税后利润的处理方式选择、"先分配后转让"以及利用税前利润弥补以前年度亏损等筹划方法。

主要概念

可转换债券发行　企业组织形式　分公司　子公司　企业债务重组　企业并购　企业股利分配　筹划风险与控制

思考题

❶ 简述企业资本结构选择的纳税筹划思路。
❷ 简述企业组织形式决策的纳税筹划思路。
❸ 简述企业产权重组决策的纳税筹划思路。
❹ 简述企业股利分配形式选择的纳税筹划思路。
❺ 试述纳税筹划风险的表现形式和控制措施。

练习题

❶ 2022年10月,江苏的恒宁实业有限公司,有意收购浙江的英杰企业76%的资产与福建翔林企业100%的股权,以期实现其战略扩张和产业链整合的目标。对于江苏恒宁实业有限公司而言,考虑的重要因素是在收购时支付形式的选择,因为这会影响到被收购资产或股权的评估增(减)值的损益确认时间。以下是被收购的两公司被收购资产或股权的计税基础与公允价值。

浙江英杰企业的被收购资产(其中主要是厂房)计税基础为600万元,评估价值为1 000万元;

福建翔林企业的全部净资产(其中主要是设备)计税基础为1 800万元,评估价值为

1 000万元。

而江苏恒宁实业有限公司目前在支付能力上,一是拥有200万元的货币资金可供支付;二是在股权方面,江苏恒宁实业有限公司可以其旗下的控股子公司——苏南田园公司的股权(公允价值1 800万元)来进行支付。(注:假设苏南田园的股权无增值、账面无亏损;浙江英杰企业、福建翔林企业账面无亏损。)

江苏恒宁实业有限公司预计本年度将实现超过1 000万元的应税所得;而且对于浙江英杰企业、福建翔林企业的收购分别属于符合财税〔2009〕59号文件规定的"资产收购"与"股权收购",同时相关条件满足财税〔2009〕59号文件第五条规定。

请为其选择在纳税方面最有利的收购方案,并加以分析。

方案一:

以货币资金200万元、苏南田园股权800万元支付给浙江英杰企业;

以苏南田园股权1 000万元支付给福建翔林企业。

方案二:

以苏南田园股权1 000万元支付给浙江英杰企业;

以货币资金200万元、苏南田园股权800万元支付给福建翔林企业。

方案三:

以货币资金100万元、苏南田园股权900万元支付给浙江英杰企业;

以货币资金100万元、苏南田园股权900万元支付给福建翔林企业。

❷ 早在2014年左右,江中药业股份有限公司(以下简称"江中药业")与其母公司江西江中制药(集团)有限责任公司(以下简称"江中集团")签订了一块生产用地的租赁合同,每年租金约为600万元。随着时间推移,不仅租金要涨至2 000万元,而且伴随租金而来的,母子公司共同负担的税费也有不断增长的趋势。综合考虑各种因素之后,2019年6月江中药业董事会决议,采取"股权受让"而非"直接协议转让"的方式将土地由母公司转入江中药业。

纳税筹划的实施步骤为:

(1)江中集团注册成立全资子公司"南昌江中资产管理有限公司",注册资本300万元,经营范围为:投资与资产管理;土地出租及管理。

(2)江中集团该生产用地以增加注册资本的方式置入"南昌江中资产管理有限公司",并完成土地使用权转让手续及公司注册资本变更手续,土地评估价值为30 841万元;

(3)江西产权交易所挂牌信息显示,标的公司"南昌江中资产管理有限公司",于本次出售该公司100%的股权,挂牌价格30 220万元。

(4)江中药业与江中集团签订股权转让协议,受让"南昌江中资产管理有限公司"的全部股权,完成股权变更登记手续。至此,江中药业成功购得该土地。

请为上述筹划方案提供政策依据,并进行纳税筹划风险分析。

推荐阅读书目

❶ 梁文涛,苏杉. 纳税筹划. 3版. 北京:中国人民大学出版社,2019年

❷ 李淑霞. 纳税筹划. 上海:上海财经大学出版社,2019年

❸ 应小陆. 税收筹划. 2版. 上海:上海财经大学出版社,2018年

第九章

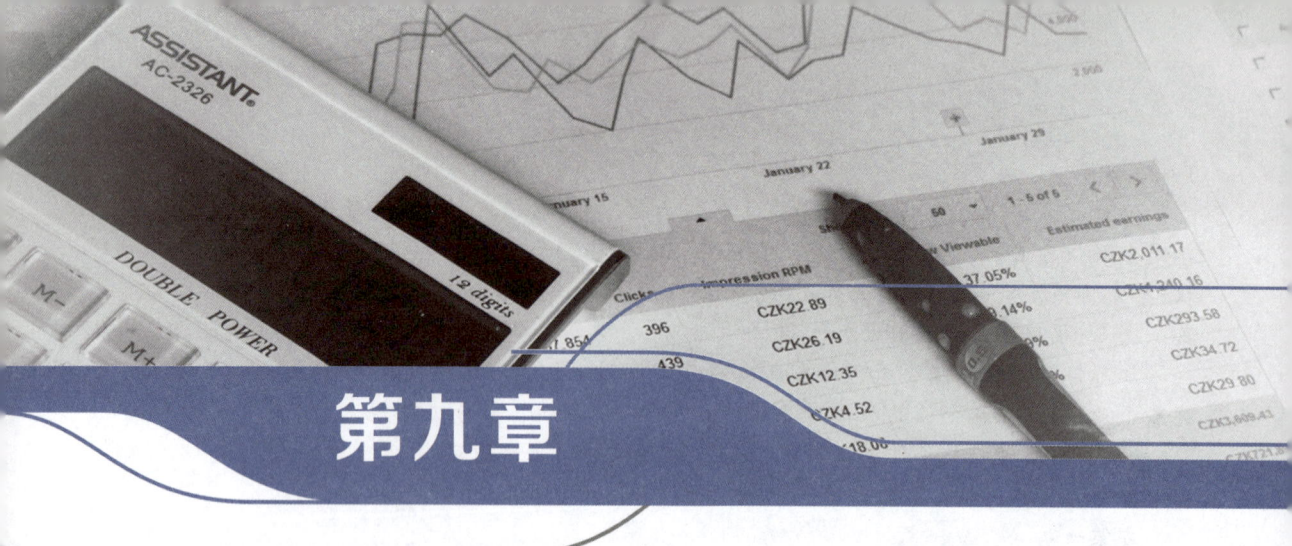

个人所得税纳税筹划

教学目的与要求

通过本章的学习,熟悉个人所得税的有关规定,掌握个人所得税纳税人、征税对象、计税依据、税率、计税方法、税收优惠的筹划原理及筹划方法,并能充分认识个人所得税筹划存在的各种风险,了解其风险控制办法。

导读

刘先生是国内某品牌电器销售公司总经理,按照2022年的销售业绩,公司决定在支付其年薪35万元的基础上再奖励其20万元,但刘先生发现自己也需因此缴纳高额的个人所得税,请问,你能为他提供一个较好的纳税筹划方案吗?你的筹划方案能节税多少呢?本章将对以上问题以及个人所得税涉税疑难问题提供答案。

第一节 纳税人及征税对象的筹划

个人所得税是以个人(自然人)取得的各项所得为征税对象所征收的一种税,是调整征税机关与自然人(居民纳税人、非居民纳税人)之间在个人所得税的征纳与管理过程中所发生的社会关系的法律规范的总称。纳税人和征税对象是构成纳税义务的主要要件,如果不满足其中任何一个条件,都无须向我国政府纳税。因此,个人所得税规避纳税义务可以分别从规避纳税人和规避征税对象两个方面展开。

一、纳税人的纳税筹划

个人所得税法中规定了我国个人所得税的纳税人包括居民纳税人和非居民纳税人。居民纳税人负有无限纳税义务,就其来源于中国境内或境外的全部所得缴纳个人所得税;而非居民纳税人承担有限纳税义务,仅就其来源于中国境内的所得,向中国政府缴纳个人所得税。很明显,非居民纳税人将会承担较轻的税负。因此,纳税人身份的不同界定,也为居民提供了纳税筹划空间。

所谓规避纳税人策略,主要是指避免成为我国的居民纳税人,从而避免就自己来源于境外的所得纳税。来源于境内的所得无论是居民纳税人还是非居民纳税人都应该向我国政府缴税,如果就来源于境内的所得还采取规避纳税人策略通常会触及偷逃税的高压线,带来巨大的风险。

知识链接:

根据国际惯例,对居民纳税人和非居民纳税人的划分,我国采用了国际上常用的住所标准和居住时间标准。这里所指的住所标准,是指习惯性居住地或住所,是在税收上判断居民和非居民的一个法律意义上的标准,不是指实际居住或在某一特定时期内的居住地。例如,个人因学习、工作、探亲、旅游等而在中国境外居住的,当其在境外居住的原因消除之后,仍然必须回到中国境内居住。那么,即使该人并未居住在中国境内,仍应将其判定为在中国习惯性居住。所以,我国个人所得税法中所说的"住所",其概念与通常所说的住所是有区别的。

我国对时间标准的规定为无住所个人一个纳税年度在中国境内累计居住满183天的,如果此前六年在中国境内每年累计居住天数都满183天而且没有任何一年单次离境超过30天,该纳税年度来源于中国境内、境外的所得应当缴纳个人所得税;如果此前六年的任一年在中国境内累计居住天数不满183天或者单次离境超过30天,该纳税年度来源于中国境外且由境外单位或者个人支付的所得,免予缴纳个人所得税。此前六年是指该纳税年度的前一年至前六年的连续6个年度,此前六年的起始年度自2019年(含)以后年度开始计算。在中国境内停留的当天满24小时的,计入中国境内居住天数;在中国境内停留的当天不足24小时的,不计入中国境内居住天数。

对于非居民个人和无住所居民个人有关个人所得税政策规定如下:

(一)关于所得来源地

1.关于工资薪金所得来源地的规定

个人取得归属于中国境内(以下称境内)工作期间的工资薪金所得为来源于境内的工资薪金所得。境内工作期间按照个人在境内工作天数计算,包括其在境内的实际工作日以及境内工作期间在境内、境外享受的公休假、个人休假、接受培训的天数。在境内、境外单位同时担任职务或者仅在境外单位任职的个人,在境内停留的当天不足24小时的,按照半天计算境内工作天数。

无住所个人在境内、境外单位同时担任职务或者仅在境外单位任职,且当期同时在境内、境外工作的,按照工资薪金所属境内、境外工作天数占当期公历天数的比例计算确定来源于境内、境外工资薪金所得的收入额。境外工作天数按照当期公历天数减去当期境内工作天数计算。

2. 关于数月奖金以及股权激励所得来源地的规定

无住所个人取得的数月奖金或者股权激励所得按照规定确定所得来源地。无住所个人在境内履职或者执行职务时收到的数月奖金或者股权激励所得，归属于境外工作期间的部分，为来源于境外的工资薪金所得；无住所个人停止在境内履约或者执行职务离境后收到的数月奖金或者股权激励所得，对属于境内工作期间的部分，为来源于境内的工资薪金所得。具体计算方法为：数月奖金或者股权激励乘以数月奖金或者股权激励所属工作期间境内工作天数与所属工作期间公历天数之比。

无住所个人一个月内取得的境内外数月奖金或者股权激励包含归属于不同期间的多笔所得的，应当先分别按照本公告规定计算不同归属期间来源于境内的所得，然后再加总计算当月来源于境内的数月奖金或者股权激励收入额。

数月奖金是指一次取得归属于数月的奖金、年终加薪、分红等工资薪金所得，不包括每月固定发放的奖金及一次性发放的数月工资。股权激励包括股票期权、股权期权、限制性股票、股票增值权、股权奖励以及其他因认购股票等有价证券而从雇主取得的折扣或者补贴。

3. 关于董事、监事及高层管理人员取得报酬所得来源地的规定

对于担任境内居民企业的董事、监事及高层管理职务的个人（以下统称高管人员），无论是否在境内履行职务，取得由境内居民企业支付或者负担的董事费、监事费、工资薪金或者其他类似报酬（以下统称高管人员报酬，包含数月奖金和股权激励），均属于来源于境内的所得。

高层管理职务包括企业正、副（总）经理、各职能总监及其他类似公司管理层的职务。

4. 关于稿酬所得来源地的规定

由境内企业、事业单位、其他组织支付或者负担的稿酬所得，为来源于境内的所得。

(二) 关于无住所个人工资薪金所得收入额的计算

无住所个人取得工资薪金所得，按以下规定计算在境内应纳税的工资薪金所得收入额（以下称工资薪金收入额）：

1. 无住所个人为非居民个人的情形

非居民个人取得工资薪金所得，除前述规定以外，当月工资薪金收入额分别按照以下两种情形计算：

（1）非居民个人境内居住时间累计不超过90天的情形

在一个纳税年度内，在境内累计居住不超过90天的非居民个人，仅就归属于境内工作期间并由境内雇主支付或者负担的工资薪金所得计算缴纳个人所得税。当月工资薪金收入额的计算公式如下（公式一）：

$$当月工资薪金收入额 = 当月境内外工资薪金总额 \times \frac{当月境内支付工资薪金数额}{当月境内外工资薪金总额} \times \frac{当月工资薪金所属工作期间境内工作天数}{当月工资薪金所属工作期间公历天数}$$

境内雇主包括雇佣员工的境内单位和个人以及境外单位或者个人在境内的机构、场所。凡境内雇主采取核定征收所得税或者无营业收入未征收所得税的,无住所个人为其工作取得的工资薪金所得,不论是否在该境内雇主会计账簿中记载,均视为由该境内雇主支付或者负担。工资薪金所属工作期间的公历天数,是指无住所个人取得工资薪金所属工作期间按公历计算的天数。

公式中当月境内外工资薪金包含归属于不同期间的多笔工资薪金的,应当先分别按照规定计算不同归属期间工资薪金收入额,然后再加总计算当月工资薪金收入额。

(2)非居民个人境内居住时间累计超过90天不满183天的情形

在一个纳税年度内,在境内累计居住超过90天但不满183天的非居民个人,取得归属于境内工作期间的工资薪金所得,均应当计算缴纳个人所得税;其取得归属于境外工作期间的工资薪金所得,不征收个人所得税。当月工资薪金收入额的计算公式如下(公式二):

$$当月工资薪金收入额 = 当月境内外工资薪金总额 \times \frac{当月工资薪金所属工作期间境内工作天数}{当月工资薪金所属工作期间公历天数}$$

2. 无住所个人为居民个人的情形

在一个纳税年度内,在境内累计居住满183天的无住所居民个人取得工资薪金所得,当月工资薪金收入额按照以下规定计算:

(1)无住所居民个人在境内居住累计满183天的年度连续不满六年的情形

在境内居住累计满183天的年度连续不满六年的无住所居民个人,符合实施条例第四条优惠条件的,其取得的全部工资薪金所得,除归属于境外工作期间且由境外单位或者个人支付的工资薪金所得部分外,均应计算缴纳个人所得税。工资薪金所得收入额的计算公式如下(公式三):

$$当月工资薪金收入额 = 当月境内外工资薪金总额 \left[1 - \frac{当月境外支付工资薪金数额}{当月境内外工资薪金总额} \times \frac{当月工资薪金所属工作期间境外工作天数}{当月工资薪金所属工作期间公历天数} \right]$$

(2)无住所居民个人在境内居住累计满183天的年度连续满六年的情形

在境内居住累计满183天的年度连续满六年后,不符合实施条例第四条优惠条件的无住所居民个人,其从境内、境外取得的全部工资薪金所得均应计算缴纳个人所得税。

3. 无住所个人为高管人员的情形

无住所居民个人为高管人员的,工资薪金收入额按照规定计算纳税。非居民个人为高管人员的,按照以下规定处理:

(1)高管人员在境内居住时间累计不超过90天的情形

在一个纳税年度内,在境内累计居住不超过90天的高管人员,其取得由境内雇主支付或者负担的工资薪金所得应当计算缴纳个人所得税;不是由境内雇主支付或者负担的工资薪金所得,不缴纳个人所得税。当月工资薪金收入额为当月境内支付或者负担的工资薪金收入额。

(2)高管人员在境内居住时间累计超过90天不满183天的情形

在一个纳税年度内,在境内居住累计超过90天但不满183天的高管人员,其取得的工资薪金所得,除归属于境外工作期间且不是由境内雇主支付或者负担的部分外,应当计算缴纳个人所得税。

关于无住所个人工资薪金所得收入额的计算公式见表9-1。

表9-1　　　　　　　　　无住所个人工资薪金所得收入额的计算

无住所个人一个纳税年度内境内居住时间	应税收入	当月工资薪金收入额的计算公式
不超过90天	归属于境内工作期间并由境内雇主支付或者负担的工资薪金所得	公式一： 当月工资薪金收入额 = 当月境内外工资薪金总额 × ($\frac{当月境内支付工资薪金数额}{当月境内外工资薪金总额}$ × $\frac{当月工资薪金所属工作期间境内工作天数}{当月工资薪金所属工作期间公历天数}$)
超过90天但不满183天	归属于境内工作期间的工资薪金所得	公式二： 当月工资薪金收入额 = 当月境内外工资薪金总额 × $\frac{当月工资薪金所属工作期间境内工作天数}{当月工资薪金所属工作期间公历天数}$
满183天但满183天的连续年度不满六年	取得的全部工资薪金所得,除归属于境外工作期间且由境外单位或者个人支付的工资薪金所得部分	公式三： 当月工资薪金收入额 = 当月境内外工资薪金总额 × $[1 - \frac{当月境外支付工资薪金数额}{当月境内外工资薪金总额} \times \frac{当月工资薪金所属工作期间境外工作天数}{当月工资薪金所属工作期间公历天数}]$
满183天的年度连续满六年,且任一年中没有单次离境超过30天	从境内、境外取得的全部工资薪金所得	其从境内、境外取得的全部工资薪金所得均应计算缴纳个人所得税
高管人员一个纳税年度内境内居住时间	应税收入	当月工资薪金收入额的计算公式
不超过90天	取得由境内雇主支付或者负担的工资薪金所得	当月工资薪金收入额为当月境内支付的工资薪金收入额
超过90天但不满183天	取得的工资薪金所得,除归属于境外工作期间且不是由境内雇主支付或者负担的部分	公式三： 当月工资薪金收入额 = 当月境内外工资薪金总额 × $[1 - \frac{当月境外支付工资薪金数额}{当月境内外工资薪金总额} \times \frac{当月工资薪金所属工作期间境外工作天数}{当月工资薪金所属工作期间公历天数}]$
满183天但满183天的连续年度不满六年	取得的全部工资薪金所得,除归属于境外工作期间且由境外单位或者个人支付的工资薪金所得部分	公式三： 当月工资薪金收入额 = 当月境内外工资薪金总额 × $[1 - \frac{当月境外支付工资薪金数额}{当月境内外工资薪金总额} \times \frac{当月工资薪金所属工作期间境外工作天数}{当月工资薪金所属工作期间公历天数}]$
满183天的年度连续满六年,且任一年中没有单次离境超过30天	从境内、境外取得的全部工资薪金所得	其从境内、境外取得的全部工资薪金所得均应计算缴纳个人所得税

(三)关于无住所个人税款计算

1. 关于无住所居民个人税款计算的规定

无住所居民个人取得综合所得,年度终了后,应按年计算个人所得税;有扣缴义务人的,由扣缴义务人按月或者按次预扣预缴税款;需要办理汇算清缴的,按照规定办理汇算清缴,年度综合所得应纳税额计算公式如下(公式四):

年度综合所得应纳税额=(年度工资薪金收入额+年度劳务报酬收入额+年度稿酬收入额+年度特许权使用费收入额-减除费用-专项扣除-专项附加扣除-依法确定的其他扣除)×适用税率-速算扣除数

无住所居民个人为外籍个人的,2022年1月1日前计算工资薪金收入额时,已经按规定减除住房补贴、子女教育费、语言训练费等八项津补贴的,不能同时享受专项附加扣除。

年度工资薪金、劳务报酬、稿酬、特许权使用费收入额分别按年度内每月工资薪金以及每次劳务报酬、稿酬、特许权使用费收入额合计数额计算。

2. 关于非居民个人税款计算的规定

(1)非居民个人当月取得工资薪金所得,以按照规定计算的当月收入额,减去税法规定的减除费用后的余额,为应纳税所得额,适用按月换算后的综合所得税率表(以下称月度税率表)计算应纳税额。

(2)非居民个人一个月内取得数月奖金,单独按照规定计算当月收入额,不与当月其他工资薪金合并,按6个月分摊计税,不减除费用,适用月度税率表计算应纳税额。在一个公历年度内,对每一个非居民个人,该计税办法只允许适用一次。计算公式如下(公式五):

当月数月奖金应纳税额=[(数月奖金收入额÷6)×适用税率-速算扣除数]×6

(3)非居民个人一个月内取得股权激励所得,单独按照规定计算当月收入额,不与当月其他工资薪金合并,按6个月分摊计税(一个公历年度内的股权激励所得应合并计算),不减除费用,适应月度税率表计算应纳税额。计算公式如下(公式六):

当月股权激励所得应纳税额=[(本公历年度内股权激励所得合计额÷6)×适用税率-速算扣除数]×6-本公历年度内股权激励所得已纳税额

(4)非居民个人取得来源于境内的劳务报酬所得、稿酬所得、特许权使用费所得,以税法规定的每次收入额为应纳税所得额,适用月度税率表计算应纳税额。

因此,对于我国境内非居民个人和无住所居民个人可以从时间标准考虑,选择对自己最有利的方案从而降低税收负担。

二、征税对象的纳税筹划

作为居民纳税人,很难采用规避纳税人策略,那么,是否可以采用规避征税对象策略,使自己的收入不作为征税对象呢?实际上通过纳税筹划,将部分或全部收入不作为征税对象征税是完全可以实现的。个人所得税将个人所得分为9类项目进行征税,如果能在不直接取得这9类收入的情形下,获得价值相当的实际收益,则可以有效避免收入被作为征税对象。

个人所得税法中规定对个人取得的各种实物收入也需要纳入征税范围,但如果纳税人不获得实物的所有权而仅取得这些实物的使用权,则往往无须纳税。因此,可以从这一方面考虑采用规避征税对象策略。

比如纳税人获得股息、红利或者工资、薪金,其消费意图是购房或者购车,则其取得的收入需要缴纳个人所得税,而如果其所在公司为房屋或者车辆的所有人,仅将房屋、车辆的使用权交给个人则无须缴纳个人所得税。通过这一方式,就实现了规避征税对象的目的。

【案例9-1】 太安公司为上市公司,当年8月,由于其主要股东江某的住所离工作地较远,公司专门购买了一辆价值100万元的小汽车让江某使用。公司将车辆的所有权办到了江某的个人名下,购车款由公司支付。汽车1年的固定使用费用为2万元,1年的油耗及修理费为含税价3.51万元(均取得了增值税专用发票)。该小汽车预计使用10年,残值按原价的5%估计,按直线法计提折旧,公司适用的所得税税率为25%。

案例分析:

如果江某取得汽车所有权,应纳个人所得税=100×20%×50%=10万元,而且江某在今后10年中每年还要支付日常费用5.51万元。仅获得使用权,汽车归属公司,江某可少缴个人所得税10万元,10年中还可每年为企业获得抵税的税收利益4.965万元,而且江某每年可以有3.51万元的实际开销可以不以收入的形式发放,从而不用缴纳个人所得税。

【案例9-2】 某企业高级管理人员李某,年薪360万元,当年应纳工资薪金个人所得税为3 600 000×45%-181 920=1 438 080元。

案例分析:

如果李某改变和原单位的劳动合同雇佣关系,注册低税区的个人独资企业,以该个人独资企业与原公司进行合作,签订企业间管理咨询合作合同。这时可根据当地税收优惠政策,符合要求的个人独资企业可申请由税务局核定征收个人所得税,核定个税税率为2%。

那么该个人独资企业当年应纳税额:

增值税=360/(1+3%)×3%=10.49万元

城市维护建设税及其附加=10.49×(7%+3%)=1.05万元

应纳个人所得税=360/(1+3%)×2%=7万元

合计应纳税额=10.49+1.05+7=18.54万元

第二节 计税依据的筹划

我国的个人所得税法将个人收入分为9类,按照综合与分类相结合的模式,采用了不同的征收办法。但无论采用哪种征收方法,无论采用累进税率还是采用比例税率,通过合理减少应税收入都可以实现降低税负的目的。针对不同性质的收入,在应用相应筹划方法时,要注意适用范围。如个人所得税法对工资、薪金所得的规定,缩小工资、薪金所得税基时可以从以下两个方面考虑。一是可以采用非货币支付办法,提高职工公共福利支出,间接增加职工收入。例如,免费为职工提供宿舍(公寓);免费提供交通便利;提供免费职工用餐等。企业替员工个人支付这些支出,可以把这些支出作为费用减少企业所得税应纳税所得额,个人在实际工资水平未下降的情况下,减少了应由个人负担的税款,可谓一举两得。二是可以将收入保险化,即替职工多购买个人所得税法允许税前扣除的养老保险、公积金等,这样职工可以在不减少实际收入的情况下,减少计税依据从而降低实际税收负担。

一、工资、薪金所得的筹划

(一)工资、薪金福利化

取得高薪是提高个人消费水平的主要手段,但因为工资、薪金个人所得税的税率是累进的,当薪酬较高时,对应的税率也较高,纳税人的税后收益将较大幅度地减少。所以,把纳税人现金性工资转为福利,同样可以满足其消费需求,却可缩小税基,从而少缴个人所得税。如企业为职工提供家具及住宅设备并收取低租金,提供免费膳食或者直接支付搭伙管理费,提供办公用品和设施,提供车辆供员工使用,为员工子女成立教育基金、提供奖学金给员工子女等。其具体措施可以根据企业自身特点和员工需求共同约定。

但是需要注意的是,根据《中华人民共和国个人所得税法实施条例》(以下简称"个人所得税实施条例")的规定,个人取得的应税所得包括现金、实物和有价证券。当所得为实物时,应当按照取得的凭证上所注明的价格计算应纳税所得额;无凭证的实物或者凭证上所注明的价格明显偏低的,由主管税务机关参照当地的市场价格核定应纳税所得额,因此企业提供的福利应该是不能转换为现金的。如企业提供免费膳食时需注意膳食必须具有不可变现性,即不可转让,不能兑换现金。

【案例9-3】假设刚研究生毕业的小李进入博文达理公司工作,每月收入12 000元。其中,通信补贴和午餐补贴分别为300元和400元,"三险一金"专项扣除为2 000元,每月缴纳房租租金为1 200元(注:其父母尚未满60岁无须进行赡养)。

应纳税额=[(12 000−5 000−2 000−1 200)×10%−210]×12=2 040元

公司可以通过代交话费、配备员工餐替换午餐补贴的方式,为员工发放福利。

这样一来,小李当月应纳税所得额可以直接减掉700元,通过计算:

应纳税额=[(12 000−5 000−2 000−1 200−700)×10%−210]×12=1 200元

节税金额=2 040−1 200=840元

由此可算出可少纳840元的税款,达到了较好的节税效果,且实得的福利并没有发生很大出入。

【案例9-4】王先生任职于某公司。当年11月,王先生取得本月的工资6 000元(其中500元为公司给予王先生的货币性住房补贴)。除工资外,王先生无其他收入来源。请对以上业务进行纳税筹划(无专项扣除项目)。

案例分析:

筹划方案:

方案一:王先生自己解决住房问题,即利用公司给予的货币性住房补贴租房。此时,王先生每月工资为6 000元,应当缴纳的个人所得税如下:

王先生每月应当缴纳的个人所得税=(6 000−5 000)×3%−0=30元,扣除租房费用500元后,王先生的实际收入为6 000−500−30=5 470元。

方案二：由于王先生的租房支出是必不可少的开支，因此，王先生可以与公司进行协商，由公司安排住房，每月的工资可以由6 000元调减至5 500元。

此时，王先生每月应当缴纳的个人所得税=(5 500－5 000)×3%－0=15元，王先生的实际收入为6 000－15=5 985元。

筹划结论：方案二与方案一相比，如果公司为王先生每月提供500元的住房补贴，房租由王先生自己承担，那么由于租房支出在税前是不允许扣除的，因此，王先生的实际收入为5 470元；但是如果该公司不将住房补贴发放给王先生，而是采取由公司租房再提供给王先生住房的方式，则王先生的实际收入为5 985元。因此，应当选择方案二。

筹划小结：由于工资、薪金个人所得税的税率是综合所得适用的七级超额累进税率，因此，当薪金较高时，对应的税率也变高，纳税人的税后收益将减少，所以公司可以把纳税人的货币性工资转化为非货币性的福利支出，这样就可以缩小税基，减少纳税人所缴纳的个人所得税。

因此，通过上述例题可以看出，由于个人所得税的各税目特征和计税方法互不相同，因而不同的所得项目减少计税收入的方法也会有所不同，这就意味着具体的减少计税收入的筹划方法在应用上有一定的所得项目适用范围，因此在考虑个人所得税缩小工资薪金所得税基时，可以从以下两个方面着手：

(1)采用非货币的支付方法。例如，提高职工公共福利，间接增加职工福利(提供免费职工用餐、免费提供职工宿舍、免费提供交通便利等)。企业替员工个人支付这些支出，使得员工个人在其实际工资水平未下降的情况下，减少了应由个人负担的税款；同时，企业也可以把这些支出作为企业费用进行税前列支，从而减少了企业所得税的应纳税所得额，减少了应由个人负担的税款。

(2)将收入保险化。收入保险化是指根据在税前扣除养老保险、公积金的税法规定，尽量争取更多税前扣除额，从而降低计税收入的筹划方式，个人每月住房公积金缴存额可从工资总额中进行税前扣除，免纳个人所得税。按照我国有关公积金的相关规定，职工个人与其所在单位，分别依据职工工资总额的同一比例，按月缴存住房公积金。职工个人每月缴存额等于职工每月工资总额乘以个人缴存率，单位每月缴存额等于该职工每月工资总额乘以单位缴存率，这两笔资金都存入个人账户，归职工个人所有。目前，我国住房公积金按照国家规定比例为5%~20%。

(二)工资、薪金均衡化

根据《个人所得税法》规定，为了照顾采掘业、远洋运输业、远洋捕捞业因季节产量等因素的影响，职工的工资、薪金收入呈现较大幅度波动的实际情况，对这3个特定行业的职工取得的工资、薪金所得，可按月预缴，自年度终了后30日内，合并其全年工资、薪金所得，再按12个月平均并计算实际应纳的税款，多退少补。

而如今在实际生活中，其他行业也存在工资大幅波动起伏的情况，纳税人可以借鉴该政策思路，将每月收入平均分摊。

【案例9-5】 李某为一家旅游公司的职员，业务淡旺季分明，工资一年中波动不稳。李某7、8月工资加奖金均为10 600元，9月2 100元，10月2 100元，11月2 000元，12月2 000元。在计算个人所得税时，企业财务人员共代扣代缴李某7、8月个人所得税[(10 600－5 000)×10%－210]×2=700元。

案例分析：

李某实际工资加奖金平均每月4 900元，如果每月平均发放，则扣减免征额5 000元后，应纳税所得额为负数，无须纳税。

二、劳务报酬所得的筹划

劳务报酬所得是指个人从事劳务取得的所得，包括从事设计、装潢、安装、制图、化验、测试、医疗、法律、会计、咨询、讲学、翻译、审稿、书画、雕刻、影视、录音、录像、演出、表演、广告、展览、技术服务、介绍服务、经纪服务、代办服务以及其他劳务取得的所得。该项所得与工资薪金所得、稿酬所得、特许权使用费所得合并为综合所得征收，适用7级超额累进税率。以每次收入额为应纳税所得额，收入额为以收入减除20%的费用后的余额。属于一次性收入的，以取得该项收入为一次；属于同一项目连续性收入的，以一个月内取得的收入为一次。

劳务报酬所得筹划的一般思路是：通过增加费用开支尽量减少应纳税所得额，或者通过延迟收入、平分收入等方法，将每一次的劳务报酬所得安排在较低税率的范围内。

(一)费用转移

为他人提供劳务以取得报酬的个人，可以考虑由对方提供一定的福利，将本应由自己承担的伙食、交通、住宿、办公用具、实验设备等费用改由对方提供，这样，降低提供劳务的报酬，以达到规避税收的目的。

【案例9-6】 某大学教授于某月1日至3日应邀到外地为某培训班讲学，该培训班答应支付给他劳务报酬6 000元，其余费用自理。另，于某当月工资、薪金13 000元，无其他专项扣除。则于某当月应纳个人所得税=[13 000－5 000＋6 000×(1－20%)]×20%－1 410＝1 150元。

案例分析：

如果他可以要求培训班为他负担3天的餐费200元，住宿费600元，并且要求报销往返动车票400元，从其总收入中扣除，而实际只收取劳务报酬4 800元，则于某当月应缴纳个人所得税=[13 000－5 000＋4 800×(1－20%)]×10%－210＝974元，节税金额=1 150－974＝176元。

(二)分项计算

我国的个人所得税对纳税人取得的劳务报酬所得是按"次"缴纳税款的。税法对于不同的劳务报酬运作，在"次"上有具体的规定：一是对只有一次性收入的，以取得该项收入为"一次"；二是对属于同一事项连续取得收入的，以一个月内取得的收入为"一次"。

对于只有"一次性收入"的，在可能的情况下进行必要的分割，将"畸高收入"分解为"小额收入"，当然这种分割应当是合法的。分次的目的是降低应纳税所得额，从而适用低税率。

【案例9-7】 陈某为他人进行设计和安装，按合同规定：完工后对方应支付劳务报酬45 000元。根据个人所得税法的规定：

陈某当月应纳个人所得税=45 000×(1－20%)×30%－4 410＝6 390元

案例分析：

如果纳税人事先进行纳税筹划，与对方分别签订设计合同与安装合同，设计合同的劳务报酬金额为 15 000 元，安装合同的劳务报酬金额为 30 000 元。根据个人所得税法的规定：

设计劳务报酬应纳个人所得税：15 000×(1－20%)×10%＝990 元

安装劳务报酬应纳个人所得税：30 000×(1－20%)×20%－1 410＝3 390 元

应纳个人所得税合计：990＋3 390＝4 380 元

按照此种方案，纳税人可以节税 2 010(6 390－4 380)元。

(三)增加支付次数

对属于同一事项连续取得收入的，以一个月内取得的收入为"一次"，但在现实生活中，某些行业收入的获得具有一定阶段性。即某时期收入可能较多，适用较高税率，而收入较少时，适用较低税率，甚至可能低于免征额，造成总体税负较高。这时，纳税人只要进行一些简单的筹划活动，将"畸高收入"分解为"小额收入"，就可能获取较高的回报。

【**案例 9-8**】张某为某企业职工，每月工资、薪金 11 000 元，无其他扣除项目，有注册会计师资格，每年年初到某会计师事务所兼职 3 个月，这 3 个月每月获得 30 000 元劳务报酬。如果，张某和事务所按实际情况签约，则：

兼职的 3 个月，每月应纳个人所得税额＝[11 000－5 000＋30 000×(1－20%)]×25%－2 660＝4 840 元

全年应纳个人所得税＝[(11 000－5 000)×10%－210]×9＋4 840×3＝18 030 元

案例分析：

如果张某和事务所商定，劳务费在全年 12 个月分月支付，每月支付 7 500 元，则：

兼职的 3 个月，每月应纳个人所得税额＝[11 000－5 000＋7 500×(1－20%)]×10%－210＝990 元

全年应纳个人所得税＝990×12＝11 880 元

筹划后少纳税款 6 150(18 030－11 880)元。

三、稿酬所得的筹划

稿酬所得是指个人因其作品以图书、报刊等形式出版、发表而取得的所得。该项所得与工资薪金所得、劳务报酬所得、特许权使用费所得合并为综合所得征收，适用 7 级超额累进税率。稿酬所得的收入额为以收入减除 20% 的费用后的余额，另再减按 70% 计算。属于一次性收入的，以取得该项收入为一次；属于同一项目连续性收入的，以一个月内取得的收入为一次。

税法规定，个人以图书、报刊方式出版、发表同一作品，不论出版单位是预付还是分笔支付稿酬，或者加印该作品再付稿酬，均应合并稿酬所得按一次计征个人所得税。但对于不同的作品分开计税。这就给纳税人的筹划创造了条件。如果一本书可以分成几部分，以系列丛书出现，可以分"次"单独计税，从而在该项所得与其他综合所得合并后，降低应纳税所得额，适用低税率。

使用该方法应该注意以下两个前提条件：首先，改成系列作品后是否影响作品的完整性；其次，改为"多次"对发行量的影响是否较大。

【案例 9-9】 某税务专家准备出版 1 本关于纳税筹划的著作，预计稿酬所得 21 000 元，试问，他应如何筹划？

案例分析：

方案一：如果以 1 本书形式出版该著作，则应纳税额 = 21 000×(1−20%)×(1−30%)×10%−210 = 966 元。

方案二：如果以 4 本为一套系列丛书出版，则应纳税额 = (21 000÷4)×(1−20%)×(1−30%)×3%×4 = 88.2×4 = 352.8 元。

可见，采用方案二能节省税款 643.2(996−352.8)元。

四、经营所得的筹划

经营所得是指：(1)个体工商户从事生产、经营活动取得的所得，个人独资企业投资人、合伙企业的个人合伙人来源于境内注册的个人独资企业、合伙企业生产、经营的所得；(2)个人依法从事办学、医疗、咨询以及其他有偿服务活动取得的所得；(3)个人对企业、事业单位承包经营、承租经营以及转包、转租取得的所得；(4)个人从事其他生产、经营活动取得的所得。经营所得以每一纳税年度的收入总额减除成本、费用以及损失后的余额，为应纳税所得额。

个人所得税法第六条第一款第三项所称成本、费用，是指生产、经营活动中发生的各项直接支出和分配计入成本的间接费用以及销售费用、管理费用、财务费用；所称损失，是指生产、经营活动中发生的固定资产和存货的盘亏、毁损、报废损失，转让财产损失，坏账损失，自然灾害等不可抗力因素造成的损失以及其他损失。

取得经营所得的个人，没有综合所得的，计算其每一纳税年度的应纳税所得额时，应当减除费用 6 万元、专项扣除、专项附加扣除以及依法确定的其他扣除。专项附加扣除在办理汇算清缴时减除。从事生产、经营活动，未提供完整、准确的纳税资料，不能正确计算应纳税所得额的，由主管税务机关核定应纳税所得额或者应纳税额。

其中，合伙企业与个人独资企业一样，应缴纳个人所得税。因为是合伙经营，所以其在所得额的计算上有所不同。按税法规定，合伙企业的投资人按照合伙企业的全部生产经营所得和合伙协议约定的分配比例，确定应纳税所得额，合伙协议没有约定分配比例的，以全部生产经营所得和合伙人数量平均计算每个投资者的应纳税所得额。既然合伙企业的投资人与合伙企业是分别计算个人所得税的，投资人就可以利用分劈技术进行节税的操作。

【案例 9-10】 华夏公司为张某的个人独资企业，2019 年度的生产经营应纳税所得额为 12 万元。

应纳个人所得税 = 120 000×20%−10 500 = 13 500 元

案例分析：

张某为减少个人所得税的缴纳，与妻子商议，由其妻子作为投资人（财产分割进行公证),双方约定,各按50%进行所得的分配。

张某应纳个人所得税＝60 000×10%－1 500＝4 500元
张妻应纳个人所得税＝60 000×10%－1 500＝4 500元
合计＝4 500×2＝9 000元
该家庭可节税＝13 500－9 000＝4 500元

五、利息、股息、红利所得的筹划

利息、股息、红利所得可以从以下三方面来筹划。(1)安排教育储蓄。为了避免利息所得缴税,首选教育储蓄。在我国,教育储蓄的存期有两种:3年期和5年期。相对优惠。但是,对教育储蓄的限制条件也较多:如每一户的最高限额为2万元,对拥有大量资金的储户并不适用。(2)进行国债投资。购买国债是一种较好的筹划选择,好处是票面利率高,有时还高于教育储蓄的利率;缺点是一次性投入。对于个人而言,不能一次拿出较大数额的资金进行投资时,国债投资的减税好处并不明显。(3)其他渠道。如保险投资、外汇投资等。采用其他投资渠道规避税收,需要较高的专业知识水平保证投资回报率高于教育储蓄和国债投资。

据有关规定,个人从公开发行和转让市场取得的上市公司股票,持股期限在1个月以内(含1个月)的,其股息、红利所得全额计入应纳税所得额;持股期限在1个月以上至1年(含1年)的,暂减按50%计入应纳税所得额;持股期限超过1年的,股息、红利所得暂免征收个人所得税。上述所得统一适用20%的税率计征个人所得税。

由此可见,对股息、红利所得实施的是差异化个人所得税政策,即持股期1个月内、1个月到1年、1年以上税率分别为20%、10%和0,除权价以税前红利、红股计算,需注意自己的持股公告,合理筹划。

【案例9-11】 张先生购入7万股上海新梅股票,持股不到1个月,其间正好碰上上海新梅每10股送8股派现金1元。按规定,张先生需缴纳税款:

每10股送8股股票,按每股面额1元计算,红股所得税8×1×20%＝1.6元。
每10股派现金1元,红利所得税1×20%＝0.2元。
每10股股票需缴税1.8元,折合每股需缴税0.18元。
由于实际派发现金红利时,已先扣了5%的税,即每股0.9×5%＝0.045元。

案例分析:

每股还需补税0.18－0.045＝0.135元,总共合计需补税近1万元。

那么,如何降低税收负担呢?

短线股民应避开分红送股这个时间点,要么在分红送股前卖出,要么在分红过后再买入。因此,关注上市公司的公告很重要。当然,也可以持股1个月以上,那么只需负担10%的税,或者是1年以上,可享受免税优惠。但当前的投资交易习惯,持股1年以上的股民似乎并不多。

六、财产租赁所得的筹划

财产租赁所得以一个月内取得的收入为一次。每次收入不超过 4 000 元的,减除费用 800 元;4 000 元以上的,减除 20% 的费用,其余额为应纳税所得额。个人出租建筑物、土地使用权、机器设备、车船以及其他财产取得的所得,属于"财产租赁所得"的征税范围,按"次"计征个人所得税。在确定财产租赁的应纳税所得额时,纳税人在出租财产过程中缴纳的税金和教育费附加,可持完税凭证,从其财产收入中扣除。准予扣除的项目除了规定费用和有关税、费外,还准予扣除能够提供有效、准确凭证,证明由纳税人负担的该出租财产实际开支的修缮费用。允许扣除的修缮费用,以每次 800 元为限,一次扣除不完的,准予在下一次继续扣除,直至扣完为止。

七、年终奖的筹划

发放年终奖不仅是企业对员工一年努力工作的认可及对其所做贡献的奖励,而且成为企业激励员工,留住优秀人才的重要砝码之一。发放年终奖本来是一件令企业和员工皆获利的好事,但如果处理不当,好事也可能变成坏事,甚至会演变成劳动争议。因此,如何让年终奖真正起到激励员工、促进企业发展的作用,避免年终奖纠纷,是企业值得思考的问题。

根据《财政部、税务总局关于个人所得税法修改后有关优惠政策衔接问题的通知》(财税〔2018〕164 号),居民个人取得全年一次性奖金符合《国家税务总局关于调整个人取得全年一次性奖金等计算征收个人所得税方法问题的通知》(国税发〔2005〕9 号)规定的,在 2021 年 12 月 31 日前,不并入当年综合所得,以全年一次性奖金收入除以 12 个月得到的数额,按照 7 级超额累进税率表,确定适用税率和速算扣除数,单独计算纳税。计算公式为:

$$应纳税额 = 全年一次性奖金收入 \times 适用税率 - 速算扣除数$$

居民个人取得全年一次性奖金,也可以选择并入当年综合所得计算纳税。

自 2022 年 1 月 1 日起,居民个人取得全年一次性奖金,应并入当年综合所得计算缴纳个人所得税。

【案例 9-12】 某企业员工小 A,月工资 4 500 元,不计算三险一金,专项附加扣除为 4 000 元。假设该年度 1 月单位发放年终奖 3 万元。以下方案对将年终奖纳入综合所得计算纳税和单独计税两种情况下的税负进行比较。

方案一,年终奖单独计税。小 A 工资薪金没有达到免征额,所以不需纳税。当月应纳税额 = 30 000 × 3% = 900 元。

方案二,年终奖并入当年综合所得计算纳税。

应纳税所得额 = 4 500 × 12 + 30 000 − 5 000 × 12(费用)− 4 000 × 12(专项扣除)= −24 000 元,应纳税所得额为负数,无须缴纳个税。

如果该企业发放的年终奖为 12 万元。

方案一,年终奖单独计税。小 A 工资薪金没有达到免征额,所以不需纳税。当月应纳税额＝120 000×10％－210＝11 790元。

方案二,年终奖并入当年综合所得计算纳税。

应纳税所得额＝4 500×12＋120 000－5 000×12(费用)－4 000×12(专项扣除)＝66 000元,应纳税额＝66 000×10％－2 520＝4 080元。

由此可见,并入综合所得需缴纳的税收比单独计税低7 710(11 790－4 080)元。

(一)过渡期年终奖最优选择方案

根据上文,对于所有的收入水平,是否都是全并入综合所得计算更加优惠,是值得继续论证的问题。在全年工资一定的情况下,是否要将年终奖纳入综合所得计算,或者如何将工资和奖金分配,才能达到税收负担最小化的目的,是下文探讨的重点。同样引用上文例子,假设员工小A年终奖发放12万元,其他假设条件一样。

员工小A年收入共计174 000元,根据工资和奖金个人所得税筹划表(表9-2),小A的年收入在(108 000,180 000]这个区间。最优的工资和奖金分配方案下工资和年终奖的分配必须满足年终奖在区间[0,36 000],月工资在区间(9 000,12 000],才能使税收负担最优。在这种情况下假设月工资为X,年终奖为Y,年收入总计为$12X+Y$。

表9-2　　　　　　　　　　工资和奖金个人所得税筹划表

预计年收入	全年一次性奖金		均衡月工资	
	全年一次性奖金	税率	月工资	税率
(0,108 000]	固定为0	不纳税	(0,9 000]	不纳税
(108 000,180 000]	[0,36 000]	不纳税或3.00％	(9 000,12 000]	3.00％
(180 000,288 000]	固定为36 000	3.00％	(12 000,21 000]	10.00％
(288 000,311 100]	固定为36 000	3.00％	(21 000,22 935]	20.00％
(311 100,396 000]	(36 000,144 000]	10.00％	(12 000,21 000]	10.00％
(396 000,552 000]	固定为144 000	10.00％	(21 000,34 000]	20.00％
(552 000,672 000]	固定为144 000	10.00％	(34 000,44 000]	25.00％
(672 000,828 000]	固定为300 000	20.00％	(34 000,44 000]	25.00％
(828 000,1 068 000]	固定为300 000	20.00％	(44 000,640 000]	30.00％

应纳税额＝$Y×3％+12×(X-9 000)×3％=3％×(12X+Y)-3 240=1 980$元,可以看到收入在(108 000,180 000]区间的个人,只要满足分配结果年终奖在区间[0,36 000],月工资在区间(9 000,12 000],最终纳税数额都一样[①]。

比如假设月工资为11 550元,年终奖为35 400元,应纳税额＝35 400×3％+12×(11 550－4 000－5 000)×3％=1 980元。这是因为在此收入区间,不管年终奖和工资如何分配,只要满足分配区间,年终奖和工资的税率都是一样的,所以可以有分配的弹性区间。

---

① 由周书灵,李杰.基于全年一次性奖金角度的综合所得税收筹划策略分析[J].吉林工商学院学报.2019,35(2):67－70.一文整理。

同样,如果假设小 A 年终奖为 150 000 元,年收入总额为 204 000 元,通过工资和奖金个人所得税筹划表可知,收入区间在(180 000,288 000]元,最优分配方案为年终奖发放固定金额 36 000 元,月工资发放(204 000－36 000)/12＝14 000 元。小 A 年终奖应纳税额＝36 000×3%＝1 080 元,工资薪金综合所得应纳税所得额为 168 000 元,应纳税额为＝12×[(14 000－4 000－5 000)×10%－210]＝3 480 元,小 A 共计需要缴纳个人所得税 4 560 元。

通过以上对比分析可以看出,如果将小 A 的工资都并入综合所得全年需要上缴的个人所得税为 4 080 元,而通过最优分配表,如果小 A 向领导申请,改变工资和奖金的分配比例,年终奖单独计税,则小 A 全年需要缴纳的个人所得税为 1 980 元。两者相比较纳税筹划减少纳税:4 080－1 980＝2 100 元。在过渡期,通过合理分配工资和年终奖比例,年终奖选择单独计税,可以很大程度上减轻员工税收负担,对员工工作的积极性也是正面鼓励。

(二)过渡期年终奖筹划方案建议

1. 不同收入水平者选择不同的纳税方式

在政策过渡期,纳税人可以灵活选择是否将年终奖并入综合所得纳税,可以根据收入情况选择最优惠的纳税方式。对于收入不高者,假设年收入总额分为月工资和年终奖两部分,特别是月工资没有达到免征额的个人,工资薪金无须纳税,如果单独发放年终奖,年终奖则需要按照"特殊算法"计算纳税,无基本费用扣除以及专项扣除。如果选择将年终奖计入综合所得纳税,则可享受基本费用扣除和其他扣除。因此,对部分中低收入人群,如果将年终奖并入工资薪金作为综合所得纳税,可以享受扣除费用等税收优惠,扣除优惠项目后,可能无须纳税或者只需缴纳很少的税额,如果年终奖单独计税,则会产生应纳税额或者较重的税负。

对于较高收入者,如果盲目地也将年终奖都并入工资薪金作为综合所得纳税,则会因为应纳税所得额比较高,导致要适用更高的所得税率计算纳税,增加所得税负,将年终奖单独计税更优惠。总体的筹划原则是:要比较月工资适用税率和年终奖适用税率,尽量合理分配月工资和年终奖的发放金额,年终奖单独计税,以达到总体税负最低。如何寻找这个税负最低的临界点,以及如何灵活运用临界点和避免掉入"年终奖陷阱",对年终奖的税收筹划有很大的意义。

2. 过渡期合理分配工资和年终奖金额

根据表 9-3 和表 9-4,我们可以看到每个不同的收入区间都有最优惠的工资和年终奖的分配方案。通过观察可以发现,在工资和年终奖税率一致的区间,工资和年终奖的分配具有弹性空间,只要保证工资和年终奖的金额在固定区间内,则可以有一个固定的最优税额;对于工资和年终奖的税率不在一个区间,对于某一个固定收入,则存在唯一的分配方案,以达到工资和年终奖的最优分配。最优分配方案的发放形式总体来讲有以下逻辑:年收入一定,在某一个分配情况下,工资和年终奖适用税率不一致,当工资适用税率高于年终奖适用税率时,在年终奖税率不进一步划入更高一档税率的情况下,应该尽量地将年收入归入年终奖;如果工资适用税率低于年终奖适用税率,则分配应该尽量偏向工资,但不至于工资金额划入更高一档税率。根据以上调整思路,可以达到税收筹划目的,减少税收负担。

表 9-3　　　　　　　　　　个人所得税税率表一
（综合所得适用）

级数	全年应纳税所得额	税率	速算扣除数
1	不超过 36 000 元的	3%	0
2	超过 36 000 元至 144 000 元部分	10%	2 520
3	超过 144 000 元至 300 000 元部分	20%	16 920
4	超过 300 000 元至 420 000 元部分	25%	31 920
5	超过 420 000 元至 660 000 元部分	30%	52 920
6	超过 660 000 元至 960 000 元部分	35%	85 920
7	超过 960 000 元的部分	45%	181 920

级数	当月应纳税所得额	税率	速算扣除数
1	不超过 3 000 元的	3%	0
2	超过 3 000 元至 12 000 元部分	10%	210
3	超过 12 000 元至 25 000 元部分	20%	1 410
4	超过 25 000 元至 35 000 元部分	25%	2 660
5	超过 35 000 元至 55 000 元部分	30%	4 410
6	超过 55 000 元至 80 000 元部分	35%	7 160
7	超过 80 000 元的部分	45%	15 160

注：1.本表所称全年应纳税所得额是指居民个人取得综合所得以每一纳税年度收入额减除费用 60 000 元以及专项扣除、专项附加扣除和依法确定的其他扣除后的余额。

2.非居民个人取得工资、薪金所得，劳务报酬所得，稿酬所得和特许权使用费所得，依照本表按月换算后计算应纳税额。

表 9-4　　　　　　　　　　个人所得税税率表二
（经营所得适用）

级数	全年应纳税所得额	税率	速算扣除数
1	不超过 30 000 元的	5%	0
2	超过 30 000 元至 90 000 元部分	10%	1 500
3	超过 90 000 元至 300 000 元部分	20%	10 500
4	超过 300 000 元至 500 000 元部分	30%	40 500
5	超过 500 000 元的部分	35%	65 500

注：本表所称全年应纳税所得额是指以每一纳税年度的收入总额减除成本、费用以及损失后的余额。

3.有效避开"年终奖陷阱"

由于我国个人所得税税率表存在"断点"，所以经常会出现年终奖多发一块钱，税负急剧上升的情况。由于这种"断点"存在，会出现即使税前年终奖更多，扣税后拿到手的实际年终奖反而更少的情况。这种情况俗称"年终奖陷阱"。计算原理如下：

临界点收入－（临界点收入×本档次适用税率－本档次速算扣除数）＝上一档次最高点年终奖－（上一档次最高点年终奖×上一档次适用税率－上一档次速算扣除数）

经过重新测算，在新个税法下，年终奖在某几个阶段同样会存在多发钱却收到更少税后收益的悲剧。具体"年终奖陷阱"为以下几个区间：[36 000,38 566.67]元、[144 000,160 500]元、[300 000,318 333.33]元、[420 000,447 500]元、[660 000,706 538.46]元、[960 000,1 120 000]元。这几个档位都会存在年终奖陷阱，所以各等级年终奖发放时要避免这些区域。

例如：小A 2022年月工资为80 000元，专项扣除10 000元，没有其他扣除，应纳税所得额＝80 000－60 000－10 000＝10 000元，应纳税额＝10 000×3％＝300元。假设小A 2022年年初发放年终奖36 000元。纳税人选择不计入综合所得，单独纳税，适用税率为3％。应纳税额＝36 000×3％＝1 080元。假如财务部门多发了1元年终奖给小A，那么小A年终奖为36 001元，适用税率直接跳档到10％，税负急剧增加，应纳税额＝36 001×10％－210＝3 390.1元。可以看到，多发1元年终奖，小A却需要多缴个税2 310.1元，显然税后工资比只发放36 000元还少。因此，出于对员工的实际福利考虑，企业应该充分考虑，有效避开"年终奖陷阱"。

4. 利用股息红利替代年终奖

对于部分企业，为了激励员工，会允许符合条件的员工持有公司股份，员工可以通过持股享受企业的收益，参与企业经营管理。实施员工持股计划可以带来较多好处。对于企业而言，通过员工持股，可以培养员工忠诚度，防止核心人才流失。对于员工来说，一方面由于持有一定的股份，可以享受到股息红利的分配，增加员工的年收入，另一方面由于股息红利是税后利润的分配，员工会更多地为公司业绩贡献力量。我国个人所得税税率是超额累进税率，具有收入差距调节作用，对于低收入者不征税或者少征税，对于高收入者多征税。最新的个人所得税税率表最高税率为45％，意味着对于较高收入者，需要缴纳将近一半工资的税收。公司高管往往收入较高，承担的个人所得税税率也较高，远高于股息红利20％的税率，企业可以通过对部分高管的员工持股计划，用股息红利发放年终奖，进一步地降低税负。

第三节 计税方法的筹划

尽管税法对个人所得税的各项所得都相应地规定了征税方法，但在实际应用中为满足实际管理的需要，又补充了很多有差异性的规定。这也是个人所得税筹划和其他税种筹划有一定区别的地方。个人所得税的纳税人为个人，其对应的具体情况千差万别，所以在计税方法上也出现了多样化，这也为纳税筹划提供了空间。

如对于转让财产所得，扣除合理费用后按20％的比例税率征税。但在特定情况下，计税方法还有第二种选择，根据收入全额，按一定的征收率计算应纳税额。而选择的前提是纳税人是否提供相关资料。因此，纳税人就有两种不同纳税计算方法。例如，国家税务总局下发的《国税发〔2007〕38号》文件规定，个人拍卖除文字作品原稿及复印件外的其他财产，按照"财产转让所得"缴纳个人所得税。但该文件第四条同时规定，纳税人如不能提供合法、完整、准确的财产原值凭证，不能正确计算财产原值，按转让收入额的3％征收率计算缴纳个人所得税。

假设某人拍卖一件财产,其拍卖价为 M,可减除的财产原值、合理费用、税金等为 N,则按税率纳税为 $(M-N)\times 20\%$,按征收率纳税为 $M\times 3\%$,则当 $(M-N)\times 20\%>M\times 3\%$,即 $(M-N)/M>15\%$ 时,对纳税人来说,按征收率缴税少,此时,对那些不能提供合法、完整、准确的财产原值凭证的纳税人来说,当然是合算的。也就是说如果增值的比例大于15%,按征收率纳税比较划算。

对于住房这类个人相对涉及较多的财产,也可以采用同样的思路进行纳税筹划。在筹划时需要注意两点:一是对于住房,征收率不一定是 3%。根据(国税发〔2006〕108号)规定,个人转让住房,如果纳税人未提供完整、准确的房屋原值凭证,不能正确计算房屋原值和应纳税额的,税务机关可按一定比例核定应纳个人所得税额,幅度为纳税人住房转让收入的1%~3%;二是在确定可以减除的项目时,必须有发票、相关单据及完税凭证等合法凭据。国税发〔2007〕38号文件规定:"纳税人能够提供合法、完整、准确的财产原值凭证,但不能提供有关税费凭证的,不得按征收率计算纳税,应当就财产原值凭证上注明的金额据实扣除,并按照税法规定计算缴纳个人所得税。"即如果有凭证,但不愿提供,纳税人不仅得不到按征收率缴税的机会,而且得到的扣除额会更小,并且会按20%税率缴税。类似的,其他性质的一些个人所得也可以从计税的方法上进行纳税筹划。

一、经营所得要选择最佳组织形式

个人从事生产经营,可以选择的企业组织形式有作为个体工商户从事生产经营、从事承包承租业务、成立个人独资企业、组建合伙企业、设立私营企业。在对这些投资方式进行比较时,如果其他因素相同,投资者应承担的税收,尤其是所得税便成为决定投资成功与否的关键。因此投资者有必要就各种投资方式所应缴纳的所得税进行分析,并选择对自己最为有利的企业组织形式。

通过选择组织形式进行纳税筹划时,主要是从成立私营企业和作为个体工商户、个人独资企业、合伙企业这几类中进行选择。一般来讲,在收入相同的情况下,个体工商户、个人独资企业、合伙企业的税负是一样的,私营企业的税负最重。

另外,纳税人对企事业单位的承包、承租经营方式是否变更营业执照也将直接决定纳税人税负的轻重。若使用原企业营业执照,则多征一道企业所得税,如果变更为个体营业执照,则只征一道个人所得税。但在计算应纳税额时又各有其规定,因此在对承包、承租经营所得进行纳税筹划时,首先要注意单位的性质,可以考虑变更营业执照;其次在签订承包协议时要注意承包、承租经营的方式,这也会对税收负担产生很大的影响。

需要指出的是,在实际操作中,税务部门判断承包、承租人对公司经营成果是否拥有所有权,一般是按照对经营成果的分配方式进行的。如果是定额上交,成果归己,则属于承包、承租所得;如果对经营成果按比例分配,或者承包、承租人按定额取得成果,其余成果上交,则属于工资、薪金所得。因此,纳税人可以根据预期的经营成果测算个人所得税税负,然后再确定具体的承包分配方式,以达到降低税负的目的。

二、承包不满一年的筹划

根据国家税务总局(国税发〔1994〕089号)文件规定,对于实行承包、承租经营的纳税义务人,在一个纳税年度内,承包、承租经营不足12个月的,以其实际承包、承租经营的月份数为一个纳税年度计算纳税。在这种情况下,纳税人如果将承包、承租经营的合同签为12个月,则可以节省部分税收,因为这时可以多抵扣若干个月的费用支出。

【案例9-13】 某纳税人承包经营一家饭店,该纳税年度承包经营期为5个月,在此期间,共获得收入8万元。如果按经营期为5个月签订合同,则:

该纳税人应纳税额=(80 000-5 000×5)×10%-1 500=4 000元

如果该纳税人和饭店老板签约时约定承包经营期为12个月,则:

该纳税人应纳税额=(80 000-5 000×12)×5%=1 000元

共可节省税收3 000(4 000-1 000)元。

第四节　税收优惠的筹划

个人所得税征收涉及的纳税人是所有税种中最多的,而且个人所得税也是和纳税人的生活水平关系最为密切的一个税种。因此,国家对于个人所得税的税收优惠非常多。这些税收优惠条款为纳税筹划提供了广阔的空间。在进行个人所得税的纳税筹划时,必须熟悉这些税收优惠政策。另外还需注意的是,各省、自治区和直辖市也根据国家的法律、法规制定了具体的优惠政策,这也是个人所得税筹划的重要依据。因为个人所得税的税收优惠非常多,而且许多还具有地域性,所以本书仅就依据全国性的税收优惠条款产生的一些常用筹划方法加以介绍。

一、免征、减征个人所得税优惠

我国个人所得税法明确对下列各项个人所得,免征个人所得税:

(1)省级人民政府、国务院部委和中国人民解放军军以上单位,以及外国组织、国际组织颁发的科学、教育、技术、文化、卫生、体育、环境保护等方面的奖金。

(2)国债和国家发行的金融债券利息。

(3)按照国家统一规定发给的补贴、津贴。

(4)福利费、抚恤金、救济金。

(5)保险赔款。

(6)军人的转业费、复员费、退役金。

(7)按照国家统一规定发给干部、职工的安家费、退职费、基本养老金或者退休费、离休

费、离休生活补助费。

(8) 依照有关法律规定应予免税的各国驻华使馆、领事馆的外交代表、领事官员和其他人员的所得。

(9) 中国政府参加的国际公约、签订的协议中规定免税的所得。

(10) 国务院规定的其他免税所得。

前款第(10)项免税规定，由国务院报全国人民代表大会常务委员会备案。

另外规定，有下列情形之一的，可以减征个人所得税，具体幅度和期限，由省、自治区、直辖市人民政府规定，并报同级人民代表大会常务委员会备案：

(1) 残疾、孤老人员和烈属的所得。

(2) 因自然灾害遭受重大损失的。

国务院可以规定其他减税情形，报全国人民代表大会常务委员会备案。

二、充分利用关于捐赠的优惠规定

为了鼓励高收入者对公益、教育事业做贡献，我国个人所得税法规定，个人将其所得通过中国境内的社会团体、国家机关向教育和其他社会公益事业以及遭受严重自然灾害地区、贫困地区的捐赠，只要捐赠额未超过其申报的应纳税所得额的30％的部分，就可以从其应纳税所得额中扣除。纳税人对外捐赠是出于自愿，捐多少、何时捐都由纳税人自己决定。允许按应纳税所得额的一定比例进行扣除，其前提必须是取得一定的收入，也就是说，如果纳税人本期未取得收入，而是用自己过去的积蓄进行捐赠，则不能得到税收退还。由此可见，选择适当的捐赠时期对纳税人来说，是非常重要的。纳税人打算对外捐多少，应当取决于本期取得的收入，如果本期取得的应税收入较多，则可以多捐；反之，若本期取得的应税收入少，则可先捐赠一部分，剩余捐赠额可安排在下期捐赠。

【案例9-14】 孙先生每月取得工资、薪金收入13 600元，本月对外捐赠4 000元。其应如何捐赠呢？

案例分析：

在本月一次性捐赠4 000元，则：

允许税前扣除的捐赠为：(13 600－5 000)×30％＝2 580元

本月应纳税额＝(13 600－5 000－2 580)×10％－210＝392元

次月应纳税额＝(13 600－5 000)×10％－210＝650元

如果孙先生改变捐赠方式：在本月捐赠2 580元，剩余1 420元安排在次月捐赠。

则：本月允许扣除2 580元，所纳个人所得税一样。

次月应纳税额＝(13 600－5 000－1 420)×10％－210＝508元

通过比较，我们不难发现，同样是捐4 000元，但税负不同。采用第二种方法，降低税负142(650－508)元。

另外，需要注意的是，允许税前扣除的捐赠必须是公益、救济性质的捐赠，其捐赠对象和捐赠渠道前已述及。对于非公益、救济性捐赠，税法是不允许税前扣除的。

本章小结

1. 在纳税人筹划上,可以运用规避纳税人策略避免成为我国的居民企业纳税人。
2. 个人所得税的课税对象不同,计税办法与税率存在差异,可以通过转换税目的方式实现筹划目标。
3. 采用税基分散的方式,一方面可以增加费用扣除,也可以降低税率,因此,分解课税对象或者均衡收入的取得,是个人所得税筹划常用的方法。
4. 在年终奖的筹划中,应在年终奖一次发放或分次发放中做出合理选择,并注意与月工资的搭配,避免落入年终奖无效区间或低效区间。

主要概念

居民纳税人　费用转移　年终奖无效及低效区间　税收优惠

思考题

❶ 我国个人所得税有哪些特点？这些特点对纳税筹划有哪些影响？
❷ 对于工资、薪金所得,可以采用哪些纳税筹划策略？请分别举例说明。
❸ 对于劳务报酬所得,可以采用哪些纳税筹划策略？请分别举例说明。
❹ 请指出累进税率和比例税率税制下的纳税筹划方法的区别。
❺ 利用捐赠来进行个人所得税筹划时应注意哪些方面？

练习题

❶ 方某7月—9月取得同一项目劳务收入60 000元,在完成项目的过程中需支付交通、食宿等费用9 000元。方某和对方约定项目完成后一次性支付60 000元,你认为这种安排划算吗,为什么？

❷ 2022年小张毕业后在上海某单位工作,每月从单位获得的工资、薪金所得为11 000元,但不提供住房,小张不得不每月花4 000元在外面租房居住,同时要花费交通费400元,电话费400元。请问小张的收入可以进行纳税筹划吗？

❸ 张某为某企业职工,2022年通过业余自学,考试后获得了注册会计师资格,和某会计师事务所商定每年年终到该事务所兼职4个月,可能会得到32 000元劳务报酬。你认为对于这笔收入,可行的纳税筹划方案是怎样的？

❹ 2022年7月,某上市公司的股东李某由于其住所离工作地较远,公司专门购买了一辆价值100万元的小汽车让李某使用。该小汽车预计使用10年,残值按原价的2.5%估计,按直线法计提折旧。小汽车每年的固定使用费用为1万元,每年的油耗及修理费为含税

价 2.26 万元(均取得了增值税专用发票)。公司将车辆的所有权办到了李某的个人名下,购车款由公司支付,这是最好的方案吗?如果你有更好的方案,请指出该方案的节税效果。

❺ 童女士 2022 年 6 月取得各项收入 27 800 元,其中,工资、薪金收入 9 800 元,福利彩票中奖收入 12 000 元,稿酬收入 6 000 元,无其他专项扣除。本月拟对外捐赠 5 000 元。童女士应当如何进行捐赠以达到节税的效果呢?

推荐阅读书目

❶ 刘国东. 纳税筹划:中小企业税务一点通. 北京:北京高教电子音像出版社,2018 年
❷ 梁文涛,苏杉. 纳税筹划实务. 3 版. 大连:东北财经大学出版社,2018 年
❸ 应小陆. 税收筹划. 2 版. 上海:上海财经大学出版社,2018 年

第十章

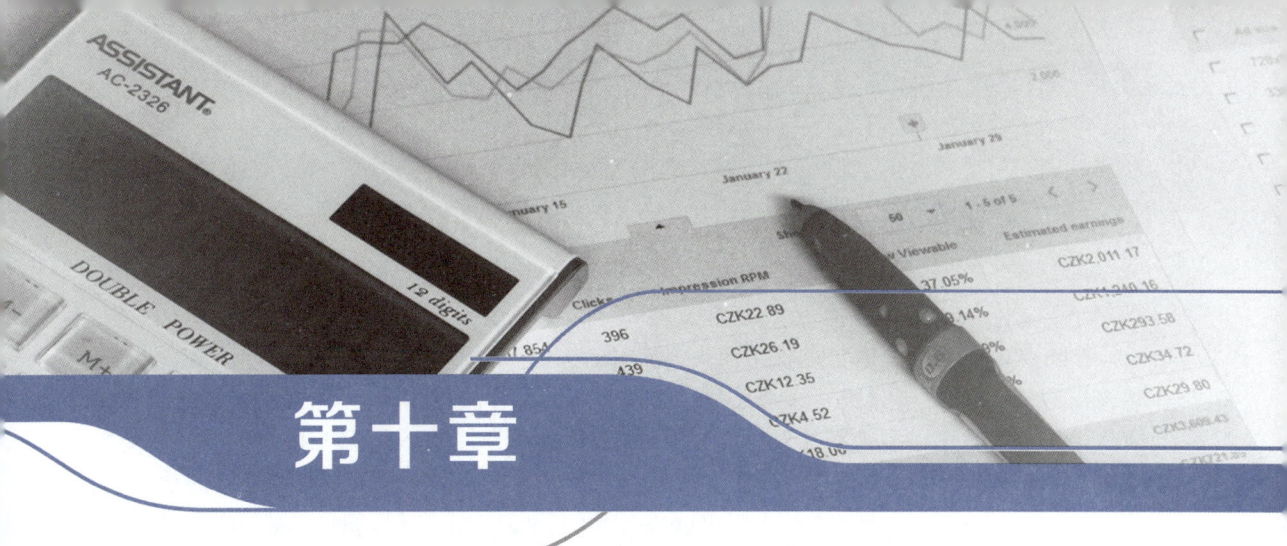

跨国公司的纳税筹划

教学目的与要求

通过本章教学,使学生掌握跨国公司纳税筹划的一般概念,了解跨国公司纳税筹划产生的原因及范围,熟悉跨国公司纳税筹划的方法及运用技巧,尤其是跨国公司通过设立常设机构或子公司、利用转让定价、利用国际避税地、利用税收协定和国际租赁等进行纳税筹划的方法及运用技巧。

导读

美国 ABC 公司以收取特许权使用费的形式,允许中国境内投资者以 ABC 公司名字命名的公司进行经营。其中美国 ABC 公司授权香港 ABC 中国发展公司对我国境内各家 ABC 公司提供以下若干共同业务,如适用于中国市场的广告制作、专为适合中国顾客品味而进行的技术研究和开发、中国地区 ABC 公司员工的培训、专为中国地区使用的特殊软件开发等。首先由国内各家 ABC 公司与香港 ABC 中国发展公司(以下简称香港 ABC 公司)签订"代垫款项服务协议书",委托香港 ABC 公司在境外代为安排、联络其他企业或相关联企业进行制作、研究、开发等,并由香港 ABC 公司统一垫付相关费用;再根据各家 ABC 公司的规模、销售收入以及所需服务的实际使用量计算分摊,同时向各家 ABC 公司提供相关费用凭证。福州 ABC 餐厅食品有限公司于 2000 年支付了香港 ABC 公司的服务费用,该笔费用能否在税前扣除?如能扣除,如何在税前列支?本章将为以上问题以及跨国公司涉税疑难问题提供答案。

第一节　跨国公司纳税筹划概述

伴随着世界经济一体化进程的加快,公司的跨国经营活动也得到快速的发展,高水平、高科技、大规模的投资和贸易活动大都以跨国公司为主体或载体进行,国际经济竞争也以跨国公司的竞争为主要形式展开。就我国来讲,随着改革开放的不断深入和社会主义市场经济体制的逐步确立与完善,对外经济活动日益扩大,不仅各种类型、不同行业的外商独资、中外合资、中外合作企业纷纷建立,国内的众多公司也纷纷走出国门,积极从事国际贸易和国际投资,积极参与国际竞争。这些从事跨国经营活动的公司,在国际经济大舞台上扮演了重要角色,对推动世界经济的发展起到了重要的作用。与此同时,这些跨国经营投资者为了使自己在纷繁复杂的国际市场中站稳脚跟,最大限度地实现获利目标,在进行国际投资经营可行性研究时,常常把拟订各种不同跨国纳税筹划方案与其投资地区、组织形式和经营方式等设想联系在一起,作为投资经营决策的重要内容。越来越多的跨国投资经营者精心研究国际间合理减轻税负的办法,充分利用国际税收上的种种差异及国际税收协定的有关条款,尽量获得税收上的优待,以期通过合法方式达到规避或减轻税负的目的,从而使国内纳税筹划在国际范围内得到延伸和发展。本章将着重对跨国公司纳税筹划的一般概念及其产生的条件、跨国公司纳税筹划的基本方法及运用技巧等进行讨论。

一、跨国公司纳税筹划的概念

跨国公司,又称多国公司,是国际直接投资的主体,世界上绝大部分的国际投资都是由跨国公司进行的。仅世界100家最大的跨国公司在国际直接投资的总存量就占了1/3的份额。全世界各种类型的跨国公司经济活动已占世界贸易总额的50%,占国际技术转让的30%。跨国公司作为国际商品、劳务、人才、技术和资金的一个综合体,已成为当代国际经济和技术发展不可缺少的重要力量。

跨国公司内部结构体系或法律组织形式,主要包括总公司、母公司以及分布在与其处于非同一税收管辖范围内的其他国家中的分公司、子公司、联络办事处等。建立跨国公司的主要目的是在经济国际化的条件下,实现生产过程、销售和管理的最优化,成本费用的最小化和利润的最大化,从而巩固跨国公司在国际市场中的地位。然而,在构建跨国公司内部结构的筹划过程中,经营活动的税收问题已成为一个不可忽视的问题。公司进行跨国纳税筹划的目标恰恰是实现跨国公司内部结构的最优化,从而使公司的总利润最大化。

跨国公司纳税筹划是指跨国公司运用合法的方式,在税法许可的范围内减轻或消除税负的行为。具体来讲,它是跨国公司在国际税收的大环境下,为了保证和实现最大的经济利益,以合法的方式,利用各国税收法规的差异和国际税收协议上的缺陷,采取人(法人或自然人)或物(货币或财产)跨越税境的流动(指纳税人跨越税境,从一个税收管辖权向另一个税收管辖权范围的转移)或非流动,以及变更经营地点或经营方式等方法,来谋求最大限度规避、减少或消除纳税义务的经济现象和经济活动。因此,跨国公司纳税筹划是纳税筹划在国际范围内的延伸和发展。

跨国公司纳税筹划具有国内纳税筹划的所有特征:即非违法性、反避税性、低风险、高效益性、筹划性,但跨国公司纳税筹划是在国际经济大环境中存在的,其产生的客观原因是国家间的税收差别和漏洞。跨国公司纳税筹划的依据是多个国家的税法制度,而国内纳税筹划则依据本国的税法制度。跨国公司纳税筹划的主体一般是实力雄厚的跨国公司,其业务遍及世界多个国家和地区,而国内纳税筹划主体则可以是任何法人和个人。另外,跨国纳税人跨越了国境,其经济活动涉及两个以上的国家,纳税面对两国以上的税制,其所得的来源、渠道、种类、数目等也都比较复杂,所以跨国纳税计划必须针对错综复杂的税务环境制订不同的纳税计划,其着眼点不在于在一个征收国家内税负最小,而是追求全球范围内总体税负最小,因而跨国公司纳税筹划较国内纳税筹划更复杂、更普遍,并会形成全球范围内的财富再分配,而国内纳税筹划只是减轻本国的税收负担。

二、跨国公司纳税筹划产生的原因

(一)跨国公司纳税筹划产生的内在原因

跨国公司纳税筹划产生的内在根源在于每个纳税义务人都有着减轻自身税收负担,实现自身利益最大化的强烈愿望。在所得一定的情况下,纳税义务越轻,公司税后利润就越大。因此,跨国纳税人和国内纳税人一样都要根据自身情况进行纳税筹划和财务安排。跨国公司作为独立经济主体,追求物质利益最大化是跨国公司纳税筹划产生的主观原因。这已成为实现其经营战略目标的一个重要方面。

(二)跨国公司纳税筹划产生的客观条件

应该指出,跨国公司纳税筹划要取得成功仅靠纳税人的主观意愿是不够的,还须具有客观条件,跨国公司纳税筹划的产生也有其外在原因。跨国公司纳税筹划的产生和存在主要是由于不同国家对税收管辖权、税制构成要素、经济源和税源等税收经济活动各方面所做的制度及法律上的规定不同。国家间的税收差别是跨国公司纳税筹划产生的客观基础。跨国纳税人对国家间的税收差异和不同规定的发现和利用,不仅维护了他们的既得利益,而且为他们消除和减轻跨国纳税找到了强有力的制度及法律保证。从实践来看,跨国公司纳税筹划产生和存在的条件,主要有以下几方面:

1. **税收管辖权和纳税义务确立的差别**

税收管辖权是一国政府税收领域内所行使的具有法律效力的管理权利。它可分别按属地原则和属人原则建立。按属地原则建立的税收管辖权,称为地域管辖权。地域管辖权按照本国主权达到的地域范围确立。按属人原则建立的税收管辖权,有两种类型:一是居民管辖权,是指征收国对其境内所有居民的全部所得行使征税权利;一是公民管辖权(又叫国籍管辖权),是指征收国对其具有本国国籍的公民在世界各地取得的收入行使征税的权利,而不考虑其是否在国内。在实践中,世界上几乎没有哪一个国家单纯地行使一种税收管辖权,大多数国家都以一种税收管辖权为主,以另一种税收管辖权为补充,而美国则实行三权并行。这样,在一定程度上就存在了相互之间的差异,使跨国公司利用这些差异进行纳税筹划成为可能。

各国在行使税收管辖权时,对纳税义务的确定标准也有差异,除公民身份的认定是否拥有某国国籍来判断外,对收入来源地和居民的判定标准,各国税法都有自己的规定,所有这些不同的纳税规定,在客观上都成为跨国公司选择有利于自己的纳税制度和法律规定,以规避跨国纳税义务。

2. 课税范围和方式的差别

有些国家对跨国法人或自然人的所得、财产及财产转让都不征税,大多数国家对此都征税,有的国家则只对所得征税,对财产及财产转让不征税;但即使是都征税,对同一种税,税目的多少,税负的高低,课税的具体范围和方式也因国而异,从而可能引发各国纳税人之间的税负差别。

3. 税基的差别

税基是指课税的基础和依据。一般而言,税基不外乎三种:(1)对所得课税,即以纯所得或总所得为课税基础;(2)对财产课税,即以财产的实物量或价值量作为课税基础;(3)对商品流转额和非商品流转额课税。对于从事跨国经营活动的人,需要掌握每类税基所包括的具体范围及其各国的差异。比如,对作为所得税课税基础的所得来源,由于各国制定税法时所考虑的侧重点不同,同为所得课税的税基,但其外延在不同国家可能有很大的差异,对其各种扣除项目的规定也会有很大的差别。这就意味着某一纳税人的某项所得在一国不能扣除,而在另一国却可获得扣除待遇。一般来说,税收优惠越多,税基越小、越窄;反之,税收优惠越少,则税基越大、越宽。在税率确定的条件下,税基的大小决定着税负的高低。因此,它也是跨国公司进行纳税筹划时所考虑的主要因素。

4. 税率的差别

税率是税法的核心,它反映了税收负担的基本状况。税率高低相差的幅度,应税所得级距的大小,各国的规定相差很大。如同样是对所得征税,有的国家采用比例税率征收。如巴西、德国、加拿大等,有的国家采用累进税率征收,如美国、沙特阿拉伯等。即使是实行同一税率制度,各国也根据本国的政治经济状况,确定适合本国国情的税率,因此累进级次、级距、起征点、免征额和最高税率的规定也是千差万别,高低悬殊。如同是实行比例税制,巴西现行的公司所得税税率为25%,加拿大为38%,德国高达45%,而黎巴嫩则仅有10%。因此,只要简单比较一下各国的税率表,就会发现纳税筹划的巨大空间。

5. 税收优惠措施的差别及避税地的存在

出于各种经济或政治目的,各国在税收上实行一些优惠政策,尤其是发展中国家,发展经济迫切需要大量资金。为达到吸引外国投资的目的,许多国家采用大量的税收优惠措施,为投资者提供减免税及各种纳税扣除。各种纳税优惠措施的存在,使得实际税率大大低于名义税率,为跨国公司创造了跨国纳税筹划的良机,而各国税收优惠措施存在着差异,又为跨国纳税的选择从事经营活动的国家和地区提供了回旋的余地。

近20年来,低税国、低税基,特别是避税地的发展,充分表明它们具有磁铁般的吸引力和很强的诱惑性。许多国家纷纷效仿,为增加本国或本地区的投资和经济繁荣,不惜牺牲眼前利益,对本国已有的税收制度及税法规定进行调整,甚至确定一系列经济特区、开发区、投资优惠区等,从而使跨国公司纳税筹划的条件和机会大大改善和增加。

6. 避免双重征税方法的差别

国际双重征税是指两个或两个以上国家的税务当局,对同一纳税人的同一应税收入或所得进行重复征税。导致重复征税的根本原因是各国税收管辖权的重叠行使。国际双重征税既违反了税收公平负担原则,又不利于经济效率的提高。所以,减少、避免或消除国际双重征税是各国政府和从事国际经济活动的人们的共同诉求,也是国际税收领域中所要解决的一个主要问题。要解决这个问题,必然会涉及国家之间的税收主权与税制,这是任何一个公司或个人都无法做到的,必须通过各国税法和国际税收协定与合作来实现。目前,在各国税法和国际税收协定中通常采用的免除国际双重征税的方法有免税法、扣除法、抵免法、减免法。有的在税收协定中还规定了税收饶让。在适用免税法和税收饶让的前提下,就能为跨国公司创造纳税筹划的机会。某些避税港提供的便利条件就是很好的证明。

7. 反避税方法的差别

各国因经济而非法律上的原因,要进行反避税。例如,为了扩大纳税义务,许多国家的税法中规定有公民税收管辖权以及各种国内和国际反避税措施等。但反避税是一项非常复杂的工程,而且各国对反避税的重视程度不同,反避税措施方法也大相径庭。因此,跨国公司便可以通过研究各国不同的反避税方案来制定适合自己的跨国纳税筹划策略。

8. 征收管理水平的差别

各国对纳税人的纳税义务做了各种规定,但这些规定贯彻实施的好坏,在很大程度上取决于执法部门对纳税政策的理解、判断及执行情况。税务部门的工作效率、管理水平以及税务人员的素质、水平、能力的不同,客观上也为跨国纳税人提供了跨国纳税筹划的外部条件。有的国家虽然在税法中规定了较重的纳税义务,但由于征管工作不力,工作中漏洞百出,使本国法规如一纸空文。这样,不仅合法的纳税筹划,连非法的偷税、逃税也层出不穷,从而造成税负的名高实低。对跨国公司纳税筹划来说,各国征收管理水平的差异是十分重要的,明显的例子就是执行税收条约或协议的情报交换条款的各有关税务当局管理水平上的差别。如果某一缔约国的管理水平不佳,就会导致该条款大打折扣,从而为跨国公司纳税筹划提供客观条件。

(三)跨国公司纳税筹划产生的其他因素

跨国公司纳税筹划还存在着多种因素,主要是一些非税因素,如通货膨胀、国际竞争、资本流动等。这些因素直接影响着国际经济环境以及税收环境的优劣,因此,跨国公司必须对此给予极大的关注。

1. 通货膨胀

在当今世界经济中,通货膨胀是许多国家面临的一个非常棘手的问题。通货膨胀一般对跨国公司造成两方面的影响:一是通货膨胀使跨国公司的名义收入增加;二是实行累进所得税时,名义收入的增加会把跨国公司适用的税率推向更高的档次,即所谓的"档次爬升"。如果不进行税收指数化,即不对收入或资本作价格指数调整,无疑会使跨国公司收入的更大部分由政府取走。

许多国家为了消除通货膨胀造成的"档次爬升"效应,弥补纳税人的损失,对跨国公司应纳税额规定了扣除额。但是当扣除额是固定的或规定了最高限额,不能提高以抵消价格水平变化的影响时,通货膨胀具有另外的歪曲作用,因为通货膨胀使一般物价水平大幅度上涨,如果扣除额不变,必然导致扣除数实际减少,这就是"纳税扣除不足"。例如,消费价格指数为150时制定的扣除限额,在消费指数为200时就会显得不足。因此,通货膨胀造成的"档次爬升"和"纳税扣除不足",给跨国公司纳税筹划以强烈的刺激。

然而,通货膨胀也给跨国公司带来一定的正面影响,这是因为取得应纳所得与实际缴纳税款并不同步,存在一个时间差,通货膨胀会使经过一段延迟之后的应付税金的真正价值降低。由此可见,通货膨胀会对跨国公司造成正反两方面的影响。跨国公司便可以利用通货膨胀的机理来开展国际纳税筹划工作。

2. 国际竞争

国际市场具有涉及面广、成交数量大、发展速度快、商品劳务种类多等显著特点,为跨国公司运作增添了活力。但国际市场变幻莫测,经营环境复杂多变也是不争的事实。因此,跨国公司面临更为复杂、激烈的竞争,税负轻重也是影响他们竞争成败的重要因素。

3. 法制因素

一些非税收方面的法律,对跨国公司纳税筹划也产生一定的影响。例如,移民法、公司法、商法、票据法、证券投资法、信托法以及银行保密习惯、信誉条款等,都是值得深思熟虑的筹划因素。

4. 社会经济生活进步

社会经济生活的进步,促使跨国公司的法制观念大幅提升。跨国公司深入透彻地学法、知法,不仅为了守法,更为了用法。在不违反法律的情况下,安排自己的财务活动,正是税收法制观念深入人心的结果。从这一角度来说,跨国公司纳税筹划的产生正是社会经济生活进步的表现。

5. 资本流动

随着跨国投资与跨国经营活动的发展,当今世界的资本流动性越来越大。资本流动的结果造成相当一部分的跨国公司以各种名义携带资本(货币)在国与国之间流动,以实现少缴税的目的。资本的频繁流动成为跨国纳税自然人和法人借以减少纳税义务的一种手段,它是一种无法避免和消除的现象,而且随着国际经济交往和跨国投资活动的日益发展,这种现象也呈现迅速扩大之势。

6. 关境与国境的差异

一般而言,关境是海关征收关税的领域,其范围通常与国境相同。但是当国家在本国境内设置自由港、自由贸易区和海关保税仓库时,关境就小于国境。对跨国公司来说,自由港、自由贸易区是减轻税负最理想的地方。自由港、自由贸易区不仅提供关税方面的减免,各种税在这里都受到不同程度的减免,它是现存税收制度中的一块飞地。它们的存在,无疑成为刺激跨国公司开展纳税筹划的一个重要因素。

7. 外汇管制与住所的影响

外汇管制是对外汇买卖、汇率高低及资本的输出输入等所采取的不同程度的各种管制措施的统称。由于各国国情不同,其外汇管制措施各具特色,而且经常变化。总的来说,外汇管制的主要内容是禁止外汇的自由交易,一般由中央银行负责执行,授权给一些大商业银行按照管制条例从事外汇买卖,非指定银行不得经营。管制方法有多种。一般认为,外汇管制是对以财政手段控制跨国公司消除和减轻纳税义务的替代和补充,从而也成为刺激跨国公司开展纳税筹划的一个因素。

"住所"的概念,在不同国家中有不同的解释。这就可能出现双重住所以至多重住所的现象,其结果可能引发国际重复征税不能完全加以免除。住所的存在意味着跨国公司与有关税收管辖权之间的联系牢牢存在。跨国公司若能轻易改变住所或消除某一管辖权范围的住所,就会扩大纳税筹划的范围,反之,则会缩小纳税筹划的范围。

8. 技术进步

技术进步会给跨国公司开展纳税筹划带来两方面的影响:一是科学技术进步促进了现代交通运输和通信手段的发展,大大加强了跨国公司的活动能力,给跨国纳税筹划提供了便利条件;另一方面,科学技术的进步也增加了跨国纳税筹划的飞速发展,大大扩增了各国税务机关情报交换范围,使其在国际税收事务中耳聪目明,大大提高了跨国纳税筹划的难度。

上述这些非税因素,也都会对跨国公司的规避税负行为产生重要影响,即可能引起纳税人或课税对象由一国向另一国转移。然而,这种转移与因税收因素引起的转移还是有区别的,难怪跨国公司常常发现并对此感叹。在规避政府纳税要求及规避各种纳税义务的过程中,有些规避纳税义务的人受到了政府的严厉制裁,而有些人则十分坦然,轻松地面对政府相关部门的各项税收检查,最终都能顺利过关,而不受任何损失和惩罚。究其原因,原来这些聪明的纳税人和有学识的法律顾问,常常能够卓有成效地发现并利用税法本身的纰漏和缺陷,较为顺利地实现少纳税而又不触犯法律的目的,这种情况已越来越为人们所关注,以致规避税负成为人们追求的目标。

总之,在现代国际社会中,由于国家之间难以在税法和税收制度上实行完全一致的内容与标准,从而使跨国公司拥有选择纳税筹划的条件和空间。当国内税负标准高于有关国家税负标准时,跨国公司就会利用这些差异设法规避国内纳税义务;当有关国家税负标准高于本国税负标准时,跨国公司又会采取截然相反的措施。跨国公司一旦拥有选择纳税的权利和机会,就会采取"避重就轻"的纳税抉择。

三、跨国公司纳税筹划的范围

跨国公司参与国际经济活动的形式主要有两类:一是对外贸易;二是对外投资。因此,其纳税筹划也可以分为两大类:一是对外贸易中的纳税筹划;二是对外投资活动中的纳税筹划。

国内企业对外贸易时,首先要遇到关税。关税是商品课税制中的一个重要税种,它是商品流通范围跨越国境时,对出口、进口或转口的商品课征的一种税。其次是消费税。有的国家除关税外,还有选择性地对某些进口商品如烟、酒、石油、化妆品等加征消费税。征税的税目范围和税率,国与国之间差别很大。消费税由于征收的不是很普遍,因此在对外贸易活动的纳税筹划中通常把关税作为筹划的重点税种。纳税人主要利用各国在关税税目、税基、税率以及减免税优惠等方面的差异和关税转嫁等方法达到减轻或消除关税税负的目的。由于关税是一种世界性的税种,税负弹性很小。在税目、税基、税率以及减免税优惠等方面都是规定得相当详细、具体,因此,不像所得税那样有那么大的伸缩余地,这样,关税转嫁便成为跨国纳税人对外贸易纳税筹划的基本策略。关税转嫁问题已在第八章阐述,在此不再赘述。

国际投资是指国家之间的资本流动,亦指一国企业、个人或政府机构所进行的超出本国边界的投资行为,包括直接投资和间接投资。投资者到国外投资必须权衡利弊,考虑投资风险,计算投资收益等。税收作为影响国际投资的重要因素,也是投资者所考虑的重要问题之一。由于对外投资的组织形态、涉及的领域及投资地点不同,遇到的税收待遇也会有很大的差异,从而为国际投资者开展纳税筹划提供了机会。对外投资所涉及的税种要比对外贸易复杂得多,因此,跨国公司纳税筹划的重点是对外投资活动中的纳税筹划。

跨国公司纳税筹划的客体是跨国公司的利润。为了使公司集团的全球利润最大化,必须使跨国公司经营活动所面临的主要税负最小化。

四、跨国公司纳税筹划的方法

在实践中,跨国公司纳税筹划的形式多种多样,涉及的范围极为广泛,有些与国内纳税筹划没有明显的区别。然而,不论是国内纳税筹划方法,还是跨国公司纳税筹划的方法,实际上都是规避纳税义务,适用低税率,充分利用优惠政策的基本策略应用的特殊形式。

(一)通过财务决策和选择适合的会计政策

1. 利用各国优惠政策

世界各国都规定有多种税收优惠政策,诸如加速折旧、投资抵免、差别税率、专项免税、亏损结转等。特别是发展中国家的税收优惠政策更多。因此,跨国公司应重视研究各国的税法,尽量利用税收优惠政策进行纳税筹划。

> **相关链接**
>
> 英国允许对厂房和设备等固定资产的购置成本做100%的折旧扣除。假如,一家在英国注册的公司,其年计提折旧前的利润为100万英镑,从中拿出60万英镑购置设备,则该公司应纳所得税额为13.2[(100-60)×33%]万英镑,若以计提折旧前的100万英镑利润为基础比较,实际所得税税率仅为13.2%。
>
> 西班牙税法规定:"某些费用和投资,有资格获得5%的税收抵免形式的税收减除,以鼓励购置资产"。"公司用以新产品开发或工业加工的有形资产,可以得到15%和3%的抵免"。
>
> 日本税法规定:"设在避税港的公司企业,如5%以上的股权由日本居民所拥有,这家公司就视为基地公司,其税后利润即使没有作为股息汇回日本,也要申报合并计税"。显然只要不让日本国居民持有的股权超过5%的比例,就可以享受到延期缴税的好处。
>
> 我国税法规定:"生产性的中外合资企业,经营期在10年以上的,从盈利开始年起,可享受2年免征,3年减半征收所得税"的优惠。可见,只要能够详细掌握各国的税收优惠政策,便可在此基础上开展行之有效的纳税筹划。这里需要说明的是,由于从各国政府实行的优惠政策来看,发达国家同发展中国家之间存在一定的差异,因此,在开展纳税筹划时应针对各国的税收规定采取不同的筹划方法。一般来说,发达国家税收优惠的重点放在高新技术的开发、能源的节约、环境的保护上。发展中国家一般不如发达国家那么集中,税收鼓励的范围相对广泛得多,为了引进外资和先进技术、增加出口,经常对某一地区或某些行业给予普遍优惠。

2. 选择低税点

任何一个国家的税收制度,不管考虑得如何周全,税收负担在不同的纳税人、不同征税对象之间,很难做到绝对公平,总有有失偏颇之处,这就给跨国公司留下选择低税点的余地,最终达到增资节税的目的。

例如,许多国家税法规定,合伙企业的营业利润不按公司征税,而按各个合伙人征收个人所得税。这样,某纳税人在进行一项经营活动之前,就可以在组建公司和合伙企业之间做出抉择。

3. 成本费用的分摊与利润否定

这种方法是通过费用摊销调剂成本和利润,或通过费用转移,否定利润,以规避一些特殊征税的费用。

例如,平均费用分摊是最大限度地抵消利润、减少纳税的最佳方法,跨国公司应把长期经营活动中发生的各项费用尽量平均分摊到各期中,使其所获得利润平均,不会出现某阶段纳税过高的现象;在不同的物价环境下,选择不同的存货计价方法和折旧方法,会对跨国公司的纳税水平和税后利润产生不同的影响,如在物价上涨的情况下,采用加权平均法和采用加速折旧法,可以有效地减轻跨国公司的纳税负担。

又如,某些费用如交际费、保密费等,许多国家是要缴税的。在市场经济竞争日益激烈的今天,跨国公司为了进一步发展,这部分费用就不得不日益扩大。为此,跨国公司可以将这部分费用按每人的经营业绩作为包干一次性交付,税收的征管对象便转移到个人;跨国公司也可以把交际费用等计入制造成本。通过这些方法,最终可以达到节税的目的。

4. 收入所得的分散与转化

在公司所得采用累进税率的国家,如美国、伊朗等,由于所得的集中增大,此时,纳税人应尽量合理合法地分散公司所得:通过子公司转移利息,特许权使用费和其他类似的费用支付,将税负较高的所得分散出去;通过建立信托财产,利用在他国(通常是税率较低国或避税地)设置的机构分割所得和财产;通过在避税地设立持股公司的办法,分散公司所得;通过联营,将免税企业或低税企业作为联营的伙伴,分散公司所得等。

在免征资本所得税或资本利得税率低于所得税率的国家和地区,跨国公司如果能及时调整财务决策和会计政策,尽量将流动收益转化为资本性收益,减税的数额将是相当可观的。在一般发展中国家,设有特别的资本利得税。而在发达国家,为达到鼓励资本流动,活跃资本市场的目的,对资本利得采用较轻税收或免税的政策。因此,跨国公司在进行股利分配决策时,应对此予以关注。

5. 运用财务分析进行纳税筹划

可以采用量本利分析和盈亏临界分析来进行纳税筹划。例如,一笔企业所得,是留在公司缴纳所得税,还是转移给个人缴纳个人所得税等,都存在一个临界点。通过临界点分析,可以作为是否转移这笔所得的参考。

(二)回避税收管辖权

跨国公司纳税筹划的主要目标是减轻或消除有关国家的纳税义务。一国纳税义务的多少是由该国相应的税收制度所确立的,跨国公司要避免一国的纳税义务,就应有效地避免一国的税收管辖。而要避免一国的税收管辖,无非是在两方面做文章:一是避免一国人的税收管辖,即避免成为行使居民税收管辖权国家的居民或公民,通过人的变化达到消除或减轻税收的目的;二是避免一国物的税收管辖,即避免自己的所得成为行使地域管辖权国家的征税对象,通过物的变化达到消除或减轻税负的目的。具体来讲,跨国公司可以通过人的流动、人的非流动、物的流动、物的非流动以及流动与非流动的结合等办法达到规避税收管辖权,消除或减轻税收负担的目的。

1. 人的流动

所谓人的流动,是指跨国公司通过居所的变化,改变自己的居民身份,从而避免一国人的税收管辖。它包含三方面的含义:第一,这里所说的"人"不仅是指自然人,也包括法人,即公司企业等;第二,这里所谓的"流动",是指跨越"税境"而言,不一定非得跨越国境;第三,"人的流动"不仅限于自然人和法人的国际迁移,也包含居民身份的改变。

人的流动是跨国公司用来进行跨国纳税筹划的最普遍和最重要的一种方法。随着世界格局的变化,大多数国家都同时行使税收管辖权,但仍有侧重。特别是发达国家,资本输出较多,本国居民或公民来源于国外的收入较多,因而强调居民或公民管辖权。其中更多的是强调居民管辖权,以达到对大批拥向这些国家而又不一定拥有该国国籍的人的全球范围所得进行课税的目的。而许多国家又都规定将拥有住所(包括永久性居住地,即住所;经常性居住地,即居所,以及习惯性居住地)并在该国居住一定时间以上的人确定为本国居民,即纳税义务人,但各国的规定存在很大的不同。因此,以各种方法改变自己成为某一国居民身份,便成为避免纳税义务的关键。跨国公司可利用公司住所变化进行纳税筹划。

(1) 公司住所的避免

许多国家的税法都规定对居民纳税人的全球范围内的所得课税,对非居民纳税人则仅就其来源于本国的所得课税。居民纳税人的确定,又主要取决于住所的存在。因此,在实行居民管辖权的国家中,一个纳税人只要避免了住所也就推卸了就其全球范围所得所应承担的纳税义务,而仅就其来源于该国的所得负有纳税义务。目前一些国家为了避免跨国避税,在税法中对纳税人的住所有严格的规定,但跨国纳税人仍可借助某些手段或方式自由地游离于各国之间,确保自己不成为任何一个国家的居民纳税人,进而躲避纳税义务。例如,纳税人可以在较长的时间内流动作业,在不同的国家,不同旅馆从事不超过规定期限的活动,或利用对临时纳税人身份的规定,享受所在地给予的税收优惠。甚至住在船上或游船上,以避免住所的纳税要求。在国际上,这些人被称为税务上的"无国籍人"或"税收难民"。

与对个人居民身份的判定方式类似,大多数国家判断一个企业是居民企业还是非居民企业主要是看其在该国有无住所,也就是说是否存在公司实施控制和管理的主要地点(美国的标准与此相反,它是以公司注册地区来区分居民企业和非居民企业)。例如,在英国注册的企业可以是他国的居民企业。也就是说,一个企业在母国和他国可同时被作为居民企业看待,只要它在两国均有住所。因此,对企业住所的避免,就是要虚化企业住所。即跨国纳税人不移动自己的住所,而是移动自己的居民身份来避免成为原居住的居民,从而减轻纳税义务。住所的避免是大量存在的,自然人和法人都可以做到。对于跨国公司来说,就是通过将其居民身份落在一个低税国而达到减轻税收负担的目的。

(2) 公司住所的转移

住所的转移是指纳税人通过移居国外以改变其居民身份,躲避原来居住国政府行使居民税收管辖的行为,利用住所迁移进行国际避税通常有两种人:第一种是已退休的纳税人,这些人从原来的高税区住所迁移到低税区住所,以便在支付退休金税收和财产、遗产、赠与税方面获得好处;第二种是在某一国居住,但在另一国工作,以躲避高税负的压迫。

应该指出的是,与住所的避免不同,跨国公司要实行住所的转移必须三思而后行。因为一公司若想实现整体搬家,到他国重新安营扎寨,是非常困难的。首先,公司带不走厂房、土地;其次,对某些重型成套设备或固定设施的高额拆装成本也使其望而却步;况且,还有变卖设备仍要交税等种种不利因素。这些因素遏制了高税国的居民公司通过住所的整体迁移进行避税行动。所以,一般还是不应出此下策。

(3)其他流动方式

在进行纳税筹划时,法人还可以通过一些中介形式,达到由人的流动所形成的避税效果。

①信箱公司和其他公司的利用

信箱公司作为一个仅在某个国家中履行了必要的法律手续和登记注册手续的公司,实际工商活动却是在别的国家中进行的。这类公司是典型的避税地公司,其表现形式各种各样,主要是控股公司、金融公司、保险公司、贸易公司等。其他公司是指那些在提供税收优惠待遇或财政补贴的国家建立的公司,它可把盈利公司的利润转移走,达到隐藏利润,转移税负的目的。

②中介业务的利用

利用中介业务是在所得来源所在地或利润来源所在地与最终所得人或受益人设置一个中心机构或积累中心。这一中心通常处于一个纯粹的避税地,或具有特殊税收优惠,或签订了对预提税有利的条款。当该中心机构收入和利润积累到一定程度和规模时,可用以再投资或挪作他用。中介业务在纳税筹划中占有重要的地位,其作用主要体现在股息、利息、特许权使用费、不动产以及证券的收入等。

2.人的非流动

人的非流动是指纳税人并不离开本国,也不需要使自己成为移民,而是通过别人在他国为自己建立相应的机构,将自己获得的收入或财产进行分割,从而达到回避税收管辖权,减轻税负的目的。

人的非流动主要是采用信托或其他信托协议来达到减轻税负的目的。纳税人通过采用信托的形式,将其一部分所得或财产转交给另一国(通常是国际避税地国家和地区)的信托公司代管,从而形成法律形式上所得或财产与原所有人的分离,消除人与物之间的某种联系,但又使分离出去的财产或所得仍受法律保护,并以此达到规避所得税、遗产税和赠与税的目的。

在纳税筹划活动中,除了信托形式外,还有其他类似形式。如一国纳税义务人与一银行签订信托合约,该银行受托替该纳税人收取利息。当纳税人在该受托银行所在国支付利息,而所在国又签订有税收双边协议时,按此协议规定,利息扣缴税率享有优惠待遇,则该纳税人即可获得减免税好处。

3.**物的流动**

物的流动是指跨国纳税人利用物的流动,包括资金、货物或劳务的流动来达到减轻税负的目的。资金、货物或劳务的流动虽不像人的流动那样直接明了,可在国际纳税筹划中却与人的流动有着异曲同工之处,在某些国际纳税筹划中,可能会比人的流动产生更大的效益。因为资金、货物或劳务的流动比较隐蔽,不易被税务当局发现,所以这种方法越来越受到跨国纳税人的重视,成为国际纳税筹划的主要方式之一。

物的流动纳税筹划的方法有常设机构法、转让定价法、利用国际租赁、利用税收协定、精心选择在国外经营方式等。

4. 物的非流动

物的非流动是指跨国纳税人不必把物(包括资金、货物和劳务)转移出去,而是利用税法中的某些规定达到减轻税负的目的。其主要手法是利用有关延期纳税的规定和通过改变所得的性质等方法来达到减轻税负的目的。

(1)利用延期纳税规定

该方法根据各国税法中有关"延期"纳税的规定,通过在低税国和无税国(指所得税)的一个实体进行所得财产的积累。在实行居民(或公民)管辖权的国家,税务会计处理一般采取收付实现制原则,即国家对外国子公司取得的利润收入,在没有股息等形式汇给母公司以前,对母公司不就外国子公司的利润征税。这样跨国纳税人便可利用延期纳税的规定,达到减轻税负的目的。

(2)改变所得的性质

物的非流动法的另一个主要方法是改变所得的性质。比如把母公司改为分公司等,就可以获得与物的流动一样的好处。这是由于在国际税收中,不同的所得项目和不同的企业性质,可以享受不同的税收待遇。

例如,某高税国的A公司,在国际避税地建立一个分公司B,并向这个分公司借了一笔以A公司所在国货币结算的债务。在A公司还没有归还B公司这笔债务之前,B公司所在国货币升值了。如果A公司把它在避税地的B公司改为子公司,那么这对于A公司则是有利的。因为作为总公司和分公司的关系存在,A公司就需要就其全球范围内的所得合并计算缴纳所得税。而作为母公司与子公司的关系存在,则A、B公司就其各自所得分别计算缴纳所得税。高税国A公司通过把国际避税地分公司改变为子公司后,再向子公司偿还债务,就可以利用子公司所在国的货币升值,无形中把高税国的A公司的更多利润转移到国际避税地B公司,从而减轻了部分税负。

5. 流动与非流动的结合

流动与非流动都是特指相对的一段时间而言的。以上四种形式的相互组合构成流动与非流动组合的四种基本形式。在四种基本形式的基础上还有可能派生出其他的组合形式。因此,流动与非流动的不断交叉与组合,是实现跨国纳税筹划的重要途径和方式。下面就四种基本组合形式进行介绍。

(1)人与物的同步流动

人与物的同步流动,是指纳税人(自然人或法人)连同其全部或部分收入来源或其资产一同移居国外的行为,这是准备全部消除本国税收的一种纳税筹划。但如果该国坚持公民(国籍)管辖权,除非纳税人改变国籍或达到了该国税法规定的某些限制,否则还是不能做到彻底免除本国税收。这种同步流动对税收的避免虽然是一劳永逸的,但必须有一个前提条件:无论人或物都有充分的流动自由而不受任何限制。

(2)人的流动与物的非流动

当纳税人在不同国度之间迁移,而其所得源泉或财产却保留在某一国境内时,就构成了人的流动与物的非流动。其优点是纳税人可以将收入来源或资产安置在某一低税国,同时纳税人又可以将其活动安排在低消费区或低费用区。在不同国家来去自由的先决条件下，纳税人可以移居国外而仍在移出国工作，以获得人的流动与物的非流动的双重好处。不过这种方法的适用范围比较小。因为纳税人必须有可能选择低税国,且其工作所得并不仅是其收入的唯一来源（否则随着工作的迁移,其收入已全部被带到自己活动的所在地了），才有可能实现人的流动与物的非流动的结合。

(3) 人的非流动与物的流动

这是一种十分重要的跨国公司纳税筹划方法。它可以分为两种类型：转移收入或利润与建立"基地公司"。

首先,跨国纳税人可以通过在低税国（或避税地）以扩大经营规模为名建立公司或建立服务性公司,以向其支付服务费等形式,转移收入和费用,或通过一些管理上的技巧,给主管税收当局造成来自当地收入很少的印象,从而达到减轻税负的目的。其次,还可以采取在低税国建立基地公司的形式。基地公司作为一个对国外收入不征或少征税的国家建立公司。该公司的主要业务并非发生在所在国,而是以公司分支机构或子公司的名义在国外进行活动,当其国外收入汇回该公司时,可以不履行或少履行纳税义务。所以基地公司通过公司内部的业务及财务往来很容易完成纳税筹划的既定目标。

(4) 人和物的同步非流动

这种结合的存在,要以有前三种情况意义上的一次较早流动为前提。例如,跨国纳税人可能临时在国外取得收入,该纳税人不必返回居住国,或者直到财政年度终了,或者直到这个收入来源被确认已不存在,因而不再是居住国的课税对象为止,纳税人不再向其母国汇回收入,从而达到减轻或消除纳税义务的目的。因为这种结合具有隐蔽性,所以利用它进行国际纳税筹划很容易获得成功。

五、跨国公司纳税筹划应注意的问题

跨国公司面对风云变幻的世界经济气候和错综复杂的国际税务环境制订国际税务计划,其根本目的在于谋求全球规模的纳税负担最小化,因此,跨国公司必须从全球的观点安排经营活动,并进行全球范围的纳税筹划。

首先,要深谙各国税收制度及相关信息。当前世界各国税收制度千差万别,税种、税率、计税方法各种各样,课税关系相当复杂。此外,在各国的经营形态、收益的种类、经营内容、税收地点以及政治、军事、科技、文化、民俗都无一不影响着跨国公司的经营活动,进而影响企业的财务和税务安排。

其次,要有多个备选方案。跨国公司应全面分析情况,审时度势,从各个角度尽可能设计多个备选方案,并从中选择最有利的方案。

再次,要有全局观念。跨国公司应站在全球宏观的高度看问题。追求每项税负最小化并不等于整体纳税负担最小;追求税负最小也不等于收入一定最大。比如为了减少预提税税负去硬性挂靠某国,企图利用该国与他国的税收协定,不料该国却有着沉重的所得税税收规定。又比如某种税收情况于己有利,但该地的经济环境和地理环境令人不敢恭维,利用它反而会因小失大。

最后，要有长远观念。纳税策划应具有前瞻性，不能杀鸡取卵，为追求眼前利益而忽略长远利益。因此，跨国公司应有较长时期的总体纳税筹划计划。

第二节 利用公司组织结构的筹划

跨国公司纳税筹划的有效措施之一在于建立灵活的公司内部结构，并在这个结构的范围内开展一系列税收最小化的业务活动。跨国投资者通过在低税区或适用低税率的地区设立各种公司组织结构，包括建立国际控股公司、国际金融公司、国际投资公司、国际销售与采购公司、常设机构、子公司等，以达到跨国纳税筹划的目的。限于篇幅，本节只对建立国际控股公司、常设机构的方法进行重点介绍，利用其他公司的建立进行纳税筹划可参见本章第三节、第五节有关内容。

一、建立国际控股公司

(一)国际控股公司概述

所谓国际控股公司，也称特别控股公司、导管公司，通常是一家公司集团的母公司直接或间接拥有其他公司股权。它是为了达到控制而不是投资的目的，持有一个或几个大公司的大部分股票、证券或通过非股权安排以控制其股份为业务的一种机构。其全部活动就是传导集团的财产资金，把外国子公司的所得汇总，集中在它所在国自己的账户中，然后将筹集的资金再投资，或者转回集团的母公司。

控股公司可分为两种类型：一是纯控股公司。它只持有其他公司的股票(或其他决定性投票权)，从而管理这些公司的经营活动和财务活动，而不经营具体业务。二是混合控股公司，是指除了具备上述纯控股公司的功能以外，还同时从事各种经营活动，如生产、贸易、信贷业务等。

跨国公司建立控股公司的基本途径和结构为，跨国公司在甲国设立一家控股公司之后，母公司对子公司的资本参与、子公司对母公司的收入支付一般以控股公司为中介。跨国公司有意识地选择某个国家或地区设立专门的国际控股公司，主要是为了获得税收以及其他经济方面的利益：(1)少缴股息、利息、特许权使用费所得的预提税；(2)得到更多的避免国际双重征税的好处；(3)累积境外所得；(4)在低税区集中利润进行再投资；(5)减少外汇控管的压力。

(二)国际控股公司的税收好处

建立国际控股公司在税收上的主要好处有：少缴预提税；递延缴纳股息收入的所得税；增加税收抵免限额；递延缴纳资本利得的所得税。因此，国际控股公司在纳税筹划上通常是围绕上述目标而展开。

1. 外国税收抵免的最大化

许多国家的税法都规定,居民公司来源于境外的所得已在境外缴纳的所得税额,准予在汇总纳税时,从其应纳税额中扣除,但扣除额不得超过其境外所得依照本国税法规定计算的应纳税额。即境外纳税的所得税款在境内计算抵免时,不是无条件全额抵扣,多缴纳的这一部分外国所得税不予抵免。具体的抵免计算方法各国有所不同,有的国家采用综合限额抵免法,不分国别加总计算;有的国家则采用分国限额抵免法,对不同国家分别计算;有的国家还采用分项限额抵免法,按不同的收入项目适用的税率分别计算。我国实行"分国不分项计算"抵免法。跨国公司设立控股公司后,可将原来由子公司分别计算税收抵免限额,改为综合计算。通常综合限额抵免法比分国限额抵免法可以得到更多抵免限额好处。

【**案例 10-1**】 假定甲国总公司在 3 个国家设立分公司,其在某一纳税年度的纳税情况见表 10-1。

表 10-1　　　　　　　　　　　　纳税情况

公司	所得额 万元	国外税率 (%)	国外税额 万元	国内税率 (%)	国内税额 万元	差额税款 (%)
甲国总公司	200			35	70	
乙国分公司	200	30	60	35	70	10
丙国分公司	200	35	70	35	70	0
丁国分公司	200	40	80	35	70	−10
总公司合计	800		210		280	

由表 10-1 可见,乙国分公司所得应向甲国政府补缴差额所得税 10(70−60)万元;丙国分公司所得已纳丙国政府的所得税可得到全部抵免;丁国分公司所得所缴纳的丁国政府所得税,已超过甲国政府所允许抵免数额 10(80−70)万元。在这种情况下,若不规定抵免限额,允许高税率国家的税收可以全部抵免,等于允许外国政府用高税率挖走本国政府的财政收入,即本国政府代纳税人向外国政府缴纳差额税款。这种把跨国纳税人的税收负担从高税率国家转移到低税率国家的现象,显然是有失公平的。所以,为了维护居住国的税收权益,对居民纳税人来自多国所得并承担多国税负的,更有必要规定抵免限额。这种限额就是居住国政府允许其居民纳税人抵免国外已纳所得税款的最高额,它是以不超过国外应税所得额按照本国税法的规定计算的应缴税额为限度。在这一限度内,跨国公司在国外的已纳税款可以全额抵免,超过这一限度,则只能按这一限额抵免。可见,抵免限额在税收抵免中非常重要,关系到跨国纳税人在国外已纳税款进行抵免的限度,也关系国际重复征税能否免除和居住国政府的税收权益问题。在实践中,抵免限额又分为分国限额抵免、综合限额抵免和分项限额抵免等不同的计算方法。

(1) 分国限额抵免法

分国限额抵免是在多国税收抵免下,居住国政府对其居民来自每一个非居住国获得的所得,分别按照不同国别计算的抵免限额。其特征在于对来自每一个非居住国的所得实行区别对待,因而纳税人在同一纳税年度发生在不同国家(非居住国)之间的不足限额与超限额,不能相互抵冲。其计算公式如下:

某国抵免限额＝来自该国的应税所得×纳税人所在国适用税率

按照上述计算公式,可逐一计算纳税人在各个非居住国的税收抵免限额,与纳税人在各个非居住国实际缴纳的所得税进行比较,确定纳税人在每一个非居住国的可抵免税额,并在这基础上进行实际税收抵免。

【案例 10-2】 一个设在甲国的 X 公司 2019 年在该国获取所得 80 万元,该国税率为 30％;其设在乙国的分支机构同年获得所得 40 万元,已按规定税率 20％向乙国缴纳所得税 8 万元;其设在丙国的分公司同年获得所得 32 万元,已按 40％的税率向丙国缴纳所得税 12.8 万元。按分国限额抵免法计算 X 公司应向甲国缴纳的所得税。

①计算分国抵免限额

乙国抵免限额＝40×30％＝12 万元

丙国抵免限额:32×30％＝9.6 万元

②分别确定允许抵免的已纳税额

乙国抵免限额 12 万元＞已纳乙国税额 8 万元,允许抵免的已纳乙国税额为 8 万元。丙国抵免限额 9.6 万元＜已纳丙国税额 12.8 万元,允许抵免的已纳丙国税额为 9.6 万元。

③计算甲国应对 X 公司征收的所得税税额

(80＋40＋32)×30％－(8＋9.6)＝28 万元

④分析甲国政府对 X 公司就来自乙国和丙国的所得补征的所得税税额

乙国:40×(30％－20％)＝4 万元

丙国:32×(30％－40％)＝－3.2 万元

在上述对 X 公司来自乙国和丙国的所得分别计算抵免限额中,其抵免结果表明,X 公司向乙国所缴纳税额全部抵免后尚有抵免余额 4 万元,而向丙国所缴纳税额则超过抵免限额 3.2 万元不能抵免。由于采用分国抵免限额进行计算征收,两者不能相互抵冲。因此,它能较如实地反映来自国外所得可抵免的数额,但由于对来自国外各国的所得逐一计算可抵免数额,计算方法比较烦琐。

在计算分国抵免限额时应注意两点:第一,若跨国公司在某国没有取得收入而是亏损,则对该国的分支机构不存在税收抵免问题,而且不能用亏损去冲抵其他国家的所得或总所得;第二,若某国的税率低于本国税率,则不能按本国税率计算可抵免的数额,可抵免的只是按该国税率计算的数额,计算总抵免数额时,只需将在该国实际缴纳的所得税税额相加即可。

(2)综合限额抵免法

综合限额抵免法是在多国税收抵免的条件下,居住国政府对其居民(公民)跨国纳税人进行外国税收抵免时,将其所有来自外国的全部所得,汇总计算其抵免限额。其特征在于将跨国公司来自所有外国的所得,当作一个整体实行统一对待,因而跨国公司在同一纳税年度内发生在不同国家(非居住国)之间的不足限额(差额税额)与超限额部分,可以相互抵冲。综合限额抵免法的计算公式如下:

综合抵免限额＝来自所有非居住国的应税所得总额×跨国纳税人所在国税率

【案例 10-2】采用综合限额的方法计算 X 公司的应纳税额:

①计算综合抵免限额

(40＋32)×30％＝21.6 万元

②确定甲国政府允许抵免的已纳外国政府税额

抵免限额21.6万元＞已纳乙国税额8万元＋已纳丙国税额12.8万元,允许抵免的已纳外国税额为20.8万元。

③计算X公司应向甲国缴纳的税额

(80＋40＋32)×30％－20.8＝24.8万元

④分析甲国对来自乙国和丙国的所得可补征的税款

40×(30％－20％)＋32×(30％－40％)＝0.8万元

通过计算表明:X公司的分公司向乙国所缴纳的税额8万元在甲国全部得到抵免,另一分公司向丙国缴纳的所得税12.8万元也全部得到了抵免,而且甲国税收权益非但没损失,还按居民税收管辖权对X公司的国外所得补征了0.8万元的税款。

(3)分国限额抵免法与综合限额抵免法的比较

第一,当跨国公司在国外均有投资,但各国税率不同时,对跨国公司来说,实行综合限额抵免法对跨国公司有利。

在【案例10-2】中,跨国公司X公司在高税率国(丙国)和低税率国(乙国)都有投资,在采用分国限额抵免法进行抵免额计算时,其分公司向高税率国(丙国)缴纳的税额不能全部得到抵免,而向低税率国(乙国)所缴纳税额抵免后出现的多余限额,也不能与丙国超限额相调剂进行冲抵。在采用综合限额抵免法进行抵免时,乙国的多余限额与丙国的超限额相互冲抵,使X公司在国外所缴纳税额全部得到了抵免。

第二,如果跨国公司在国外的投资国全是高税率国,其在各国缴纳的税额在抵免时全部超过限额,这时不存在超限额与多余限额相互冲抵的可能性,不论采用综合限额抵免法还是分国限额抵免法,其结果是一样的;相反,如果跨国公司对外投资的各国都是低税率国家,其在各国缴纳的税额在抵免时全部都不足抵免限额,而出现的多余限额,也因没有超限额予以冲抵,所以,这时采用综合限额抵免法与分国限额抵免法没有区别。

第三,当跨国公司在国外的分公司中,有的分公司盈利,有的分公司亏损时,采用综合限额抵免法和分国限额抵免法,其结果是不同的。分公司有盈有亏,由于亏损的分公司在其所在国不缴税,因而不存在抵免问题,这时采用分国限额抵免法进行抵免,盈亏不能相抵,盈利分公司的抵免限额不会降低,从而对跨国公司有利。如果采用综合限额抵免法进行抵免,各分公司的盈亏相抵,会使抵免限额降低,从而对跨国公司不利。

然而,在一国的税制中究竟采用何种限额抵免法是一国政府的主权。在税收实践中采用何种方法,各国没有统一的模式,有的国家采用综合限额抵免法,有的国家采用分国限额抵免法,而有的国家在不同历史时期,又具体采用不同的方法。我国则规定企业所得税采用分国计算抵免限额的办法。

(4)分项限额与不分项限额抵免法

分项限额是指跨国纳税人的所在居住国,在对纳税人已向外国缴纳的税额进行抵免计算时,将某些低税率项目如股息、利息、特许权使用费等,与其他项目分开,单独计算其抵免限额,也称为专项限额。将各项所得综合在一起计算的统一限额称为不分项限额。

若甲国X公司2019年获所得400万元,其设在乙国的分公司同年获所得280万元,其中营业所得200万元,已按乙国政府规定的税率35％缴纳所得税70万元;利息所得80万元,已按10％税率纳税8万元,合计已向乙国缴纳税额78万元。甲国的税率为30％,试分别按不分项限额和分项限额,计算甲国政府应对X公司征收的所得税税额。

第一,在不分项限额的情况下:
①计算不分项抵免限额
280×30%＝84万元
②确定允许抵免的已纳乙国税额
抵免限额84万元＞已纳乙国税额78万元,所以,允许抵免的税额为78万元。
③计算甲国应对X公司征收的所得税税额
(400＋280)×30%－78＝126万元
④分析甲国应对X公司在乙国所得补征的税额
200×(30%－35%)＋80×(30%－10%)＝6万元

上述计算结果表明,甲国政府采用不分项限额对X公司计算征税,使其在乙国缴纳的78万元税款全部得到抵免。甲国对X公司在乙国的所得只补征6万元的税款。

第二,在分项限额的情况下:
①计算分项抵免限额
营业所得抵免限额:200×30%＝60万元
利息所得抵免限额:80×30%＝24万元
②确定允许抵免的已缴乙国税额
营业所得抵免限额60万元＜营业所得已纳乙国税额70万元；
利息所得抵免限额24万元＞利息所得已纳乙国税额8万元；
允许抵免的营业所得已纳税额为60万元；
允许抵免的利息所得已纳税额为8万元；
③计算X公司应向甲国缴纳的税额
(400＋280)×30%－(60＋8)＝136万元
④分析甲国对X公司来自乙国的所得补征的税款
对营业所得补征:200×(30%－35%)＝10万元
对利息所得补征:80×(30%－10%)＝16万元

上述计算表明,X公司在乙国的分公司就营业所得缴纳的税额超过该项抵免限额,有10万元不能得到抵免,而就利息所得缴纳的税额在全部得到抵免后,还尚有16万元限额余额。由于采用的是分项限额,各项的限额余额与超限额不能相互抵冲,致使甲国政府对X公司补征了16万元税款,比不分项限额多征10万元。

由于分项限额使低税率项目的限额余额不能去抵冲高税率项目的超限额,所以计算出来的应纳税额较高；而采用不分项限额则使低税率项目的限额余额与高税率项目的超限额相互抵冲,计算出来的税额就较低。一般来说,采用分项限额比较合理,因为这种方法符合跨国公司已纳税额的实际情况,而且可以防止跨国公司以某一外国低税率所得税的不足限额部分,用于冲抵另一外国高税率所得税的超限额部分,进行国际间的税收逃避活动。但有些国家为了简化计算或给纳税人以优惠政策,而采用了不分项限额进行抵免。

2.预提所得税的最小化

预提所得税并不是一个税种,是从源课税的所得税,即对第三方支付某些款项时把税款扣缴下来并向政府缴纳。几乎所有国家都实行预提税,被广泛地用于对股息、利息、特许权使用费以及类似支付项目的课征。要想获得少缴预提所得税的好处,必须符合两个条件:一是子公司支付股息给控股公司只负担税率较低的预提所得税;二是控股公司支付给母公司的股息同样只负担税率较低的预提所得税。由于国际税收协定通常对缔约国采用限制的低税率,因而控股公司一般应设在税收协定网络比较发达且限定税率较低的国家或地区,如荷兰、瑞士、塞浦路斯等国。这些国家在同世界许多国家签订的双边税收协定中,对缔约国都实施了低税率的预提所得税,如荷兰对丹麦、意大利、挪威和瑞典的股息预提所得税限定税率为零。因此,这些国家已成为跨国公司建立控股公司的好场所。由于世界 100 多个国家或地区实行的预提所得税税率高低不一,同一个国家对不同国家又实行高低不一的预提所得税税率,因而全世界的预提所得税税率表几乎成了一张国际性会计师事务所运用电脑技术为客户设计优化选择的方案表。

【案例 10-3】 澳大利亚公司在日本拥有子公司,在爱尔兰拥有子公司。2019 年每个子公司都向母公司支付股息 2 000 000 美元。假设子公司的全部利润都以股息形式支付给母公司,股息的预提税为:

自日本汇往澳大利亚——10%(200 000 美元)

自爱尔兰汇往澳大利亚——0%

在股息汇出前,每个子公司都在其居住国缴纳了所得税,在日本缴纳了 900 000 美元,在爱尔兰缴纳了 300 000 美元。在未设立中转公司的条件下,该跨国集团在澳大利亚应纳税额见表 10-2。

表 10-2　　设立中转公司前跨国集团 2019 年在澳大利亚的所得税计算表　　单位:美元

项目	爱尔兰	日本	集团总额
(1)预提税前的股息	2 000 000	2 000 000	4 000 000
(2)在居住国缴纳的所得税	300 000	900 000	1 200 000
(3)税前利润	2 300 000	2 900 000	5 200 000
(4)跨国集团在澳大利亚应缴纳的所得税(33%)	759 000	957 000	1 716 000
(5)税前抵免股息预提税 居住国所得税	— (300 000)	(200 000) (757 000)	(200 000) (1 057 000)
(6)抵免后在澳大利亚的应纳税额	459 000	—	459 000

由于在日本的子公司已纳税额超过了澳大利亚的应纳税额(也称抵免税额),因而可抵免的税额仅是其应税所得额较日本低的澳大利亚税率计算的应纳所得税额。在日本已纳税额中超过澳大利亚的部分不能得到抵免,这样,澳大利亚公司多缴纳税额 14 300(900 000+200 000−957 000)美元。而对澳大利亚公司来自爱尔兰的股息,其在爱尔兰缴纳的税收可得到全部抵免,因为爱尔兰的税率比澳大利亚低,然而,要向澳大利亚政府补足澳大利亚和爱尔兰之间税收的差额 459 000 美元,在这种情况下,跨国集团的实际税率为:

$$\frac{纳税总额}{应税所得总额} \times 100\% = \frac{900\ 000 + 200\ 000 + 300\ 000 + 459\ 000}{5\ 200\ 000} \times 100\%$$
$$= 35.75\%$$

可见,实际税率比澳大利亚税率高 2.75%,即以澳大利亚公司为首的跨国集团税收负担增加。可以设想,该跨国集团在荷兰建立一个中转控股公司。在荷兰所设立的中转控股公司将利用荷兰与其他国家签订的双边税收协定为自己带来税收上的利益。股息的预提税为：

从日本汇往荷兰——5%(100 000 美元)

从爱尔兰汇往荷兰——0%

从荷兰汇往澳大利亚——5%(195 000 美元)

专营股息传导的控股公司在荷兰承担的所得税率微乎其微,因此,在此案例中忽略不计。在设立中转公司的条件下,跨国集团在澳大利亚缴纳所得税见表 10-3。

表 10-3　设立中转公司条件下跨国集团 2019 年在澳大利亚的所得税计算表　单位:美元

股息(未征预提税前)	4 000 000
在居住国缴纳的所得税(900 000＋300 000)	1 200 000
跨国集团的应税所得	5 200 000
在澳大利亚按 33%税率计算的所得税(跨国集团的应税所得×33%)	1 716 000
税收抵免 预提税 　日本 　荷兰 在居住国缴纳的所得税	 100 000 195 000 1 200 000
抵免后在澳大利亚的应纳税额	221 000

此案例中利用了所有允许抵免的机制。跨国集团通过荷兰子公司将日本和爱尔兰的税收汇总在一起,可以避免不必要的税收负担:

$$跨国集团的实际税率 = \frac{900\ 000 + 300\ 000 + 100\ 000 + 195\ 000 + 221\ 000}{5\ 200\ 000} \times 100\% = 33\%$$

由此可见,跨国集团的实际税率与澳大利亚税率一致,从荷兰将股息汇入到澳大利亚所缴纳的预提税并没有加重跨国集团整体的税负。

应该指出,国际控股公司若设立在全面免征股息预提税的国家或地区(如:美国、新加坡、中国香港等),或者设立在虽有税收协定关系,但不实行预提税低税率优惠的国家或地区,上述所说的利用税收协定的好处将不复存在,因为前者不论是否有协定关系,全面免征股息预提税;后者虽有协定关系,也没有减征优惠。所以,税收协定对于是否可得到预提税利益并非是必要前提。能否得到预提税利益,关键在于是否实施低税模式,因而避税地成为跨国公司设立控股公司的首选,如卢森堡、列支敦士登、马恩岛、海峡群岛等地区。

3. 延迟纳税和再投资

延迟纳税是指奉行属人主义原则,实行居民管辖权的国家,对国外子公司取得的所得,在子公司没有以股息等形式汇回母公司之前,母公司就不必缴纳这部分收入的所得税;一直到该项所得汇回该国母公司才予以征税,这就为该国纳税人合法节税创造了条件。假定税后所得不汇回母公司,而是汇到控股公司,若控股公司又设立在低税国(区),大量的税后所得应负担的税收将滞留下来,成为纳税人一笔可观的无利息资金。控股公司可以将这笔资本再投资于税负较低的项目上。

实现税收的最小化还包括对出售资本项目或清算子公司的资本利得征收的资本利得税。若将利润转移到开征资本利得税的关联企业所在国,以后就可能会出现新的纳税义务,从而加重跨国公司的全球税收负担。然而,若通过控股公司来进行资本的出售及清算,对集中在控股公司账上的利润就能避免资本利得税,以利于利润的再投资。

应该指出的是,这方面税收利益的多少,取决于母公司与子公司的税收负担差异。(1)假定母公司所在国的税率低于子公司,或者母公司所在国对境外汇入股息不征收所得税,母公司就没有必要累积子公司的境外所得;(2)资产的销售增益,有的国家比照一般所得征税,有的国家按低税率课征,还有的国家可能免于征税,控股公司若设在免征税的国家或地区,对累积境外的资本利得更为有利;(3)有些国家对税收协定国的居民纳税人提供税收优惠,持股公司在那里累积境外子公司的所得,有可能得到递延纳税的好处。例如,荷兰对国际控股公司的外国公司参股者所取得的资本利得免征公司所得税。荷兰还通过缔结税收协定对控股公司从境外取得的资本利得免征公司税。

【案例 10-4】 现有股息 2 000 000 美元,分别从位于四个不同国家(意大利、西班牙、荷兰和瑞士)的子公司汇回英国的母公司。假定有未建立控股公司和建立控股公司两种情况。在上述两种情况下,整个集团的税收负担情况见表 10-4。

表 10-4　　　　　　　　　　集团公司税收负担一览表　　　　　　　　　　单位:美元

国家	股息额	股息直接汇回法国的预提所得税		股息汇入荷兰控股公司的预提所得税	
意大利	2 000 000	15%	300 000	—	
西班牙	2 000 000	10%	200 000	5%	100 000
荷兰	2 000 000	5%	100 000	—	
瑞士	2 000 000	5%	100 000	—	
集团合计	8 000 000		700 000		100 000

若将税后的股息 7 900 000 美元从荷兰汇回英国,还应缴纳 5% 的预提税,即 395 000 美元。据此,该集团总的税负为 495 000 美元,借助于控股基地公司减少了税收 205 000 美元。若不将股息汇回英国,而把在荷兰的全部股息对外投资,那么税收负担仅为 100 000 美元。

国际控股公司除了有节税的好处外,还有一些非税的利益,最为明显的就是回避外汇管制的约束,若母公司或子公司所在国政府实行严格的外汇管理和投资管理制度,或是位于货币政策不稳定的国家,那么可以考虑在外汇管理制度较为宽松的国家或地区设立一个控股公司,在那里积聚境外所得或通过那里进行投资,可以得到较为理想的经济效益。

二、设立常设机构

一个企业在对外投资时,有许多组织形式可供选择,它既可以设立子公司,也可以设立常设机构。从减轻税负的角度出发,设立常设机构具有更大的优势。因为许多国家的双边税收协定,仿效《经济发展组织范本》,规定了大量免征税收的常设机构活动,为了规避税负,跨国纳税人就可以把需要储存或加工的货物转移到对常设机构有免税规定的国家中去。

常设机构是指一个企业进行全部或部分经营活动的固定营业场所。对于这一概念,《经合发范本》和《联合国范本》都进行了定义,并做了实质性的说明。但各国对常设机构的认识并非完全一致,不过许多国家已使用常设机构的概念来确定对在本国的非居民个人或非居民企业的利润进行课税。这种做法不仅在有些国家税法中出现,而且在某些国家之间签订的双边或多边税收协定中时常看到。

　　一般来说,一个事实上的常设机构要想规避其纳税义务,是较为困难的。根据《经合发范本》的定义,判定跨国纳税人有无常设机构并确定其纳税义务,可采用有形联系因素,如一处生产管理场所、一所办公室、一座工厂等。即使找不到这些有形物质联系因素,也可采用法律等因素加以综合判定。只要一个人代表非居民纳税人在一国中行使了签订合同、接受订单的权利,就可认定该非居民纳税人在该国有常设机构。然而,在许多国家的税法中,特别是在国家之间的税收协定中,都规定了大量免税的常设机构经营活动,比如,货物仓储、存货管理、货物购买、广告宣传、信息提供或其他辅助性营业活动等。这些特殊的税收优惠规定,为跨国纳税人通过设立常设机构来转移资金、货物或劳务,进行跨国纳税筹划活动提供了各种渠道。

> **相关链接**
>
> 　　在我国分别与美国、加拿大、比利时、丹麦、泰国、新加坡等国签署的《关于对所得避免双重征税和防止偷税漏税的协定》中明确规定,下列内容不能被视为常设机构:一是专为储存、陈列或者交付本企业货物或者商品而使用的设施;二是专为储存、陈列或者交付而保存本企业货物或者商品的库存;三是专为另一企业加工而保存本企业货物或者商品的库存;四是专为本企业进行其他准备活动所设的固定营业场所;五是专为本企业进行其他准备性或辅助性活动所设的固定营业场所(若由于这种结合使该固定营业场所全部活动属于准备性质或辅助性质)。这些协定中还明确指出:缔约国一方企业仅通过经纪人、一般佣金代理人或者任何其他独立代理人,在缔约国另一方进行营业,若这些人按常规进行其业务,不应认为该缔约国一方企业在缔约国另一方设有常设机构。同时缔约国一方居民公司,控制或被控制于缔约国另一方居民公司或者在该缔约国另一方进行营业的公司,这项事实不能据以任何一方公司构成另一方公司的常设机构。上述内容的规定为跨国纳税人提供了许多好处,即可以根据所从事的一项或多项免税活动进行纳税筹划。①利用服务公司或与子公司一起转移货物、劳务、利息、特许权使用费、管理费用等;②利用常设机构转让营业财产和虚构财产租赁,以达到节税的目的;③利用常设机构亏损以及常设机构间的汇率变化,有效地减轻税收负担。

1. 利用常设机构转移货物和劳务

(1)转移货物。各国税法中有许多特殊规定,特别是在国家之间的税收条约或协议中有许多大量减免的经营形式存在,给跨国公司进行跨国纳税筹划提供了机会。跨国公司为了规避税负,可以把需要储存或加工的货物转移到常设机构中有免税的国家中去。因为跨国公司有权在世界各地建立许多常设机构,其中一些常设机构就是专门从事免税经营活动的。

从纳税筹划角度出发,选择设立从事免税活动的常设机构,对跨国投资者来说是相当有利的。一个跨国公司进行跨国投资活动时,往往需要在若干地方设立常设机构,其中一部分常设机构是从事免税经营活动的。但却有一些常设机构所在国基于防止滥用免税项目的考虑,根本就未列举关于常设机构免税经营活动的项目。在这种情况下,跨国公司就可以利用常设机构所在国关于免税活动的不同规定,将需要储存或加工的货物从无免税项目规定的国家的常设机构中转移出去,以达到减轻整体税负的目的。若跨国公司的母公司是设立在避税地或一个没有税收协定的国家,这种做法的效果就会更为明显。

【案例10-5】 2019年西班牙利尔德纺织服装有限公司在荷兰鹿特丹建立一个机构,其作用是为该公司搜集北欧国家纺织服装信息。根据西班牙政府与荷兰政府签署的双边税收协定,这种专门用于信息、情报搜集的办事机构不属于常设机构,也不必承担纳税义务。然而,该公司仅当年就根据荷兰纺织服装市场的供求信息,与利尔德公司成交两笔生意,价值4 240万美元的适销产品很快运达荷兰鹿特丹。在此过程中,尽管利尔德纺织服装有限公司驻鹿特丹办事处承担所有有关供货合同及确定订单数量的谈判和协商,但由于该办事机构最终没有在合同和订单上代表利尔德纺织服装有限公司签字,荷兰财税部门也毫无办法,只得眼睁睁地让其将巨额利润转为税后收益。

(2)转移劳务。转移劳务主要是指总机构向常设机构或常设机构之间相互提供的劳务,如技术上的或一般的劳务服务、广告宣传或推销活动等,属于按规定不予扣除的支出。转移劳务支出由于不准许从被转入机构的所得内扣除,因此,可以被高税国的转出机构加以利用,进行纳税筹划。

2. 利用常设机构转移利息、利润、费用

(1)转移利息、特许权使用费

利息是为使用借贷资本而支付的款项;特许权使用费是对使用专业技术知识等支付的报酬。除此之外,还有一些其他类似的支付,比如使用非专利化的专有技术、知识、商业秘密、商誉等所支付的费用。所有这些费用,都可由一个法人的不同机构支付。

按照国际惯例,对总机构支付给驻外常设机构的利息、特许权使用费或者驻外常设机构的利息、特许权使用费不允许作为成本扣除。因为总机构和常设机构之间十分容易通过相互之间的资金、技术帮助转移成本和利润。禁止它们之间的这种类似独立法人之间的转让,是为了防止利息和特许权使用费的不合理支付。然而,这种国际上的普遍做法并不十分有效,纳税人往往能够以利息、特许权使用费形式达到转移利息、躲避税收的目的。例如,总机构可以通过某一金融机构和技术服务中心,向自己的驻外机构提供财力和技术上的帮助。这种援助有时可以采取完全虚拟的形式提供,而接受虚拟援助的海外机构就可以从容地将这些费用计入成本,冲减利息,减少纳税。

【案例10-6】 新加坡银华热带植物加工有限公司在巴西、印度、印度尼西亚均设有常设机构。2019年该公司通过印度尼西亚一家海外金融机构分别向这3个机构提供了22万美元、42万美元和34万美元的贷款,期限均为1年,利息分别为5.8万美元、14.4万美元和7.4万美元,分别超出正常利率78%、133%和48%。尽管该公司获得的利息收入在印度尼西亚按20%的税率缴纳了所得税,但该公司仍得到了节税好处。

(2)转移利润

跨国公司在国外设置常设机构,势必会产生如何将利润在总机构和常设机构之间分配的问题。由于对常设机构的利润分配至少要受两个国家利益差异的影响,分配方法往往有很大差异,这就为纳税人转移利润、减轻税负提供了机会。

(3)转移管理费用

一个企业法人的总机构通常情况下总是设在其母国,起着管理中心的作用,对各驻外常设机构提供各种有用的管理服务,并向各常设机构直接分摊管理费用,这就给纳税人通过抬高或压低分配管理费用的办法进行转移利润、减少税负创造了条件。尽管对于有关管理费用如何在总机构和常设机构之间分配的问题,有些国家的双边税收协定有具体的规定,但规定总有不完善的地方,从而使纳税人有机会利用管理费用分配方法和分配标准的选择进行纳税筹划。

比如,总机构仅对其国外常设机构做指导性工作,一般是不收取报酬的。然而为了分配管理费用,可以假定常设机构向总机构支付报酬。若是一个独立的第三方提供这类服务,其索要的报酬(价格)按一定的利润率计算肯定会高于实际成本。但这里的总机构与国外常设机构并不是相互独立的,而是有关联的。常设机构从其利润中应拿出多少钱支付给总机构才算合理,实际上难以找到一个完全适用的正常交易标准来进行分配。这种总机构与其国外常设机构之间的内部交易活动最容易发生在利用常设机构所在国的税率不同进行管理费用的转移中,即利用转让价格的方法向低税国的常设机构支付较高的管理费用,从而减少在高税率国家的所得,并达到减轻其整体税负的目的。当这些活动发生在税负基本一致的国家之间,纳税筹划的可能性就会减少,但这种情况是极其少见的,多数国家的税收负担水平是不一致的,甚至相差悬殊,这就会被跨国公司利用,进行管理费用的转移,以实施纳税筹划。

3. 利用常设机构转移财产

一个企业法人常常可以在许多国家设立常设机构,也可以将财产在总机构与常设机构之间或常设机构之间进行转移,这样跨国公司就可以利用转出机构与转入机构所在国的不同税负和对营业财产不同的评估和计算方法,进行财产转移,尽量减少现在或将来的纳税义务。

4. 利用常设机构亏损进行纳税筹划

一般来说,每个公司都必须计算盈亏。尽管一个跨国公司的高税国常设机构或低税国常设机构的营业损失都可以归入最终计算结果,但这两者亏损有时会产生很不一样的结果。这是因为每个国家对待企业亏损的规定(以营业损失冲抵利润)不相一致,所以通常在最有利国家设立一个常设机构以及在最有利的时候出现亏损,可以有效地达到减轻税负的目的。况且,总公司通过国外的分公司在其他国家的市场开展经营活动,它的应税所得总额包括来自所有国外分公司的利润,而分公司的亏损也能冲抵总公司的利润。所以,作为税收惯例,总公司所在国一般允许用国外分公司的这些亏损冲抵总公司的利润。这一点正是分公司在跨国纳税筹划中的主要策略。

5. 利用常设机构之间的汇率变化进行纳税筹划

一个跨国公司可在若干国家设立若干个常设机构,这些位于不同国家的常设机构很可能是以不同的货币进行结算的,而这些货币汇率的波动是变幻莫测的。一个公司或常设机构盈亏的计算,由于相应汇率经常发生剧烈的波动,有时可以人为地得出盈利或亏损两种截然不同的结果,这也可以被跨国公司利用,从而有效地进行纳税筹划。

第三节　利用避税地进行筹划

充分利用国际避税地和国际税收策略进行筹划，也是跨国公司进行纳税筹划的重要方法。

一、避税地的概念及特征

避税地又称为"避税港"，是指对收入和财产免税或按很低的税率课税的国家或地区。即一个国家或地区的政府为了吸引外国资本流入，发展本国或本地区的经济，弥补自身的资本不足和改善国际收支水平，为了引进国外先进技术，提高本国或本地区技术水平，吸引国际民间投资，在本国或本地区的一定区域和范围内，允许并鼓励外国政府和民间在此投资及从事各种经济贸易活动，同时对在这里从事投资、经营活动的公司、个人给予免纳税或少纳税的优惠待遇。

从实质上说，避税地是指外国人可以在那里取得收入或拥有资产，而不必支付高税率税款的地方。这个地方可以是一个国家，也可以是一个国家的某个地区，如港口、岛屿、沿海地区、交通方便的城市等。有些避税地还包括自由港、自由贸易区、自由关税区等。作为国际避税地一般具有以下几个特征：

(1) 低税。这是国际避税地最基本的特征。税率低、税负轻或根本无税，才能产生对投资者的吸引力，才属于提供避税的地方。

(2) 侧重对跨国投资者的税收优惠。实行避税地的国家，其所采取的税收优惠都是有针对性的。尽管有的避税地国家或地区对国内和国外投资者给予同样的税收优惠，但毕竟不多，绝大多数的避税地的税收优惠是侧重于跨国投资者的。

(3) 避税区域明确。提供避税的场所都有明确的范围，有的是整个国家或地区全部，有的是其中一个或几个岛屿，有的是一个港口城市、自由贸易区域或出口加工区。在区域内才能实行低税政策。正是由于区域明确才会产生鲜明的对比，如属于避税地的岛国与邻近的高税国对比，这样更突出了避税地的形象，使较多的资金、业务流入避税地。

(4) 政治体制的不完整性。国际避税地中，许多国家或地区过去是殖民地，有的至今仍是殖民地或带有强烈的殖民地色彩，有的甚至仅是一个小岛、托管地。它们中有些迫切希望政治独立和经济繁荣，即一旦脱离殖民关系后，出于迅速发展本地经济的愿望，很容易在原依托关系的基础上过渡为避税地。

二、避税地的形成原因与条件

避税地形成的原因很多，有历史原因、税制原因，也有经济发展等因素。一般情况下，成为一个避税地的必备条件包括：

1. 独特的低税结构

低税是避税地的基本特征,不但整个财政收入的税收负担轻,更重要的是直接税的负担轻,就是说,它必须至少在某一项重要的所得税类型上,仅课征低税或不征税。因为直接税的课税对象是财产、资本、利润、所得,税收负担难以转嫁,如果该地区的直接税负担轻,就可以吸引大量的海外投资者。另外,避税地还需要尽量少征或不征流通消费环节的消费税等,对商品进出口的税收也要放得很宽。因为这些"价内税"不能适应当今世界激烈的市场竞争。

2. 安定的政治局势

任何跨国纳税人都把财产和所得的安全放在第一位。他们对政局的变化十分敏感,最害怕承担政治风险。如果政治上不稳定,财产和所得得不到安全保证,减免税收就毫无意义。一些国家或地区,政治比较稳定,尤其是投资经营的保障政策稳定。在税收制度上,某些国家或地区一向严格奉行税收的属地原则。有了一个较为安全稳定的政治环境,人们可以安心工作,而政治动荡必然会促使跨国纳税人抽走资产,转移营业场所,引起经济资源的转移。

3. 理想的投资环境

具备良好的交通电信条件和理想的地理位置对一个成功的避税地是非常重要的。这是因为外部交通便利,内部基础设施如邮政通信、供水供电、机场码头等完善的地方,能充分满足现代生产、经营和管理的要求。理想的地理环境则方便跨国投资者的往来和经营活动。

4. 宽松的政策法规

这是吸引外资的"软环境"。首先,要敞开国门,让投资者来去自由。如果投资条件理想,但进入避税地投资、经营和居住要受到立法的限制,也会冲淡投资者的热情。其次,政策要有连续性。外国投资者最怕政策多变,朝令夕改。最后,投资法规要健全。谁都不放心投资于一个法规不健全的国家。法制健全,有法可循,保护了外国投资者的权益,从而有利于外国投资者高效率地从事经营。

5. 完善的保密制度

避税地国家或地区必须对跨国投资者的经营活动和财产提供保密措施。对从事跨国生产经营活动的投资者来说,能否保证其经营活动和所得、财产的秘密,对其纳税筹划的成功是十分重要的。提供保密措施,可以掩盖一些公司的虚构营业和真实所得及财产情况,以此避免居住国的税收管辖,直接享受避税地所提供的税收待遇。

此外,要成为避税地,还必须配套实行有利于发展自由贸易的宽大的海关条例、银行管理条例、自由外汇市场机制等。特别是对于想移居的跨国纳税人来说,适宜的自然环境、一流的旅游资源和服务设施也是避税地应具备的条件。

三、避税地的类型

到目前为止,人们对避税地(港)的认识尚未取得完全一致。对避税地概念的认识,既有狭义的解释,也有广义的解释。狭义的解释认为,避税地是指那些不课征某些所得税和一般财产税,或者虽课征所得税和一般财产税但税率远低于国际一般负担水平的国家或地区。

广义的解释则认为,避税地是指那些能够为纳税者提供某些合法避税机会的国家或地区。人们一般认为避税地是一个广义的概念。按照避税地的广义解释,世界上的避税地大体有以下三种类型:

(1)避税地是指没有所得税和一般财产税的国家或地区。在这些国家或地区中,既没有个人所得税、公司所得税和资本利得税,也没有财产净值税、继承税、遗产税和赠与税。例如,英国殖民地开曼群岛就属于这一类型的避税地。外国投资者若到开曼群岛设立公司或银行,只要向当地有关部门注册登记,并每年缴纳一定的注册费,就可完全免予缴纳个人所得税、公司所得税和资本利得税。除开曼群岛外,属于这一类典型避税地的国家和地区还有巴哈马、百慕大、瑙鲁、瓦努阿图、特克斯和凯科斯等。此外,还有格陵兰、索马里、法罗群岛、新喀里多尼亚岛、圣皮埃尔岛和密光隆岛等国家和地区。

> **相关链接**
>
> 百慕大面积 53 平方公里,人口 6 万,自然资源匮乏,最主要的经济部门是旅游业,一年接待外国游客近百万人,是本土人口的 15 倍多。第二大经济部门是金融业,仅国际受控保险公司就有 1 400 多家,年保险收入高达 40 多亿美元,其中仅由美国公司控股的就有 900 多家。百慕大是一个典型的避税地,不征公司所得税和个人所得税,不征普通销售税。只对遗产课征 2‰~5‰的印花税;按雇主支付的薪金课征 5%的就业税、4%的医疗税和一定的社会保障税;对进口货物一般课征 20%的关税。另外,百慕大针对旅游业兴盛的特点,征收较轻的饭店使用税、空海运乘客税。在境内成立一家公司,允许最低资本额为 1.2 万百慕大元;而对保险公司,最低资本额定为 12 万至 37 万百慕大元。
>
> 开曼群岛位于加勒比海西北部,毗邻美国。全岛只有 259 平方公里,人口 2 万多。全岛两大经济支柱,一是金融业,二是旅游业。金融业收入约占政府总收入的 40%、国内生产总值的 70%、外汇收入的 75%。那里课征的税种只有进口税、印花税、工商登记税、旅游者税等简单的几种。30 多年来没有开征个人所得税、公司所得税、资本利得税、不动产税、遗产税等直接税。各国货币在此自由流通、外汇进出自由,资金的投入与抽出完全自由,外国人的资产所有权得到法律保护,交通运输设施健全,现已成为西半球离岸融资业的中心。至 20 世纪 90 年代初,全世界最大的 25 家跨国银行几乎都在那里设立了子公司或分支机构,在岛内设立的金融、信托类企业的总资产已超过 2 500 亿美元,占欧洲美元交易总额的 7%,涉及 56 个国家。在开曼,有相当多的银行及信托公司是免征所得税的,其条件是交易行为在境外进行。在开曼设立的受控保险公司已有 370 家,仅次于卢森堡、百慕大,居世界第三位,每年保险费收入约为 20 亿美元。受控保险公司的发展,得益于几个因素:一是手续简便,资本额在 120 万美元以上便可登记;二是起步较早,1979 年对离岸保险公司制定了正式法规;三是配套的条件健全,银行、律师事务所、会计师事务所相当发达,还有大量的保险管理人才。
>
> 巴哈马位于加勒比海,西印度群岛的最北部。由 700 多个岛屿及 2 000 多个岩礁和珊瑚礁组成。人口 31 万,面积 13 989 平方公里。主要经济支柱是观光和金融,

> **相关链接**

观光事业占国内生产总额的60%,而且直接或间接地雇用了岛上一半的劳动力量。巴哈马不征收所得税、资本利得税、预提税和遗产税,其税收收入主要来源于关税收入。除开征关税外,它还开征印花税、投资附加税、不动产税、博彩税,但税负都很轻。在公司开业时,按资本价值总额一次征收税率为0.25%的印花税;当公司投资总额超过5 000巴哈马元时,对股份资本征收0.2%的投资附加税,对信贷资本征收0.3%的投资附加税,起征点为60巴哈马元;不动产交易缴纳0.75%~5%的印花税;对在首都拿骚所在地的新普罗维登斯岛上的财产取得增值额分别征收0.5%~1.5%的不动产税;博彩税税率为25%;此外,在巴哈马国内的某些地区开业,只要获得当局认可,即可免缴印花税和部分关税。

(2)那些虽然开征某些所得税和一般财产税,但税负远低于国际一般税负水平的国家和地区。在这些避税地中,其中大部分国家或地区对境外来源的所得和营业活动提供某些特殊优惠的税收待遇。如安圭拉、安提瓜、巴林、直布罗陀、格恩西岛、以色列、牙买加、泽西岛、黎巴嫩、列支敦士登、中国澳门、摩纳哥、蒙塞拉特岛、荷属安的列斯群岛、圣赫勒拿岛、圣文森岛、新加坡、斯匹次卑尔根群岛和瑞士等。还有些国家和地区对境外来源所得免税,只对来源于境内的收入按低税率征税,如阿根廷、埃塞俄比亚、哥斯达黎加、利比里亚、巴拿马、委内瑞拉、中国香港等。

> **相关链接**

　　瑞士也是因税收协定网络相当发达,成为国际控股、中介性金融公司设立较多的国家之一。瑞士已同澳大利亚、奥地利、比利时、加拿大、丹麦、埃及、法国、德国、英国、美国等三十多个国家缔结了全面税收协定。瑞士预提税税率:一般股息为35%,对协定国降为5%、7.5%、15%或20%;利息为35%,对协定国降为5%、7.5%、15%或20%;特许权使用费不征税。

　　塞浦路斯的税收协定网络也很发达。它除了早就与俄罗斯及东欧一些国家签订协定外,还与西方许多经济发达国家,包括加拿大、丹麦、德国、芬兰、英国、澳大利亚、美国,以及中国缔结了双边税收协定。塞浦路斯处于地中海的东北部,是欧亚两洲的交接地,再加上发达的税收协定网络,吸引了许多跨国公司在那里设立各类子公司。塞浦路斯税收负担很轻,所得税税率只有4.25%,税后所得分配给投资者,不另征股息预提税,资本利得一般也不课征所得税。

　　泽西岛和根西岛并非纯避税地,对居民纳税人来源于境内外的所得课征20%的所得税,但是跨国公司可以在此组建一个基本免税的非居民的持股公司。具体做法是,公司的注册登记设在岛上,控制管理中心设在岛外,这样就不必缴纳20%的公司所得税,每年只要缴纳500英镑的定额执照税。泽西岛对信托业的税收也比较优惠,境内的受托人如取得信托财产的境外所得,而受益人又不是泽西岛居民,这一信托企业不必缴纳所得税。

(3)在制定和执行正常税制的同时,提供某些特殊税收优惠待遇的国家或地区。其特点是总体实行正常税制,征收正常的税收,同时,有较为灵活的税收优惠办法,对于某些投资经营给予特殊的税收优惠待遇。属于这一类型的避税地有:希腊、爱尔兰、加拿大、荷兰、卢森堡、英国、菲律宾等国家和地区。

这些国家(地区)通常因税收协定网络发达和对外资有较为优惠的政策而成为"避税地",成为国际控股、投资公司、中介性金融公司和信托公司建立的热点地区。跨国企业集团在这些地区设立控股公司、投资公司和中介性金融公司,可因这些国家税收协定的发达网络,获得较多的税收协定提供的好处。

> **相关链接**
>
> 荷兰已同澳大利亚、奥地利、丹麦、芬兰、德国、法国、希腊、瑞士、匈牙利、印度、日本、韩国、卢森堡、马来西亚、新西兰、新加坡、南非、西班牙、泰国、英国、美国、俄罗斯等四五十个国家缔结了全面税收协定,对以上协定国均实施低税率的预提税。预提税税率:通常股息为25%,对协定国降为5%、7.5%、10%或15%;利息和特许权使用费不征税。其中还对丹麦、芬兰、爱尔兰、意大利、挪威、瑞典、英国、美国的股息预提税限定为零税率。此外,对汇出境外的公司利润,也可比照股息享受低税或免税的优惠。荷兰税法规定,居民公司所取得的股息和资本利得按35%的公司所得税课征,但对符合一定条件的公司中的外资部分所取得的股息和资本利得按所占比例全额免征公司税。
>
> 对特定企业课征的所得税采取低税率的国家(地区)也不少,如安提瓜、巴巴多斯、格林纳达对国际商业公司,牙买加对国际融资公司,荷属安第列斯对投资公司和专利控股公司,马恩岛、列支敦士登、卢森堡对控股公司等。
>
> 经济发达的卢森堡大公国,位于欧洲西部,与比利时、法国、德国毗邻,从1929年起对持股公司实行一种特殊的税收优惠,几乎免征了一切所得税、资本利得税、预提税和个人所得税,只对符合一定条件的新增资本课征1%的资本税和对公司的股份资本课征0.2%的财产税。

四、避税地的作用

(1)对政府来说,避税地的作用主要有:

①影响国际资本的流动方向。国际避税地吸引了众多的跨国纳税人,这对国际资本的流动起到了举足轻重的影响。

②养活了高税国政府的财政收入。这对高税国政府是不利的,但对其经济行为也产生一定的"安全阀"作用。若无这些避税地,纳税人在高税负下会将其所得来源和财产同他们自己一同逃离该国,使该国蒙受更大损失。

③促进了国际避税地的经济发展。一些避税地政策和业务带动了建筑、运输、旅游、服务等相关行业的发展,扩大了就业机会,增加了外汇收入,促进金融业的兴旺,为政府筹资带

来便利,并有利于引进技术和管理等。

(2)对跨国投资者来说,避税地可为他们提供减轻税收负担、规避外汇管制、便利筹措资金、保守金融秘密等好处。其中,减轻税负对纳税人最具有吸引力。

①避税地为公司财产、投资经营活动提供避税条件。

跨国公司在避税地的财产和投资经营活动都可享受优惠待遇,获得减轻税负的好处。例如,外国公司到巴哈马投资、兴办企业、银行及其他业务,可免予缴纳公司所得税,当局也不审查公司开业经营的账目,不干预和过问公司的经营活动和经营方向。投资者只需向当地有关部门登记注册,逐年缴纳一定的注册费即可。

②避税地为跨国投资者减免跨国投资收益的预提所得税。

避税地所在国政府在与其他国家签订税收协定时,要求允许非税收协定国家的投资者将其持股总部设在避税地国家,对这些投资者从与避税地国家签有税收协定的国家里取得的股息、利息、特许权使用费收入减征或免征预提税。

③避税地为金融组织和机构从事金融活动提供特别的便利。

在避税地的外国银行开展业务不受当地政府监督。当地政府对银行之间及与银行有往来业务关系的经济实体所需保密的信息、文件等予以严格保密。另一方面,避税地的银行管理条例较为宽松,大多没有外汇管制规定,所提供的金融服务包括金融市场交易活动的整个内容,如资金市场管理、欧洲债券和货币市场,以及资本市场和管理良好的股票市场。在避税地从事金融活动,银行开支费用低,因而许多金融组织和机构愿意到避税地设置机构、发展业务。

此外,避税地在保险、信托投资、商业贸易等方面,也可为跨国投资者的全球经营管理活动提供良好的便利条件。

五、利用避税地进行纳税筹划

跨国公司利用避税地进行纳税筹划,实际上还是属于回避税收管辖权,由于它具有重要性,并且是人与物的硬件,故单独予以介绍。一般来说,当跨国公司进行下列纳税筹划事项时需要利用避税地:利润划拨;通过税收协定来分配税后利润;把税前利润拨往低税收管辖权地区;使行政人员报酬的税负最小化。

跨国公司利用避税地进行纳税筹划活动的基本方法,可以归纳为虚构避税地营业、虚构避税地信托财产和转让定价等。

(一)虚构避税地营业

虚构避税地营业是跨国公司利用避税地从事纳税筹划活动的常用方式。某些设在避税地的公司,其经营活动很少甚至完全没有真正在避税地内进行。虚构避税地营业的基本途径是跨国公司集团在避税地建立了各种基地公司,尤其是在建立信箱公司后,就要让这些公司介入其国际交易活动。通过避税地公司进行的业务,通常称为中介业务。具体做法如下:母公司将本应直接销售或提供给另一国子公司的原材料、产品、技术和劳务等,通过避税地中的受控基地公司转手进行,将所得的一部分甚至全部,转入并滞留在避税地,借以规避在高税国应承担的税负。积累下来的资金,可以贷款或投资等方式,在享受利息扣除或投资优惠的条件下,重新流回高税国,或者投向别的国家。

例如,高税国母公司在避税地设有受控公司,并在甲、乙两国各有一子公司,甲国子公司的产品实际上是直接运送给乙国子公司对外销售的,并没有通过避税地国家或地区的领土,但出于纳税筹划的目的,在账面上却造成一种假象,即虚构为由甲国子公司将产品出售给避税地受控公司,再由受控公司销售给乙国子公司,把这笔业务人为地作为避税地受控公司的业务处理,使这笔业务的销售收入转移到了设在避税地受控公司的账上,以达到免税或减税的目的。

一般来说,乙国子公司从甲国子公司购买一批货物,这笔业务实际是发生在甲、乙两国之间,甲国子公司是这笔销售收入的获得者,因而按甲国税法在扣除生产费用后,要就所得缴纳甲国所得税。但为了规避缴纳甲国税收,位于避税地的受控公司就发挥了作用。人为地造成通过避税地中转销售的假象,即甲国子公司将产品出售给避税地受控公司,再由受控公司出售给乙国子公司。在这两次虚假的出售中,通过转让定价的手段,就可将这笔销售收入转入受控公司的账上,而在甲国子公司的账上却没有反映这笔销货收入,或只表现为部分销售收入。显然,其销售利润也就转入避税地受控公司,甲国子公司无所得就不必缴纳所得税,从而规避了税负。同时,若避税地国家或地区不开征流转税,则通过该方式连流转税也规避了。

跨国公司通过虚构避税地营业来规避跨国纳税的活动较为普遍,为取得最佳纳税筹划效果,跨国公司往往还结合转让定价的避税手段一并使用。例如,在上例中,甲国子公司以低于市场价格或按成本或低于成本的价格销售给避税地受控公司,受控公司再以高于市场价格的价格销售给乙国子公司,从而使甲国子公司和乙国子公司的利润都往避税地转移。这种规避纳税方式在我国三资企业中也较为常见。

【案例10-7】 某外商独资企业,根据港方总公司通知,把产品卖给香港某家公司(关联企业),该产品售价只有国际市场价格的50%,而且又通知该产品不必报关出口,直接运往位于该独资企业附近的另一家公司(关联企业),并由香港的某家公司加价一倍卖给另一家公司。这样,通过虚构在香港销售产品,实行就地交易转让,从而使香港这家公司获得600多万港元的价差好处。

【案例10-8】 我国某经济特区有一家电子有限公司,其母公司设在香港,香港母公司还在特区设立了另一家子公司,香港母公司向该电子有限公司购进4万台录音机,但没有出境,直接加价20%转销给特区的另一家子公司,将本应由电子有限公司取得的利润转移到了境外。

避税地受控公司既被用于持有筹集来的收入,还常常是介于最终控股母公司与子公司(甚至是孙公司)之间的中转站。利用其有利的免税条件,它可通过筹集来的资金再投资,以赚取新的免税收入,还可用贷款的形式,把资金置于控制受控公司的个人或公司,因而"借款人"能够享受将支付给受控公司的利息从应税所得中扣除的好处。即便收入由受控公司做了分配,也不必担保这种收入在其领取人的手中而被课税,因为有的国家没有预提税或其他适用税种存在。在母公司所在国没有实行反避税法的情况下,通过建立避税地受控公司进行虚构营业活动,还可以起到推迟母公司所在国对外国子公司的股息和出售外国子公司的利得征税的作用;在一定情况下还可起到回避外汇管制的作用等。

应当指出,这类避税地虚构营业,必须是发生在关联企业之间,否则上述所谓虚构避税地营业就不能成立。在虚构避税地营业中起中介作用的,是以避税地为基地的各种性质的受控公司。跨国纳税人常利用建立各种公司及对它们之间转让价格的制定,转移资金、货物或劳务,借以规避税负。这些公司通常有:纯属虚设的信箱公司,以及为了规避股息、利息、租赁、运输、保险、特许权使用费和营业等各项所得的所得税和资本利得税而设立的各种专业性公司,包括控股公司、投资公司、金融公司、租赁公司、航运公司、保险公司、专业公司、贸易公司和其他劳务服务公司等。其中有不少是属于外国基地公司性质的。

所谓外国基地公司,是指以避税地为基地建立的,为了从事转移和积累与第三国营业或投资而产生利润的公司。例如,甲国公司计划向丙国投资,首先在避税地乙国建立外国基地公司,然后通过乙国基地公司向丙国投资。这是典型的从事"第三国营业"的外国基地公司。现实生活中还有非典型的外国基地公司。例如,甲国公司在本国进行再投资,首先在避税地乙国建立公司,然后通过乙国公司向本国进行再投资。这个乙国公司也称为外国基地公司。在我国三资企业的规避纳税活动中有不少是属于这种类型的。

外国基地公司实际上是受控于高税国纳税人而建立避税地的虚构的纳税实体,其经济实质仍在其他国家。绝大部分基地公司在避税地没有实质性的经营活动,仅租用一间办公用房或一张办公桌,甚至仅仅挂一张招牌,所以这种公司也被称为"信箱公司"或"纸面公司"。基地公司一般有四个特点:第一,设立基地公司是以减轻税负为目的的;第二,基地公司一般设在避税地;第三,基地公司同居住国公司和第三国公司有关联,有的就是跨国公司内部的母子公司或姐妹公司;第四,基地公司是受母公司控制的。设立基地公司的目的是减轻税负。

1. 信箱公司

跨国公司集团选择一个适当的地点设立基地公司是十分常见的。这些公司往往被称为"信箱公司",因为这些公司仅完成所在国必要的注册登记手续,实际上只拥有法律所要求的组织形式。有些公司即便在某种意义上具有经济职能,如承担国外营业风险、集中开具对外贸易发票或保守营业秘密等,但只要其主要的真实经济活动是在别的国家进行,该公司就应被列为信箱公司。信箱公司的作用在于把公司集团在其他国家经营活动中产生的所得,通过中介业务归在自己的名下,在低税或无税的条件下积累资金。

在实践中,信箱公司与其关联企业间许多商品买卖交易的中介业务,只是一种账面上的数字游戏,并不涉及货物的接收、保管、装配加工、仓储和发运等实际业务,不过是转手开一道发票,记录收支账目,真正的业务活动实际上是在其他国家进行的。

假如 A 国母公司 M,在 B 国和 C 国分别设有子公司 M_1 和 M_2。M_1 与 D 国非关联公司 d 的产品实际上是直接运送 M_2 对外销售的。若 A 国母公司在 E 国设有信箱公司 e,则它们之间的经济活动关系如图 10-1 所示。

从上图可以清楚地看出:如果 M_2 直接接受来自 M_1 和 d 的产品,难以达到减税的目的。于是在账面上制造一个 e,先由 M_1 和 d 向 e 出售产品,这时的价格是低价或平价,是真实价格,然后再由 e 加价后出售给 M_2,这就成了虚假的高价产品。这部分价差形成的利润就沉淀在 e 公司的账上,而 E 国为避税地,税负低甚至是免税的,由此达到了减轻税负的目的。

【案例 10-9】 A 国母公司 M 在避税地 E 国设有子公司,E 国公司所得税税率为 10%,A 国公司所得税税率为 40%。A 国母公司意欲销售一批货物给 C 国某公司,这批货物成本

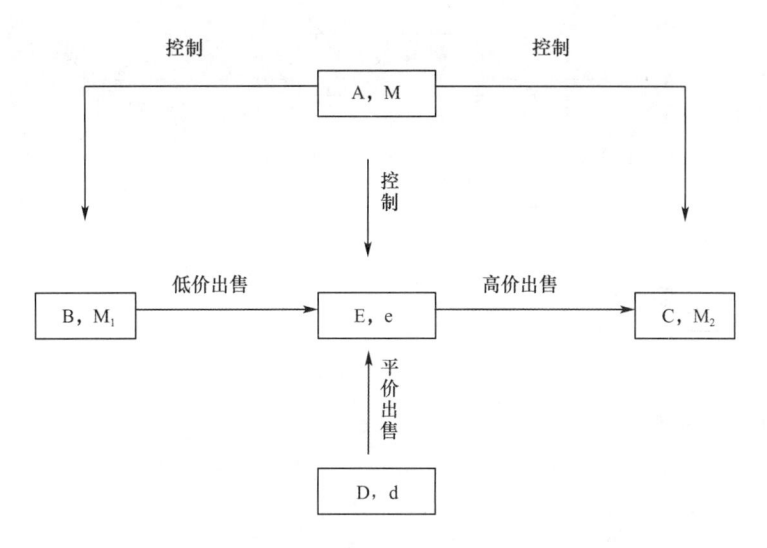

```
            控制                              控制
         ┌─────────── A, M ───────────┐
         │              │             │
         │              │控制          │
         │              ↓             │
         ↓    低价出售        高价出售    ↓
      B, M₁ ─────────→ E, e ─────────→ C, M₂
                        ↑
                        │平价出售
                        │
                       D, d
```

图 10-1　各公司经济活动关系

及分摊的经营管理费用为 100 万美元,双方议定离岸价(FOB 价)为 160 万美元。

若不通过子公司中转,则母公司承担的所得税为:

(160−100)×40％＝24 万美元

为减轻税负,母公司将这批货物压低价格按 120 万美元先销售给 E 国的子公司,再由子公司以 160 万美元的价格销售给 C 国的某公司,60 万美元的差价(假设就是利润)由母公司和子公司分享。通过信箱公司中转后,其所得税负担为:

母公司所得税＝(120−100)×40％＝8 万美元

子公司所得税＝(160−120)×10％＝4 万美元

母子公司总税负＝8＋4＝12 万美元

母子公司减轻总税负＝24−12＝12 万美元

可见,通过信箱公司中转并压低销售给基地公司的价格,使得国际贸易货物的一部分利润转移到避税地,并体现在子公司的账上。子公司按较低税率纳税,从而可减轻总体税负。本例是以设在低税国的子公司作为买方,采取低价卖出的方法;若以设在高税国的母公司为买方,信箱公司为卖方,则要采取高价卖出的手段,将所得的大部分实现在信箱公司,从而减轻税负。

2.控股公司

控股公司是指为了控制而非投资的目的拥有其他一个或若干个公司大部分股票或证券的公司。其主要作用有:通过持有多数股份控制商业或工业公司,发挥投资基金的作用;以发放浮动债券所获得的资金为本国集团内的公司提供资金来源;收取股息、利息等消极所得。建立控股公司,一般要求子公司将所获得的利润以股息形式,汇回到基地公司,以达到减轻税负的目的。

例如,一家美国子公司若如实地支付给其香港母公司的股息,要向美国缴纳税率为 30％的预提税。为了避免这一预提税的缴付,美国的这家子公司与荷兰之间签有双边税收协定,当美国子公司在向荷兰控股公司支付股息时,只需按 5％的税率在美国缴纳预提税,而荷兰对控股公司收取的股息不征税。它们之间的经济活动关系如图 10-2 所示。

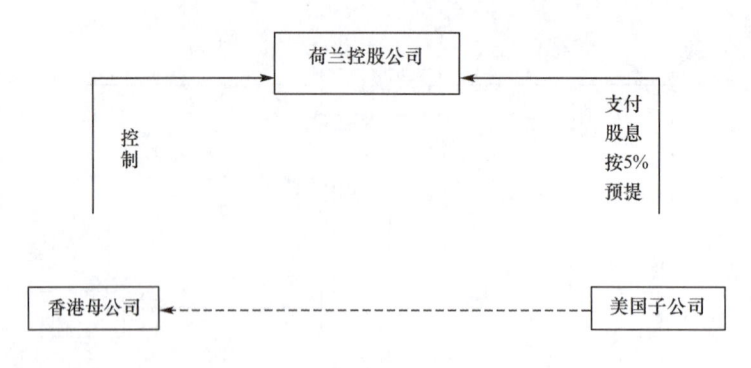

图 10-2　各公司经济活动关系

3. 收付代理的招牌公司

跨国公司为了规避对所得收入征收各类所得税,便在避税地设立招牌公司,专门收付代理各类所得收益品,包括收取利息、特许权使用费、劳务费和贷款,即将有关收入都转到避税地招牌公司的账上。而实际上,贷款的借出、特许权的转让、货物的出售以及劳务的提供均不在避税地。

4. 投资公司

这种投资公司是以从事有价证券投资为目的,主要持有其他公司优先股、债券或其他证券的公司。它只拥有某个公司很少或极少的股份,并不提供任何有意义的企业决策投票权。组建投资公司的目的是逃避或减轻对股息、利息、租金等所得征收的所得税和资本利得税。

5. 航运公司

把基地公司作为航运公司的目的是使海运收入减少,规避税负。由于航运公司具有流动性,其所有权与经营权无须在同一国内,注册地又可以是第三国。正是利用这一点,国际海运公司在某个避税地办理船舶的登记手续,将船舶的所在国虚设为该避税地,这样该公司的船舶就可以挂上避税地的招牌。不管船舶公司的所有权、经营权和注册地在什么地方,其实际营业地都在船舶上,这些船舶往来穿梭于各个国家之间,若挂上某个或数个避税地国家或地区的招牌,就可以规避各有关国家对船舶运输收入的征税。

不少避税地的国家或地区都乐意国际海运公司挂本国或本地的招牌(形式上是挂上这些国家或地区的旗帜),这些国家或地区政府除了收取一部分登记费或注册费外,对挂旗船舶并不实行财政性或其他控制。尽管收取的费用并不高,但由于避税地对广大的国际海运公司有足够的吸引力,使得在避税地注册的国际海运公司数量相当可观,避税地国家或地区由此取得的收入也十分可观。

除国际海运公司可利用基地公司规避税负外,飞机运输公司也可以依此方法规避税负。例如,利比里亚、百慕大、巴拿马、巴哈马、塞浦路斯和希腊等都是国际避税者乐于建立国际海运公司和飞机运输公司的地方。

6. 金融公司

金融公司是为公司集团内部借贷业务充当中介人或为第三者提供资金的机构。跨国公司为了减少利息收入的预提税常常借助税收协定在某些避税地建立金融公司,从事中介业务。它们既可充当公司内部借贷的中介,为内部融资进行调配;又可从事向非关联企业的正常贷款业务,获得利息收入;还可为集团成员提供进行长期投资所临时需要的大笔资金以减轻公司税负。为了收到满意的效果,必须在理想的地点建立这种基地公司:首先,此地与借款人的所在国签订了减征或免征预提税的税收协定；其次，所在国税务部门能够容忍该公司的微利经营；再次，此地对支付贷款人的利息不征预提税。

7. 保险公司

跨国公司集团可通过组建内部保险公司来转移利润。所谓内部保险公司，是指由一个公司集团投资建立的、专门用于向其母公司或关联公司提供保险服务以代替外部保险市场的一种保险公司。利用内部保险公司进行跨国纳税筹划，具体做法为，在一个无税或低税的国家建立内部保险公司，然后母公司与子公司以支付保险费的方式把利润大量转出居住国，使公司集团的一部分利润长期滞留在避税地的内部保险公司账上。内部保险公司在当地不需就该笔利润纳税，而这笔利润由于不汇回母公司，公司居住国也不对其课税。

内部保险公司不仅能减少跨国公司所缴纳的保险费，而且能承担第三方保险公司所不能承担的损失甚至全部损失。内部保险公司本身可以从外部在保险市场上取得足够的补偿。在国际避税地中，有巴哈马、百慕大、中国香港、荷属安得列斯群岛和巴拿马等，其中百慕大是内部保险公司最为集中的地方。

此外，还可以有以下几种基地公司形式：

(1) 专利持有公司。主要经营内容是提供和转让各种专利权。

(2) 贸易公司，是专门从事货物或劳务贸易及租赁业务的实体。

(3) 离岸银行，是由高税国居民在避税地建立的以海外投资为目的的具有独立法人地位的离岸基金和以所在国非居民为业务对象的离岸银行。

(4) 服务公司。服务公司是指从事部分管理、卡特尔协定组织、互助基金管理或其他类似劳务的公司。

(二) 虚设避税地信托财产

对于"信托"这一概念，各国的认识和规定不尽相同。一般来说，信托是指某人（委托人）将其资产或权利（信托资产）托付给另一个人（受托人），并由受托人按照委托人的要求加以管理和使用，以利于受益人的行为。这个受益人可以是委托人所指定的第三者，也可以是委托人自己。一般来说，一项信托通常是由委托人（又称信托人）、受托人、受益人组成。信托可以从法律上改变资产或权益的所有人，使受托人成为该资产或权益的所有人，资产或权益原来的所有人不再是该项资产或权益的纳税主体。

信托为跨国公司进行纳税筹划提供了可能：一是信托可改变纳税主体，使高税国的纳税主体变成低税国的纳税主体；二是信托可分割所得和财产，降低累进税的适用税率。跨国公司在避税地找一家信托公司或受托银行作为信托机构，因而这部分财产的经营和所得就成为信托公司的信托业务收入。虽然受托人和受益人不是避税地的居民，但由于信托财产的经营所得归于受托公司的名下，可免予纳税或减少纳税。

信托在有些国家或一定情况下，也可作为法人出现。信托的存在通常有一定的时间限制，但在避税地，由于允许建立信托而又无信托法规约束，因而实际上信托也可以无限期地存在下去，如海峡群岛等。这样在高税国的纳税人便可将其财产或其他资产委托给避税地的一家信托公司或受托银行，由其处理财产的效益。跨国公司利用信托不但可以在一定程度上避免财产所得和转让资产产生的资本利得的税负，更由于信托资产的保密性，还可以通过信托资产的分割将其财产转移到继承人或受赠人的名下，借此来规避在有关国家的继承税、遗产税或赠与税。许多避税地国家或地区都允许外国人在其境内建立信托组织,跨国公司也都乐于利用信托方式从事规避纳税活动。

由于信托具有种类多、方式灵活和自由的特点,跨国纳税人利用避税地不缴或少缴所得税和遗产税。虚设避税地信托财产的方法很多,主要有:

(1)设立个人持股信托公司。根据相关国家的法律,委托人有权自由支配受益人信托所得,可合法地将累积下来的所得转为信托资本,在今后分配这些累积下来的资金时,可获得信托资本的待遇,受益人又不必缴纳所得税。另一方面,受托人还有权自由处置信托资本,由于不存在销售、交换等活动,因而对所分配的款项不必缴纳资本利得税,受益人又不必为其财产缴纳遗产税。跨国纳税人常利用在具有上述特征的国家或地区(通常为避税地)设立个人持股信托公司,从事消极投资,并以委托人为受益人,借以规避资本利得税,或以亲属为受益人,借以规避遗产税。

(2)设立受控信托公司。跨国纳税人既可以利用在避税地建立信托财产从事消极投资,以规避所得税活动,还可以利用建立信托财产来掩盖股东在公司的股权,从事积极投资的跨国公司纳税筹划活动。例如,一个高税国的跨国纳税人,可以在避税地设立一个受控信托公司和一个受控持股公司,通过受控持股公司进行投资活动,然后把受控持股公司委托给受控信托公司。这样,受控持股公司的股权就合法地归信托公司所有,并由受控信托公司管理受控持股公司。而这些公司财务利益的真正所有者却是委托人兼受益人的高税国的跨国纳税人,这是一种典型的虚设避税地信托财产的方法。

【案例10-10】 新西兰朗伊桥公司为规避本国的所得税,将其年度利润的70%以信托形式转移到巴哈马群岛的某一岛上,由于巴哈马群岛是个自由岛,税率比新西兰低35%～50%。因此,朗伊桥公司每年可以有效地规避300万至470万美元的税款。

(3)订立信托合同。即跨国纳税人通过订立各种形式的信托合同从事纳税筹划活动。在跨国纳税筹划活动中,跨国公司总想通过在海外设立自己的办事机构和分支机构的办法实现规避税负。但事实表明相当一部分海外办事机构和分支机构在行政管理上有许多不便,耗资多且效率低。因此,在海外中转国或其他地方找一个具有居民身份的银行来帮助处理业务,利用银行居住国与借主和最终贷主双方所在国签订的税收协议为双方提供方便。在信托活动的实践中,不仅可利用避税地的银行,还可利用其他有减免利息预提税税收协定国家的银行进行纳税筹划。

例如,日本和美国签有互惠双边税收协定,日本银行从美国居民手中获取利息支付时可以少缴50%(美国规定利息税率为20%,日本银行可以按10%支付)的税款。当中国某家公司与美国某一公司发生借贷关系时(中国公司是贷款提供方,美国公司是贷款需求方),中国公司便可委托日本某一银行代替中国公司向美方公司收取贷款利息,这样就可实现少纳50%税款的好处。

(三)转让定价

成本费用的分摊与利润转移,是国际上流动避税筹划中最常用的方法,号称"避税的魔术"。错综复杂的各国税制和差异万千的税收优惠政策给成本费用分摊与利润转移节税提供了机会。而跨国关联企业内部转让定价则是这一节税方式借以实现的基本途径。

1. 转让定价的概念及其运用

转让定价是指有关联各方在交易往来中,为达到转移利润、规避税负的目的,按高于或低于正常市价确定的内部价格进行交易结算。

跨国公司在进行国际经济活动中,因经营活动涉及面广,其通过自身结构的安排会使关联交易不易被发现,这为跨国公司减轻税负提供了空间。跨国公司利用转让定价筹划方法降低税负,其根本原因在于各国税制设计的差异性。只有在国与国之间税负水平高低不等的前提下,跨国公司才有利润进行国际转移的必要。而跨国关联厂商内部交易的转让定价,又使这种利润的转移成为可能。一般来说,跨国公司的转让定价是利用关联公司间的内部定价,将收入由高税国向低税国或避税地转移,或者将费用由低税国或避税地向高税国转移,从而减轻税负。

【案例 10-11】 美国福特汽车公司为了利用香港对外国公司少缴纳所得税,免缴财产税以及不缴资本利得税等特殊优惠政策,在香港设立子公司。美国福特公司把成本为 2 000 万美元、原应按 2 800 万美元作价的一批汽车,压低按 2 200 万美元(有时可压低到公司无盈利甚至亏损的程度)作价,销售给香港子公司,香港子公司最后以 3 000 万美元的价格销售这批汽车(美国公司所得税税率为 34%,香港公司所得税税率为 16.5%)。试比较福特公司及其香港子公司原应负担的税款同它们压低转让定价后所实际负担的税款。压低转让定价前两公司应承担的税负见表 10-5。

表 10-5　　　　　　　　　压低转让价格前的纳税情况　　　　　　　　　单位:万美元

公司	利润额	应纳税额	税负(%)
福特公司	800	272	34
香港子公司	200	33	16.5
合计	1 000	305	30.5

采用压低转让定价,使这批汽车的部分销售利润甚至全部所得转移到香港,并体现在香港子公司的账上。福特公司只获得小额的利润甚至亏损,只需缴纳少量的税款甚至不需纳税。香港子公司仍按正常市场价格把这批汽车再销售给最终的顾客,并取得巨额利润,所有利润只需按较低税率纳税,甚至不纳税。压低转让价格后两公司的实际纳税情况见表 10-6。

表 10-6　　　　　　　　　压低转让价格后的纳税情况　　　　　　　　　单位:万美元

公司	利润额	应纳税额	税负(%)
福特公司	200	68	34
香港子公司	800	132	16.5
合计	1 000	200	20

将表 10-5 和表 10-6 对压低转让价格前后各公司的纳税情况进行比较,不难看出福特公司及其子公司通过利用转让定价,可少缴纳所得税额为:

$$305-200=105 \text{ 万美元}$$

税负减轻为:

$$\frac{30.5\%-20\%}{30.5\%}=34.43\%$$

况且,若香港子公司暂时不将福特公司应得的股息汇回美国,美国福特汽车公司纳税筹划目的就可得以实现。香港子公司用这部分所得在香港购置房地产,供公司营业和股东居住使用,又可免除全部财产税。待到这些财产售出以后,还可规避出售这些财产利益原应缴纳的资本利得税。

应该指出,上述例子是以设在高税率国美国的福特公司作为卖方,其所采用的转让定价手法是压价卖出。若以设在避税地香港的子公司为卖方,其所采用的转让定价手法则是抬价卖出,其结果都是利用跨国公司规避税负。

【案例 10-12】 香港子公司把成本为 1 600 万美元原应按 2 000 万美元作价的一批货物,抬高按 2 800 万美元销售给美国福特公司(母公司)。美国福特公司则以 3 200 万美元的价格出售这批货物。试计算这两个公司应承担的税负与抬高转让价格后所实际承担的税负,见表 10-7 和表 10-8。

表 10-7　　　　　　　　　抬高转让价格前的纳税情况　　　　　　　　单位:万美元

公司	利润额	应纳税额	税负(%)
福特公司	1 200	408	34
香港子公司	400	66	16.5
合计	1 600	474	29.625

表 10-8　　　　　　　　　抬高转让价格后的纳税情况　　　　　　　　单位:万美元

公司	利润额	应纳税额	税负(%)
福特公司	400	136	34
香港子公司	1 200	198	16.5
合计	1 600	334	20.875

从表 10-7、表 10-8 中可以看出,抬高转让价格后比抬高转让价格前能少缴纳所得税额为:

$$474-334=140\ 万美元$$

税负减轻:

$$\frac{29.625\%-20.875\%}{29.625\%}=29.54\%$$

在费用分配方面,跨国公司可通过转让定价的手段,在公司内部进行不合理的费用分配,从而规避有关国家税收。例如,假定在与【案例 10-2】同样的税率差别条件下,福特公司把香港子公司为其垫付的原为 600 万美元的利息费用,抬高按 1 400 万美元向香港子公司支付这笔利息。显然,其所抬高的费用与其所抬高的销货收入 800 万美元金额一样。其利用抬高香港子公司分配给福特公司的利息费用的方式,可少缴纳税额也正好是 140[(1 400－600)×34%－800×16.5%]万美元。

转让定价不仅是国际投资者利用避税地进行纳税筹划的最常见的一种手法,也是避税地活动发展得最快的一种方式。我国的三资企业也不例外。例如,某中外合资服装有限公司,其母公司设在日本,该母公司在台湾设立一家子公司,台湾这家子公司又在香港设立一家子公司。服装业公司的原材料采购和产成品销售均按照香港这家子公司提供的订单载明的数量、价格,采取委托加工的方式结算。而服装业公司工缴费收入远远低于加工成本支出,年年亏损,其应有的服装利润全部转到了香港这家子公司账上,同时规避了所得税负。

利用转让定价进行纳税筹划的具体表示形式有以下几种:

(1)通过控制零售价和原材料的进出口价格来影响产品成本和税负水平。

(2)母公司通过对专利、专有技术、商标、厂商名称等无形资产转让收取特许权使用费的形式,对子公司的成本和利润施加影响。

(3)利用产品销售,给予关联企业系统的销售机构比较高或比较低的佣金、回扣,来影响公司的销售收入。

(4)通过提供款利息的高低来影响产品的成本费用。

(5)通过母公司对子公司出售固定资产价格的高低和规定固定资产使用年限的长短来影响公司的产品成本。

(6)利用公司控制的运输系统,通过向子公司收取较高或较低的运输装卸费、保险费用来影响子公司的销售成本。

(7)通过技术、管理、广告、咨询等劳务费用来影响子公司的成本和利润。

(8)利用机器设备租赁影响税负水平。

跨国公司通过利用避税地采取上述规避税负手法,可实现减轻税负的目的。同时,跨国公司在国际经济活动中,常常把上述方法结合使用,以达到最大限度地减轻其总体税负的效果。

应该指出,这些方法也适用于国内纳税筹划。但在跨国经济活动中,因涉及面较广,为跨国公司减轻税负提供了广阔的天地。跨国纳税筹划优于国内使用的条件在于:第一,国家间的税收差别比国内行业间的税收差别要大得多、显著得多;第二,母公司与子公司、总公司与分公司、总机构与驻外常设机构之间的相对独立性,以及彼此之间业务、财务联系的广泛性,使它们更能从容地实现价格转让。

2.转让定价筹划的效应

跨国公司使用转让定价法,一般是为了减轻关税税负,公司所得税税负和规避预提所得税。

(1)通过转让定价使关联企业减轻预提税负担。

由于各国对外国公司在本国境内取得的投资所得(股息、利息、税金、特许权使用费等)征收预提税。在没有税收协定的情况下,税率多半在20%以上,如荷兰、日本、芬兰等国的预提税税率为25%。有些国家的预提税税率在30%以上,如美国为30%;法国对股息征收的预提税为25%,对贷款、债券、证券、利息按45%征收,对特许权使用费按33.33%征收;意大利对股息按32.4%征收。预提税是就毛利所得征收的,不做任何扣除,在两国之间没有税收条约或协定的情况下,其税负是不容忽视的。通过转让定价在一定程度上可减轻预提税的影响。

例如,甲国的A公司是乙国的B公司的母公司,B公司从当年盈利中向A公司支付200万美元的股息,乙国预提税税率为20%,应纳预提税40万美元。为了避免这笔预提税,B公司不是向A公司直接支付股息,而是将一批为A公司生产价值600万美元的配件仅以

400万美元的价格卖给A公司,以低价供货来代替股息支付。

(2)通过转让定价使关联企业减少从价计征的关税。

当两个或多个有经济联系的实体由一方或多方发生进出口行为时,可利用相互间特有的连属关系,通过转让定价方式,使实纳关税减少。因为不同的转让定价同时也意味着关税的计税价格不同,这将引发间接税的变化,其中包括关税、增值税和消费税。转让定价可以用于避免跨国公司产品进口商所在国的高关税、高增值税和高消费税。一是可降低作为关税计税基础的转让价格即课税对象,从而使间接税最小化。由于关税多为从价计征的比例税率,若卖方公司低价向买方公司出口货物,则可减轻关税的影响。例如,一种通常按200美元出售的产品,由于征收20%的关税,其进口价格为240美元,但若其进口发票标明的是160美元,而非200美元,则可按192美元的价格进口。二是可通过贸易公司来达到减轻税负,即把贸易公司设置在享有对外贸易特惠制的国家(一国对来自另一国的进口商品给予特别优惠税率的关税)。例如,日本某汽车公司在向美国出口汽车时要面临较高的关税。为了减少费用,该公司在北美建立了一个装配工厂,用日本的组件装配汽车,然后通过加拿大向美国出口。在北美自由贸易区内(NAFTA),美加贸易不存在关税壁垒,而该公司正是利用了这个地区的贸易优势。

(3)通过转让定价来减少公司总体的税负。

由于世界各国公司所得税制在计税依据、税率、税收征管水平等方面都存在差异,特别是有不少国家实行超额累进税率并规定起征点,收入越多,税负越重。关联企业集团通过高税国利用高税国与低税国的税制差异,把应税所得从高税国往低税国或避税地转移,规避高税国的税负,以减轻公司集团总体税负。

【案例10-13】 某国M公司集团的三个公司A、B、C分别设在甲、乙、丙三国,三国的公司所得税税率分别为:50%、40%、25%。A公司为B公司生产组装电视机的零部件。现A公司以2 000万美元的成本生产了一批零部件,加上利润600万美元,本应按2 600万美元的价格直接卖给B公司,经B公司组装成品后按3 200万美元的总价格投放市场。事实上,A公司却并没有直接把这批零部件卖给B公司,而是按成本价2 000万美元卖给了C公司,C公司又转手按3 000万美元的高价卖给B公司,B公司组装成品后仍按以3 200万美元的价格出售,显然,各公司及M公司集团实现的利润、应缴纳税额及税收负担就会发生重大的变化,见表10-9。

表10-9 转让定价转移利润前后 单位:万美元

公司	利润额 转移前	利润额 转移后	纳税额 转移前	纳税额 转移后	税负 转移前	税负 转移后
A公司	600	0	300	0	50%	0
B公司	600	200	240	80	40%	40%
C公司	0	1 000	0	250	0%	25%
M公司集团	1 200	1 200	540	330	45%	27.5%

解析:

①M公司集团在转让定价转移利润后要比转移利润前少纳税款:

540-330=210万美元

②税负减轻：

$$\frac{45\% - 27.5\%}{45\%} = 38.89\%$$

由此可见，关联企业内部转让定价可被用来规避或实质性延缓缴纳公司所得税；减少关税；排斥、打击或（在某些情况下）淘汰竞争对手；回避外汇管制及减弱或消除政府货币和财政政策对关联企业的影响等。

3. 转让定价筹划应注意的问题

(1) 跨国公司实施转让定价，需要考虑诸多因素，组织人力、物力对国际转让价格进行集中计划管理，并根据环境的变化进行及时调整，这必然会引起跨国公司内部管理成本的上升。另一方面由于各个成员公司也各有自身利益，因而也有难以协调之处。跨国公司实施转让价格会使子公司的经营状况与其盈利状况脱节，不利于激励子公司的管理人员和生产服务人员，也不利于考察各个利润中心管理者的经营业绩和工作成果。

(2) 跨国公司在经营过程中是否实施转让定价，以及如何进行转让定价，绝不是简单由人们的主观愿望所决定。跨国公司在安排关联企业的交易价格，不仅要考虑有关国家的公司所得税税率，还要考虑进口企业所在国的关税税率。

例如，设在高关税国家的子公司，以偏低的转让价格发货，降低这类子公司的进口税，以达到少纳关税的目的。若要同时达到所得税最小化和进口税最小化的目标，可能就会产生矛盾。例如，若进口国的利润税高于出口国，为了减少关税而实行偏低转让定价的节省，都会被进口国更高的利润税负担或多或少地被抵消。在大部分国家中，关税与所得税制度是保持一致的，关税税额越大，所得税税率越低；反之则相反。因此，在实施转让定价策略时，要考虑出口国与进口国内所得税和间接税预期支出的相互关系。选择相应策略的标准是唯一的，即实现跨国公司直接税和间接税总体税收负担的最小化。在选择正确的转让定价策略时，应该考虑到要实现直接税和间接税的最小化，可采用的不同办法：要么提高公司内部价格，要么降低公司内部价格，不同的策略目标相互掩盖。应该指出的是，在计算子公司的应税所得时，关税可作为成本扣除，即使在提高转让价格和存在相应的高关税的情况下，关税的缴纳实际上将降低关联公司集团所得税的有效税率。

(3) 跨国公司集团的母公司一般都设在税率较高的发达国家，其关联子公司则有许多设在关税或低税的避税地，母公司为了节税把公司集团的利润尽可能地向避税地子公司转移。在这种情况下，跨国公司是否利用转让定价进行节税，关键取决于母公司所在的居住国是否对母公司的海外利润实行延期课税。

(4) 转让定价与跨国公司采取的发展战略和管理过程有紧密联系。发展战略与转让定价之间的关系取决于以下关键因素：一是控制利润中心与非利润中心的关系是否存在纵向一体化；二是在实行对内和对外销售时，销售利润中心是否被视为一个独立的经济实体。公司发展战略不同，采取的转让定价方法也不同。发展战略与管理过程的关系是：前者决定做什么，后者决定怎么做。一般来说，管理过程的主要内容包括转让定价如何确定、何时确定、涉及的人员、需要哪些资料，及如何控制因转让定价带来的矛盾，等等。

总之，转让定价虽然是跨国公司纳税筹划中不可或缺的组成部分，但对其使用必须慎重。应认真研究税法中的所有禁令条款。跨国公司为了保持战略目标和自身的声誉，可能要牺牲部分利润，不能完全依靠转让定价来达到税收负担的最小化。

第四节　利用税收协定的筹划

国家之间签订税收协定是目前协调各国税收分配关系,避免各国因税收管辖权的重叠而对同一纳税人的跨国经济活动重复征税的重要措施。因此,税收协定网络也是跨国公司必须关注的重要问题。

一、国际税收协定的概念及其税收利益

国际税收协定是指两个或两个以上的主权国家,为协调相互之间的一系列税收分配关系,通过谈判而签订的一种书面税收协议或条约。为了统一协调各国的税收协定,目前国际上主要有经济合作与发展组织(简称经合组织)和联合国两个税收协定范本。两个税收协定范本在总体结构上相似,但两者的主要区别在于:前者偏重居民税收管辖权,后者则强调地域税收管辖权。《经合组织范本》旨在促进经合组织成员国签订双边税收协定的工作,而《联合国范本》则主要是促进发达国家和发展中国家之间签订双边税收协定;同时,也促进发展中国家之间签订双边税收协定。《联合国范本》在注重收入来源国税收管辖权的基础上,兼顾了缔约国双方的利益。因此,该税收协定范本为发展中国家广泛接受。

目前,世界上国家与国家之间签订的双边税收协定已有1 000多个,截至2012年6月底,我国总共对外谈签了98个税收协定(不含与香港和澳门的安排),生效执行的有93个。

为解决国际双重征税问题和调整两国间税收利益分配,世界各国普遍采用缔结双边税收协议这一有效途径。在所有的国际税收协定中,缔约国双方都要做出相应的让步,从而达成缔约国双方居民都享有优惠的共识。税收协定对缔约国的居民纳税人提供了许多优惠待遇。主要包括:

(1)跨国企业的营业利润只在其为居民的缔约国一方征税,收入来源的缔约国免于征税,除非该企业在收入来源国设有常设机构。在设有常设机构的情况下,收入来源国也只就其归属于该机构的利润征税,而且所征税款可以在居民所在国得到抵免。

(2)股息、利息、特许权使用费等投资所得,在收入来源缔约国可以按照比该国常规税率低的限制税率缴纳预提税,有的还可以免税。

(3)从事专业性的独立个人劳务所得只在其为居民的缔约国一方课税,除非该人在收入来源国设立有固定基地或者停留时间(或收入数额)超过规定限度。

(4)雇员的非独立个人劳务所得,如果该人在收入来源的缔约国只是短暂停留,而且并非由收入来源国的居民雇主支付,也并非由雇主设立的常设机构(固定基地)支付,该项所得只在其为居民的缔约国一方课税。即使在收入来源国可以征税的情况下,所征税款也可以在居民所在国得到抵免。

(5)对缔约国一方的居民在缔约国另一方学习、培训或者从事讲学、研究,收入来源的缔约国有一定的免税优惠。

(6)财产所得通常由财产所在国征税。财产所有人在其为居民的所在国,如果征税也应予以抵免。

(7)在居民所在国允许提供"饶让抵免"的条件下,跨国纳税人在收入来源国所享有的减免税优惠的税款,可视同缴纳,在其居民的缔约国得到抵免。这样,跨国纳税人得到的税收利益可以全额成为其不负担税收的净所得。

由于税收协定提供上述诸多的税收利益,跨国公司在选择投资国时要注意这些国家对外缔结协定的网络状况,一般网络大的国家对投资者更有利。

二、利用税收协定的纳税筹划领域

一般来说,税收协定所提供的各种优惠只有缔约国一方或双方的居民才有资格享受。作为缔约国的非居民(第三国居民),通常是不能享受协定优惠待遇的。然而,当今资本的跨国自由流动和新经济实体的跨国自由建立,这便为跨国纳税人进行跨国纳税筹划和财务安排开辟了新的领域。比较常用的做法是:跨国纳税人试图从一国向另一国的投资通过第三国迂回进行,以便从适用不同国家的税收协定和国内税收中受益。

例如,甲国 A 公司,打算在乙国设立一家子公司 B,由于甲、乙两国尚未缔结税收协定,子公司 B 支付股息要缴纳 25% 的预提税。A 公司为了少缴税,又在与甲国缔约的丙国建立一家子公司 C,而乙国与丙国有税收缔约关系。于是 B 公司支付的股息可以先通过 C 公司再转手到 A 公司,从而享受税收协定的优惠。

这种非居民跨国纳税人往往可通过种种巧妙的手段,设法改变其居民身份,作为协定中规定的适用人之一享受有关条款的优惠待遇,从而达到减轻或消除自己的纳税义务。这种税收协定缔约国的非居民享受税收协定中优惠待遇的现象称为税收协定的利用。缔约国的非居民公司利用税收协定,主要是规避来源国所征收的营业利润所得税以及股息、利息、特许权使用费的预提税。

在常设机构营业利润征税方面,税收协定明确规定,一个营业场所被一国认定为常设机构后,该国即可按国内税法的规定对其营业利润征收所得税,否则,该项营业利润就应该仅就其所属公司的居住国征收公司所得税。为此,跨国公司为避免缴纳过多的税收,常常利用税收协定中该类条款的规定,精心编制其税收计划,达到享受协定待遇的目的。例如,甲国 A 公司计划在乙国、丙国和丁国销售其产品,销售活动将由一个独立代理人 B 进行,为能不失时机地接受订单,B 要求掌握部分现货。该代理人 B 及其掌握的现货安排在乙国、丙国、丁国中的任何一个国家。但根据甲国与乙国签订的税收协定,能经常接受订单并拥有库存的独立地位的代理人将构成常设机构,乙国可对 A 公司在乙国销售产品取得的利润征收所得税。但在甲国与丙国、丁国所签订的税收协定中,并没有做出类似上述的规定,因而 A 公司的销售代理人 B 在丙国或丁国不具备常设机构的地位。因此,A 公司若让 B 代理其销售业务,拥有库存并经常接受订单,又能减少缴纳税款,只需简单地将代理人 B 及部分产品安置在丙国或丁国,即可达到避税的目的。

在投资所得的征税方面,利用税收协定能达到节税目的。例如,A 国甲公司计划在与 A 国没有签订税收协定的 B 国组建一家子公司,并通过这家子公司在 B 国从事营业活动。根据B国的税法规定，凡B国公司向外国股东支付股息，均要征收40%的预提所得税，因此该B国公司获得来源于B国的股息所承担的所得税就无法全部在A国获得抵免。然而，B国与C国缔结了税收协定，协定中规定B国对本国公司向C国股东支付的股息只按15%的税率征收预提所得税。而C国税法规定对境外所得不征税，并且根据它与A国签订的税收协定，C国公司向A国的母公司支付股息只需缴纳5%的预提税。因此，A国甲公司就可以把在B国组建的子公司的全部股票交由在C国的子公司掌握，使B国子公司在法律上成为C国子公司的子公司，从而可以将税收负担由40%降至19.25%（15%＋(100%－15%)×5%）。同样，个人也可以通过利用税收协定的方式规避应缴纳的所得税。

三、利用税收协定纳税筹划的方法

跨国公司通过利用税收协定进行跨国纳税筹划的手法多种多样，归纳起来主要有以下三种类型。

1. 设置直接的传输公司

即为获取某一特定税收协定待遇的好处，而在某一缔约国中设置一种具有居民身份的中介公司。

假设A国甲公司有来源于C国乙公司的股息收入，但A、C两国尚未建立税收协定关系，A、C国与B国均有税收协定关系。A国甲公司又在B组建一家公司丙，C国乙公司的股息可先支付给B国的丙公司，由丙公司再转付给A国的甲公司。丙公司组建的真正动因不是出于生产经营的实际需要，而是为了利用B、C之间与A、B之间的两个税收协定，迂回B国取得在传输公司。通过该传输公司，可以减少纳税人应纳预提税款。

2. 设置踏脚石式的传输公司

即为获取某些特定税收协定待遇的好处，而在相关缔约国中设立两个或两个以上具有居民身份的中介机构。这是在设立直接的传输公司不能直接奏效的情况下所采用的一种更间接、更迂回的纳税筹划方式，涉及在两个以上国家设立子公司来利用有关国家签订的两个或两个以上税收协定。

与第一类的假设基本相同，A、C国均与B国缔结了双边税收协定，而A国与C国之间没有税收协定关系。所不同的是，B国规定，丙公司支付给A国公司的投资所得允许作为费用扣除，并按常规税率征收预提税。这时A国甲公司可以在与A国有缔约关系，并提供有减免预提税优惠的D国组建一家公司丁，A国甲公司取得的来源于C国(非缔约国)乙公司的投资所得，可以先从乙公司支付给B国的丙公司，再转让给D国丁公司，拐了一个更大的弯，但同样可以得到税收协定提供的两方面的优惠：一方面丙公司的计税所得可以大量地扣除股息、利息、特许权使用费及佣金报酬等支出，另一方面丙公司应在B国缴纳的预提税又可以在D国得到抵免，D国向A国甲公司支付的收入还可以享受协定提供有按限定低税率课征的好处。国际上对D国丁公司这类的第二道传输公司，称之为利用协定的脚踏石式的传输公司。

3. 设置外国低股权的控股公司

许多国家对外缔结双边税收协定都有明确规定，缔约国一方居民公司向缔约国另一方居民支付股息、利息或特许权使用费,可以享受税收协定优惠条件的必要条件是,该公司由外国投资者控制的股权不超过一定比例(比如全部股权的 25%)。

这样,非缔约国的居民公司可以精心组建低股权的控股公司(比如占全部股权的 25% 以下),即在缔约国另一方组建子公司时,往往把公司分立成几个公司,使每个子公司持有该子公司的股份都在限额以下,以谋取最大限度地减轻税负。这种做法实际上是分割技术在跨国公司纳税筹划中的应用。

应该指出的是,判定跨国公司是否利用了税收协定,国际上通行的判定标准有:一是在中间国建立子公司不是以获取税收协定优惠为唯一目的;二是所得的支付和取得必须出示真正的商业动机;三是对于间接性收入,中间国公司有长期的实际占用权;四是中间国公司最终受益人必须是缔约国一方的真正居民。因此,跨国公司利用税收协定筹划规避税负时,要把握对其中间国公司经营范围的筹划与安排,如在中间国组建的经济实体除了控制投资外,还应起着服务某些公司的作用,其强烈规避纳税动机的缺陷才能得到避免。

第五节 跨国公司经营活动的其他纳税筹划

如前所述,跨国公司纳税筹划方法的变化,究其根本还是以纳税人或征税对象的来源能在不同国家税收管辖权范围之间得到转移为宗旨。由于世界各国都存在着居民管辖权和地域管辖权,一个跨国公司要避免成为税收管辖权的管辖,只有避免这两种管辖权的约束,才能利用有关国家税收制度的差异,将其纳税义务从高税国转移到低税国,以达到纳税筹划的目的。

一、利用国际租赁

利用国际租赁是减轻税负的主要方法之一。它不但可以得到税收方面的优惠,还可以使租赁公司以支付租金的方式冲减公司利润,减少应纳税额。所以,跨国纳税人可利用它进行跨国纳税筹划。例如,某跨国纳税人将本应对子公司直接投资的资产转为租赁形式,这不仅增加子公司的费用支出,减少应缴纳税额,又可在有关国家享受到租金税收减免的优惠。利用国际租赁进行纳税筹划的基本操作技巧有以下两种:

1. **辗转租赁获得税收利益**

由一个设在高税国的关联企业购置资产,以尽可能低的价格租赁给设在低税国的关联企业,后者再以尽可能高的价格租给一个设在高税国的关联企业,从而获得双重好处,首先,以租金费用转移的形式将一部分在高税国的所得向低税国转移;其次,尽量利用有关国家的规定,出租方和承租方多次提取折旧,以减少应税总收入、降低税负。

2. **直接投资转为租赁**

例如,某跨国公司将对子公司直接投资的资产转为租赁形式,这不仅增加子公司的费用支出,减少应纳税额,而且在有关国家还能享受到租金税收减免的优惠。若这个跨国纳税人在所在国为欧共体国家,那么这种租赁形式应为融资租赁,把获得的收入由一般利得转为资本利得,可享受减免税负的优惠。若采取杠杆融资租赁,还可利用财务杠杆作用获取税收收益。因为资产的所有者(出租人)提供取得资产所需的10%～40%的资金,而其余部分则以无追索权为依据从金融机构债权人那里借入。资产所有权带来的全部税收收益归出租人所得,即使出租人在租赁中只占10～40%的产权。这种财务杠杆作用为出租人创造了比按比例得到的税金节减额更高的收益。

二、精心选择国外经营方式

当某跨国纳税人决定在国外投资和从事经营活动时,除了采取选择建立常设机构形式外,还可以选择组建子公司形式。建立常设机构时经常采用建立分支机构(如分公司、分行、分店)的形式。如何在分支机构与子公司这两种经营形式之间做出抉择,以便减轻税负,取决于许多财政性和非财政性条件。可能的非财政性因素包括由民法、公司法和行政法造成的障碍。如劳工法规、工人参与企业产权的程度、对公司某些财务资料的规定、各种各样的政府法规等,均影响着企业的抉择。财政性因素也是多方面的,尤其是对整个企业利润或损失所做的预期,有关国家对新企业开创期承认其相应的优惠待遇、确定税基的大小、适用税率的高低、税收协定的影响等,对跨国公司纳税筹划实施的可能性至关重要;在投资和经营地点的选择上,对避税地的考虑是不可忽视的因素。

由于一些低税国可能对具有独立法人资格的投资者的利润不征税或只征收较低的税收,并与其他国家广泛签订税收协定,对分配的税后利润(股息红利)不征或少征预提税。跨国公司可以在这些低税国建立子公司,用来转移利润,进行跨国纳税筹划。低税国往往也为子公司提供免税期或其他投资鼓励。因此,跨国公司既可以避免在常设机构条件下,被居住国补征其不足限额的税款,又可利用母公司所在国税法规定,通过暂不汇回股息,以取得延期纳税的好处。

【案例10-14】甲国A公司从其乙国常设机构取得利润200万美元,乙国对这笔利润征收了35%的所得税,即70万美元税款。假定甲国的所得税税率为40%,对A公司取得的这笔国外来源所得应征收80(200×40%)万美元税款。然而,在实行抵免制度的情况下,A公司除已缴纳乙国的税款可获得全部抵免外,还要补缴其不足限额的税款,即补缴10(80－70)万美元税款。但若A公司是从乙公司处取得股息200万美元,则其纳税情况就不一样。常设机构一经取得利润,总机构在同一纳税年度内就要对这项利润在甲国A公司汇总纳税。因此,在国外税率低于A公司所在国税率的情况下,就无法获得延期纳税的好处。因为A公司所在国税法规定,对来自外国子公司的税后利润的股息暂不汇回国内的,可以延期纳税,即只对汇回国内的股息征税,且多有间接抵免待遇。这样,甲国A公司从其乙国公司处取得的200万美元股息,若子公司暂不汇给甲国A公司,则可获得延期纳税的优惠。

在实践中,从纳税角度分析,分支机构与子公司各有利弊。分支机构的有利方面:(1)登记注册简单、快捷,可以不必缴纳资本注册税和相应的印花税;(2)将利润汇回总公司无须纳税,避免对利息、股息和特许权使用费征收的预提税;(3)有费用和亏损可以冲抵总公司的利润;(4)可利用避免国际双重纳税中最有利的形式——免税法。不利的方面:(1)在东道国没有独立的法人地位,无资格享受当地政府向当地法人企业提供的免税期或其他投资鼓励措施;(2)一旦取得利润,总机构在同一纳税年度要就这些境外利润向其居住国纳税,当国外税率低于居住国税率时,无法获得延期课税的好处;(3)总机构承担国外分支机构的所有义务;(4)分支机构假如在今后转变成子公司,可能要对此产生资本利得税等。

子公司与分支机构和利弊恰好相反,但税率发生变化,可能改变上述有利条件或不利条件中的某一项。当外国税率提高到与居住国税率相近或更高水平时,跨国纳税人通过在国外子公司保留利润所获得延期纳税的好处便消失了。另一方面,由于各国的具体规定不尽相同,分支机构或子公司的有利和不利条件在各国也不尽相同,跨国公司要反复权衡利弊,才能做出有利的选择。高税居住国的跨国公司一种常见的选择方案,是在国外经营初期以分支机构形式从事经营活动,因为产生的亏损可以及时冲抵总机构的利润,以减少在居住国的纳税。当分支机构由亏转盈时,再将分支机构转为子公司,从而享有延期纳税的好处。但需要注意的是:该种转变产生的资本利得可能要纳税,事前也许还要征得税务和外汇管制当局的同意。

三、收购外国公司

收购外国公司是跨国公司想尽快在当地市场中获取一个现有的服务网络,来削弱竞争对手、取得先进的工艺技术,扩大经营项目。它是跨国公司从内部扩大自己的全球化经营的有效方法。从纳税筹划角度来说,收购外国公司的好处在于:一是不需要进行企业的登记注册,避免了一系列手续费用,如注册登记费、最低注册资本的交验等,并且还避免了某种情况下须缴纳的资本税和各种地方税。二是若收购的是一家失去支付能力的公司,其债务在亏损以后还可以冲抵整个跨国集团的应税所得,因而它可以享受集团总公司所在国和所购公司登记注册所在国提供的各种税收折扣与税收优惠。

在收购公司时,最好利用公司所在国的当地货币贷款,在集团总公司的担保下从当地银行获取贷款。因为它能减轻因汇率变化所带来的损失,避免汇率风险。还可避免有些国家的汇率差额税。收购公司可由设立在当地的控股公司来进行,由它来签订合同和筹集资金。收购的费用与贷款利息的支付可由所购公司以后的利润来补偿。完成收购公司的一切手续后,该公司应被纳入跨国公司的内部组织体系之中。在收购公司之前,应认真研究当地国家税法对类似业务的规定,在取得有关利息与债务等支付的税收优惠后,才能实现该公司和集团的联合。以后与所购公司的相互关系,就如同与集团中的其他子公司一样处理。

跨国公司在收购外国公司时,应注意以下问题:

(1)在实现所收购公司资本化(发行新的有价证券)时可能要承担税收义务,在变更公司所有人时要缴纳转让税。

(2)公司的经营活动要受到当地政府的限制,其中包括税收方面的限制(例如,终止公司享受优惠政策的权利)或受当地人口就业的有关政策限制。

(3)既要评估包括新公司在内的整个集团的税负水平,又要评估该公司在居住国将要承担的税收负担;评估所购公司的地位(公司、合伙企业、个体所有企业),以及今后公司地位可能变化后的税收影响;评估收购外国公司的办法。

四、利用资本弱化

资本弱化是指跨国公司为了少缴纳税额,采取债权方式替代股权方式进行的投资或者融资。一个跨国公司的国际投资回报可选择股权收益和债权收益。各国对股息和利息的税收政策不尽相同;对公司支付利息,往往允许其作为费用抵扣,而对公司分配股息则作为公司所得,不允许其税前扣除;对公司汇出的利息的预提税税率较低,而对公司汇出的股息的预提税税率较高。因而在拥有同样多的投资和同样高的回报率的情况下,被投资国关联公司的资本弱化能减少跨国公司的纳税义务。即提高关联借贷资金占总资金额比例(相应地减少弱化股权资本),借助支付利息转移公司利润,减少应纳税所得额。

五、利用电子商务进行跨国纳税筹划

电子商务的出现,不仅使现行国际税收原则中有关居民、常设机构、地域税收管辖权等概念已难以对其进行有效约束,而且很难准确区分销售货物、提供劳务、转让特许权。因而给跨国公司利用电子商务进行纳税筹划提供了条件。跨国公司利用电子商务进行跨国纳税筹划可以采用的形式有:

(一)国际投资

联机银行和电子货币的发展使跨国交易成本降至与国内成本相当。国际互联网已提供了某些设在避税地的联机银行,用以对客户提供完全的"税收保护"。因此,国际投资集团可将来自世界各地的证券投资所得,以电子货币的方式直接汇入避税地的联机银行。

(二)网址上的"电话回复中心"

以欧洲的增值税为例,欧洲的增值税法规定,提供货物应在发送地征税。欧洲各国对非欧洲国家利用国际互联网为其提供的劳务无权征税,欧洲各国可通过电话或其他方式,预约非欧洲国家为其进行网络服务。这种为其提供劳务的网址就成为"电话回复中心"。

组建避税地虚拟公司。电子商务的流动性强,选择一个税负轻的交易地点较为容易。例如,阿根廷、芬兰都有权对发生在其各自境内的运输或支付行为进行课税。因此,阿根廷的公司与芬兰的公司之间进行电子商务,可选择在巴哈马的虚拟公司作为交货地点,从而利用巴哈马的避税地优惠。

此外,电子商务的时效性进一步促进了公司集团内部功能的一体化,公司的职能如产品开发、销售、筹资等成本费用能更容易、便捷地以网上交易的形式分散至各国的子公司。各国税务当局对经济活动的发生地及活动情况更为难以掌控。

本章小结

1. 跨国公司纳税筹划是纳税筹划活动在国际范围内的延伸和发展,是跨国公司利用各国税法规定的差别和漏洞,以种种公开的合法手段减轻国际税负的行为。跨国公司纳税筹划与跨国纳税人采取种种隐蔽的非法手段进行的国际逃税(偷、漏税)活动性质是不同的。各国在税制结构、税收管辖权、纳税义务确定标准、税基范围、税率、税收优惠政策、避免国际重复征税方法、税收管理水平等方面的差别,以及避税地的存在,都是跨国公司纳税筹划产生的重要条件。因此,跨国公司纳税筹划必须关注不同国家税制结构的差别,关注不同国家的税负,关注纳税义务的认定,关注经济性重叠征税对税负的影响,还必须关注税收协定网络。

2. 跨国公司纳税筹划的目的在于减轻或消除有关国家的纳税义务,因而要避免一国人的税收管辖或一国物的税收管辖。前者可通过居所的变化改变自己的居民身份;还可以通过控股公司、其他公司及中介业务等形式达到由人的流动所形成的效果。后者则是利用资金、货物或劳务的流动,以及利用延期纳税规定、改变所得性质等方法来达到减轻税负的目的。

3. 跨国公司在对外投资时,有许多组织形式可供选择。从减轻税负的角度出发,设立常设机构具有更大的优势。跨国公司可以把需要储存或加工的货物转移到常设机构有免税规定的国家中去。国际控股公司在纳税筹划上通常围绕外国税收抵免的最大化、预提所得税的最小化、延期纳税和再投资等目标而展开。

4. 利用避税地进行纳税筹划,实际上还是属于回避税收管辖权。跨国公司利用避税地进行纳税筹划活动的基本方法有虚构避税地营业、虚拟避税地信托财产和转让定价等。

5. 税收协定缔约国的非居民享受税收协定中优惠待遇的现象称为税收协定的利用。跨国公司利用税收协定进行纳税筹划的手法有设置直接的传输公司、设置脚踏石式的传输公司、设置外国低股权的控股公司。

6. 跨国公司的纳税筹划方法的变化,充其根本还是以纳税人或征税对象的来源能在不同国家税收管辖权范围之间的转移为宗旨。跨国公司在其经营活动中还可利用国际租赁、收购国外公司、精心选择在国外的经营方式、资本弱化、电子商务等其他纳税筹划方式。

主要概念

跨国公司纳税筹划 税收管辖权 税收协定 转让定价 常设机构 外国税收抵免
跨国控股公司 虚构避税地营业 虚设避税地信托财产 分国限额抵免
综合限额抵免

思考题

❶ 跨国公司纳税筹划与国内纳税筹划有何区别和联系?
❷ 分析跨国公司纳税筹划产生的原因及条件。
❸ 分析通过财务决策和选择适合的会计政策进行纳税筹划的各种具体做法。
❹ 如何利用常设机构法进行纳税筹划?如何利用公司住所的变化进行纳税筹划?
❺ 如何利用回避税收管辖权进行纳税筹划?
❻ 什么是国际避税地?国际避税地是怎样产生的?它有哪几种具体的类型,如何利用避税地进行纳税筹划?
❼ 如何利用税收协定进行纳税筹划?
❽ 利用基地公司在避税地进行纳税筹划的形式有哪些?
❾ 跨国公司进行转让定价纳税筹划的主要方式有哪些?试举例说明。
❿ 跨国公司集团在国外设立分支机构与子公司这两种经营方式与税负有关的利弊各是什么?

练习题

❶ A国甲公司计划在B国拥有一家子公司乙,但B国要对B国公司汇往A国的股息征收30%的预提税。B国与C国缔结有相互减按10%征收股息预提税的税收协定,A国与C国也缔结了相互减按10%征收股息预提税条款的税收协定。若A国甲公司预期B国子公司乙将有大量股息汇出,A国甲公司如何进行纳税筹划才能降低预提税负担?

❷ 某跨国公司的A、B、C三个子公司分别设在甲、乙、丙三国,三国的公司所得税税率分别为40%、20%和10%,子公司A为子公司B生产组装成品的零部件。假设A公司以200万美元的生产成本生产了一批零部件,按照当时市场价格以260万美元的定价直接销售给B公司,B公司将零部件组装后按300万美元的总价投放市场。若A公司不直接向B公司提供零部件,而是以230万美元的低价将这批零部件销售给C公司,再由C公司以280万美元的定价转售给B公司,B公司组装后的成品仍以300万美元的总价格销售。分别计算两种情况下该跨国公司的总税负。

❸ 甲国某母公司有两个分设在乙国和丙国的子公司,甲、乙、丙三国的公司所得税税率分别为40%、30%和10%。母公司的管理费用为20万美元,扣除其他成本费用后的利润为100万美元,乙国子公司和丙国子公司的利润额分别为60万美元和40万美元。按合理的母公司管理费用分摊标准,母公司管理费用50%应由母公司负担,25%由乙国子公司负担,25%由乙国子公司负担。该跨国集团如何进行纳税筹划以降低集团总税负?

❹ 甲公司是A国的居民公司,A国所得税税率为30%。甲公司分别在B国和C国投资进行跨国经营,为了决定在这些国家开办子公司还是分公司,甲公司对B国和C国的税收政策进行了解:B国所得税税率为10%,并对外资法人企业给予开业后3年的免税期,A国在与B国签订的税收协定中承诺承担税收饶让义务;C国所得税税率为40%,没有免税期也没有与A国签订税收协定。甲公司预测,A国母公司在未来10年内都会保持盈利,在B国经营的前3年会有丰厚的盈利,而C国经营的前3年将会产生一定亏损。试从纳税筹

划的角度出发,分析甲公司在 B 国和 C 国进行经营是采用分公司形式,还是子公司形式?

推荐阅读书目

❶ 朱青. 企业税务筹划:原理与方法. 2 版. 北京:中国人民大学出版社,2019 年
❷ 蔡昌. 税收纳税筹划:理论、实务与案例. 2 版. 北京:中国人民大学出版社,2018 年
❸ 朱沙. 税收筹划实务与案例. 重庆:重庆大学出版社,2018 年

参考文献

1. 梁文涛,苏杉.纳税筹划.3版.北京:中国人民大学出版社,2019年
2. 李淑霞.纳税筹划.上海:上海财经大学出版社,2019年
3. 朱青.企业税务筹划:原理与方法.2版.北京:中国人民大学出版社,2019年
4. 全国联编,盖地.税务会计与纳税筹划.14版.大连:东北财经大学出版社,2019年
5. 翟继光.新税法下企业纳税筹划.6版.北京:电子工业出版社,2019年
6. 刘国东.纳税筹划:中小企业税务一点通.北京:北京高教电子音像出版社,2018年
7. 梁文涛.纳税筹划.4版.北京:北京交通大学出版社,2018年
8. 应小陆.税收筹划.2版.上海:上海财经大学出版社,2018年
9. 蔡昌.税收纳税筹划:理论、实务与案例.2版.北京:中国人民大学出版社,2018年
10. 朱沙.税收筹划实务与案例.重庆:重庆大学出版社,2018年
11. 梁文涛,苏杉.纳税筹划实务.3版.大连:东北财经大学出版社,2018年